….. und doch gibt es einen neuen Morgen

Die Autorin wurde 1941 im Sudetenland geboren. Ihr ist es gelungen, ihr Leben in einen aussagekräftigen Roman einzubinden. Das tröstende Wort …. „und doch gibt es einen neuen Morgen“, von der Autorin als Titel dieses Buches gewählt, ist in ihrer spannenden bewegten Lebensgeschichte immer zu spüren. Der Leser/die Leserin können teilhaben an den biografisch geprägten Alltagsgeschichten, die mit liebevollem Blick für die Details geschildert werden. In anschaulicher Weise erfährt die Leserschaft, dass die Autorin für sich im erneuten Erleben der „biografischen Erbschaft“ einen Weg zur Versöhnung findet. Die sehr intensive Erzählweise regt an, sich mit der eigenen Biografie zu beschäftigen und daraus zu lernen.

Barbara Kerkhoff
Dipl.-Soz.-Gerontologin
Schwerpunkt: Biografiearbeit
Autorin und langjährige Projektleiterin
zu praktischen und biografischen Themenfeldern

Sieghilde Maria Neuser

..... und doch gibt es einen neuen Morgen

Autobiografischer Roman

Durchblick - Verlag

Impressum:

Verlag: durchblick - Verlag
„Haus Herbstzeitlos“
Marienborner Straße 151, 57074 Siegen

Druck: WirmachenDruck GmbH, 71522 Backnang

Umschlagfoto: Privatbesitz der Autorin

Umschlaggestaltung: Wilhelm Berner, Wilnsdorf

ISBN: 978-3-947599-00-4

Inhalt

In Liebe

meiner Familie

meiner Mutter Anna

meiner Großmutter Anna Neumann und

den schöpferischen Energien des Lichtes

gewidmet

Vorwort

An einem Ostersonntag, während meiner Meditation in den frühen Morgenstunden stand plötzlich der Entschluss fest, dieses Buch zu schreiben. Zahlreiche Facetten meines Lebens hatten mich bereits viele Jahre dazu inspiriert.

Dieser autobiografische Roman entstand vor dem Hintergrund wahrer Begebenheiten. Sowohl eigene bewusste Erfahrungen als auch mündliche Überlieferungen kommen zum Ausdruck und beschreiben gewollte und schicksalhafte Wege, die Menschen gegangen sind.

Personen, Handlungen und Ereignisse sind weitgehend authentisch.

„Danke“

möchte ich allen sagen, die sowohl durch Bild- oder Schreibmaterial als auch durch mündliche Überlieferung zur Entstehung dieses Buches beigetragen haben.

Besonders dankbar bin ich meiner Familie

meinem Mann und unserem Sohn, die mir die technischen Voraussetzungen zum Schreiben dieses Romans geschaffen haben,

unserer Tochter, die mich in vielen guten Gesprächen zum Entstehen dieses Werkes animiert hat,

meinem Bruder, der unermüdlich bestrebt war, mir Gepflogenheiten und Erlebnisse meiner Vorfahren zu vermitteln und

meiner Freundin Ilona, mit der und durch die ich wertvolle Erfahrungen auf dem spirituellen Weg machen durfte.

Ein zusätzlicher Dank gilt meinem Mann, der mich zu zahlreichen Orten meiner Kindheit begleitet und es mir dadurch ermöglicht hat, einen Teil meiner Vergangenheit in dieses Buch einzubinden und zu verarbeiten.

In Dankbarkeit denke ich auch an meine verstorbenen Eltern, besonders an meine Mutter, die mir während meiner Kinder- und Jugendzeit viele grundlegende Bausteine für mein späteres Leben mitgegeben hat.

Anna geb. 1901 mit ihrer Tochter Maria geb. 1941 und die Lieblingsgroßmutter Neumann vom Berg

Geografische, ethnische und volkskundliche Entwicklung

Jeder Flecken unserer Erde hat sich im Laufe der Erdgeschichte gewandelt. So hat man errechnet, dass die Bergwelt des Sudetenlandes, in dem diese Geschichte beginnt, aus der Zeit vor der Steinkohlezeit stammt und zwischen drei- und vierhundert Millionen Jahre alt ist. Die Berge hatten ehemals ein wesentlich anderes Aussehen als zur Neuzeit. Sie waren bedeutend höher und nicht so abgerundet wie heute, die Täler tiefer, enger und wahrscheinlich auch zerklüfteter. Durch große Veränderungen während der Millionen von Jahren wurden Meere und Erdteile gebildet und verschwanden wieder. Reste des alten Gebirges stellen auch die heutige Bergwelt des Adlergebirges dar - einem Teil des Sudetenlandes.

Vor 60 Millionen Jahren bedeckte das Kreidemeer ganz Deutschland und ein Teil seiner Küste lag auch am Fuße dieses Gebirges. In den Ablagerungen des Meeres und anderen kalkigen Ablagerungen fand man später als Zeugen jener Zeit Versteinerungen von Wassertieren mit schneckenähnlichem Gehäuse - einer schon damals längst ausgestorbenen Tierart.

Veränderungen, die zum Ende der Kreidezeit führten, haben der Bergwelt überwiegend das heutige Aussehen verliehen.

Während der Eiszeit blieb diese Gebirgslandschaft vor einer Vergletscherung verschont. Es herrschte eher ein nordisches Steppenklima vor. In der heutigen Pflanzen- und Tierwelt der Hochmoorgebiete der Umgebung sind noch Spuren der damaligen Zeit zu finden.

Zu der Zeit, als die Bergwelt noch teilweise mit großflächigen Urwäldern bedeckt war, fanden auch Bergleute dort hin. Verfallene Gruben und Abraumhalden geben heute noch Zeugnis davon, dass aus dem Sand der Bäche kurzzeitig Gold gewaschen und Silbererz abgebaut wurde. Die Phasen der erdgeschichtlichen Entwicklung hatten jedoch nur geringe Schätze hinterlassen. Ein Abbau war oft nicht lohnenswert, so dass man sich letztendlich auf Steinbrüche beschränkte, aus denen Bau- und Schottersteine gewonnen wurden.

Das Adlergebirge ist eingeflochten in einen Kranz von Bergen rings um Böhmen. Von Böhmen aus, in Richtung Osten gesehen, fällt der Blick auf lang gestreckte Bergkämme am Horizont. Die Bergrücken sind sanft geschwungen und mit dunklen Wäldern bedeckt, unterbrochen durch enge oder auch breite Täler. So stellt sich die typische Landschaft des Adlergebirges dar.

Das von der Elbniederung ausgehende Hügelland erscheint mit Feldern und Hainen überzogen, sobald der Betrachter, aus der alten Stadt Königgrätz kommend, den Zusammenfluss von Elbe und Adler hinter sich gelassen hat. Dieser vorgelagerten Landschaft schließt sich dann zu seinem Erstaunen ganz plötzlich die Bergwelt des Adlergebirges an. Je näher man aus dem Tal der Adler den Bergen kommt, desto mehr wird einem der Aufbau und die Größe der Ausdehnung bewusst. Die beiden Gebirgsflüsse, die Wilde und die Stille Adler, gliedern das Gebirge in das Obere und Untere Adlergebirge.

Das Habelschwerdter Gebirge mit Erhebungen von gut 1000 m verläuft parallel zu dem Böhmischen Kamm und gehört zu der östlichen Nachbarlandschaft, der Grafschaft Glatz.

Zwischen diesen beiden Bergkämmen fließt die Wilde Adler, auch Erlitz genannt, durch ein breites Tal und windet sich später wildromantisch durch ein enges. Hier durchbricht sie den Böhmischen Kamm, vereint sich mit ihrer Schwester, der Stillen Adler, und fließt dann in westlicher Richtung der Elbe zu.

Etwas südlich des Durchbruches der Stillen Adler beginnt das Untere Adlergebirge, das etwa in Nord-Süd-Richtung verläuft. Aus Richtung Adlertal erstreckt sich der ansteigende Gebirgskamm bis zu einer Höhe von 994 m, dem Dürren und Schwarzen Berge. Die Berglandschaft dehnt sich weitläufig in anmutigen Schwingungen aus und geht dann ostwärts in ein breites Hügelland über.

Die Einheimischen bezeichnen die gewölbten breiten Höhen, die den Horizont bestimmen, „Koppen“.

Sowohl das Untere als auch das Obere Adlergebirge schließen an das Schnee- und Altvatergebirge an, den östlichsten Teil der Sudeten.

Der Kreis Grulich ist ein Teil des Adlergebirges. Von hier aus in nördlicher Richtung liegt der König der umliegenden Landschaften, der Schneeberg. Seinen Namen trägt er zu Recht, denn schon zeitig im Herbst bis weit in das Frühjahr hinein ist er mit der weißen Pracht des Winters bedeckt. Ausgebreitet liegt er in 1422 m Höhe oberhalb der Baumgrenze. Es ist ein Augenschmaus für jeden Betrachter, wenn sein Blick weit über das gesamte Adlergebirge schweift und bei guter Sicht auch seine höhere Schwester, die Schneekoppe mit 1600 m Höhe, aus Schlesien herübergrüßt.

Nach Osten und Südosten tut sich der Blick auf in das Reich des Altvatergebirges mit dem Altvater selbst. Es ist der höchste Berg der östlichen Sudeten mit einer Höhe von 1492 m. Wenn das Wetter mitspielt, kann man in der Ferne auch die bis über 2600 m hoch gelegene Tatra der nordungarischen Karpaten erkennen.

In Richtung Grulich strahlen vom großen Schneeberg lange bewaldete Gebirgskämme aus, deren Koppen Höhen bis zu 1175 m aufweisen.

Das Adlergebirge ist ein wasserreiches Gebiet. Die Bäche dieser Gebirgswelt eilen mit Gemurmel und Geplätscher, aber oftmals auch mit beachtlichem Rauschen, in alle Himmelsrichtungen.

Als Wasserscheide zwischen drei Meeren fand sie durch die geographische Merkwürdigkeit für Europa wenig Beachtung. Bei genauer Betrachtung ist das ganze Schneebergmassiv jedoch eine bedeutende Wasserscheide.

Ganz oben am Südhang, noch über der Baumgrenze, liegt die Marchquelle. Was als Bächlein beginnt, dann den Weg über den steilen Abhang in ein romantisches Tal findet, wird zu einem klaren breiten Bach. Sein Wasser eilt zunächst südwärts, umfließt am Fuße den Altvater-Gebirgsstock in östlicher Richtung und läuft dann später wieder in südliche Richtung. Zusammen mit allen Bächen, die ihr von den Ost- und Südhängen zufließen, strömt sie der Donau und somit dem Schwarzen Meer zu.

Am Nordwesthang des Schneegebirges, den Klappersteinen, entspringt die Glatzer Neiße, zu deren Quellgebiet alle Bäche des Nord- und Westhanges zählen. Sie fließt zunächst nach Süden, macht einen Bogen nach Norden zur Oder, die sie aufnimmt und mit ihr gemeinsam zur Ostsee strömt.

Die Wilde und die Stille Adler (Erlitz) erreichen mit all ihren Bächen die Elbe und somit die Nordsee. Als ruhiger Bach durchfließt die Wilde Adler das Obere Adlergebirge, bis sie wild und tosend das Gebirge gegen Westen durchbricht.

Die Stille Adler ist ein Zusammenfließen der Leipe (Lipka Bach), die vom Böhmischen Kamm des Schneegebirges kommt, und einem Bach, der im Altvatergebiet entspringt und Erlitz genannt wird. Örtliche steile Felsen zeugen davon, dass auch sie sich einst mit viel Kraft und Getöse gewaltsam einen Durchbruch erzwang.

Etliche andere Wasserläufe rauschen ebenfalls den Tälern zu und schlängeln sich in vielen Windungen durch reizvolle Landschaften. So die Friese, die vereint mit March und Zohse schließlich in die Donau und letztendlich ins Schwarze Meer gelangt.

Auch findet der Zusammenschluss der Ausläufer unterschiedlicher Kultur- und Lebensräume seine Prägung in den Bereichen des Adlergebirges. Im Laufe der Zeit folgten die Menschen mit ihren Ansiedlungen immer weiter den Verästelungen der zuströmenden Wasseradern. Vom Süden kam man aus dem Donauraume, vom Westen aus dem Böhmischen Kessel und vom Norden aus den weiten Oderebenen, dem schlesischen und preußischen Lebensraume.

Eigenartige Kulturen und Besonderheiten der Geschichte vermischten sich. So wurde der Charakter der Bewohner und deren Lebensweise geprägt; das Bild einer insgesamt ruhigen Ausgeglichenheit.

Unberührt lag einst das Bergland unter einem düsteren Urwald. Sumpfig, moorig und oft unwegsam stellte es sich den wenigen Wanderern dar, die gezwungenermaßen dieses Gebiet eilig durchquerten. An den Grenzen zwischen der böhmischen, der mährischen und der schlesischen Ebene blieb der Wald zum Schutze gegen räuberische und kriegerische Eindringlinge unberührt. In friedlicheren Zeiten ließ man so genannte Saumwege entstehen, welche die bereits kultivierten Gebiete miteinander verbanden. Je mehr Bedeutung diese Verbindungen bekamen, desto mehr wurden sie mit Wachtürmen, Burgen und befestigten Plätzen zum Schutz der Besiedlung gesichert.

Die planmäßige Besiedlung dieses Waldgebietes geschah in zwei großen Schritten. Der erste kam im 13. Jahrhundert in Gang. Herrscher und Grundherren begünstigten das Vordringen in diese zur Besiedlung vorgesehene Gegend. Der Siedlerstrom kam aus Mainfranken, Thüringen, Ostsachsen und Flandern. Kriegerische Maßnahmen setzten dieser friedlichen Entwicklung Anfang des 14. Jahrhunderts ein jähes Ende. Viele Siedlungen wurden vernichtet oder mussten aufgegeben werden. Manche gingen dem Deutschtum verloren.

Der planmäßige Beginn der zweiten Besiedlung begann in der zweiten Hälfte des 16. Jahrhunderts, als adelige Grundherren sich um einen neuen Aufbau bemühten. Meist war es tschechisches Landvolk, das in die verödeten deutschen Dörfer gebracht wurde. Völlige Abhängigkeit des Landvolkes von der Grundherrschaft führte Mitte des 14. Jahrhunderts zu Untertänigkeit und Leibeigenschaft.

Der mit dem Flachland vertraute tschechische Bauer versagte jedoch, als die Herrschaftsbesitzer ihre Macht und Gebiete immer mehr erweitern wollten. Der in Kriegen begründete nationale Hass war mittlerweile verflogen. Die Grundherren holten gerne aus wirtschaftlichen Gründen siedlungswillige deutsche Bauern, Bergleute, Waldarbeiter, Flößer und Glasmacher aus dem Nachbarland Böhmen. Von Generation zu Generation wurde der

Urwald immer weiter zurückgedrängt und mit viel Mühe und Geduld ein Tal nach dem anderen kultiviert.

Diese zweite Siedlungswelle endete mit dem 30jährigen Krieg. Die schwer geprüfte Bevölkerung wurde auch geschüttelt von religiösen Gegensätzen. Mancher verließ seine Heimat und wanderte aus. Als die letzten schwedischen Truppen nach 1650 den Sudetenländern endlich den Rücken kehrten, ließen sie ein völlig verödetes und verarmtes Land zurück.

Die böhmischen Grundherren zogen neue Siedler heran, zum großen Teil aus den katholischen Gebieten Bayerns, der Oberpfalz, Tirols und Österreichs. Eine ausgeprägte kulturelle Entwicklung setzte ein. Aus Italien, Frankreich und Deutschland kamen Künstler in die Sudetenländer. Die Grundherren, nach immer mehr Besitz und Reichtum bestrebt, erschlossen eifrig einen Teil nach dem anderen. Bauern wurden oft von ihrem Grund und Boden abgeführt und es entstanden herrschaftliche Höfe. Die Bauern mussten Frondienste leisten und in den Nachkriegsjahren ruhten drückende Lasten auf ihnen. Durch die Aufhebung der Leibeigenschaft unter Kaiser Josef II. (1781) trat eine Besserung ein. Erst das Jahr 1848 brachte dann die völlige Befreiung vom Frondienst.

Die geschichtliche Entwicklung brachte zu unterschiedlichen Zeiten für das Sudetenland veränderte Grenzverhältnisse mit sich. So waren die Bewohner mehr oder weniger erträglichen Einflüssen ausgeliefert, wie es in grenznahen Gebieten oft der Fall ist. Man spricht heute noch von dem „Lande zwischen den Grenzen“.

Entscheidende Veränderungen auch in wirtschaftlicher und kultureller Hinsicht brachten die schlesischen Kriege, die zwischen Österreich und Preußen geführt wurden. Nachdem das Land stark mitgenommen war, schloss man 1763 endlich Frieden. Die Habsburger mussten Schlesien abgeben und die Grafschaft Glatz ging an Preußen. Die Wilde Adler wurde nun in ihrem Verlauf Nord-Süd bis kurz vor den Adlerdurchbruch Grenze zwischen Grulich und Mittenwalde. Beide waren im Besitz eines Grundherren. Diese neue Staatsgrenze beeinträchtigte nicht besonders die nachbarlichen und verwandtschaftlichen

Verhältnisse; aber Belastungen in wirtschaftlichen Belangen entstanden, wie z. B. Zölle und Währung, auch Schulerziehung und Militärdienst wurden u. a. von beiden Seiten anders gehandhabt.

Auch eine eher für das Ohr als für das Auge wahrnehmbare Grenze hatte sich ergeben. Die Mundart blieb zwar gleich, doch brachte die Orientierung nach Wien und Prag einerseits und Breslau und Berlin andererseits beachtliche Veränderungen im Volksleben mit sich. Man bemühte sich auf beiden Seiten beide Sprachen zu lernen, man heiratete jeweils zur anderen Seite hin und die Frauen fügten sich in den neuen Sprach- und Kulturkreis des Mannes in der neuen Umgebung. Viele Deutsche verließen ihre karge Heimat und zogen in die Österreich-Ungarische Monarchie. Die Reichshauptstadt Wien wurde für viele zur neuen Heimat. Dafür rückten die Tschechen in die Städtchen und Dörfer nach, wo sie als tüchtige Handwerker gesucht wurden. Sie konnten sich gut an die neuen Gepflogenheiten anpassen und gaben nicht selten schon in der nächsten Generation ihr bisheriges Volkstum auf.

Als jedoch aus dem Inneren des Landes immer mehr Stimmen laut wurden, sich auf die nationale Eigenart zu besinnen, wurden die Gegensätze deutlich, was sich bis in das kleinste Dörfchen bemerkbar machte. Es kam sogar dazu, dass die Tschechen nicht nur ihr völkisches Leben auf friedliche Weise zu mobilisieren und zu erhalten versuchten, sondern auch in rein deutschem Gebiet auf Eroberungen aus waren.

Besonders stark änderten sich die Verhältnisse nach dem Ersten Weltkrieg 1918. Die Österreich-Ungarische Monarchie gab es nicht mehr und die Tschechen riefen ihre Tschechoslowakische Republik aus. Entgegen allem Einspruch wurden die deutschen Gebiete in den neuen Staat integriert. Sieben Jahrhunderte hatten deren Menschen auf der von ihnen urbar gemachten Scholle gesessen, wurden jetzt aber als Kolonisten und Emigranten bezeichnet. Man versuchte, ihnen die tschechische Kultur und Sprache aufzudrängen, was eine starke Gegenwehr mit legalen Mitteln erzeugte. Allerorts kämpften die Deutschen um ihr altes Brauchtum.

Nachdem man infolge der Befreiung vom tschechischen Druck 1938 wieder aufatmen konnte, brachte der verlorene Krieg von 1939 - 1945 erneutes Grauen durch die russische Eroberung und die unmenschliche Behandlung durch die Tschechen. Es kam die Entmachtung des Deutschtums und die Vertreibung von Grund und Boden.

Menschen im Adlergebirge

Landesgrenzen haben immer ihren Ursprung in den Machenschaften der Menschheit. Im Laufe von Jahrzehnten oder Jahrhunderten erfahren sie Korrekturen, wobei Macht und Besitzanspruch dabei in den meisten Fällen eine bedeutende Rolle spielen. Auch wenn sie manchmal zum Schutze der Bevölkerung errichtet werden, bedeuten sie sehr oft ebenso Unglück und Leid im Leben des Einzelnen. Die Grenzlandbewohner sind davon in besonderer Weise betroffen; dann werden neue Situationen zu neuen Lebensschicksalen.

Das Sudetenland und somit das Adlergebirge ist ein solches Grenzgebiet, deren Bewohner sich immer wieder den veränderten Gegebenheiten anpassen mussten. Die Menschen wurden geprägt von den Herausforderungen, die Landschaft und Situationen an sie stellten. Sie waren zäh und boten dem Schicksal die Stirn in den Zeiten der Not und des Aufbaues. Es entwickelte sich ein Menschenschlag mit eisernem Willen und ausgeprägter Tatkraft in der rauhen Gebirgslandschaft, dessen Wurzeln in den Menschen zu finden sind, die einst den dort vorherrschenden Urwald urbar machten. Es dauerte Generationen, bis das Ackerland die Erträge brachte, die benötigt wurden, um eine große Familie ausreichend zu ernähren. Ein hartes Stück Arbeit war es, was von den Bergbauern geleistet wurde. Klimatische Gegebenheiten mit spätem Frühjahr und zeitigem Herbst stellten hohe Anforderungen an die

Bergbewohner. Hinzu kamen nicht selten Unwetter mit Hagelschlag. Starke Regengüsse spülten die dünne Ackerkrume, die man durch der Hände Arbeit mit viel Fleiß dem Boden abgewonnen hatte, talwärts.

In den Familien der Bergbauern wuchsen immer mehr Kinder auf. Als der notwendige Lebensunterhalt nicht mehr gewährleistet war, musste man neue Wege finden, um die Lebensgrundlage zu sichern.

Der Reichtum der Bergbauern war der Wald. Ihr Besitzanteil an der Gesamtheit war jedoch klein, und wenn sich auf den Höfen Bedarf ankündigte, reichte der eigene Holzanteil dafür gerade aus.

Nahezu der gesamte Wald stand im Eigentum des Großgrundbesitzers. Hier fanden viele Bergbauern einen zusätzlichen Verdienst. Förster, Heger und Holzfäller verrichteten ganzjährig im Wald ihre Arbeit. Frauen und Kinder trugen ebenfalls durch ihr Mitwirken in den Pflanzgärten, den „Kulturen", und beim Auspflanzen zum Einkommen bei. Die Arbeit war mühsam an den teilweise sehr steilen Hängen der Berge. Aber man war froh, auch mit dem kleinsten Verdienst zum Unterhalt der Familie beitragen zu können.

Aufgrund des Holzreichtums entwickelten sich immer mehr Einkommensquellen, wie Sägewerke und Tischlereien. Die Möbelindustrie und Holzbildhauerei wurde von der Fachschule für Holzverarbeitung in der Kreisstadt Grulich positiv beeinflusst und bald war man auch über die Grenze des Adlergebirges hinaus bekannt.

Als „das Obst des Adlergebirges" bezeichnete man die Heidelbeere, auch Blaubeere genannt. Sie stellte nicht nur eine zusätzliche finanzielle Ertragsquelle dar, sondern man wusste auch ihren gesundheitlichen Wert zu schätzen. Nachdem sich die Straßenverhältnisse gebessert hatten, führte ihr weitverbreitetes Vorkommen in den Wäldern sogar zu einem Ausfuhrartikel. Denn fleißige Hände gab es genug.

Im Oberen Adlergebirge beschäftigten sich ganze Familien im Winter mit der Herstellung von Spanschachteln. Sie brachte zwar nur einen geringen Verdienst, stellte jedoch während dieser Jahreszeit eine willkommene Abwechslung dar.

Eine andere Tätigkeit verkürzte ebenso die lange dunkle Jahreszeit: Die Verarbeitung von Flachs. Nachdem er gebrochen und gehechelt war, wurde er gesponnen und verwebt. Je länger und dünner die Faserpflanze gewachsen war, desto wertvoller war sie, denn sie ergab dann eine seidenweiche und feine Faser. Der karge Boden bot dafür die beste Voraussetzung. Händler kauften das Garn auf und führten es überwiegend nach Böhmen aus. Schließlich entwickelten sich eigene Genossenschaften und um 1890 begann die Hausweberei der Fabrikweberei zu weichen, die den Bauern eine gute Einnahme sicherte. Besonders in Grulich und im Friesetal trieb man den Fortschritt voran. Das feine Leinen dieser Gegend hatte überall einen guten Ruf, der vor allem in Ungarn, auf dem Balkan und auch in Südamerika jahrzehntelang erhalten blieb. Als Weber sein Geld zu verdienen, war in der damaligen Zeit sicher kein Zuckerschlecken, doch ermöglichte es ein einfaches und bescheidenes Leben.

Die Bewohner des Adlergebirges waren strebsam und ideenreich, wenn es darum ging, der wachsenden Bevölkerung das Brot zu sichern. In den Dörfern trugen viele Frauen und Mädchen als Stickerinnen, Filetarbeiterinnen und Zwirnknopfnäherinnen ihren Teil dazu bei. So wurde Arbeit und Verdienst in diese Gegend gebracht. Gegen Ende des 18. Jahrhunderts setzte jedoch eine Textilkrise ein und die Arbeitslosigkeit wurde zu einem Problem. Eine Auswanderungswelle kam in Gang. Viele Erwerbslose wanderten nach Deutschland oder Amerika aus und versuchten, sich dort neue Existenzen zu schaffen oder gingen als tüchtige und begabte Menschen z. B. nach Wien. Viele Männer machten von dem Angebot Gebrauch, ihren Lebensunterhalt nach der Wehrpflicht als Langzeitsoldaten in Österreich zu verdienen.

Ein gutes Schulwesen wurde der Grundstein zu Berufen in und außerhalb des Adlergebirges. Seine Bewohner waren lernbegierig und nahmen die Gelegenheit wahr, nach der Volksschule die weiterführende Bürgerschule zu besuchen. Viele schlossen in der

„Mittelschule“ mit dem Abitur ab. Für sie war dann der Weg frei für Berufe wie Offizier, Lehrer, Ingenieur oder Handelsfachleute. Mancher kam bis 1918 zu Rang und Namen in der Österreich-Ungarischen Monarchie.

Nach dem Zweiten Weltkrieg wurde das Adlergebirge in die engen Grenzen der Tschechoslowakei gezwängt. Die bis dahin bestehenden Tore nach außen wurden geschlossen.

Die tiefe Religiosität, die den Gebirglern zu eigen und in jedem Dorf zu spüren war, lag in seiner starken Naturverbundenheit begründet. Jedes größere Dorf besaß seine Kirche, die mit viel Liebe, aber auch unter großen Opfern, gebaut und ausgestattet wurde. An Straßen, Wegkreuzungen und Feldwegen errichtete man steinerne Kreuze oder gemauerte Kapellen.

Sitte, Brauchtum und Mundart hatten ihren Ursprung im schlesischen Kulturkreis. Die Schule forderte zwar ein korrektes Hochdeutsch, doch pflegte man in den Familien die „Muttersprache“, den Dialekt.

Durch die Vertreibung der Deutschen aus dem Sudetenland nach dem Zweiten Weltkrieg wurden die bereits in der Vergangenheit oft gebeutelten Bewohner des Adlergebirges besonders hart getroffen. Es war nicht nur ein Abschied von ihrem Besitz, sondern bedeutete gezwungenermaßen jetzt auch die Trennung von Nachbarschaft, Freunden, dem Verwandtenkreis, der heimatlichen Naturverbundenheit und nicht zuletzt den jahrhundertealten Traditionen.

Lebensbilder

Anna und ihre Familie

In einem von politischen und wirtschaftlichen Ereignissen gebeutelten Teil des Sudetenlandes lebt Anna. Man schreibt das Jahr 1941. Es ist Winter. Draußen herrscht klirrende Kälte.

Das ist um diese Jahreszeit nichts Ungewöhnliches für die ca. 1200 Einwohner der Ortschaft Stiebnitz im Adlergebirge. Dieser Gebirgszug ist ein Teil der mittleren Sudeten in Nord-Ostböhmen und erstreckt sich vom Nordwesten nach Südosten entlang der böhmischen Grenze. Die Winter sind in der Regel lang und schneereich und anhaltend tiefe Temperaturen normal. Extrem harte Winter stellen hohe Anforderungen an die hier lebenden Menschen und Tiere.

Stiebnitz ist ein Ort mit der typischen Bebauung dieser Gegend. Weit verstreut liegen die Häuser und Gehöfte in diesem Gebirgstal und an dessen angrenzenden Berghängen auf einer Höhe von 600 bis 900 m bis hinauf zu den Bergkämmen. Geheimnisvoll wirken die dunklen Fichten der dazwischen liegenden Waldflächen oder als schmale Silhouette am Horizont sichtbar. Durch das Tal windet sich ein Bach, der später der Stillen Adler zufließt und die Ortschaft diesseits in Klein- und jenseits in Groß-Stiebnitz aufteilt.

Anna ist 40 Jahre alt. Sie wohnt mit ihrem Mann Franz und den beiden Kindern Gerda und Sohn Franz in Klein-Stiebnitz an der Durchgangsstraße, die sich in langgezogenen zum Teil engen Kurven durch das Dorf schlängelt. Sie ist damit beschäftigt, die anfallenden Hausarbeiten zu verrichten. In letzter Zeit ist dies immer beschwerlicher geworden, denn sie erwartet ihr drittes Kind. Ihre älteste Tochter Gerda wird in Kürze 19 Jahre alt und ihr Sohn Franz ist fast 15. Es ist verständlich, dass ihr seit dem Beginn der bestehenden Schwangerschaft oft sorgenvolle Gedanken über die Zukunft durch den Kopf gegangen sind. Denn die Arbeit ist hart, die erforderlich ist, um in der armen aber sehr idyllischen Gegend den nötigen Lebensunterhalt zu verdienen. Sowohl die Arbeiten, die mit dem Haus und ihrer Familie verbunden sind, als auch die Landwirtschaft und zusätzliche Heimarbeit stellen hohe Anforderungen an die von Natur aus schlanke und stille Frau. Ihren persönlichen Einsatz betrachtet sie als normal, denn ohne ihn könnte der notwendige Lebensunterhalt nicht bestritten werden.

Trotz der umfangreichen Arbeiten findet Anna für ihre Mitmenschen stets ein gutes Wort. Durch ihr ruhiges und friedvolles Wesen ist sie der ausgleichende Pol in der Familie. Frieden innerhalb dieses Kreises und ihrer Umwelt ist ihr stets sehr wichtig. Diese Eigenschaft ist ein Erbe ihrer Eltern Josef und Anna Neumann. Sie wohnen auf der anderen Talseite jenseits des Baches, also in Groß-Stiebnitz, hoch oben am Berg. Ihr Leben ist geprägt von Arbeit aber auch von Genügsamkeit. Schon die Lage ihres Hauses erfordert ein gehöriges Maß an Anstrengung, um es zu erreichen. Nur ein steiler schmaler Weg führt von der Durchgangsstraße des Ortes dort hinauf. Die zu dem Haus gehörenden Felder liegen über und die Wiesen unter dem Haus. Auf der linken Seite dieses Pfades hatte man im Laufe der Zeit einen Steinwall errichtet. Diese Gesteinsstücke stammen von den umliegenden Feldern und Wiesen. Man macht sich die Mühe des Einsammelns und Aufschichtens generell, um den Grund und Boden so steinfrei wie möglich zu bekommen, damit die sowieso kargen Erträge möglichst hoch gehalten werden können. Diese Steinwälle sind jedoch ein Genuss für die Kreuzottern. Bei warmem und sonnigem Wetter liegen sie hier zu bestimmten Tageszeiten regungslos in Spalten und Steinvorsprüngen, der Länge nach ausgestreckt, und aalen sich in der Sonne. Man muss schon genau hinschauen, wenn man sie entdecken will, denn sie heben sich farblich nicht besonders von dem Untergrund ab. Die Menschen zollen diesen Schlangen hohen Respekt, denn bei einem Biss versprühen sie erbarmungslos ihr tödliches Gift. Im Laufe der Zeit hat man jedoch gelernt, neben diesen tierischen Geschöpfen zu leben.

Annas Bruder, 1 Jahr älter als sie, lebt mit seiner Frau und 2 Kindern im gemeinsamen Haushalt mit den Eltern im elterlichen Haus am Berg. Man ist daran gewöhnt, dass dorthin kein ausgebauter Weg führt. Alles, was es zu befördern gibt, muss über einen Pfad getragen oder je nach Gegebenheit, im Sommer mit Schubkarren und im Winter mit Hörnerschlitten, transportiert werden. Anna erinnert sich oft daran, als 1937 die Renovierung ihres Elternhauses anstand. Es war eine harte Zeit, als ihr Bruder damals das ganze Baumaterial, das benötigt wurde, über den schmalen Fußweg aus dem Tal hinauf auf den Berg tragen musste. Denn für eine beladene Schubkarre war der Weg zu steil.

Wie jede Wohnstatt so hat auch das Haus, in dem Anna jetzt wohnt, seine eigene Geschichte. Es ist das Anwesen ihrer Schwiegereltern Franz und Anna Schediwy. Schwiegervater Franz hatte dieses Haus mit der dazugehörenden Landwirtschaft um die Jahrhundertwende von seinen Eltern übernommen. Zuvor arbeitete er als Kohlenbrenner im Riesengebirge und verdiente sich dann später seinen Unterhalt als Heger. Er heiratete eine junge Frau namens Anna Svarz, Annas Schwiegermutter, aus der Tschechischen Republik. Sie war bis zu diesem Zeitpunkt bei verschiedenen Familien der gehobenen Schicht in Stellung gewesen und brachte reichlich Erfahrung mit, wie man Haus und Küche führt. Ihre resolute Art wurde schnell bekannt. In ihrer neuen Umgebung verstand sie es, mit Bestimmtheit und Nachdruck das Zepter in der Familie zu führen. Ihren Kindern, und später auch ihren Enkeln, brachte sie zum Beispiel beizeiten bei, wie man barfuß über gemähte Getreidefelder zu laufen hat. Denn die Fußbekleidung musste geschont werden. Schuhe waren teuer und das Einkommen gering. Ein Paar Schuhe sollte ja von mehreren Kindern getragen werden.

Das Anwesen der Familie fiel 1932, also vor 9 Jahren, bei einem Brand den Flammen zum Opfer. Wie viele andere Häuser, so war auch dieses ursprünglich aus Holz errichtet worden, denn das stand in der waldreichen Gegend ausreichend zur Verfügung. Die Außenwände des Gebäudes hatte man aus vierkantig gehauenen Holzstämmen, die in Kalkspeis aufeinander gelegt wurden, gefertigt. Die Innenwände waren ebenfalls aus Holz, wie auch Fußböden und Decken. Für das Dach hatten Schindeln und Pappe Verwendung gefunden. In all diesen Materialien fand damals das Feuer reichlich Nahrung, so dass das Haus bis auf die Grundmauern niederbrannte.

Annas Mann Franz, 1898 in Ölmitz geboren und nach dem Vornamen seines Vaters benannt, ist der älteste Sohn der Familie Schediwy. Seine Schwester Anni kam 1904 und seine beiden Brüder Sefla und Heinrich als Zwillinge 1907 in Klein-Stiebnitz auf die Welt.

Anna hat in ihrer bisherigen Ehe ihrem Mann Franz aufgrund seiner körperlichen Situation einen großen Teil der anfallenden Arbeiten abnehmen müssen. Denn er war erst 17 Jahre alt, als er zur Wehrmacht in den Ersten Weltkrieg einberufen wurde. Zwei Jahre später zog er sich bei Kämpfen im Brestovica-Tal in Italien einen Unterschenkeldurchschuss zu. Zwei Tage lang dauerte damals das ununterbrochene Trommelfeuer des Gegners, so dass es den Sanitätern nicht möglich war, bis zu den Verwundeten vorzudringen, um sie von dort wegzubringen und medizinisch zu versorgen. Das hatte auch für Franz fatale Folgen. Seine Wunde geriet in Brand und im Lazarett musste man ihm das rechte Bein unter dem Knie abnehmen. Der Brand setzte sich jedoch fort bis in den Oberschenkel und eine zweite Operation folgte. Auch danach war eine Heilung immer noch nicht abzusehen. Deshalb brachte man ihn in ein Lazarett nach Wien. Bei der dritten Operation verlor er dann das gesamte Bein bis auf einen kurzen Stumpf. Diese tragischen Ereignisse brachten nicht nur persönliche sondern auch familiäre Probleme mit sich. Als erstgeborener Nachkomme konnte er nach seiner Rückkehr aus dem 1. Weltkrieg die Landwirtschaft in seinem elterlichen Hause nicht mehr ausüben. Deshalb übernahm diese Aufgabe dann sein jüngerer Bruder Heinrich. Die entsetzlichen Situationen in den Schützengräben verfolgten Franz immer und immer wieder. Er wusste damals noch nicht, dass das sein ganzes Leben lang so sein würde.

Zu dem Anwesen Schediwy gehört auf der anderen Straßenseite, nur ca. 100 m vom elterlichen Haus entfernt, ein kleines Haus. Franz bekam es von seinen Eltern, als er Anna Neumann heiratete. Sie zogen zu dritt dort ein, denn ihre gemeinsame Tochter Gerda, geboren 1923 in Annas Elternhaus am Berg, war damals 1 ½ Jahre alt. 1927 erblickte ihr zweites Kind, Sohn Franz, das Licht der Welt.

So ging einige Zeit ins Land. Annas Mann war in seiner Bewegungsfreiheit durch die Beinamputation sehr eingeschränkt. Dennoch konnte er durch verschiedene Gelegenheitsarbeiten den Lebensunterhalt seiner Familie so schlecht und recht verdienen. Als eines Tages die Dorfstraße ausgebaut wurde, fand er dort für längere Zeit eine Arbeit, die er trotz seiner körperlichen Behinderung ausüben konnte. Die meiste Zeit verbrachte er damit, Steine so in Form zu klopfen, wie sie für den Bau der Straße erforderlich waren. Es war ein hartes Brot, das er sich dort verdiente.

Wie schon so oft überlegte er wieder einmal, wodurch er in seiner nicht gerade beneidenswerten Situation seinen Lebensunterhalt besser bestreiten könnte. Er kam schließlich auf die Idee, sich gewisse Angewohnheiten der Menschen zunutze zu machen. Er beantragte die Eröffnung eines kleinen Ladens, in dem er Zigaretten und Zigarren verkaufen wollte, vielleicht auch Tabak mit dem erforderlichen Zubehör, falls sich jemand lieber die Rauchwaren selber drehen wollte. Wie er gehofft hatte, erhielt er tatsächlich die Genehmigung zur Betreibung einer Trafik, eines Tabakladens. Franz war über diese scheinbar positive Wende glücklich. Endlich konnte er etwas zu den wenigen Gelegenheitsarbeiten dazuverdienen. Es entwickelte sich zunächst genau so, wie er sich das vorgestellt hatte. Da alle, die durch den Ort gingen, an dem Haus vorbei kamen, wurde sein kleiner Laden zu einem beliebten Treffpunkt von Männern, die bei dieser

Gelegenheit auch etwas zu berichten hatten oder etwas erfahren wollten. Man redete und rauchte und hatte Spaß dabei. Zum Schluss nahm man sich dann größtenteils auch noch einen kleinen Vorrat an Rauchwaren mit nach Hause. So war Franz ganz zufrieden, wenn auch oft der Qualm bis unter die Balken hing; sehr zum Leidwesen seiner Frau Anna. Er leistete den Rauchern gerne Gesellschaft, nicht nur aus geschäftlichen Gründen. So blieb es nicht aus, dass er im Laufe der Zeit zu einem starken Raucher wurde. Eines Tages erkrankte Franz ganz plötzlich und sein Gesundheitszustand verschlechterte sich von Tag zu Tag. Nur ungern ließ er sich notgedrungen in das Kreiskrankenhaus einweisen. Dort stellte man sehr schnell eine starke Lungenentzündung fest. Wie man ihm mitteilte, sollte sein übermäßiges Rauchen auch dazu beigetragen haben. Als es ihm wieder besser ging, entließ er sich allerdings schleunigst selbst aus der Obhut der Ärzte. Er verließ auf eigenen Wunsch und somit auch auf eigenes Risiko das Krankenhaus. Jedoch rauchte er danach von der ersten Stunde an nicht mehr. Es bestätigte sich, dass gegen seinen eisernen Willen schon damals schwer etwas auszurichten war.

Heinrich, einer der Zwillingsbrüder, hatte nach dem Brand seines Elternhauses ein neues Gebäude im massiven Stil an derselben Stelle wieder aufgebaut. Für die Außenwände waren jetzt Vollziegeln und für die Innenwände Sägespanziegeln verwendet worden. Letztere waren aus einem Gemisch von Sägespänen und Kalk hergestellt und getrocknet. Der Hersteller und Lieferant dieses Baumaterials war das private Sägewerk des Ortes. Das Dach hatte man jetzt nicht mehr mit Schindeln sondern mit Eternit eingedeckt; zu der Zeit schon eine recht moderne Bauweise.

Heinrich heiratete 1933 eine junge Frau aus Klein-Stiebnitz mit Namen Berta. Im darauf folgenden Jahr wurde ihr erster Sohn Heiner geboren. Die nächsten Jahre waren ausgefüllt mit der Bewältigung von umfangreichen Aufgaben, die eine Familie mit Haus und Landwirtschaft mit sich bringt. Zu dem Haushalt zählte zu der Zeit auch die couragierte Großmutter Anna, Bertas Schwiegermutter, die mit eisernem Besen zu kehren wusste, wenn ihr etwas gegen den Strich ging. Steile Stirnfalten bildeten sich dann über den buschigen Augenbrauen, unter denen ein Paar Augen heraus schauten, die keinen Widerspruch duldeten. Verschiedentlich erschien es ihr notwendig, ihren Anordnungen Nachdruck zu verleihen. Dann war sie mit der Wahl der Mittel nicht gerade zimperlich. In stillen Stunden holten sie jetzt manchmal die Erinnerungen ein. Dann saß sie auf der steinernen Bank, die mit einem Holzbrett abgedeckt war, vor dem Lattenzaun ihres Gartens. Sie dachte daran, wie sie damals, als ihre Enkelkinder noch klein waren, hier mit ihrem inzwischen verstorbenen Mann, gesessen hatte. Eines der Kinder befand sich dann immer auf ihrem Schoß, besonders am Sonntag, wenn man sich dafür mehr Zeit nehmen konnte. Dann gönnte sie sich die Kleidung zu tragen, die sich deutlich von der in ihrem Alltag unterschied. Das hellgemusterte Kleid hatte farblich abgestimmte Paspeln an den Ärmeln und die helle Schürze war ebenfalls damit eingefasst. Über der freien Stirn konnte man den Ansatz ihres dunklen nach hinten gekämmten Haares erkennen, den das helle Kopftuch, zu einem Knoten unter dem Kinn gebunden, freigab und die zusammengesteckte Frisur nur erahnen ließ. Ihr Mann hatte dann neben ihr gesessen, manchmal im Anzug aus dunklem Tuch gearbeitet, unter dem das blütenweiße zugeknöpfte Oberhemd mit Stehbündchen herausschaute. Genüsslich hatte er dann an seiner langen Pfeife gezogen, aus deren langem Pfeifenkopf in regelmäßigen Abständen kleine Wölkchen stiegen. Durch seinen buschigen Oberlippenbart konnte man nicht erkennen, ob er das Mundstück mit seinen Lippen oder seinen Zähnen festhielt.

Bis 1936 wohnte auch Heinrichs Schwester Anni, mit ihrem Sohn in dieser Großfamilie. Sie heiratete einen Mann aus einer der umliegenden Ortschaften und zog dort hin. Eines Tages kam zu dem Sohn noch eine Tochter zur Welt.

1939, 7 Jahre nach dem Wiederaufbau des Hauses, trat eine generelle Veränderung der Situation ein. Heinrich wurde bei der Grenzpolizei eingesetzt. Das hatte zur Folge, dass er die Landwirtschaft in dem elterlichen Hause nicht mehr ausüben konnte. Jetzt stand man vor einem großen Problem. Annas Mann Franz war, als ältester Sohn der Familie, für die Bewirtschaftung des elterlichen Hauses mit der dazugehörenden Landwirtschaft wegen seiner Kriegsverletzung aus dem Ersten Weltkrieg nicht vorgesehen gewesen. Nun wollte er allerdings nicht zulassen, dass das Anwesen durch die Abwesenheit seines Bruders in fremde Hände gelangen sollte und entschloss sich nach langem Hin und Her, selbst das Erbe seiner Eltern zu betreiben. Also tauschten die Familien ihre Bleibe. Die Familie seines Bruders Heinrich zog in das kleine Haus und Franz übernahm das landwirtschaftliche Anwesen.

Anna und ihrem Mann Franz mit Tochter Gerda und Sohn Franz stehen nun seit dem Umzug zwei Wohnräume zur Verfügung. Das ist ein Vorteil im Gegensatz zu dem kleinen Haus vorher, wo es nur einen gab. Im ersten Raum befindet sich ein Kachelofen mit Herdplatte, 1 Doppelbett als Schlafstätte der Eltern, eine hölzerne Eckbank, 1 Tisch mit Stühlen und 1 Sockel mit Zentrifuge zum Entrahmen der Milch. Der zweite ist ausgestattet mit den Betten der Kinder und einem Backofen zum Backen von Brot und Kuchen, der vom Flur aus mit Holz geheizt wird. Trotzdem ist das Leben für Anna hier kein Zuckerschlecken. Vor dem Haus auf ebenem Gelände befindet sich der Nutzgarten. Hier werden alle Möglichkeiten ausgeschöpft, um durch möglichst reichlichen Anbau von Gemüse zur Ernährung der Familie beizutragen.

Unmittelbar an der Giebelseite des Hauses grenzt das Berggelände an, von wo aus über eine hölzerne Überbrückung die Ernte an Heu und Getreide direkt in das Dachgeschoß des Gebäudes eingebracht werden muss. Ein normaler Weg führt nicht hinauf auf den Hang. So bleibt als Transportmittel zum Einbringen der Ernte oder sonstigen Lasten nur ein schmaler Hörnerschlitten, der sowohl im Sommer als auch im Winter benutzt wird. Die Benutzung erfordert viel Kraft und ist nicht ohne Risiko. Man muss schon eine gehörige Portion an Erfahrung mitbringen, wenn man heil am Ziel ankommen will. Denn aufgrund des steilen Geländes und des großen Gewichtes der Ladung entwickelt sich ein enormes Fahrtempo. Entscheidend sind dann Können und Konzentration des Benutzers. Zu ebener Erde befinden sich im massiven Baustil auch der Keller zur Lagerung von Vorräten und der Stall, indem eine Schweinebox und meistens 10 bis 12 Rinder und Kühe untergebracht sind.

Die Aufgaben in der vierköpfigen Familie und in dem landwirtschaftlichen Betrieb erfordern den vollen Einsatz jedes Einzelnen. Bei vielen Arbeiten scheidet Annas Mann durch seine Behinderung jedoch aus. So wird das, was erledigt werden muss, von den anderen zur Verfügung stehenden Familienmitgliedern übernommen. Die fast 19-jährige Tochter Gerda ist eine stramme junge Frau. Ihre Tatkraft braucht sich hinter der eines Mannes nicht zu verstecken. Trotz ihrer jungen Jahre ist sie die Hauptarbeitskraft in der Familie. Haus und Hof müssen versorgt werden. Zu ihren Arbeiten gehört auch das Mähen der Wiese. Das ist reine Handarbeit und erfordert viel Kraft. Mit gleichmäßigen Zügen zieht sie dann die Sense über den Boden und das Gras legt sich in gleichmäßigen Schwaden auf die gemähte Fläche. Eine der Voraussetzungen dafür schafft jeweils Vater Franz, indem er die Schneide der Sense mit Hingabe so lange auf einem Dengelamboss klopft, bis sie annähernd so scharf ist wie eine Rasierklinge. Gerdas aufrechter Gang und offener Gesichtsausdruck zeugen nicht nur von körperlicher Stärke sondern auch von einem eisernen Willen. Ihre Augen sprechen von Durchsetzungsvermögen. Das volle dunkle Haar trägt sie meistens zu dicken Zöpfen geflochten und um den Kopf gelegt. Kaum jemand, der mit ihr zusammen ist, kann ihr Temperament übersehen und ihr musikalisches Talent trägt noch seinen Teil dazu bei. In ihrer knapp bemessenen Freizeit trifft sie sich gern mit der Dorfjugend, wo immer etwas los ist. Sie ist stets willkommen, zumal sie eine gute Gesangstimme besitzt, die sie mit ihrer Ziehharmonika ohne Notenvorlage begleitet. So sorgt sie für Stimmung bei Jung und Alt. Ihr musikalisches Talent ist ein Erbe aus der Familie Neumann, oben am Berg, während sich das Durchsetzungsvermögen ihrer Großmutter Anna, väterlicherseits, bei ihr unverkennbar bemerkbar macht. Diese interessante Mischung ihrer Erscheinung bleibt natürlich besonders bei der Männerwelt nicht ohne Eindruck. Annas Mann Franz wacht daher mit strengem Blick und äußerster Konsequenz über seine Tochter. Grundsätzlich gibt es bei ihm kein Zuwiderhandeln. Hält sie z. B. nicht die Absprache des Zeitpunktes ein, zu dem sie abends zu Hause sein soll, so hat er gleich einen besonderen „Leckerbissen" für sie parat. Sie darf am nächsten Morgen bereits um 4:00 Uhr Gras mähen.

Auch der jetzt 14-jährige Sohn Franz wächst unter der strengen Ordnung seines Vaters auf. Er hat allerdings das charakterliche Erbe seiner gutmütigen Mutter Anna angetreten. Schon von klein auf waren seine Verhaltensweisen dementsprechend, als noch helle blonde Haare, als Pagenkopf geschnitten, sein kindliches Gesicht umgaben.

Am heutigen Tage, an dem Anna in Kürze mit der Geburt ihres dritten Kindes rechnet, erinnert sie sich an so manche Begebenheit aus der Kindheit ihrer großen Kinder und an die Verhältnisse, die damals in dem kleinen Haus so ganz anders waren.

In den meisten Familien gibt es einen Handwagen, einen hölzernen Kastenwagen auf 4 Rädern, der als Transportmittel dient und mit einer Deichsel per Hand gezogen wird. Die Kinder haben ihren Spaß, wenn sie darin sitzen können und gefahren werden.

So ein Gefährt existierte auch in der jungen Familie Schediwy, als Sohn Franz 2 Jahre alt war. Eines Tages saß er, wie so oft, in dem Handwagen und Anna fuhr mit ihm vor dem Haus. Ermahnungen, nicht so wild herumzuturnen, hielten nicht lange an. Sein überaus großer Bewegungsdrang führte dazu, dass er aus dem Wagen fiel. Das Geschrei und Annas Schrecken waren groß. Die Vermutung lag nahe, dass er sich eine Verletzung zugezogen haben musste, die aber nicht offensichtlich war. Die Entfernung zum nächsten Arzt betrug 5 km. Seine Hausbesuche erledigte er zu Fuß oder ließ sich mit einem Fuhrwerk holen. Aber beides erforderte viel Zeit. Im Unterdorf von Stiebnitz gab es jedoch eine Frau, die schon oft jemandem mit einem plötzlich auftretenden körperlichen Problem geholfen hatte. Sie war für Zuverlässigkeit und Hilfe in Notsituationen bekannt.

„Ich glaube, es ist am besten, wenn wir ihr Bescheid sagen", entschied Anna.

Kurze Zeit später traf sie ein. Sie war eine freundliche Frau, die trotz vorhergehender Eile nun eine bemerkenswerte Ruhe ausstrahlte, während sie sich zunächst einen Überblick über die Situation verschaffte.

„Dann wollen wir mal sehen, was mit dem Jüngelchen ist. Zieh ihn mal aus und leg ihn auf den Küchentisch", wies sie Anna freundlich und ganz gelassen an. Ihre Hände glitten ein paar Mal sanft über den Kinderrücken.

„Unter dem Schulterblatt hat sich eine Wulst gebildet", sagte sie nach einer Weile.

„Da muss unbedingt etwas gemacht werden, sonst besteht die Gefahr des Auswachsens."

Anna erinnert sich noch genau daran, wie entsetzt sie damals war.

„Ja, ja, das werden wir schon machen, hab etwas Geduld. Es wird schon werden." Die tröstlichen Worte taten Anna gut. Hoffnungsvoll folgte sie mit ihren Blicken den Handgriffen und streichenden Bewegungen der behandelnden Frau. Ihr sagte man nach, dass sie ganz besondere Fähigkeiten habe, wenn es um Heilung von Gebrechen ging. Was es auch immer war; durch einrenken, Massagen und ihre besondere Methode, die keiner so richtig kannte, hatte sie es nach einigen Behandlungen geschafft, dass der Schaden auf Dauer behoben war.

Nun ist Sohn Franz mit seinen fast 15 Jahren bereits in jugendlichem Alter und hat in diesem Jahr den Besuch der hiesigen Volksschule abgeschlossen. Aufgrund der geringen Einwohner- und somit entsprechenden Schülerzahl der Gemeinde wird statt in 8 einzelnen nur in vier zusammengefassten Klassen unterrichtet. Franz hatte es gut in Bezug auf seinen Schulweg, da er das

Schulgebäude von zu Hause aus schon in einer Viertelstunde erreichen konnte. Andere Schüler mussten und müssen heute noch, bedingt durch die zerstreute Bebauung des Ortes, einen Fußmarsch von bis zu einer Stunde zurücklegen. Das kann besonders im Winter anstrengend und problematisch werden, wenn heftiges Schneetreiben den Schulweg behindert. Eine gute Hilfe bieten dann Ski und Rodel. Der zuständige Oberlehrer wohnt in dem Schulgebäude von Stiebnitz. Er ist eine ausgesprochene Respektsperson. Zu seinen Eigenarten zählt, dass er plötzlich still und leise irgendwo erscheint; z. B. morgens, wenn sich jedes der Kinder mitteilungsbedürftig mit lautem Organ Gehör verschaffen will und somit große Unruhe entsteht. Plötzlich taucht er dann auf, kaut eine Zeit lang auf seiner Unterlippe herum und seine Augen rollen von einer Seite zur anderen. Ohne dass er einen Ton von sich gibt, kehren Ruhe und Ordnung ein und die Schulstunde beginnt. Mit dem Unterricht ist die Zusammenarbeit zwischen Schüler und Lehrer aber keineswegs beendet. Das Schulgebäude wird mit Holz beheizt. Logischerweise muss dieses Heizmaterial, bevor es verbrannt wird, erst einmal irgendwo untergebracht werden. Nachdem ein Bewohner des Ortes das Holz entsprechend zerkleinert hat, ist es jeden Sommer die gleiche Aufgabe der Schüler, die Scheite in einen Schuppen zu tragen. Da gibt es kein Murren und Zetern. Es wird einfach gemacht. Franz ist ebenso wie seine Schwester Gerda musikalisch begabt, so dass er eine Zeit lang bei dem Oberlehrer Geigenunterricht nehmen konnte, um sein diesbezügliches Talent zu fördern. Arbeitsmäßig ist er jetzt nach seinem Schulabschluss zeitweise mit Gelegenheitsarbeiten beschäftigt, z. B. bei der Gemeinde. Das Betätigungsfeld ist unterschiedlich, je nachdem was dort gerade anfällt. Im Stillen hegt er jedoch ganz andere Wünsche.

Freude und Trauer

Nikolaustag, der 6. Dezember 1941. Anna überlegt gerade, welche Arbeiten am heutigen Tag wohl anfallen werden. In letzter Zeit ist alles immer beschwerlicher geworden. Seit der bestehenden Schwangerschaft sind ihr oft sorgenvolle Gedanken über die Zukunft durch den Kopf gegangen. Sie ist 40 Jahre alt und hat nur selten ihre Hände in den Schoß legen können. Die Zeiten sind nicht gerade rosig, denn der Zweite Weltkrieg ist in vollem Gange. So denkt sie auch jetzt darüber nach, wie denn das alles in Zukunft zu bewältigen sein wird. Im Laufe des Tages wird ihr immer bewusster, dass die Stunde der Geburt ihres dritten Kindes nicht mehr weit sein kann, denn die Hinweise darauf werden in ihr immer deutlicher spürbar. Seit der Geburt ihrer beiden ersten Kinder sind bereits viele Jahre vergangen und manches hat sich in der Zwischenzeit verändert. Aber genauso wie damals gibt es heute nur einen Arzt im 5 km entfernt liegenden Nachbarort, der die Bewohner der umliegenden Dörfer versorgt. Glücklicherweise wohnt die zuständige Hebamme hier in Stiebnitz. Zu ihr will Anna ihre Tochter Gerda schicken, wenn der richtige Zeitpunkt gekommen ist. Und wie es ihre Art ist, vertraut sie darauf, dass alles eine gute Lösung finden wird. Wie immer in unsicheren Situationen sagt sie sich auch heute: *„Es wird schon werden."* Bedrückende Situationen der Ungewissheit gab es in ihrem bisherigen Leben zur Genüge. Und da sie eine Frau mit großem Gottvertrauen ist, legt sie auch die jetzige Situation in seine Hände.

„Gerda, ich glaube es wird Zeit, dass du der Hebamme Bescheid gibst. Es wird wohl nicht mehr lange dauern, bis ich sie brauche." Annas Worte unterbrechen die Stille im Raum.

Gerda ist in Gedanken schon bei der Nikolausfeier im Dorf. *„Hoffentlich ist bis heute Abend alles vorbei, damit ich gehen kann."*, schießt es ihr durch den Kopf.

„Ja, Mutter, ich beeile mich“, ruft sie zurück.

Und schon ist sie dabei, sich die dicke Winterbekleidung anzuziehen, um sich vor Wind, Schnee und Kälte zu schützen, wenn sie sich jetzt zu Fuß auf den Weg zur Hebamme begibt. Der diesjährige Winter ist besonders streng. Gerda bekommt das jetzt in aller Deutlichkeit zu spüren. Als sie an ihrem Ziel ankommt, sind der Mantel und das dicke Wolltuch, das ihren Kopf und die Schultern einhüllt, dick mit Schnee bedeckt. Noch ganz außer Atem klopft sie ein paar Mal mit den Handschuhen kreuz und quer über ihre Kleidung, um sich von dem gröbsten Schnee zu befreien. Lautstark hämmert sie mit der Faust gegen die Haustür, die kurz danach geöffnet wird.

„Mutter bekommt ihr Kind. Die Hebamme muss kommen!“, ruft sie aufgeregt der Person entgegen, die ihr jetzt gegenüber steht. Es ist nicht die Hebamme. Gerda ist erstaunt, dass man ihre Mitteilung nicht sofort weitergibt.

„Sie ist schon zu einer anderen Geburt in den Nachbarort gerufen worden. Ich werde ihr aber ausrichten, dass sie sofort kommen soll, wenn sie zurück ist“, erklärt man ihr.

Gerda nimmt nur soeben den bedauerlichen Gesichtsausdruck wahr, und schon dreht sie sich hastig um und will den Heimweg antreten. Zuvor wendet sie jedoch noch einmal kurz den Kopf nach hinten.

„Sie soll sich beeilen!“ Ihre Stimme klingt fordernd.

Mit langen Schritten versucht sie, so schnell wie möglich bei ihrer Mutter zurück zu sein. Das ist nicht einfach, denn die Dorfstraße ist von den Schneemassen nur minimal geräumt. Als sie ganz außer Atem zu Hause ankommt, sind die Vorbereitungen schon in vollem Gange. Hausgeburten sind üblich und so weiß man auch jetzt, was im Vorfeld zu tun ist. Vater Franz, dessen Art es ist, gerne Regie zu führen, trägt auch jetzt seinen Teil dazu bei. Erstaunen macht sich breit, als Gerda allein mit der entsprechenden Auskunft durch die Tür tritt. Sie macht schnell noch ein paar notwendige Handgriffe. Für Anna zieht sich die Zeit wie Gummi.

Rechtzeitig erscheint die ersehnte Hebamme. Gerda wird nicht lange gefragt und muss unter Anweisung Hilfestellung leisten.

Nachmittags um 17:00 Uhr wird das dritte Kind von Anna und Franz geboren. Es ist ein gesundes und pausbackiges Mädchen. Überglücklich hält Anna kurze Zeit später ihre kleine Tochter in den Armen, die sich, eingewickelt in Windeln und mollige Tücher, zusammen mit ihrer Mutter von den Strapazen der Geburt erholt. Auch Franz ist froh, dass alles gut verlaufen ist und schaut voller Stolz auf seinen neuen Familienzuwachs.

Die heutigen Ereignisse machen für Gerda diesen Tag zu einem ganz besonderen und dann schafft sie es auch noch, zur Nikolausfeier zu gehen. Hier nehmen alle Anteil an ihrer Freude. Wie im Dorf üblich, verbreitet sich die Neuigkeit am nächsten Tag in Windeseile. Da das Haus direkt an der Straße liegt, kehrt jeder, der vorbeikommt, erst einmal dort ein, um zu dem „Nesthäkchen" zu gratulieren.

Sohn Franz, im Wesen seiner Mutter Anna immer ähnlicher geworden, arbeitet z. Z. auf einem landwirtschaftlichen Lehrbetrieb. Als er das nächste Mal zu Besuch nach Hause kommt, ist er froh, seine Mutter wohlauf zu sehen und umarmt sie liebevoll. Seine kleine Schwester hebt er etwas unbeholfen, aber sehr vorsichtig, das erste Mal auf seinen Arm.

Die Namensgebung steht an. Gerda und Franz haben ihre eigenen Vorstellungen, die jedoch nicht in die alte Tradition hinein passen. Danach erhalten die Kinder jeweils einen Namen ihrer Vorfahren der Familien väterlicher- oder mütterlicherseits. Und so entstehen eifrige Diskussionen. Schließlich einigt man sich doch noch. Das neue Mitglied der Familie wird auf einen Doppelnamen getauft; einer davon ist Maria.

Anna gewinnt allmählich ihre körperlichen Kräfte wieder. Das ist gut so, denn viele Arbeiten im Haus und auf der Landwirtschaft warten auf sie. Für sie ist es eine Erleichterung, dass Gerda zum größten Teil die Versorgung der kleinen Maria übernimmt, die zunächst unter der gemeinsamen Obhut ihrer Familie aufwächst. Das kleine Mädchen bringt wohltuende Abwechslung in den arbeitsreichen und oft sorgenvollen Alltag. Mit seinen hellblonden Haaren, liebevoll zu einer großen Locke gebürstet, und in einem Kleidchen mit Puffärmeln aus geblümt gemustertem Baumwollstoff ist es der Stolz des Hauses.

Annas Schwiegermutter hatte bis vor kurzem das Geschehen mitbestimmt. Es war nicht immer einfach gewesen, für eine zeitgemäße Großfamilie jedoch ganz normal. Schwiegervater Franz verstarb bereits 1931 mit 59 Jahren. Seine Frau folgte ihm dieses Jahr, Anfang 1943, im Alter von 68 Jahren. Ihr blieb es erspart, den dramatischen Schicksalsschlag mitzuerleben, der sich ein Jahr später ereignet. Ihr Sohn Heinrich muss im Februar 1944 an der Ostfront in Russland sein Leben lassen. Zu der tiefen Trauer der Familienangehörigen kommt noch hinzu, dass sich auch die familiäre Situation grundlegend ändert. Berta, die junge Witwe war erst 10 Jahre mit Heinrich verheiratet gewesen. Ihr ältester Sohn Heiner ist 9 Jahre alt und Ewald, ihr jüngster, wurde zwischenzeitlich in dem kleinen Haus geboren und ist ein paar Monate älter als die kleine Maria von Anna. Jetzt, nachdem die Verantwortung für ihre beiden Söhne auf Berta allein ruht, beschließt sie, das kleine Haus wieder zu verlassen und das elterliche Anwesen ihres gefallenen Mannes erneut zu übernehmen.

Nun zieht Anna mit ihrem Mann Franz und den drei Kindern wieder in ihr kleines Haus, in dem sie schon einmal gewohnt haben. Das bedeutet für alle Beteiligten eine große Umstellung. Denn hier gibt es ja nur einen Wohnraum, der gleichzeitig auch zur Erledigung aller anfallenden Arbeiten zur Verfügung steht. Die Ausstattung besteht aus einem hellblauen Kachelofen mit Herdplatte und Backröhre. Eine daran anschließende Ofenbank spendet den geplagten Rücken nach getaner Arbeit wohlige Wärme, und auch sonst ist sie für Jung und Alt ein angenehmes Plätzchen. In der Ecke steht ein Bett als Schlafstätte der Eltern, in dem auch die kleine Maria schläft. Die Platte des naturbelassenen Holztisches mit gedrechselten Beinen wird regelmäßig gescheuert, denn darauf werden nicht nur viele Arbeiten verrichtet, sondern auch die Vorbereitungen zum Kochen der Mahlzeiten getroffen. Bank und

Stühle dienen als Sitzgelegenheiten beim Essen und Arbeiten und manchmal, um einfach ein bisschen zu verschnaufen. Seitlich des Wohnraumes befindet sich ein kleiner Flur, in dem die Kleiderschränke untergebracht sind. Von hier aus führt eine steile und enge Treppe hinauf unter das Dach, auf den Boden, wie man ortsüblich sagt. Hier befinden sich die Schlafstätten für Tochter Gerda und Sohn Franz. Sie schlafen auf Strohsäcken, die jedes Jahr im Frühjahr und Herbst neu gefüllt werden, oder man ruht manchmal einfach im Heu. Wenn es frisch geerntet ist, verströmt es einen herrlichen Duft. Bleibt ein Gast über Nacht in dem Haus, so ist das für die Familie kein Problem. Man holt einfach einen Strohsack herunter und legt ihn am Abend auch noch in die Mitte des Wohnraumes. Links neben dem Hauseingang gibt es einen kleinen Anbau, der in einem rechten Winkel zur Vorderseite des Hauses steht. Man bezeichnet ihn als kleine Laube. Das ist der Ort, wo die Notdurft verrichtet wird. Das Plumpsklo ist im Winter kein geeigneter Ort, um sich lange dort aufzuhalten. Deshalb sorgt in der Nacht meistens ein Nachttopf dafür, die akuten Probleme zu lösen. Das kennt man allgemein nicht anders. Außerdem lagert in der Laube auch das Brennholz. Um in der kalten Jahreszeit für wohlige Wärme in der Stube, wie man den Wohnraum nennt, sorgen zu können, wird in der warmen Jahreszeit schon sehr früh damit begonnen, das Holz herbeizuschaffen, zu zerkleinern und unterzubringen. Vater Franz achtet sehr genau darauf, dass die gespaltenen Holzscheite ordentlich und mit einer glatten Vorderfront zu Stapeln aufgeschichtet werden.

„Macht mir es ja genau und lasst mir keine Lücken! Und dass vorne kein Scheit vorsteht; sonst fällt der Stoß ein“, mahnt er, wenn er nicht selbst diese Arbeit verrichtet. Sein erhobener Zeigefinger verleiht dann oft den Worten Nachdruck.

Hinter der Laube befindet sich ein Stall für 2-3 Ziegen. Diese Haustiere besitzen einen hohen Stellenwert. Liefern sie doch die wertvolle Milch und letztendlich auch das Fleisch, auf deren Beitrag man zur Ernährung angewiesen ist.

Trotz des bescheidenen Daseins sind Anna und ihre Tochter Gerda bestrebt, das Wohnen so gemütlich wie möglich zu gestalten. Rote Geranien und Fuchsien auf den Fensterbänken bringen etwas Farbe in die graue Zeit. Auch schmücken kleine selbst gefertigte Gardinen die Fenster des Hauses. Diese sind einfach verglast, jedoch so gebaut, dass zu Beginn der kalten Jahreszeit noch zusätzliche Fenster davor gesetzt werden können, um der grimmigen Kälte zu trotzen. Ein kleiner Nutzgarten an der Giebelseite des Hauses ist eingezäunt mit einem selbst gefertigten Holzzaun, einem Stachetenzaun. Vater Franz ist auf dessen ordentlichen Zustand sehr bedacht. Anna liebt Blumen und trachtet danach, dass diese Naturwunder jedes Jahr in ihrem Garten zur Geltung kommen. Sie hat dafür direkt hinter dem Zaun ein Beet angelegt, das sie hegt und pflegt. Ein gewisser Stolz erfüllt sie, wenn ihr im Sommer üppige Blütenköpfe in leuchtenden Farben dafür danken.

So wie es in vielen Familien der Fall ist, sind sowohl im Sommer als auch im Winter die Tage ausgefüllt mit Arbeiten, die zusätzlich und letztendlich der Sicherstellung des Lebensunterhaltes dienen. Die Filetarbeit ist eine typische Handarbeit der Frauen. Gardinen, Tischdecken, Tagesdecken für die Betten und Kissenbezüge u. ä. werden aus Baumwolle in Heimarbeit hergestellt. Auch kurze und lange Handschuhe in der gleichen Technik, jedoch aus feinen Garnen gearbeitet, sind bei den Damen der gehobenen Gesellschaft äußerst beliebt. Bezahlt wird je tausend Knoten. Der Lohn ist äußert gering. Im Winter werden Holzspanschachteln angefertigt. Für deren Herstellung wird im vorhergehenden Sommer astfreies Fichtenholz gesammelt und luftgetrocknet. Auf einer von Hand betriebenen Maschine schneidet man im Winter dann 1 bis 1 ½ mm dicke Späne, die Schleißen. Aus ihnen werden mit Hilfe entsprechender Hohleisen, welche die Größe der fertigen Schachteln bestimmen, die Böden ausgestanzt. Für die Seitenwände der Schachteln benötigt man ca. ½ mm starke Späne, die mit einem Hobel hergestellt werden. Das sind die Vorarbeiten für die Anfertigung der Holzspanschachteln. Die

Kinder tragen den Leim auf und die Eltern fertigen mit einer handbetriebenen Maschine die endgültigen Schachteln und Deckel. Beides wird zusammengesteckt und in Kartons verpackt. Alle diese Arbeiten spielen sich in dem einzigen Wohnraum des Hauses ab und verursachen, manchmal bis spät in den Abend hinein, unumgänglichen Lärm. Trotzdem liegt die kleine Maria in dem in der Ecke stehenden Elternbett und schläft tief und fest.

In Wäldern um Stiebnitz und darüber hinaus wachsen die üblichen Früchte dieser Gegend in reichlichem Maße. Die Heidelbeere, auch Blaubeere genannt, gibt es in Hülle und Fülle. Man verwendet sie als nützliches Heilmittel bei Magenbeschwerden und ist deshalb darauf bedacht, einen ausreichenden Vorrat, auch für den Haushalt, anzulegen. Nach der Erntezeit sieht man hinter den Fenstern die abwechselnd mit Zucker in große Gläser geschichteten dunkelblauen Beeren stehen, wo sie einige Wochen der Sonne ausgesetzt sind. Dadurch vollzieht sich ein Prozess, der die Früchte längere Zeit haltbar macht. Sie werden als Köstlichkeit pur oder manchmal auch zu Pudding oder Gries-Speisen gegessen. Für den Winter trocknet man die Blaubeeren auf dem Dachboden. Dann können sie zu gegebener Zeit in der Küche weiter verarbeitet werden. Die ersten gesammelten Früchte müssen bei der Forstverwaltung zum Verkauf abgegeben werden. Ihr unterliegt zum größten Teil die Nutzung des Waldes. Hier wird auch entschieden, wann mit der Beerenlese begonnen werden darf. Wer kann geht nun in den Wald. Die Ernte ist normalerweise sehr reichlich. Anna und die beiden großen Kinder sind bestrebt, möglichst viel der wertvollen Früchte zu sammeln. Geerntet werden die Beeren mit Hilfe eines Beerenkammes, mit dem die Sträucher abgestreift werden. Die Ernte wird gewogen und abgeliefert. Erst jetzt ist es erlaubt, die Heidelbeeren für private Zwecke zu sammeln. Preiselbeeren im Spätsommer und Pilze im Herbst tragen ebenfalls dazu bei, den Speiseplan der Familie etwas abwechslungsreicher zu gestalten; z B. zählen getrocknete Steinpilze in einer Bratensoße zu den Delikatessen.

Fleischgerichte gibt es allerdings nicht oft. Man lebt, soweit wie möglich, von dem, was in Hof und Garten wächst und was selbst hergestellt werden kann. Die Ziegen liefern die nahrhafte Milch und etwas Fleisch, die Hühner die Eier, der Garten die Kartoffeln und das frische Gemüse. Quark und Butter wird selbst hergestellt und evtl. geerntetes Getreide lässt man in der Mühle zu Mehl mahlen. Die Früchte des Waldes finden in zahlreichen fleischlosen Gerichten vielseitige Verwendung. Was der kleine Lebensmittelladen im Ort sonst noch bietet, ist nicht gerade viel. Das Kaufangebot ist jetzt während des Krieges sowieso nicht groß. Selbst wenn es so wäre, steht zu wenig Geld zur Verfügung, um sich viel leisten zu können. So lebt man von einem Tag in den anderen hinein, immer in dem Bestreben, über die Runden zu kommen.

Man schreibt das Jahr 1944. Maria wird im Dezember 3 Jahre alt. Ihre große Schwester Gerda ist wieder in dem Lehrerhaushalt tätig, wo sie bereits nach Abschluss ihrer Schulzeit gewesen ist. Die Tage von Anna sind ausgefüllt mit den notwendigen Arbeiten, die z. T. sehr zeitaufwendig sind. Für viele Tätigkeiten fällt ihr Mann nach wie vor durch seine Behinderung aus. Allein schon die Versorgung von Haushalt, Haus und Garten mit Wasser verlangt von Anna einen großen Kraftaufwand. Einige Dorfbewohner können das Wasser in einem selbst hergerichteten Wasserhäuschen aus einer Quelle schöpfen. Aber zu ihnen zählt Anna nicht. Die dem Haus gegenüberliegende Wasserquelle im Gelände auf der anderen Straßenseite bringt meistens nur ein kleines Rinnsal hervor. Fast alles, was zum Kochen, Waschen, Putzen, Baden und Bewässern benötigt wird, schafft sie aus dem in ca. 80 m entfernten Bach hinter dem Haus das ganze Jahr hindurch in Wasserkannen herbei. Im Winter ist es manchmal besonders problematisch, wenn Schnee und Eis den Bach bedecken und der Wasserfluss erst einmal freigehackt werden muss. Sind die Wetterverhältnisse zu schlecht, wird einfach Schnee ins Haus geholt, geschmolzen und vielseitig verwendet. So ist es nicht verwunderlich, dass Anna sich an so einem Tag auf die warme Ofenbank freut, wo sich ihre müden und kalten Glieder wieder erholen können. Abwechslung gibt es in den Wintermonaten wenig. Die Hauptbeschäftigung nach getaner Tagesarbeit ist die Heimarbeit. Es zählt zu den Besonderheiten in Stiebnitz, dass es in einigen Häusern elektrischen Strom gibt. Versorgt werden sie durch das private Sägewerk im Ort. Jedem Haus stehen dann jeweils 1 bis 2 Birnen als Lichtquelle zur Verfügung. Diesen Fortschritt gibt es auch im Haus von Anna und Franz. Dadurch ist es möglich, durch einen Volksempfänger über den Verlauf des Krieges informiert zu werden, jedoch nur in der Form, wie es für die Ohren der Bevölkerung bestimmt ist.

Öffentliche Verkehrsmittel sind sehr rar. Einmal am Tag fährt ein Bus in jede Richtung. Und so begibt man sich nur in die umliegenden Dörfer und Städtchen, wenn es unbedingt nötig ist. Die Menschen hier sind es gewohnt, dass man - hauptsächlich in den schneefreien Monaten des Jahres - lange Strecken zu Fuß zurücklegt, auch wenn man stundenlang unterwegs ist. Im Winter haben solche Unternehmungen allerdings ihre Tücken. Das musste auch Annas Großvater erfahren. Er starb in einem schneereichen Winter durch Erfrieren, als er während eines starken Schneetreibens die Orientierung auf dem Weg zu seinen Verwandten verloren hatte.

Seit Beginn des Krieges ist das Leben im Allgemeinen wesentlich anders geworden. Vor allem sind Unsicherheit und die Sorge um die Männer und Söhne an der Front die Begleiter ihrer Angehörigen zu Hause. Trotzdem lebt man in der Hoffnung, eines Tages wieder mit ihnen in Frieden vereint zu sein. Aber nicht allen ist dieses Glück beschieden, denn etliche Familien müssen erfahren, dass diese schreckliche Zeit auch ihnen Opfer abverlangt oder dass einer als vermisst gilt, so wie der Sohn von Annas Bruder.

Anna und Franz genießen das Glück mit ihrer kleinen Tochter. Sie verschönert ihnen den grauen Alltag. Oft überfällt Anna das Verlangen, mit Maria hinauf auf den Berg zu ihren Eltern zu gehen. Das ist für die beiden mit viel Anstrengung verbunden, denn die kleinen Füßchen werden schnell müde, vor allem wenn es bergauf geht. So trägt Anna sie auf ihren Armen den Berg hinauf. Sonn- oder feiertags schauen ihre Eltern ihnen manchmal schon erwartungsvoll entgegen. Diese Tage sind für alle immer eine wohlverdiente Unterbrechung ihrer sonst so arbeitsreichen Zeit. Mutter Anna hat dann ihre Arbeitsschürze und ihr Arbeitskleid gegen ihr Sonntagsgewand eingetauscht. Tochter Anna sieht sie schon von weit unten in einem blau/weiß gestreiften Kleid aus Leinen. Erst wenn man näher kommt, sind die kleinen Blümchen in den Streifen des Kleides zu erkennen, die ein verhältnismäßig junges Aussehen vermitteln. Die weiße Knopfleiste und Halsblende sowie Manschetten an den langen Ärmeln zieren das Oberteil des Kleides. Der Rock ist etwas gekräuselt, wodurch ihre Taille betont wird, und bedeckt fast ihre Knöchel. Schwarze Strümpfe und Schuhe runden das Bild ab. Auch Vater Josef hat sich fein gemacht mit dunkler Hose und weißem Hemd mit schmalem geknöpftem Stehkragen. Außer Atem oben auf dem Berg angekommen, werden die beiden für den mühevollen Weg belohnt. Anna hat ein sehr liebevolles Verhältnis zu ihren Eltern und auch Maria geht gern dorthin, denn ihre Großeltern wissen immer etwas mit ihr anzufangen, was ihr gefällt. Obwohl Annas Mutter, 1867 geboren, jetzt 76 Jahre alt und fast 10 Jahre älter ist als ihr Mann Josef, sieht man ihr den Altersunterschied nicht an. Annas Vater Josef ist ein hagerer Mann, nicht zuletzt aufgrund der schweren Arbeit, die er während seines bisherigen Daseins verrichtet hat. Lange verdiente er sich sein Geld als Holzfäller im Wald. Jetzt fallen ihm mittlerweile der Weg auf den steilen Berg und die erforderlichen Arbeiten, die sich aus der kleinen Landwirtschaft ergeben, schon schwer. Zu dem Anwesen gehört etwas Land, das gerade ausreicht, um eine Kuh und ein Kalb zu ernähren. So gut er kann, ist er noch seinem Sohn und dessen Familie behilflich, die im selben Hause wohnen.

Obwohl die Härte des Lebens in Annas Vater deutliche Spuren hinterlassen hat, ist es ihm gelungen, jeweils gemeinsam mit seiner Frau die harten Bedingungen, die bisher ihr Leben prägten, unter äußersten Anstrengungen zu meistern. Sie fanden dann immer wieder zu dem Maß an Stärke zurück, das erforderlich war, um sich den bevorstehenden Anforderungen erneut mit Erfolg stellen zu können. Daran hat Annas Mutter durch ihr starkes aber liebevolles Wesen einen großen Anteil. Es ist nicht verwunderlich, dass es ihre Tochter oft zu ihr zieht um sich bei ihr auszusprechen. Dann legt sie ihre Arbeit zur Seite, und widmet sich dem Gespräch mit ihrer Tochter und der kleinen Maria. Manchmal sitzt sie gerade in der Stube auf der Bettkante und löffelt behaglich Milchkaffee mit Brotbrocken aus ihrem Kaffeetopf, gesüßt mit etwas Zucker. Auffallend sind ihre Augen, die für Freundlichkeit, Offenheit, Klarheit und ein liebevolles Miteinander ihren Mitmenschen gegenüber sprechen. Ihre aufrechte Körperhaltung drückt Stärke und Geradlinigkeit aus. Zu ihren bedeutenden Aspekten hat schon immer eine gewisse Disziplin sich selbst gegenüber gehört. So ist es für sie zu einem Ritual geworden, sich morgens nach dem Aufstehen, sobald es die Temperaturen zulassen, in aller Frühe ins Freie an das offene Wasserhäuschen mit der Wasserpumpe zu begeben, um sich dort nicht nur zu waschen, sondern auch ihre gymnastischen Übungen durchzuziehen. Sie ist der Meinung, dass dieses zur Stärkung von Körper und Geist beiträgt.

Gerdas Bruder befindet sich seit letztem Frühjahr auf einem landwirtschaftlichen Lehrbetrieb in der Nähe von Neutitschein. Die Gelegenheitsarbeiten bei der Gemeinde in Stiebnitz waren nicht das, was er sich für seine Zukunft vorgestellt hatte. Hier in dieser ertragreichen Gegend von Mähren, einem Teil des Sudetenlandes, hat er nun das gefunden, was seinen Neigungen entspricht. Bei Arbeiten in der freien Natur und dem Umgang mit den Tieren, besonders mit Pferden, kann er seinen Zukunftsträumen freien Lauf lassen. Der Betrieb ist 200 Morgen groß und die Bewirtschaftung bezieht sich überwiegend auf den Anbau von Gemüse. Dadurch, dass die meisten Männer in die Kriegsgebiete geholt wurden, macht sich überall ein Mangel an Arbeitskräften bemerkbar. So auch auf diesem landwirtschaftlichen Betrieb. Franz, der mitten in dieser

Misere steckt, hat eine Idee und will sie so schnell wie möglich umsetzen.

„Sag mal, hast du nicht Lust, bei uns auf dem Hof zu arbeiten?“, fragt er seine Schwester Gerda, als er das nächste Mal seine Eltern besucht.

„Wir haben wenig Leute und sehr viel Arbeit.“

Für Gerda kommt das etwas plötzlich. Sie weiß, wie gut sie es in dem Lehrerhaushalt hat und dass in dem Haushalt ihrer Mutter auch immer genug zu tun ist. Familienrat wird gehalten und man ist sich letztendlich einig, als Gerda sich entschließt, mit ihrem Bruder auf dessen Lehrbetrieb zu gehen. Der 16-jährige Franz ist froh, seine Schwester in seiner Nähe zu haben, bei der er sich aussprechen kann. Arbeit ist er von früher schon gewohnt; doch die Arbeitstage sind hier besonders lang, und so fällt er abends total erschöpft in sein Bett.

Eines Tages im Winterhalbjahr 1943/44 kommt Abwechslung in seinen Alltag. Er muss im Februar zur Musterung. Da er sich jedoch gerade in seiner schulischen Ausbildung des landwirtschaftlichen Betriebes befindet, wird er ein halbes Jahr von dem Kriegsdienst zurückgestellt. Man teilt ihm mit, dass er im August zur Nachmusterung wieder zu erscheinen hat. So schließt er seine Gehilfenprüfung ab und geht anschließend im Frühjahr 1944 zusammen mit seiner Schwester Gerda zurück nach Stiebnitz. Dort ist in dem nahe gelegenen Gasthaus eine deutsche Strafkompanie untergebracht. Unter den Soldaten befindet sich auch ein gut aussehender junger Mann: Groß, schlank, blond und spaßig. Gerda findet Gefallen an ihm. Sie verliebt sich in ihn und sie heiraten. Immer wieder schwärmt er von seinem Bauernhof in der Lüneburger Heide. Wie so oft, liegt er eines Tages wieder auf der Ofenbank, die Hände hinter dem Kopf verschränkt, und genießt die wohlige Wärme, die vom Kachelofen ausströmt.

„Franz“, sagt er plötzlich zu seinem Schwager.

„Ich mache dir ein Angebot. Du kennst dich doch aus in der Landwirtschaft und hast Erfahrung in der Bewirtschaftung eines solchen Betriebes. Ich hätte gern, dass du die Leitung meines

Betriebes in der Lüneburger Heide übernimmst, falls mir im Krieg etwas zustößt."

"Ich kann mir vorstellen, dass dir das 10.000 Reichsmark wert ist, als Dank sozusagen", fährt er nach einer kurzen Pause fort." Franz lässt auf dieses Angebot hin ein vielsagendes Lachen hören und macht sich so seine Gedanken. Auch Gerda findet diese Aussage etwas merkwürdig und stellt nun ihrerseits Nachforschungen in der Vergangenheit ihres Mannes an. Das ist in diesen Kriegswirren nicht einfach; doch gelingt es ihr, Kontakt mit seiner Schwester aufzunehmen. Dabei erfährt sie die bittere Wahrheit, dass sie einem Hochstapler ihr Vertrauen geschenkt hat, welches er maßlos ausnutzte. Das vermeintliche Glück dauerte nur knapp 1 Jahr.

Kurze Zeit später, im Februar 1945, erhält Franz von dem Meldeamt in Glatz, einer Bezirksstadt in Schlesien, den Bescheid zur Nachmusterung mit der Vorgabe, sich bei dem Nachwuchsoffizier in Böhmisch Trübau zu melden. Er begibt sich in den Zug und erscheint anordnungsgemäß bei dem zuständigen Offizier. Hier muss er zunächst einmal die Zeremonie der Musterung über sich ergehen lassen und bekommt anschließend den Einberufungsbefehl ausgehändigt. Als er wieder am Bahnhof eintrifft, um nach Hause zurückzukehren, erfährt er, dass es ihm nicht mehr möglich ist, den Zug zu benutzen. Während seines Aufenthaltes in Böhmisch Trübau haben die tschechischen Partisanen die Bahnlinie gesprengt. Franz sieht keine andere Möglichkeit, als zu Fuß den Heimweg anzutreten. Eine genaue Vorstellung, wie das gehen soll, hat er nicht. So begibt er sich einfach auf Schusters Rappen. Unterwegs nehmen ihn ab und zu einige deutsche Soldaten auf ihren Lastwagen mit. Die letzten 70 km seines Heimweges muss er dann zu Fuß gehen. Hunger schleicht sich ein und die Füße werden immer schwerer. Es ist ein Sonntag, als er, am Ende seiner Kräfte, zu Hause ankommt.

Am darauf folgenden Mittwoch wird Stiebnitz unerwartet in Aufruhr versetzt. Ein lautes Dröhnen aus Richtung Ortseingang erfüllt plötzlich die Luft. Eine endlos erscheinende Anzahl von

Pferden, ohne Geschirr und Reiter, galoppiert innerhalb von zwei Tagen über die staubige Durchgangsstraße durch den Ort. Der Boden zittert förmlich unter den Hufen der schweißbedeckten Tiere. Am Schluss sieht man 2 hohe deutsche Offiziere, bis zur Unkenntlichkeit verschwitzt und verstaubt, auf gewaltigen Kaltblut-Pferden heran preschen. Weißer Schaum bedeckt die Mähnen der Tiere und kalter Schweiß tropft nahezu in Rinnsalen von ihren Körpern zur Erde. Selbst mit einem gewaltigen Ruck der Zügel bringen die Reiter sie kaum zum Stehen. Mit lautem Gewieher steigen sie erst einmal mit ihren Vorderhufen in die Luft und bringen so ihre Aufregung zum Ausdruck. Außer Atem und in höchster Eile fragen die Offiziere nach dem Weg in den Westen. Man weist ihnen die Richtung. Und schon geht es weiter. Zurück bleibt eine riesige Staubwolke, die beide Soldaten mit ihren Pferden verschluckt. Es waren die Reste einer deutschen Garnison. Ein schauerliches Gefühl beschleicht die Bewohner der sonst so ruhigen Ortschaft.

Auf der Wiese neben dem landwirtschaftlichen Anwesen der Familie Schediwy lässt sich an einem der darauf folgenden Tage ein Trupp Soldaten nieder. Sie sind die Überlebenden einer deutschen Truppe. Ohne besondere Vorkommnisse setzen sie ihren Weg nach einiger Zeit wieder fort. Zurück bleibt allerdings ein Foto, auf dem Annas Neffe, der Sohn ihres Bruders, zu erkennen ist. Zu diesem Zeitpunkt gilt er schon als vermisst. Ist es vielleicht ein übersandtes Zeichen von ihm durch einen der Soldaten? Viele Fragen werden erörtert, doch beantworten kann sie niemand. Der es vielleicht weiß, ist schon weit weg, irgendwo, in den Wirren der Kriegszeit.

Für Franz hat sich die Angelegenheit bezüglich der Einberufung erledigt. Der Krieg ist beendet. Allen in der Familie fällt ein Stein vom Herzen. Zudem ist Anna froh, dass ihr Sohn nun bei den täglichen Arbeiten mitanpacken kann, wenn sich ihm nicht gerade irgendeine Gelegenheitsarbeit bietet. So bleibt dem flinken jungen Burschen ebenso wenig freie Zeit wie seinen Eltern. An Sonn- und Feiertagen ruht die Arbeit bis auf das Versorgen der Tiere. Franz, der nahezu die Größe seines Vaters Franz erreicht hat, begibt sich dann, entsprechend der Jahreszeit, in seine Freizeitkleidung. Hier im Adlergebirge hat sich zwar der Winter schon vor kurzem mit seiner weißen Pracht verabschiedet, doch manchmal riecht die Luft noch etwas nach Schnee. Jetzt im zeitigen Frühjahr fühlt sich der junge Mann in seinem dunkelgrauen Anzug und dem dunkelblauen Pullover mit V-Ausschnitt, aus dem ein weißes offenes Hemd mit spitzem Kragen hervorschaut, recht wohl. Vater Franz sieht man gelegentlich in dunkelgrauer Hose mit schwarzem Sakko, ebenfalls in weißem Hemd, aber zugeknöpft und zu besonderen Anlässen auch mit Krawatte. Der dunkle Oberlippenbart verleiht seinen Gesichtszügen eine gewisse Strenge. Er scheut nicht die Mühe, diesen abends mit Bartwachs zu behandeln, die Enden zwischen Zeigefinger und Daumen zu drehen, bis sie sich zu zwei gleichen Kringeln formen. Anschließend bekommt das Ganze zusätzlich eine Bartbinde. Und so begibt er sich dann in sein Bett. Am Morgen wird alles noch etwas in Form gezogen. Manchmal genügt ihm aber auch nur sein mit etwas Speichel angefeuchteter Zeigefinger und Daumen, um dem Bartgebilde das richtige Aussehen zu verleihen. Anna zieht sonntags meistens ein hellgrau gemustertes Kleid an. Dazu trägt sie in der noch kälteren Jahreszeit einen dunkelgrauen Wollmantel mit schwarzen großen Knöpfen, zweireihig, der das wadenlange Kleid nur bis zu den Knien bedeckt, passende helle Strümpfe und schwarze Schuhe. Ein schwarzes Kopftuch, unter dem Kinn zu einem Knoten gebunden, ersetzt jetzt das helle des Sommers. Maria sieht man bei solchen Gelegenheiten in einem Stoffmäntelchen aus hell und dunkel gewebter Wolle. Den Kragen ziert eine weiße Paspel. Zusammen mit der weißen Strickmütze hebt sich beides gut davon ab. Die Strümpfchen sind dunkelgrau, die Schuhe schwarz. Gerda zieht meistens die Figur betonte Kleidung und aufgesteckte Frisur vor. So begibt man sich dann zur Kirche oder auf den Weg, um Verwandte oder Bekannte zu besuchen.

Kampf ums Überleben

Angst und Mut

1945 besetzen die Tschechen das Sudetenland und somit auch Stiebnitz. Es beginnt eine angstvolle Zeit voller Schrecken und Grauen. Die meisten der noch in dem Ort verbliebenen Männer, die aus Alters- oder sonstigen Gründen nicht zur deutschen Wehrmacht eingezogen wurden, werden jetzt von den Besetzern nacheinander abgeholt. Franz und seinem Sohn ist beizeiten bewusst, dass sie, durch die Lage ihres Hauses direkt an der Durchgangsstraße, mit bei den Ersten sein würden. Ohne lange zu überlegen, entschließen sie sich, so schnell wie möglich ungesehen das Haus zu verlassen. Es gelingt ihnen, ohne entdeckt zu werden, sich in Annas elterliches Haus oben am Berg zu begeben. Von dort können sie beobachten, wie tschechische Partisanen mit vorgehaltenen Gewehren unten im Tal in und um ihr Wohnhaus nach ihnen suchen. Das erzeugt nicht gerade ein beruhigendes Gefühl. Die eingesammelten Männer werden in das Forstamt gebracht und dort schwer misshandelt. Blutverschmierte Wände geben später Zeugnis davon. Die übrigen Bewohner von Stiebnitz, darunter auch Anna, können die Schreie der misshandelten Männer, die unüberhörbar über das Dorf hallen, kaum ertragen. Es dauert gut 2 Tage bis sich diese schier unerträglichen Situationen wieder etwas beruhigen. Die Männer, die überlebt haben, werden abtransportiert. Man spricht davon, dass sie in verschiedenen tschechischen Gefängnissen untergebracht werden sollen. Keinem der zurückgebliebenen Angehörigen ist bekannt, wo sie hinkommen. Die Menschen verbringen die nächsten Tage und Nächte in Unruhe und Angst bis zu dem Tag, an dem sich ereignet, was keiner von ihnen sich hätte jemals vorstellen können.

Es ist der 5. Juni 1945, als der Bürgermeister von Stiebnitz am frühen Morgen um 6:30 Uhr auf seinem Fahrrad durch das Dorf fährt. Die Glocke in seiner rechten Hand schwingt er kräftig hin und her. Das ist immer der Fall, wenn eine öffentliche Mitteilung verkündet werden soll. Aufgeregt stürmen die Menschen auf die Straße und trauen ihren Ohren nicht.

„Auf Anordnung der tschechischen Machthaber fertigmachen zur Aussiedlung. Mitgenommen werden darf an Gewicht nur, was jeder tragen kann; höchstens 30 kg und Verpflegung für ein paar Tage“, gibt die laute Stimme des Bürgermeisters bekannt.

Nachdem die Starre des Entsetzens gewichen ist, rennen und schreien die Menschen durcheinander. Panik bricht aus. Alle sind kopflos. Jeder rafft in höchster Eile das zusammen, was ihm im Moment am nötigsten erscheint und er gerade noch zu tragen vermag. Es bleibt nicht viel Zeit zum Vorbereiten, denn um 9:00 Uhr sollen alle auf der Kreuzung bei der Scheune des Forstamtes versammelt sein. Für Anna ist die Situation besonders schwer, da ihr Mann als Beinamputierter nicht viel tragen kann. Eine Hand braucht er schon für seinen Gehstock. Folgedessen hat er nur eine Hand für das Gepäck frei. Anna will auch unbedingt das Daunenbett mitnehmen, das mollige Wärme spenden könnte, wenn die Situation es erfordern würde. Sie rafft es in aller Eile zusammen und ihr jetzt 18-jähriger Sohn Franz schnürt es mit seiner ganzen Kraft zu einem verhältnismäßig kleinen Bündel, das er ihr dann zu den anderen Habseligkeiten auf ihrem Rücken dazu hängt. Dann belädt er sich selbst, bis es nicht mehr geht, mit Dingen, die man meint mitnehmen zu müssen. Ebenso bereitet sich seine Schwester Gerda vor. Ängstlich und verschüchtert irrt die kleine Maria zwischen all diesen Wirrnissen umher. Sie ist gerade 3½ Jahre alt und kann überhaupt nicht verstehen, was das alles zu bedeuten hat. Tröstend nimmt Anna sie an ihre Hand und dann macht man sich auf zu der besagten Kreuzung im Ort, wo alle befahrbaren Straßen aus der Umgebung zusammentreffen. Hier bietet sich ein Bild des Elends. Alte und Kranke werden auf Handkarren herbeigefahren. In allen Gesichtern spiegeln sich Angst und Entsetzen. Nachdem die Einwohner von Stiebnitz sich vollzählig versammelt haben, beginnt man, sie zu sortieren. Annas Bruder gehört zu denen, die zurückbehalten werden, denn Sägewerks- und Waldarbeiter sind als Arbeitskräfte vor Ort vorgesehen. Als seine Frau sich energisch weigert, ohne ihren Mann Stiebnitz zu verlassen, bleibt die ganze Familie, auch Annas Eltern, zurück. Die weiblichen Jugendlichen und alleinstehenden jungen Frauen nimmt man ebenfalls zur Seite. Sie sollen bei den Tschechen als Arbeitskräfte verteilt werden. Annas 22-jährige Tochter Gerda ist auch dabei. Um 10:00 Uhr werden alle anderen aufgefordert, den Abmarsch anzutreten. Unter Bewachung setzt sich die Schlange von weinenden und mitleiderregenden Menschen in Bewegung. Über dieses leidvolle Geschehen kann auch der heutige warme und sonnige Tag keinem von ihnen hinweghelfen.

Der Weg führt an der Dorfkirche und verlassenen Häusern vorbei, dann durch ein Waldstück in den Nachbarort. Vielen wird das Gepäck, das sie mitgenommen haben, so schwer, dass sie nicht mehr alles tragen können. So wird manches weggeworfen oder zurückgelassen. Weiter geht es über Kronstadt nach Langenbrück, einem Ort an der alten Reichsgrenze. Es ist 17:00 Uhr, als die Vertriebenen dort eintreffen. Sieben Stunden sind sie unterwegs gewesen. Sie werden schon von russischen Soldaten erwartet, bewaffnet mit Maschinenpistolen und Gewehren. Kurz und bündig erfolgt die Übergabe an die Russen, die eine Wiese zum Lagern freigeben. Alle sind todmüde von dem langen Marsch und froh, dass sie sich dort niederlassen können.

Gerüchte machen sich breit. U. a. munkelt man, dass die jungen und andere noch arbeitsfähige Männer nach Russland gebracht werden sollen. Es dauert nicht lange, bis ein Befehl kommt.

„Alle Jungen und Männer auf die eine Seite antreten, Frauen und Kinder auf die andere!“ Erneute Angst, erneutes Entsetzen. Emotionen brechen auf. Die Situation ist unbeschreiblich. Am

Abend, bevor die Dunkelheit hereinbricht, werden die Frauen aufgefordert, sich mit den Kindern abmarschbereit zu halten. Niemand weiß, was ihnen bevorsteht. Alle warten gespannt darauf, was jetzt geschehen wird. Wortkarg erscheinen plötzlich einige russische Soldaten und bringen sie unter Bewachung in eine große Scheune. Auf dem Boden ist Stroh aufgestreut. Es ist das Lager für die Frauen und Kinder in dieser Nacht. Den Männern weist man einen großen Saal zu. Allerdings können sie nur auf blankem Fußboden ihre überaus müden Glieder ausstrecken. Wer nicht gerade vom Schlaf überfallen wird, verbringt die nächsten Stunden in Sorge, auch um seine Angehörigen.

Am Morgen macht sich große Erleichterung breit. Die Männer und Frauen beider Lager werden wieder zusammengeführt. Nach dem Befehl des Abmarsches setzt sich die Schlange derjenigen, die noch in der Lage sind, zu Fuß zu gehen, und denen, die aufgrund ihrer Krankheit oder Gebrechlichkeit in Karren und Handwagen transportiert werden müssen, wieder in Bewegung. Die verbliebenen Habseligkeiten, die getragen werden müssen, erscheinen immer schwerer, denn die Kraft wird immer geringer.

Jeder hat sich bemüht, seinen Proviant gut einzuteilen, damit man möglichst lange darauf zurückgreifen kann. Aber Hunger ist keine Krankheit, sondern eine ganz natürliche Reaktion des Körpers. So ist es nicht verwunderlich, dass er sich durch die großen Strapazen der letzten Tage immer schneller wieder eingestellt hat. Es ist kaum noch etwas vorhanden, womit man ihn stillen kann. Plötzlich tauchen einige Häuser auf. Sie gehören zu einer etwas höher gelegenen kleinen Ansiedlung. „Im Brand“ wird dieser Ort genannt und hier heißt es „Halt“! Die russischen Soldaten geben bekannt, dass hier gelagert werden soll. Erschöpft lassen sich alle irgendwo in dem Bereich nieder, der ihnen zugewiesen wird. Wenn nur die entsetzliche Leere im Bauch nicht wäre. Aber wenigstens kann man etwas ausruhen. Unerwartet kommt Bewegung in die Russen. Rührig eilen sie hin und her. Dann ist es soweit. Eine Gulaschkanone wird aufgestellt, um die Verpflegung der Aussiedler zu gewährleisten.

Eine gute Woche können sich die Menschen ausruhen und Kräfte sammeln, bis wieder ein Befehl zum Aufbruch kommt. Schnell wird die Habe abermals zusammengepackt. Die wenigen Kleidungsstücke, die man noch besitzt, werden, soweit wie möglich, übereinander gezogen, um sie nicht tragen zu müssen. Bei den jetzt herrschenden warmen Temperaturen ist das jedoch nicht unbedingt eine Erleichterung. Unter Bewachung geht es zu Fuß weiter bis nach Langenau, einer Ortschaft in der Nähe von Habelschwerdt. Es dauert lange, bis die müden Menschen dort alle versammelt sind. Die Ungeduld der Bewacher ist nicht zu verkennen.

"Neue Bewachung abwarten!", ertönt plötzlich eine barsche Stimme mit russischem Akzent. Ratlos, ohne Geleit und Ziel, stehen die Menschen herum. Die Stunden vergehen, aber nichts geschieht. Kleine Gruppen bilden sich. Sie beratschlagen, was man jetzt wohl machen könnte. Mittlerweile ist es Nachmittag geworden. Anna, Franz und Sohn Franz machen dem Warten jetzt ein Ende. Sie fassen den Entschluss, sich wieder zurück in Richtung alte Reichsgrenze zu begeben. Sie hoffen immer noch, irgendwie wieder nach Hause zu gelangen. Mit ihren wenigen Habseligkeiten ziehen sie erneut los. Als sie nach Lichtenwalde kommen, wird es Zeit, sich nach einer Übernachtungsmöglichkeit umzusehen. Bei einem Bauern finden sie eine Unterkunft. Alle sind erleichtert, denn die kleine Maria braucht unbedingt einen Platz, wo sie schlafen kann. Auch die Erwachsenen sehnen sich danach, sich endlich ausstrecken und ruhen zu können. Auf diesem Hof befindet sich bereits eine andere Familie, die ebenfalls ausgesiedelt wurde. Nun ist man nicht mehr so ganz allein mit seinen Problemen. Hier auf dem landwirtschaftlichen Anwesen werden im Moment Arbeitskräfte gebraucht. Es ist Ende Juni und die Heuernte steht an. Deshalb kommt es dem Bauern jetzt ganz gelegen, als er gefragt wird, ob man auf dem Hof bleiben könne, um sich etwas zu verdienen. Für Anna, ihren Mann und Sohn Franz, kehrt jetzt arbeitsmäßig fast ein normales Leben ein. Sohn Franz hilft, das Heu einzubringen und bei vielem mehr. Für jeden gibt es etwas zu tun.

Man arbeitet, hat einigermaßen ausreichend zu essen und ein Dach über dem Kopf. Wäsche kann man auch waschen. Es gibt auf diesem landwirtschaftlichen Betrieb allerdings auch eine Besonderheit. Aus Roggen, der hier in ausreichendem Maße zur Verfügung steht, wird Schnaps gebrannt. Für die große Anzahl russischer Soldaten ist das eine gute und gern gesehene Bezugsquelle, so dass sie von dem ungewöhnlichen Angebot regen Gebrauch machen. Franz und sein Sohn sind zuständig für deren entsprechende Versorgung. Das führt dazu, dass die beiden in anderer Hinsicht von den Russen bevorzugt behandelt werden.

Es ist einen Monat später, im Juli, als plötzlich eine neue Anweisung kommt. Alle Aussiedler sollen sich an einer bestimmten Stelle des Ortes erneut versammeln. Als man sich an dem Treffpunkt einfindet, herrscht dort schon reges Treiben. Pferdefuhrwerke sind ebenfalls eingetroffen. Die Menschen und das wenige Gepäck werden verladen. Für die Alten stellt das erneut ein neues Problem dar, aber irgendwie schaffen sie es doch. Langsam setzen sich die Pferde in Bewegung und die Wagen rollen hintereinander in Richtung Glatz an. Man hat sich mittlerweile schon fast daran gewöhnt, dass die russische Bewachung eine Normalität ist. Der Bahnhof in Glatz kommt in Sicht. Dort werden alle auf die Bahnsteige gebracht, um dort eine neue Bewachung abzuwarten.

Allmählich kommt Unruhe unter die Menschen, denn das Warten will kein Ende nehmen. Als nach einigen Stunden immer noch nichts geschieht, fasst man den Entschluss, sich in Eigeninitiative in die nahe gelegenen Orte zu verteilen. Anna und ihre Familie schließen sich wieder den Aussiedlern an, mit denen sie bereits auf dem vorherigen Bauernhof Kontakt hatten. Diese wissen, dass in der Nähe von Habelschwerdt Verwandte ihrer Bekannten wohnen. Man hofft, dort eine Zeit lang eine neue Bleibe zu finden. Als sie das Ziel erreichen, müssen sie jedoch feststellen, dass dort auf längere Sicht kein Platz mehr für sie vorhanden ist. Außerdem ist die Wahrscheinlichkeit auf Verpflegung gleich Null. Sie können aber trotzdem heute Nacht dort bleiben. Hier hat man wenigstens ein Dach über dem Kopf, wenn es auch nur ein offener Schuppenanbau ist. Am nächsten Tag brechen die beiden Familien wieder auf. So ziehen sie mit ihren wenigen Habseligkeiten die Landstraße entlang, immer auf der Suche nach einer neuen Unterkunft. Nach ca. 3 Stunden sehen sie, wie sich ihnen ein älterer Herr nähert. Er bleibt stehen.

"Wo kommt ihr denn her?", fragt er erstaunt.

Sie berichten ihm, was sich zugetragen hat. Er sinnt kurz nach.

„Geht noch 2 bis 3 km weiter. Dann kommt ihr zu einem großen Gut. Der Gutsbesitzer stammt aus Landskron im Sudetenland. Versucht es dort einmal."

Freudig bedanken sie sich für diese Auskunft. Sie ist ein Hoffnungsschimmer. Obwohl ihre Füße schon schwer sind und ihre Glieder schmerzen, sieht es aus, als ob diese Worte ihnen neue Kraft verliehen hätten. Es geht minimal besser voran. Auf dem Gutshof angekommen, fragen sie nach dem besagten Eigentümer. Es dauert nicht lange und es erscheint ein stattlicher Herr, dem Anschein nach vielleicht 60 Jahre alt. Nach kurzem Gruß fragt er nach dem Grund ihres Daseins. Wieder erzählen die Suchenden ihre Geschichte und tragen ihr Anliegen vor. Jetzt kommt Leben in den Mann.

„Das passt ja gerade", sagt er mit entsprechenden Armbewegungen als Unterstreichung seiner Worte.

„Unsere polnischen Arbeitskräfte sind vor ein paar Tagen abgezogen. Wir brauchen dringend Ersatz. Deren Wohnungen sind jetzt frei."

Erleichtert und froh richten sich die beiden Familien ein, so gut es geht. Erschöpft und nichts Arges ahnend lassen sie sich auf ihr Nachtlager fallen. Endlich mal wieder schlafen. Doch sind die nächsten Nächte nicht so störungsfrei, wie sie gedacht haben. Es gibt nämlich noch andere Mitbewohner in diesen Unterkünften, die Groß und Klein sehr zusetzen. Es sind die Flöhe und Wanzen, die nicht mit den Polen gegangen sind, sondern hier neue Opfer suchen. Mit vereinten Kräften versucht man, der Tierchen habhaft zu werden. Im Laufe der darauffolgenden Tage wird es allmählich besser. Es scheint alles einigermaßen gut zu laufen, alle haben eine Beschäftigung bekommen. Sohn Franz hat man zu seiner großen Freude die Pferde anvertraut. Die anderen helfen bei der Heuernte und auf den Rübenfeldern. Der Gutsinspektor ist ein lieber, älterer Herr, der jeden Morgen nach einem Glockenschlag die Beschäftigten einteilt. So wissen täglich alle, was sie zu tun haben. Inzwischen ist es August geworden und die Getreideernte beginnt.

Es kommt für alle äußerst überraschend, als das Gut von der russischen Verwaltung übernommen wird. Nun ändert sich alles. Es gibt keinen Lohn mehr und das Essen wird nach entsprechender Leistung zugeteilt. Sohn Franz zählt zu den Kutschern der Pferdefuhrwerke. Sie bekommen nur trockenes Brot. Wer mit Gabel und Rechen arbeitet, kommt zusätzlich in den Genuss von etwas Butter. Die Ernte wird eingebracht; Vater Franz braucht wegen seiner Beinamputation nicht mit seinem Sohn auf das Feld. Er muss mit einem anderen zusammen am Hoftor während der Nachtstunden Wache schieben. Eines Nachts fallen beiden vor Langeweile und Müdigkeit die Augen zu. Der diensthabende Aufseher macht gerade seine Runde, als er die beiden friedlich in etwas nach vorne gebeugter Haltung schlafen sieht. Die Strafe folgt ihnen auf dem Fuße. Sie werden kurzerhand für ein paar Tage eingesperrt, und das ohne jegliche Verpflegung.

Am ersten Morgen, als Anna davon erfährt, macht sie sich auf, für ihren Mann zu bitten, ihn wenigstens mit etwas Essen und Trinken zu versorgen. Ihre Bemühungen bleiben jedoch erfolglos. Den Eingesperrten in der Scheune wird die Zeit lang. Sie sehen sich in ihrer Umgebung etwas genauer um und entdecken dabei im hinteren Teil des dunklen Verlieses plötzlich ein Lattengerüst. Es ist die Rückseite eines Kartoffellagers. Not macht ja bekanntlich erfinderisch. Sie warten zunächst eine für ihr Vorhaben günstige Zeit ab. Einer von ihnen beginnt dann, mit einem herumliegenden Werkzeug an einer unauffälligen Stelle ein Loch in die Latten zu stemmen. Ganz ohne Geräusche ist das aber nicht durchführbar, daher presst der andere während dessen sein Ohr an den Eingang ihrer zwangsweisen Unterkunft, um rechtzeitig ein Warnsignal zu geben, falls sich jemand nähert. Die Mühe lohnt sich. Nach geraumer Zeit kommen ihnen die Kartoffeln langsam, einer nach dem anderen, entgegen. Rohe Kartoffeln sind nicht gerade das, was man sich so wünscht. Aber da Hunger bekanntlich fast alles hinein treibt, reiben die Inhaftierten die Erdfrüchte erst einmal am Hosenbein ab, um sie, soweit es geht, von der noch daran haftenden Ackerkrume zu befreien. Der Geschmack ist jetzt für sie nicht das Entscheidende, sondern dass der Hunger sich etwas legt. Wenn man lange genug darauf kaut, stillen sie auch das größte Durstgefühl. Der Arrest geht für die beiden Männer zu Ende, wohlwissend welche Folgen es gehabt hätte, wenn ihre Notlösung entdeckt worden wäre. Die Lücke im Lattengerüst ist wieder geschlossen und in Zukunft will einer der beiden während der Nachtwache auf den anderen aufpassen, damit er nicht einschläft. Mitte September ist sowohl für Anna und ihre Familie als auch für alle anderen Beschäftigten des Gutes das Leben dort vorbei. Die Russen schaffen alles weg, was zu dem Betrieb gehört. Das ganze Getreide, alle Vorräte und die 85 Kühe werden abgeholt. Wieder keine Arbeit, keine Ernährungsmöglichkeit.

Die beiden Familien, die zusammen angekommen sind, verlassen nun wieder gemeinsam den Ort, der ihnen Brot und Unterkunft gegeben hat. Sie beschließen, weiter in Richtung Habelschwert zu ziehen. Das bedeutet bis dorthin einen Fußmarsch von 35 - 40 km, der für Vater Franz allerdings ein Problem ist. Das wissen alle. Die einzige Möglichkeit, die als Alternative zur Verfügung steht, ist für ihn die Eisenbahn. So begibt man sich zu dem nächsten Bahnhof und löst für ihn eine Fahrkarte. Er zieht die noch übriggebliebenen gut verstauten Geldscheine hervor, die nicht mehr viel wert sind.

„240 Reichsmark!", fordert der Bahnbeamte am Schalter. Zögernd blättert Vater Franz das Geld hin. Es ist das letzte, das sie besitzen. Die Taschen sind jetzt leer.

Die kleine Maria ist erst 3 ¾ Jahre alt. Wie soll sie diesen Fußmarsch schaffen? Die Bereitschaft, sie zu tragen ist zwar vorhanden, aber nach reiflicher Überlegung nicht durchführbar.

Sohn Franz weiß, dass sich auf dem Gut noch ein Schmied und ein Stellmacher aufhalten. Er hat sich mit ihnen, genauso wie mit allen anderen Beschäftigten, gut verstanden. Hier sieht er eine Möglichkeit, doch noch eine Lösung des Problems zu finden. Als die beiden von der Situation der Familie erfahren, sind sie sofort bereit, zu helfen. Sie machen es möglich, dass Sohn Franz einen kleinen Pflugwagen in eine zweirädrige Karre mit Holzkasten und einer Deichsel umbauen kann. Obwohl die Räder aus Eisen sind, mit denen es sich nicht besonders gut fährt, sind alle froh und dankbar, ein Gefährt zu haben, in dem Maria jetzt befördert werden kann. Am nächsten Morgen geht es los. Sie wird in den kleinen Kastenwagen gesetzt und es ist sogar noch etwas Platz für einige Dinge, die man dazu legt. Bis zum Abend haben sie die Hälfte der Wegstrecke zurückgelegt. Jetzt wird es höchste Zeit, eine Übernachtungsmöglichkeit zu finden. Schließlich kommen sie zu einem Quartier, in dem sie zwar nicht in Betten, aber doch unter einem Dach übernachten können. Nach der Anstrengung dieses Tages schlafen alle einigermaßen gut; auch Maria, die auf den Eisenrädern ordentlich durchgeschüttelt wurde, denn der Weg führte nicht nur über glatte Straßen, sondern auch über ausgefahrene, holprige Strecken. Schon in aller Frühe des nächsten Tages rüstet man für die zweite Etappe des Weges. Die Müdigkeit vom Vortrag ist noch nicht ganz gewichen; aber man will nicht zu spät aufbrechen, um rechtzeitig am Ziel zu sein. Und so begibt man sich mutig wieder in sein Schuhwerk und nimmt sich vor, nicht darauf zu achten, wo es überall drückt. Erschöpft erreichen sie gegen Abend Lichtenwalde und treffen auf Vater Franz, der ja bereits mit dem Zug vorausgefahren war. Er hat in der Zwischenzeit schon eine Unterkunft bei einem Bauern besorgt. Dort können sie für die nächste Zeit bleiben und bei den zahlreichen Arbeiten helfen, die auf dem Hof anfallen. Die Kartoffelernte steht an und somit wird jede Arbeitskraft gebraucht. Damit ist die Verpflegung vorerst wieder gesichert.

Es ist Oktober. Die Ernten sind eingebracht und auf dem Bauernhof ist es etwas ruhiger geworden. In den umliegenden

Ortschaften haben sich viele Vertriebene niedergelassen. Keiner von ihnen weiß, wie es um die Zurückgebliebenen in der verlassenen Heimat steht. Eine Verbindung über Post und Telefon oder durch eine Zeitung gibt es nicht. Doch dann sickern ab und zu ein paar Neuigkeiten von Mund zu Mund durch. Eines Tages wird die Nachricht verbreitet, dass Frauen mit Kindern wieder nach Hause könnten. Das Problem ist, dass sie dabei heimlich über die Grenze nach Kronstadt - Grünborn müssten. Die „Wilde Adler", ein größerer Bach, der sich je nach Jahreszeit ausbreiten und unberechenbar sein kann, ist die Grenze, die zu überqueren wäre. Über die Brücken zu gehen ist unmöglich. Sie sind mit zahlreichen Wachposten besetzt. Anna, ihr Mann und Franz beraten, was man machen will.

„Ich werde mit Maria nach Hause gehen. Vater und Mutter sind zurückgeblieben. Ich will sehen, ob sie noch dort sind. Dann kann ich erst einmal zu ihnen gehen, wenn ich ankomme!", entscheidet Anna.

„Vielleicht erfahre ich etwas über Gerda. Wohin die Tschechen sie mitgenommen haben, oder ob sie jemand irgendwo gesehen hat", ergänzt sie nach einer Weile.

Ihre Gedanken sind täglich bei ihrer Tochter.

Alle wissen, dass es ein gefährliches Unterfangen ist. Anna will es so einrichten, dass sie an einem der nächsten Tage in der Morgendämmerung über die „Wilde Adler" kann. In bedrückter Stimmung helfen die beiden Männer am Vorabend die Vorbereitungen zu treffen. Dann, am frühen Morgen, begleiten sie die mutige Frau mit ihrer fast 4-jährigen Tochter bis auf die Höhe des Grenzortes Langenbrück. Der Abschied fällt allen schwer. Franz hebt seiner Mutter die nötigen Dinge, die sie mitnimmt, auf den Rücken. Das zusammengeschnürte Daunenbett ist wieder dabei. Dann sehen sie, wie Anna mit Maria an der Hand im Halbdunkel verschwindet. Die Ungewissheit, wann und ob man sich wiedersieht, sitzt tief.

So schnell wie es die Beinchen von Maria zulassen, begeben sich die beiden hinunter ins Tal. Noch bevor der helle Tag anbricht, muss der Grenzbach erreicht sein, um ungesehen über die Grenze zu kommen. Oft schweifen Annas Blicke umher, in der Hoffnung unbeobachtet zu sein. Aber alles bleibt still. Dann ist es soweit. Vor ihnen fließt die „Wilde Adler“, die z. Zt. eine starke Strömung hat. Anna kann nicht schwimmen. Doch vertraut sie einfach darauf, dass es ihnen gelingen wird, an das andere Ufer zu gelangen. Sie vergewissert sich, ob das Gepäck auf ihrem Rücken fest sitzt. Dann nimmt sie Maria auf den Arm, richtet ihr Gesicht kurz gen Himmel und bittet um Beistand. Mit der anderen Hand hebt sie den Rock ihres Kleides etwas hoch, damit sie nicht darauf tritt. Das Ufer des Baches ist ziemlich ausgewaschen und das Gras des Wiesenrandes rutschig. Noch ein Schritt und sie spürt die Kälte, die von dem Wasser ausgeht, und die nasse Kleidung, die sich an ihren Körper hängt. Jetzt im Oktober ist es hier im Adlergebirge schon kalt. Mutig sucht sich Anna schrittweise festen Halt auf dem Bachbett, bis sie in die starke Strömung kommt. Die dicken Steine, die sich ihren Blicken entziehen, tun das Übrige. Sie sind glatt und rutschig. Anna verliert das Gleichgewicht. Trotzdem versucht sie, Maria über dem Wasser zu halten. Im selben Moment entreißt ihr jemand das Kind. Es geht alles so schnell. Ein junger Mann setzt es auf seine Schultern und Anna sieht, wie er es an das andere Ufer trägt. Gleichzeitig greift jemand nach ihr und hält sie in seinem Arm fest. Mit dem anderen erwischt er gerade noch das Daunenbett. Doch dann gelangen beide, ebenfalls wohl behalten, auf die andere Seite des Baches, der hier den Grenzverlauf darstellt. Maria wartet schon verängstigt schreiend auf ihre Mutter. Die beiden polnischen jungen Männer, die in dieser dramatischen Situation gerade in der Nähe waren und früh genug erkannten, was sich anbahnte, haben den beiden das Leben gerettet.

Unweit von der Grenze liegt die Ortschaft, in der Annas Onkel Emil, der Bruder ihres Vaters, wohnt. *„Um diese Zeit ist dort sicher jemand zu Hause“*, denkt sie. *„Da kann ich mich bestimmt umziehen. Maria ist vollkommen fertig und lässt sich nur noch hängen. Die Pause wird auch ihr gut tun.“* Und damit macht sie sich auf den Weg. Schlotternd vor Kälte treffen sie bei ihren überraschten Verwandten ein. Nachdem Anna etwas Trockenes angezogen hat, genießt sie beim Erzählen den heißen Milchkaffee; Maria warme Milch, und beide stillen ihren Hunger. Kurze Zeit später ist das Kind in den Armen seiner Mutter eingeschlafen und erholt sich von den jüngsten Ereignissen. Es ist früher Nachmittag, als Anna sich am nächsten Tag auf das letzte Stück ihres Weges nach Stiebnitz begibt. Unter normalen Umständen braucht man dafür von hier aus zu Fuß gut 2 Stunden. Mit der Kleinen und dem Gepäck auf dem Rücken dauert es natürlich länger. Aber jetzt fühlt sie sich sicherer und geht langsameren Schrittes voran. In ihrem Heimatort angekommen, steigen die beiden zunächst auf den Berg hinauf. Mit großer Erleichterung treffen sie Annas Eltern und ihren Bruder mit seiner Familie in deren Haus an. Die Freude ist groß und es gibt viel zu berichten. Nur wo Gerda geblieben ist, können auch sie nicht sagen.

Anna richtet sich wieder in ihrem kleinen Haus an der Durchgangsstraße ein. Dabei kreisen täglich viele Fragen in ihrem Kopf herum: *„Wie geht es Franz und ihrem Sohn und wo sind sie? Wo hat man Gerda hingebracht?"*. Sie vertraut fest darauf, dass alle noch leben.

Gut 4 Monate sind inzwischen vergangen, seit Anna und ihre Familie damals am 5. Juni 1945 von einer Stunde auf die andere ausgesiedelt wurden. Für die damals Zurückgebliebenen hat sich das Leben nur insoweit normalisiert, als dass die meisten von ihnen wieder ihrer Arbeit nachgehen, z. B. im Sägewerk oder im Wald. Das in den Ställen verbliebene Vieh wird von den jungen Leuten versorgt. Das hatte die tschechische Besatzung damals so angeordnet, denn das Brüllen der Tiere, die gemolken werden wollten, hatte aus den offenstehenden Stalltüren gespenstisch durch den Ort gehallt. Auch die Kartoffelernte war Aufgabe der Jüngeren. Von den zurückgebliebenen Dorfbewohnern befinden sich einige noch immer zwangsweise in tschechischen Lagern. Das ganze Geschehen wird streng überwacht. Alle im Ort hoffen jedoch, dass die Ausgesiedelten wieder nach Hause zurückkommen und auch bleiben können. Im Laufe der Zeit erfährt Anna endlich, wo sich Gerda aufhält. Sie ist bei den Tschechen als Arbeitskraft in einer Mühle und dazugehörender Bäckerei eingesetzt worden.

Der Winter ist inzwischen ins Land gegangen und das Frühjahr des Jahres 1946 neigt sich dem Ende zu, als Gerda nach Hause kommt, allerdings nicht allein. Sie ist schwanger. An dem darauf folgenden 5. Juli wird ihre Tochter Elfriede geboren. Sie ist gerade 6 Wochen alt, als die endgültige Aussiedlung der Sudetendeutschen beginnt.

Nach der Trennung in den Westen

Nachdem Anna sich mit ihrer kleinen Tochter Maria von ihrem Mann und ihrem Sohn verabschiedet hat, müssen sich kurze Zeit später die beiden Männer eine neue Unterkunft suchen, die sie schließlich in einem nahe gelegenen schlesischen Ort finden. Sie sind höchst erstaunt, als man jedem von ihnen ein separates Zimmer zur Verfügung stellt. Das Essen ist gut und reichlich, was nicht unbedingt selbstverständlich, aber für Menschen, die hart arbeiten müssen, von großer Wichtigkeit ist. Die polnischen und russischen Arbeitskräfte, die bei den Bauern verpflichtet worden waren, sind wieder in Richtung ihrer Heimat gezogen. Daher herrscht auf den Höfen Arbeitskräftemangel. Das kommt den arbeitsuchenden Vertriebenen zugute. Vater Franz bekommt Tätigkeiten zugewiesen, die er trotz seiner Beinprothese verrichten kann. So hackt er z. B. Holz oder hilft bei Aufräumarbeiten. Seinem Sohn Franz, als ausgesprochenem Freund von Pferden, der weiß, wie man mit diesen Geschöpfen umzugehen hat, vertraut man gleich zu Beginn einige von ihnen für Hof und Feld an. Die umfangreichen Herbstarbeiten haben bereits begonnen. Im Grunde könnte es für die beiden Männer eine schöne Zeit sein, wenn da nicht die sorgenvollen Gedanken wären. *„Wie sind Anna und die kleine*

Maria zu Hause angekommen und wie geht es ihnen? Oder ist ihnen unterwegs etwas passiert? Wo hat man Gerda hingebracht und in welcher Situation befindet sie sich bei den Tschechen?". Alle diese Fragen kann niemand in der Umgebung beantworten. Die Telefonverbindungen sind weiter unterbrochen und der Postverkehr ist ebenfalls noch lahmgelegt.

Es ist Oktober geworden, als Schlesien von den Polen besetzt wird. Viele Deutsche müssen ihre Häuser verlassen. Diese Menschen sind zunächst bestrebt, eine neue Bleibe irgendwo in ihrer Heimat zu finden. Die Unterkünfte, die man ihnen zugesteht, sind jedoch meistens so unzumutbar, dass die überwiegende Zahl der Schlesier sich letztendlich den Vertriebenen aus dem Sudetenland anschließt. Nur wenigen wird gestattet, ihre bisher eigenen Häuser auch weiterhin zu bewohnen, dann aber nur in eingeengten Verhältnissen, da ihr bisheriges Eigentum an die polnische Bevölkerung übergegangen ist oder unter polnischer Verwaltung steht.

Der bisherige Eigentümer des schlesischen Hofes, welcher Vater Franz und seinem Sohn Arbeit, Brot und Unterkunft bis zu diesem Zeitpunkt gegeben hat, darf zunächst mit seiner Familie dort bleiben. Es ändert sich im Grunde nur wenig. Jedoch steht ab sofort alles unter einem polnischen Verwalter, dem außerdem noch zwei weitere Höfe unterstellt sind. Er spricht perfekt Polnisch und Deutsch im Gegensatz zu seiner Frau und seinen beiden Töchtern, die nur gebrochen Polnisch sprechen. Im Laufe der Zeit stellt sich heraus, dass es sich bei ihnen um Deutsche handelt, die aus Oberschlesien stammen. Ein Sprichwort macht die Runde, darin es heißt, dass sich das Fähnchen nach dem Wind dreht. Der neue Verwalter benötigt für seine Unternehmungen natürlich einen Kutscher, der ihn mit seiner offenen Kutsche dorthin bringt, wo er betriebliche oder auch private Dinge zu erledigen hat. Es steht auch ein so genannter Landauer zur Verfügung, ein geschlossenes Gefährt, das immer nur in ganz bestimmten Situationen zum Einsatz kommt oder wenn die Familie weiter weg will. Dem Verwalter kommt Sohn Franz gerade recht, der viel Erfahrung mit

Pferd und Wagen mitbringt, und er stellt ihn deshalb als Privat-Kutscher ein. Der junge Mann ist froh darüber, zumal er im Gegensatz zu der körperlichen harten und oft bis an seine Grenzen gehenden Arbeit nun eine angenehmere Tätigkeit verrichten kann. Es dauert jedoch nur zwei Wochen, bis ein neues Problem auftaucht. Vater Franz erkrankt Ende Oktober an einer schweren Grippe. Sein Sohn ist oft unterwegs und auf dem Hof steht keiner zur Verfügung, der sich um den Vater kümmern kann. Das kommt einem älteren Kirchmeister-Ehepaar in der Nachbarschaft zu Ohren. Es bietet sich an, den Kranken zu pflegen. Franz und sein Sohn sind sehr froh über dieses Angebot und nehmen es dankbar an. Der Kranke wird zu ihnen gebracht; dort liebevoll gepflegt und betreut. Nach 6 Wochen ist er wieder soweit genesen, dass er auf den Hof zu seinem Sohn zurückkehren kann. Wieder hat sich bei ihnen etwas zum Guten gewendet. Der Winter kommt und geht. Aber eine Nachricht bezüglich der zurückgebliebenen Familienmitglieder ist bisher ausgeblieben.

Im März 1946 wird von Seiten der polnischen Besetzer begonnen, einen Transport mit deutschen Aussiedlern zusammenzustellen, der in Richtung Westen gehen soll. Unter ihnen befindet sich auch der ehemalige Arbeitgeber von Franz und seinem Sohn. Es fällt ihm und seiner Familie sehr schwer, Haus, Hof und die vertrauten ausgedehnten Ländereien zu verlassen. Ab sofort existiert all das nur noch in deren Erinnerungen. Im August des gleichen Jahres fährt der zweite Transport in dieselbe Richtung. Jetzt müssen auch Franz und sein Sohn ihre Sachen zusammenschnüren. Die nächstliegende Bahnstation wird als Sammelstelle für diejenigen bekanntgegeben, die für den bevorstehenden Transport vorgesehen sind. Angst vor der Ungewissheit steht den Menschen in den Gesichtern geschrieben, die nun endgültig ihrer Heimat verwiesen werden. Der Zug, der auf dem Gleis bereitsteht, ist nicht gerade das, was man sich als geeignetes Transportmittel vorgestellt hat. Denn gewöhnlich wird er für die Beförderung von Vieh benutzt. Schlimme Szenen spielen sich jetzt ab. Ohne Rücksicht auf Alter und Gesundheitszustand werden die Menschen in die Viehwaggons verladen. Dabei geht man nicht gerade zimperlich mit ihnen um. Das ausgestreute Stroh auf dem Boden trägt nicht nennenswert dazu bei, sich etwas bequem niederzulassen. Ein fürchterliches Durcheinander herrscht. Frauen, Männer, Säuglinge, Kleinkinder und Greise müssen sich die äußerst engen und für Menschen unwürdigen Platzverhältnisse teilen. Viel Bewegungsfreiheit ist nicht möglich. Sie ist auf ein Minimum jedes einzelnen beschränkt. Hinzu kommt, dass keine Möglichkeit besteht, an einem dafür vorgesehenen Ort seine Notdurft zu verrichten. Jammern und Schreien erfüllt den Transport. Die Luft zum Durchatmen wird manchem knapp. Rücksichtslos geht die Fahrt ohne Unterbrechung in Richtung Westen bis nach Helmstedt. Hier werden alle ausgeladen. Jetzt erst einmal tief durchatmen: Gierig füllen die Menschen ihre Lungen mit der begehrten frischen Luft. Es fällt ihnen zunächst schwer, sich wieder normal zu bewegen, denn sie haben viele Stunden zusammengepfercht in allen möglichen Körperhaltungen verbringen müssen. Die Glieder sind steif geworden und schmerzen.

Hier in Helmstedt befindet sich ein Durchgangslager für die ankommenden Aussiedler aus dem Osten. Etliche des Transportes haben es jedoch nicht lebend erreicht. Ihnen fehlte letztendlich die Kraft, die Strapazen bis zum Schluss durchzustehen. Auf dem Bahnsteig stehen Helfer bereit, um die vorbereitete Verpflegung auszuteilen. Viele begierige Hände strecken sich ihnen entgegen, um Hunger und Durst zu stillen. Welch eine Wohltat. Nun wartet man gespannt auf das, was weiter geschehen wird. Eine plötzliche Ansage lässt alle aufhorchen. Entlausung ist angesagt. Die Menschen werden angewiesen, sich in die entsprechenden Räumlichkeiten zu begeben und neue Informationen abzuwarten. Wieder macht sich Aufregung unter der Menge breit. Als die genauen Anweisungen erteilt werden, verbleibt diesen Menschen nicht viel Zeit, über ihre persönlichen Empfindungen nachzudenken, wenn sie sich der Öffentlichkeit preiszugeben haben, um die Prozedur der Entlausung über sich ergehen zu lassen.

Besonders die Alten leiden unter dieser erniedrigenden Behandlung. Irgendwann ist es dann doch überstanden. Weiß gepudert schlüpfen die verängstigten Menschen wieder in ihre ebenfalls behandelten Kleidungsstücke, um sich vor Kälte und den Blicken der anderen zu schützen. Erst als sie das Gebäude endlich verlassen können, wird allmählich Erleichterung spürbar. Auf dem Bahnhof steht schon ein Personenzug bereit. Aus einem Lautsprecher schallt die blecherne Stimme eines Bahnbediensteten, welche mit knappen Worten Anweisung gibt, sich auf dem entsprechenden Bahnsteig zu versammeln, um dann in den für den weiteren Transport vorgesehenen Zug einzusteigen. Immer darauf bedacht, dass die wenigen Habseligkeiten jetzt nicht durch Unachtsamkeit abhandenkommen, setzt nun ein Schieben und Drängen in die besagte Richtung ein. Das geht nicht ganz reibungslos vor sich. Unter den Alten gibt es viele, die nicht mehr allein gehen können und auf die Hilfe ihrer Verwandten oder des Bahnhofspersonals angewiesen sind. Aber auch mit den Jüngsten, den Kleinkindern, geht es nicht so schnell. Die Gebrechlichen, Gehbehinderten und Frauen mit Kindern werden angewiesen, zuerst einzusteigen.

Endlich hat jeder irgendwie und irgendwo im Zug einen Platz gefunden. Viele von ihnen sind bis an die Grenzen ihrer Kräfte erschöpft und haben sich einfach auf den ersten besten Sitz fallen lassen. Jeder Zentimeter Platz muss ausgenutzt werden, damit so viele Menschen wie möglich in dem Zug Platz finden. Sicherheitshalber umklammern sie ihr weniges Hab und Gut mit beiden Armen auf dem Schoß, halten es zwischen den Füßen auf dem Boden fest oder verstauen es unter den Sitzen. Die Gepäcknetze sind bis zum „Geht nicht mehr“ vollgestopft. Wer keinen Sitzplatz gefunden hat, lässt sich einfach in einem der Gänge auf sein Bündel fallen oder muss sich mit einem Stehplatz begnügen. Trotz der fortwährend vorhandenen Anspannung verspüren alle auch eine gewisse Erleichterung, denn sie wissen, dass die Fahrt nun in den westlichen Teil Deutschlands gehen soll. Das Ziel ist Siegen in Westfalen. Die meisten Aussiedler werden jetzt vom Schlaf überwältigt, den sie nach den Aufregungen der letzten Tage dringend benötigen. Andere versuchen, Einblicke in die vorbeihuschende Landschaft zu bekommen oder lassen einfach wortlos den Gedanken ihren Lauf.

Nach geraumer Zeit fährt der Zug langsam in das Bahnhofsgelände der Stadt Siegen ein. Erwartungsvoll versuchen die Menschen einen Blick durch die Fenster hinaus auf das zu werfen, was ihnen entgegenkommt. Die Bahnsteige sind fast leer. Nur das Bahnhofspersonal und Bedienstete der Stadt sehen dem einrollenden Transport der Aussiedler gespannt entgegen. Noch ein paar Meter, lautes Quietschen der Bremsen und der Zug kommt allmählich zum Stehen. Die Türen werden geöffnet und das Zug- und Bahnhofspersonal wechselt kurz ein paar Worte miteinander. Gleich darauf ist mit etwas heiserer Stimme eine Ansage zu hören. Alle Aussiedler des Transportes werden aufgefordert den Zug zu verlassen.

„Siegen ist nur eine Zwischenstation“, heißt es, und dass sie für eine Nacht hier in dieser Stadt untergebracht werden sollen.

Kurz darauf bedeckt eine dunkle Menschentraube das Bahnhofsgelände. In Begleitung und unter Anleitung geht es weiter. Nachdem man das Bahnhofsgelände verlassen hat, setzt sich die lange Menschenschlange nur langsam in Bewegung, quer über die Gleise auf einem speziell für diesen Zweck hergerichteten Weg und dann durch einige Straßen der Stadt. Siegen ist die Kreisstadt des Siegerlandes und auf sieben Hügeln erbaut. Auf einem davon, dem Wellersberg, stehen die Kasernen ehemals stationierter belgischer Soldaten. Diese Gebäude sollen heute Nacht den müden Menschen als Unterkunft dienen. Erst als alle völlig erschöpft untergebracht sind, wird ihnen der wahre Grund für diesen Zwischenaufenthalt klar. Entlausung steht ihnen wieder bevor. Nach dieser ihnen nicht unbekannten Prozedur können sie in einem dafür vorgesehenen Raum endlich mit einer Schnitte Brot und einem Becher „Ersatzkaffee“ ihren größten Hunger und Durst stillen. Auf den Matratzen der Etagenbetten in den Soldatenstuben kann man sich anschließend nach langer Zeit wenigstens ausstrecken.

„Zurück zum Bahnhof!“, heißt es am nächsten Morgen.

Hier stehen schon die Züge zur Weiterfahrt in zwei verschiedene Richtungen bereit. Einer davon soll nach Berleburg, der Kreisstadt des Kreises Wittgenstein, fahren. Ihn bekommen Franz und sein Sohn zugewiesen. Endlich ist es soweit. Das Zugpersonal hat sich vergewissert, dass alle einigermaßen gut untergebracht und die Türen ordnungsgemäß geschlossen sind. Mit erhobener Kelle, die Trillerpfeife bereits zwischen die Lippen geklemmt, schaut der Schaffner noch einmal mit prüfendem Blick entlang des Zuges. Ein schriller Pfiff ertönt, das Zeichen für den Lokführer. Weißer Dampf zwängt sich zischend aus der Lokomotive und der Zug setzt sich ratternd in Bewegung. *„Wo geht es wohl hin, wie wird es dort sein?“*. Diese Fragen stellen sich jetzt alle. Diejenigen, die einen Fensterplatz haben, pressen ihre Gesichter neugierig an die Scheiben. Auch die anderen versuchen über die Köpfe hinweg möglichst viel von der Landschaft mitzubekommen. Es sind jedoch nur flüchtige Ausblicke, die ihnen vergönnt sind. Als man den Stadtbereich Siegen verlassen hat, erinnern ein Förderturm an noch verbliebenen Bergbau und zerbombte Anlagen der Eisen- und Stahlindustrie an industrielle Besiedlung. Dann schließen sich kleinere Ortschaften mit landwirtschaftlicher Bewirtschaftung an. Einige Aussiedler haben hier schon ihr Ziel gefunden und müssen aussteigen. Anschließend bietet sich ein völlig anderes Landschaftsbild dar. Dicht bewaldete Hügelketten, dazwischen mehr oder weniger tiefe Taleinschnitte, erinnern an die verlassene Heimat. Wehmütige Gedanken halten Einzug. Dampfend und keuchend schlängelt sich die Bahn durch die bergige Landschaft ohne Ausblicke auf irgendeine Besiedlung. Plötzlich wird es lichter und die ersten Häuser kleiner Ansiedlungen sind zu erkennen. Als die Eisenbahn den Ort Erndtebrück erreicht, werden Vater Franz und sein Sohn aufgefordert, zusammen mit einigen anderen auszusteigen. Jetzt erfahren sie, dass sie an ihrem Bestimmungsort angekommen sind. Erndtebrück zählt zu den größeren Ortschaften des Kreises Wittgenstein, 40 km von Siegen entfernt. Im Moment regnet es in Strömen.

Das Gemeindeamt ist zuständig für die Verteilung der Unterkünfte. Die beiden Männer bekommen getrennte Unterkünfte zugewiesen. Sohn Franz wird in einer Familie mit kleiner Landwirtschaft und einem dazugehörenden Baugeschäft untergebracht. Sein Vater kann in der Nähe unterkommen. Mit dieser Gegebenheit sind die beiden zufrieden und glücklich. Aber immer noch herrscht Ungewissheit darüber, wo sich Anna mit ihrer kleinen Tochter Maria und Gerda aufhalten.

Endgültige Aussiedlung

Russische Truppen hatten im Mai 1945 in der Nähe von Flessenow und Ventschow in Mecklenburg Unterkünfte für 1000 Soldaten errichtet, denn das dünn besiedelte Gebiet bot für sie nicht genügend Möglichkeiten, die Soldaten unterzubringen. So wurden Bäume gefällt, die Stämme geschält und mit Lehm zu Hütten zusammengebaut. Die Schläge hallten bis in die nächsten umliegenden Ortschaften. So entstanden kurzfristig 35 Blockhütten in unterschiedlicher Größe, die als provisorische Soldatenunterkünfte bis zum Ende des Zweiten Weltkrieges gedacht waren und genutzt wurden. Jetzt dienen sie als Quarantänelager für die ausgesiedelten Menschen aus dem Sudetenland und Schlesien. Die Unterkünfte haben keine Fenster. Das Dach ist ohne Dachpappe gedeckt. Es gibt keine Heizung. Ein altes Benzinfass, in dem Holz verbrannt wird, dient als Ofen und sorgt für etwas Wärme. 14 Tage lang sollen hier die Menschen, vom Säugling bis zum Greis, unter Beobachtung stehen. Das ist die amtlich festgesetzte Dauer. Doch geht die tatsächliche Quarantänezeit meistens darüber hinaus, denn die Verteilung der Vertriebenen auf die verschiedenen Gemeinden des Landes durch die Behörden nimmt mehr Zeit in Anspruch als gedacht. Auch sind die Menschen nicht selten durch die Strapazen der Aussiedlung oft mit Krankheiten behaftet.

Anna und ihre kleine Maria haben nun zusammen mit der ältesten Tochter Gerda und deren Säugling Elfriede die endgültige zwangsweise Aussiedlung aus Stiebnitz unter schwierigsten Umständen hinter sich gebracht.

Am 6. August 1946 waren sie für den dritten der vier großen Sammeltransporte, die das Sudetenland verließen, eingeteilt worden. Jeder dieser Transporte war für ein anderes Ziel bestimmt. Im Juni war bereits der erste nach Sachsen und im Juli der zweite nach Thüringen gegangen. Bei dem letzteren befanden sich auch Annas Eltern mit ihrem Bruder und seiner Familie. Ihr Bruder gehörte zu den Männern, die bis zuletzt in tschechischen Lagern arbeiten mussten und aus Anlass der Aussiedlung wieder mit ihren Familienangehörigen zusammengeführt worden waren. So hatte sich Anna ein zweites Mal schweren Herzens von ihnen verabschieden müssen.

Der Beginn der endgültigen Aussiedlung hatte sich in der gleichen schrecklichen Art und Weise vollzogen wie Anna es schon einmal erlebt hatte, jedoch mit dem Unterschied, dass ihr Mann Franz und ihr Sohn sich zur Zeit irgendwo an einem ihr unbekannten Ort im Lande aufhielten und ihre älteste Tochter Gerda mit ihrem 6-wöchigen Säugling nun bei ihr und der kleinen Maria war. Morgens um 4:00 Uhr hatten sie ihr kleines Haus verlassen müssen. Jeder Erwachsene durfte auch dieses Mal nur 30 kg mitnehmen und Gerda für den Säugling den Kinderwagen. Es war ein schwieriges Unterfangen gewesen, denn Anna brauchte schon eine Hand für Maria, damit sie in dem Tumult, der einsetzte, nicht verloren ging. Gerda musste den Kinderwagen schieben, auf dem sich ein Teil des Gepäcks türmte. Auch das unentbehrliche Daunenbett sollte wieder mit. Der Rest hatte im Rucksack, in Beuteln am Rücken oder über der Schulter Platz gefunden. So fand man sich dann am Sammelpunkt ein. Menschen und Gepäck wurden auf Lastautos verladen und in das Aussiedlungslager

Nieder-Lipka gebracht. Hier wurde das Gepäck gewogen. Wer mehr als 30 kg bei sich hatte, bekam das Übergewicht abgenommen. Das Lager diente als Quarantänestation. Es dauerte einige Tage, bis die entsprechenden Aktionen durchgeführt waren, um auch hier der Ausbreitung irgendwelchen Ungeziefers entgegenzuwirken. Dann war es so weit. Fertigmachen zur Weiterfahrt!

Drei Tage und drei Nächte waren sie unterwegs gewesen. Schon beim Einsteigen in den mit Stroh ausgestreuten fensterlosen Zug, der normalerweise für Viehtransporte benutzt wurde, stellte sich heraus, dass die Türen der Waggons, in denen 1200 Menschen befördert werden sollten, unterschiedliche Breiten hatten. Gerdas erster Versuch, einzusteigen, schlug fehl. Denn die Tür war für den Kinderwagen, auf den der Säugling angewiesen war, zu schmal. Panik brach aus. Gerda zwängte sich auf dem Bahnsteig von Tür zu Tür durch die Menschenmenge, gefolgt von Anna und der kleinen Maria. Glücklicherweise hatte sich ein Bahnbediensteter ihrer angenommen und sie zu einem Waggon mit entsprechender Türbreite gebracht. Obwohl dieser schon mit Menschen jeden Alters und ihrem Gepäck vollgestopft war, fand Gerda mit ihren Angehörigen doch noch irgendwo und irgendwie Platz.

Die hygienischen Zustände in dem Transport waren unbeschreiblich, so dass es eine Wohltat für alle war, wenn von Zeit zu Zeit der Zug auf einem Bahnhof anhielt, wo die Menschen frische Luft atmen konnten und mit etwas Verpflegung und Getränken versorgt wurden. Gerda machte sich dann immer eiligst auf, um etwas Milch für Elfriede aufzutreiben. Hilfsorganisationen, wie das Rote Kreuz, waren für solche Fälle vorbereitet. Und so fand Gerda dort, was der Säugling zu seinem Überleben brauchte. Anna war dann stets in Sorge, ob Gerda sie in dem Gewirr von Menschen auch wieder finden würde. In Bangen und Hoffen vergingen die Tage und Nächte während der Fahrt über Prag, Bad Schandau in Sachsen, Dresden, Wittenberge und Schwerin in Mecklenburg.

Nun ist es nicht mehr weit bis zu dem vorgesehenen Ziel. Der Zug legt gerade die letzten Kilometer vor der Endstation zurück.

Anna und Gerda hängen ihren Gedanken nach und sind weitab von dem hiesigen Geschehen. Maria hat sich in die Arme ihrer Mutter gekuschelt und der Säugling Elfriede schläft friedlich bei den monotonen Geräuschen des Zuges. Plötzlich herrscht höchste Anspannung in dem Transport. Der weiße Dampf der Lok und das Rattern und Quietschen der vollgestopften Waggons kündigen die Ankunft auf dem Bahnhof in Ventschow an. Es ist Nacht. Trotzdem herrscht hier reges Treiben. Bahnhofspersonal, Bedienstete im Auftrag der Landratsämter Wismar und Schwerin und auch einige Vertreter der russischen Kommandantur warten auf den Sammeltransport aus dem Sudetenland und Schlesien. Die Türen des Zuges werden geöffnet und aus dem auch hier blechern klingenden Lautsprecher ertönt eine äußerst unpersönliche Stimme mit etlichen Anweisungen und Informationen. U.a. wird verkündet, dass die Menschen in zwei Quarantänelagern untergebracht werden sollen. Sie strömen auf das Bahnhofsgelände und werden in zwei Gruppen aufgeteilt. Eine davon ist vorgesehen für das Lager Flessenow und die zweite für das Lager Ventschow. Beide liegen in dem russisch besetzten Gebiet östlich der Bahnstation Ventschow. Anna und ihre Familienangehörigen sind für das Lager Ventschow vorgesehen. Die Aussiedler, zuerst Frauen mit Kindern sowie Alte und Kranke, werden mit ihrem Gepäck auf Lastautos verladen. Es ist Mitternacht, als sie das Ziel erreichen. Wie sich später herausstellt, liegt das andere Quarantänelager Flessenow am weiteren Verlauf der Wegstrecke, die durch Feld und Wald führt. Zwischen den beiden Lagern befindet sich die Niederlassung der russischen Kommandantur.

Bei den Unterkünften, die jetzt als Quarantänelager dienen, handelt es sich um die ehemaligen Unterkünfte der Roten Armee, die in keiner Weise die notwendigsten Voraussetzungen zur Unterbringung von Menschen besitzen; Blockhütten, in die es rein regnet, ohne Fenster, als Türen Öffnungen, die sich nur provisorisch verschließen lassen. Das Lager Ventschow besteht aus den zwei nebeneinander liegenden Reihen von Unterkünften, entlang des Landweges gelegen, den die Fahrzeuge jetzt nehmen. In der ersten Reihe stehen die großen Baracken, in der zweiten die kleinen. Einige sind noch belegt von den vorhergehenden Transporten, die anderen sind leer.

In stockdunkler Nacht geht die Unterbringung vonstatten. Die Menschen sind mittlerweile ausgemergelt und entnervt und sehnen sich nach einem Ort, wo sie ihre geschundenen Körperteile ausstrecken können. Während der Fahrt in den überfüllten Viehwaggons waren sie tagelang zusammengepfercht und ihre Glieder schmerzen.

Anna mit Maria und Gerda mit Elfriede erhalten die Zuweisung einer großen Baracke gemeinsam mit vielen anderen. Als sie die Unterkunft betreten, können sie nur ganz vage die gegebene Situation wahrnehmen. Elektrisches Licht gibt es hier keines. An den beiden Seitenwänden stehen zahlreiche einfache zusammengezimmerte Holzpritschen. In der Mitte des Mittelganges steht ein aus einem alten Fass gefertigter Ofen. Boden und Pritschen sind mit Stroh ausgestreut. Die Liegefläche ist äußerst begrenzt. Pro Person stehen nur 30 cm zur Verfügung. Gut, dass für Elfriede der Kinderwagen vorhanden ist.

Mit zunehmender Helligkeit wird den Menschen in den Baracken ihre Lage erst richtig bewusst. Sanitäre Anlagen gibt es nicht. Wer seine Notdurft verrichten will, muss sich zu dem im Außenbereich liegenden „Donnerbalken“ begeben, was besonders für die Alten und Kinder ein großes Problem darstellt. Das Ausweichen in die freie Natur ist auch nicht hygienischer, weil das von vielen praktiziert wird. Die Lagerverwaltung und auch das für die Umsiedlung zuständige Amt hatten sich in jüngster Vergangenheit bereits um den Bau von Toiletten bemüht. Das dafür nötige Material war und ist allerdings auch heute noch nicht aufzutreiben. Es war angeordnet worden, dass die Männer jeder Blockhütte hinter dem Gebäude eine Grube als Vorrichtung für einen „Donnerbalken“ auszuheben hätten. Es fehlt jedoch an Chlorkalk zum desinfizieren. So werden diese Gruben von Zeit zu Zeit einfach mit Erde bedeckt.

Wie Anna haben viele der Lagerinsassen eine lang andauernde Odyssee hinter sich. Durch den Transport in den überfüllten Viehwaggons und dadurch, dass es keine Möglichkeit zur Körperpflege gab, ist nicht auszuschließen, dass sich Ungeziefer rasend schnell vermehrt hat. Läuse, Flöhe und Wanzen zählen zu den ständigen Begleitern der sowieso schon gebeutelten Menschen. Bei den vielen Personen auf so kleinem Raum ist die Gefahr besonders groß, dass diese unangenehmen kleinen Tierchen Krankheiten übertragen. Daher ist die Lagerleitung bestrebt, dieser Tatsache so früh wie möglich Einhalt zu gebieten.

Gleich am ersten Tag nach dem Eintreffen im Quarantänelager wird angeordnet, dass alle sich einer Entlausungsaktion zu unterziehen haben, was nicht einfach durchzuführen ist. Aus vielen Gesichtern spricht aufgrund der jüngsten Erlebnisse Apathie oder Gleichgültigkeit. So ist es nicht ausgeschlossen, dass sich irgendwo noch ein ungebetener Begleiter versteckt und sein Unwesen treibt. Das muss Gerdas kleiner Säugling Elfriede am eigenen Leibe erfahren. Der kleine Körper ist in kurzer Zeit übersät von dicken wässrigen Pusteln. Gerda packt sie in den Kinderwagen und fährt aus dem Lager hinaus über den ausgefahrenen und holprigen Feldweg. Sie will zu dem in einiger Entfernung praktizierenden Lagerarzt, um ihn um Hilfe zu bitten. Als sie wieder auf dem Rückweg ist, schreit Elfriede ihre ganze Not in die Welt. Anna hört sie schon von weitem kommen, noch lange bevor die beiden ihre Blockhütte erreichen. Der Arzt musste jede einzelne Beule öffnen, desinfizieren und medizinisch versorgen. Im Außenbereich der Blockhütten gibt es einige provisorische Duschvorrichtungen. Wenn Gerda ihren Säugling waschen will, so holt sie in einem Behältnis das Wasser von dort, um es auf dem notdürftig errichteten Ofen im Mittelgang der Blockhütte zu erwärmen. Auch die Alten und Kranken sind darauf angewiesen. Sie genießen im Bedarfsfall die wohlige Wärme des Wassers und der Feuerstelle, denn durch die Zwischenräume der Baumstämme ist der unangenehme Wind der mittlerweile fortgeschrittenen kalten Jahreszeit deutlich zu spüren.

Viele Lagerinsassen leiden an Magen- und Darmkrankheiten, denn die Verpflegung ist nicht gerade abwechslungsreich und außerdem noch knapp bemessen. Sie reicht nicht einmal aus, um ein Sättigungsgefühl aufkommen zu lassen. Die benötigten und angeforderten Lebensmittel sind z. T. in den staatlichen Vorratslagern nicht in den Mengen vorhanden, wie sie erforderlich gewesen wären. Auch kommt es vor, dass sich die Fuhrunternehmen weigern, die katastrophalen Straßen zu befahren. Ist kein Benzin vorhanden oder streiken die Motoren gibt es ebenfalls Versorgungsprobleme. Man muss sich also damit begnügen, was im Moment vorrätig ist, um den gröbsten Hunger zu stillen. Meistens gibt es Kohl in Wasser gekocht oder Dörrgemüse in Wasser gedünstet. Dem letzteren hat man den Namen „Stacheldrahtsuppe“ gegeben. Jeder holt sich die karge Verpflegungsration selbst an der Küchenbaracke ab und abends gibt es dann eine Scheibe Brot. Den Kranken wird nur auf ärztliches Attest das Essen ausgeteilt. Anna und Gerda sind froh, sich täglich an der Küchenbaracke noch eine zusätzliche Milchration für die Kinder abholen zu können.

Nach 14 Tagen, am 1. September 1946, ist der Aufenthalt im Quarantänelager Ventschow beendet. Die Menschen werden zurück zum Bahnhof befördert. Dort steht bereits ein Zug für den Weitertransport. Die Fahrt geht zunächst bis nach Schwerin, wo die Hälfte des Zuges abgekuppelt wird und in den Kreis Hagenow in Mecklenburg gehen soll. Hierin befinden sich auch Anna und Gerda mit den Kindern. Die andere Hälfte ist für den Kreis Gadebusch vorgesehen. Als der Zug den Bahnhof Hagenow-Land erreicht, warten schon etliche Bauern mit ihren Pferdefuhrwerken, um die Aussiedler nach Groß Krams zu bringen. Hier versammelt man sich in einem großen Saal des Ortes, wo sie auf die vorgesehenen Unterkünfte der Umgebung verteilt werden. Deren Art und Größe richtet sich nach der Anzahl der jeweiligen Familienmitglieder.

Als Anna mit Maria, Gerda und Elfriede in ihrer zugewiesenen Räumlichkeit des Ortes einziehen, sind die beiden Frauen etwas sprachlos, denn sie haben auf eine angenehmere Unterbringung gehofft. Statt einem Fenster ist nur ein Lichtschacht vorhanden. Dem zufolge ist es eigentlich nur ein erschreckend dunkles Gemach im Kellerbereich des Hauses, wo sie in der nächsten Zeit wohnen sollen. An der Längsseite des Raumes zum Hausinneren hin befindet sich zum Glück ein Kamin, der hoffentlich auch benutzt werden kann. Ein kleiner Holztisch und 2 Stühle sind das einzige Mobiliar. Gerda und Anna sind aber dennoch froh. Endlich können sie mit ihren Kindern für sich sein und haben ein Dach über dem Kopf. Sie legen ihr Gepäck auf dem kalten groben Steinfußboden ab. Maria wird auf das Daunenbett aus Stiebnitz gesetzt. Sie schläft sofort ein.

„Was machen wir jetzt?“

Die Frage, die während der Vertreibung schon oft aufgetaucht ist, stellt sich am nächsten Tag erneut. Die beiden Frauen beraten, wie man es am besten anstellt, irgendwo etwas zu verdienen und dadurch an etwas Essbares zu gelangen.

„Ich mach mich jetzt auf, um ausfindig zu machen, welche Möglichkeiten es gibt und wo man Heizmaterial für den Kamin bekommen kann“, entscheidet Anna.

Im Moment verspüren sie nur Kälte und alles fühlt sich klamm an. Als Anna gegangen ist, versorgt Gerda ihren Säugling und begibt sich anschließend daran, die Unterkunft etwas in Ordnung zu bringen. Die kleine Elfriede schläft jetzt zufrieden in ihrem Kinderwagen.

Der ländliche Teil von Hagenow besteht überwiegend aus mehr oder weniger großen Bauernhöfen. Anna weiß aus Erfahrung, dass man dort am ehesten die Möglichkeit hat, Arbeit zu bekommen. Die Jahreszeit ist dafür jetzt günstig, denn die Herbsternte von Gemüse, Getreide und Kartoffeln hat bereits begonnen. Sie findet auch einen Bauern, bei dem sie und Gerda abwechselnd arbeiten können. Denn nur eine von beiden kann jeweils gehen, während die andere bei den Kindern bleiben muss. Auf Annas Frage nach Heizmaterial stellt ihnen der Hauseigentümer am Abend einen Korb voll Holz zur Verfügung. Gerda begibt sich sofort daran, ein Feuer in dem schlecht abziehenden Kamin zu entfachen. Erst nach etlichen vergeblichen Versuchen gelingt es ihr, dass lodernde Flammen sich in dem Kamin ausbreiten und wenigstens kurzfristig für eine Erhellung des Raumes sorgen. Als später ein Holzklotz größeren Umfanges langsam vor sich hin glimmt und man nur noch die Umrisse der im Raum befindlichen Gegenstände erkennen kann, treiben im Lichtschein einige Mäuse vergnügt ihre Spielchen. Anna und Gerda ist das jetzt egal. Sie empfinden einfach die wohlige Wärme und lassen sich müde und erleichtert auf dem Boden neben der schlafenden Maria nieder. Dabei dient als Schlafstätte alles, was dafür geeignet ist, die Kälte der Steine unter ihnen und um sie herum abzuhalten. Das Daunenbett tut dabei gute Dienste.

Am nächsten Morgen ist Anna schon früh auf den Beinen. Beizeiten will sie bei dem Bauern sein, der ihr eine Arbeit zugesagt hat. Es fällt ihr schwer, die kleine Maria zurückzulassen. Sie weiß, dass auch sie Hunger hat und von dem Wenigen, was sich noch in ihrem Gepäck befindet, nicht satt werden kann. Als sie auf dem landwirtschaftlichen Betrieb ankommt, ist sie eine von vielen. Arbeit ist sie von zu Hause gewohnt; aber sie ist praktisch ausgehungert, und so schleppt sie sich über den Tag. Als Lohn bekommt sie für den Tag zwei Brotschnitten. Als sie diese in Empfang nimmt, ist sie den Tränen nahe. Sie reißt sich jedoch zusammen und isst nur den weichen Teil der Brote. Die Kruste wickelt sie in ein Papier und verwahrt sie für Maria. *„Die hält länger an.“*, denkt sie und nimmt sie mit in ihre Unterkunft. Hier wird sie schon erwartet. Anna vergisst ihren Hunger, als sie Maria dann genüsslich an der Brotkruste kauen sieht. Und wieder, wie so oft, erfüllt sie der hoffnungsvolle Gedanke, dass sich alles irgendwann wieder zum Guten wenden wird. So fällt sie am Abend trotz allem in einen tiefen Schlaf.

Einen Tag später begibt sich Gerda absprachegemäß auf denselben Bauernhof, wo Anna einen Tag zuvor gearbeitet hat und macht dort die gleiche Erfahrung. Mittlerweile hat es sich herumgesprochen, dass die jungen weiblichen Arbeitskräfte der Aussiedler von manchen Männern der russischen

Besatzungsmächte als „Freiwild“ angesehen werden. So bedient sich Gerda, genau wie viele andere, eines Tricks, um über ihr junges Alter hinwegzutäuschen. Sie stäubt ihr dunkles Haar mit Mehl ein, um von weitem grauhaarig und alt auszusehen, wenn die Geländewagen der Besetzer durch das flache mecklenburgische Land fahren.

Anna und Gerda mit den Kindern wohnen erst seit ein paar Tagen in ihrer Unterkunft, als sich gegen Abend plötzlich ein ungewohnter nicht gerade angenehmer Geruch bemerkbar macht. Er scheint irgendwie aus den angrenzenden Räumen zu kommen. Eine Tür, die wahrscheinlich dorthin führt, ist verschlossen. Anna und Gerda staunen nicht schlecht, als die Hauseigentümerin sie noch zu später Stunde in ihrer Unterkunft aufsucht.

„Ich möchte Ihnen etwas zeigen.“ Ohne Umschweife kommt sie auf den Punkt.

„Aber ich muss Sie bitten, die Angelegenheit streng vertraulich zu behandeln und Stillschweigen darüber zu bewahren. Kommen Sie mal mit in den Keller.“ Mit diesen Worten schreitet die sonst ziemlich wortkarg erscheinende Frau voran. Die beiden Frauen folgen ihr. Jetzt trauen sie ihren Augen kaum, als sich vor ihnen ein großer Raum auftut, der auf den ersten Blick aussieht wie eine Küche. Bei genauem Hinsehen entpuppt sich das Ganze jedoch als eine große Kochgelegenheit. In der Mitte steht ein alter Bauernherd, von dem aus ein blechernes Ofenrohr zur Decke führt und dort verschwindet. In dem Gewölbe staut sich die Hitze. Die Herdplatte ist so groß, dass umfangreiches Kochgeschirr darauf Platz hat. Im Moment steht allerdings nur ein riesiger Topf darauf. Der schräg stehende Deckel lässt darauf schließen, dass ein Kochvorgang noch im Gange ist, denn dicke Dampfwolken zwängen sich darunter hervor. Die Frau des Hauses greift nach einem übermäßig großen Topflappen und lüftet das Geheimnis. Fleischbrocken quellen aus dem brodelnden Wasser. Der Geruch ist nicht gerade appetitanregend. Anna und auch Gerda müssen erst einmal schlucken.

„Das ist Dachsfleisch", klärt die Hauseigentümerin die beiden Frauen auf.

„Es riecht beim Kochen zwar etwas streng, aber wenn man es lange genug gart und entsprechend zubereitet, ist es ganz annehmbar. Falls Sie daran interessiert sind, können wir Ihnen jeweils etwas davon abgeben."

Bei diesen Worten rührt sie mit einem extrem langstieligen Holzlöffel vorsichtig in dem kochendheißen Inhalt des Topfes.

„Diese Portion müsste jetzt gar sein. Sie hat heute Nacht einige Stunden lang gekocht", sagt sie.

„ Probieren Sie mal." Mit einer Fleischgabel hebt sie ein großes Stück dampfendes Fleisch aus der Kochbrühe auf einen Teller und schneidet davon 2 Stücke ab. Anna und Gerda schauen sich verblüfft an; einmal aus der Tatsache heraus, dass sich ihnen plötzlich ein so großes Nahrungsangebot bietet und zum anderen, weil Dachsfleisch ihrer Meinung nach sich eigentlich nicht zur Ernährung des Menschen eignet. Wenn da nicht dieses permanente Hungergefühl wäre! So versuchen sie, den etwas abschreckenden Geruch in dem Raum zu überwinden und beißen tapfer hinein. Sie sind über den Geschmack total überrascht und mit Freuden nehmen sie das Angebot an.

„Ich muss sie aber wirklich um Stillschweigen bitten", betont die Frau noch einmal.

„Wir haben so Mitleid mit Ihnen und den Kindern. Deshalb vertrauen wir Ihnen einfach und hoffen, dass Sie uns nicht enttäuschen", fügt sie nach einer kurzen Pause hinzu.

Für die beiden Frauen ist das kein Thema sondern selbstverständlich.

„Wie macht ihr das eigentlich? Ihr seht bei dem wenigen Essen, was man hier bekommt, noch so gut aus." Mit diesen Worten werden sie des Öfteren von anderen Aussiedlern angesprochen.

Es ist nicht die feinste Art, wie der Hauseigentümer neben seinem Beruf Geld verdient. Er besitzt die Genehmigung zur Kaninchenjagd, wobei er mit der Art und Weise, wie er sie ausübt, nicht gerade zimperlich ist. Er kennt die Stellen des Wildwechsels und erzielt dort durch das Aufstellen von Fallen oft reiche Beute, von der er jedoch meistens einen größeren Teil für sich zurückbehält, als es ihm erlaubt ist. So hat er sich allmählich den Ruf eines Wilddiebes erworben. Deshalb wurde er auch bereits zusammen mit noch zwei anderen Männern, die sich diesen Machenschaften bedienten, eingesperrt. Die Jagd auf Dachse konnte er jedoch bisher geheim halten.

Anna und Gerda nutzen die Gelegenheit, zusätzlich auf den abgeernteten Feldern zurückgebliebene Früchte zu sammeln. Dieses *„stoppeln gehen"* ist jedoch offiziell verboten. Die aufgelesenen Getreideähren lässt man in der nächstgelegenen Mühle schroten. Zwiebeln geben den kargen aber immerhin selbst zubereiteten Mahlzeiten einen etwas besseren Geschmack. Die Kartoffeln, die am Abend in der Unterkunft ausgeschüttet werden, wandern vor der Zubereitung der Mahlzeit, gewaschen und grob verlesen, in ein Kochgeschirr. Meistens werden Pellkartoffeln zubereitet, weil es dabei am wenigsten Abfall gibt. Nicht alle sind in Ordnung; viele davon fallen weg. Bevor man diese endgültig entsorgt, wird erst noch einmal daran gerochen und probiert, ob sie wirklich nicht zu genießen sind, denn auch Kartoffeln sind für sie immer noch Mangelware. Eines Tages ist Gerda allein auf einem Kartoffelacker, um Nachschub zu besorgen. Der Tag geht zur Neige und es dämmert schon. Sie kann noch soeben erkennen, was sie einsammelt und bereitet sich schon gedanklich auf den Rückweg vor. Ein paar Hände voll Kartoffeln passen noch in den Beutel, und den will sie noch füllen. In gebückter Körperhaltung, noch mit diesen Gedanken beschäftigt, merkt sie nicht, dass sich ihr jemand nähert. Erst der Befehlston, der an ihre Ohren dringt, lässt ihren Körper hochschnellen. Sie begreift sofort ihre Situation, denn sie schaut direkt in die Mündung eines Gewehres, das ein russischer Soldat auf sie gerichtet hat. Mit hartem Gesichtsausdruck gibt er ihr durch deutsche Wortfetzen zu verstehen, dass das, was sie hier macht, verboten ist und er sie erschießen wird.

„Ich habe Hunger und ein sehr kleines Kind. Wenn du schießen willst dann schieß", antwortet ihm Gerda betont leise. Ihr Herz rast bei diesen Worten, doch ihre Augen sprechen eine unmissverständliche Sprache. Sie drücken Angst und Sorge aus; aber ihre Körpersprache ein hohes Maß an starkem Selbstbewusstsein. Mit einer solchen Reaktion dieser jungen Frau hat der Soldat nicht gerechnet. Er schaut auf ihre mit Mehl bestäubten grauen Haare und dann wieder in ihr Gesicht. Sein Gesichtsausdruck wird sichtbar milder. Gerda meint, eine Spur von Mitleid darin zu erkennen.

„Geh! Schnell!“ Er sagt nur zwei Worte.

Gerda stolpert mehr über das Feld, als dass sie geht. Sie weiß nicht mehr wie lange sie für ihren Rückweg gebraucht hat, als sie sich völlig entkräftet bei ihrer Mutter fallen lässt.

Die Wochen vergehen. Die Hauseigentümer des Mecklenburger Landes melden in Wohnungsangelegenheiten allmählich Eigenbedarf an. Soweit andere Unterbringungsmöglichkeiten für die Aussiedler bestehen, wird den Anträgen stattgegeben. So kommt es, dass Anna mit ihren Töchtern Gerda und Maria sowie ihrer Enkelin Elfriede ihre bisherige Unterkunft verlassen und in eine neue in Groß Krams ziehen muss. Hier wird ihnen in dem Bauernhaus des angeblich größten landwirtschaftlichen Betriebes des Ortes ein Eckzimmer im Obergeschoß zugewiesen. Es ist der Bauernhof, wo Anna und Gerda zeitweise abwechselnd schon gearbeitet haben. Endlich wieder Tageslicht durch ein normales Fenster. Zu ihrer großen Überraschung treffen sie hier Bekannte aus dem Aussiedler-Transport. Sie sind auf derselben Etage untergebracht. Die letzten Früchte des Feldes müssen noch eingebracht werden. Dadurch ist es möglich, dass Anna und Gerda im Wechsel auch hier wieder Arbeit finden. Bei den Mittagsmahlzeiten sitzen sie zusammen mit den anderen Helfern, wie die Hühner auf der Stange, auf einem langen Holzbalken hinter dem Bauernhaus, die Teller auf den Knien und löffeln ihre Suppe. Der Rost auf den Löffeln regt nicht unbedingt den Appetit an. Aber die tägliche Suppe aus Wasser, Schrot und Salz ist warm und tut dem Bauch gut. Satt werden kann davon niemand.

Die Herbstarbeiten der mecklenburgischen Landwirte gehen dem Ende zu. Der Winter steht vor der Tür. Somit sind für die Aussiedler die Möglichkeiten eines Verdienstes auf den landwirtschaftlichen Betrieben wesentlich geringer geworden. Auch Anna und Gerda sind davon betroffen.

„Es muss doch etwas geben, womit wir unseren Lebensunterhalt verdienen können", pflegt Gerda zu sagen, wenn ihre diesbezügliche Suche wieder fehlgeschlagen ist.

„Irgendwie wird es schon gehen", hört man Anna dann des Öfteren vertrauensvoll sagen. Für Gerda ist das kein Trost. Aber Anna wird nicht müde ihr „Herrgott hilf!" in den Himmel zu schicken.

Eines Tages erreicht die beiden Frauen eine Vorladung der örtlichen Behörde. Erwartungsvoll betreten sie mit den Kindern zu dem vorgeschriebenen Termin die Amtsstube. Ein etwas mürrisch erscheinender Beamter mustert sie zunächst von oben bis unten und fordert sie nach knapper Begrüßung auf, Platz zu nehmen.

„Können Sie sich ausweisen?". Seine Frage klingt etwas mürrisch und aus seinen Gesichtszügen spricht ein gewisser Zweifel.

Es dauert eine Weile, bis Anna und Gerda ihm die Papiere aushändigen können. Seit Beginn der Aussiedlung tragen sie ihre Ausweise direkt am Körper, damit sie ihnen nicht verloren gehen. Der Beamte nimmt diese entgegen, schaut sie eingehend an und blättert dann in seinem Aktenordner.

„Haben Sie Familie und wenn ja, wie heißen Ihre Angehörigen?". Bereitwillig geben die beiden Frauen Auskunft. Ihr Herz schlägt bis zum Halse.

„Was ist mit ihnen?", stößt Anna hervor. *„Ist ihnen etwas zugestoßen? Oder leben sie etwa nicht mehr?"*. Gedanken jagen durch den Kopf.

„Es ist eine Anfrage des Roten Kreuzes hier eingegangen", erklärt der Beamte kurz. Eine Zeit lang, für Anna viel zu lange, hüllt er sich in Schweigen. Nur das Rascheln der Unterlagen unterbricht von Zeit zu Zeit die Stille. Es scheint, als suche er etwas in den Papieren, was gar nicht vorhanden ist.

„Danach werden sie von Ihrem Mann und Ihrem Sohn gesucht“, gibt er endlich weiter Auskunft.

„Wie ich sehe, sind Ihre Angaben identisch mit denen Ihrer Angehörigen.“

Anna und Gerda können es kaum fassen. In Sekundenschnelle sehen sie Bilder vor ihrem inneren Auge, wie sie mit Mann und Bruder wieder vereint sind. Die Erfüllung ihrer Wünsche scheint greifbar nahe zu sein. Aber gleich darauf schlägt die Stimmung wieder um. Der Beamte weist darauf hin, dass sie jetzt zwar wissen, wo ihre Angehörigen sich aufhalten; macht aber gleichzeitig keinen Hehl aus der bevorstehenden Schwierigkeit, die Zusammenführung zu verwirklichen. Als die beiden Frauen mit den Kindern die Amtsstube verlassen haben und sie sich außerhalb seiner Hörweite befinden, machen sie sich erst einmal Luft über die Begegnung mit der Behörde. Z. Zt. sind die politischen Gegebenheiten nicht einfach. Nach dem Ende des Krieges wurde Deutschland von den Siegermächten in die entsprechenden Besatzungszonen aufgeteilt. Anna und Gerda befinden sich jetzt mit den Kindern in dem von den Russen besetzten Osten Deutschlands und die Männer ihrer Familie in der Britischen Zone im Westen. Es ist bekannt geworden, dass seitens der russischen Besetzer alles unternommen wird, eine Flucht in den Westen zu verhindern. Trotzdem steht für Anna und ihre erwachsene Tochter fest, dass sie nicht mehr lange hier bleiben wollen.

„Wir werden einen Weg finden, um in den Westen zu gelangen!“. Anna ist davon überzeugt, dass irgendwoher Hilfe kommen wird.

An schlafen ist in der folgenden Nacht nicht zu denken. Der Kopf ist voller Gedanken. Aber irgendwann gegen Morgen übermannt dann beide die Müdigkeit und sie fallen doch noch in einen kurzen aber tiefen Schlaf.

Der darauf folgende Tag beginnt mit den täglichen Sorgen und auch die Gedanken der Nacht halten wieder Einzug.

Plötzlich hält Anna in ihrer Beschäftigung inne.

„Mir fällt gerade ein, dass es hier irgendwo einen Mann geben soll, dem man hinter vorgehaltener Hand nachsagt, dass er sich an der Grenze gut auskennt. Erinnerst du dich daran?“. Sie geht ein paar Schritte auf Gerda zu und spricht betont leise. Ruckartig wendet diese sich um.

„Ja, du hast Recht. Angeblich soll er wissen, wo es eine Stelle gibt, an der man am ehesten die Möglichkeit hat, unbemerkt über die Grenze zu gelangen.“ Ihre Tochter ist ganz aufgeregt.

Immer in dem Bestreben vorsichtig zu sein, bringen sie den besagten Mann tatsächlich in Erfahrung und man trifft sich. Im Laufe des Gespräches macht er auf die beiden Frauen einen recht vertrauensvollen Eindruck.

„Ich werde euch über die Grenze bringen.“ Schon diese Worte klingen wie eine Erlösung.

„Nehmt nur das Nötigste mit, denn wir müssen durch unwegsames Gelände und alles muss ziemlich schnell gehen.“

Seine Gesichtszüge verleihen den Worten Nachdruck. Eine Verabredung wird getroffen bezüglich des Tages, des Treffpunktes und der Uhrzeit. Dann verschwindet er so unauffällig wie er gekommen ist.

Anna und Gerda können es kaum erwarten. Schon frühzeitig an dem besagten Tag beginnen sie mit den Vorbereitungen für ihre Flucht. Es ist noch Nacht. Die wenigen Teile, die vorhanden sind und die sie mitnehmen wollen, sind schnell zusammengepackt. Anna hat schon um göttlichen Beistand gebeten, dass die Kinder während der Aktion Ruhe halten. Noch liegen sie in tiefem Schlaf. Die Gepäckstücke stehen bereits neben der Tür. Etwas zum Essen und Trinken kommt noch in eines oben drauf, damit es gut zu erreichen ist, wenn es gebraucht werden sollte. Leise weckt Anna die kleine Maria, die sich in das warme Daunenbett eingekuschelt hat. Noch ganz schlaftrunken lässt sie sich fertigmachen, während Gerda ihren Säugling versorgt. Das Daunenbett wird zusammengeschnürt und findet seinen Platz wieder auf Annas Rücken. Noch ein letzter Blick rundum und die Tür schließt sich leise hinter ihnen, bevor sie möglichst lautlos im Schutz der Dunkelheit dem besagten Treffpunkt entgegeneilen. Als die Silhouette einer Gestalt auftaucht, die sich als der Mann entpuppt, der sie über die Grenze bringen will, fühlen sich die Frauen schon etwas erleichtert. Er nimmt ihnen einen Teil ihres Gepäcks ab und gibt ihnen ein Zeichen, ihm wortlos zu folgen. Nur in nächster Nähe ist undeutlich zu erkennen, wo sie sich befinden. Alles Weitere wird noch von der nur langsam weichenden Dunkelheit der Nacht verschluckt. Plötzlich stehen sie vor einem breiten tiefen Graben. Jetzt ist besondere Vorsicht geboten. Die Trittsicherheit des Mannes lässt erkennen, dass er diesen Weg wohl schon öfter gegangen ist. Langsam, Schritt für Schritt, immer wieder neuen Halt suchend, kommen alle sicher und wohlbehalten jenseits des Grabens und somit jenseits der Grenze an. Schweigend gehen sie gemeinsam noch ein Stück Weges nebeneinander her.

„Ihr seid jetzt im Westen.“ Mit diesen Worten unterbricht der Mann jäh die Stille. Jetzt können die Frauen ihrer Freude freien Lauf lassen, ohne Angst haben zu müssen, dass sie jemand entdeckt. *„Bis hierhin haben wir es geschafft.“* Anna schickt einen Dank hinauf zum Himmel. *„Dann wird es auch weitergehen.“*

Inzwischen ist es Morgen geworden. Leichter Dunst hat sich über die Landschaft gelegt. Nur andeutungsweise kann man erkennen, dass sich in nicht allzu weiter Entfernung irgendwelche landwirtschaftlichen Gehöfte befinden. Die Schritte des Mannes werden langsamer.

„Wir müssen jetzt hier warten. Ein Bauer aus der Umgebung wird euch mitnehmen. Er ist mit Schweinen unterwegs und bringt euch zum nächsten Bahnhof. Dort könnt ihr euch an das Rote Kreuz wenden, das euch sicher weiterhelfen wird“, sagt er.

Es dauert nicht lange, bis man das knatternde Geräusch eines schon älteren Autos hört, das kurz darauf zum Stehen kommt. Wieder wird es spannend. Ein Bauer steigt aus und ein kurzer freundlicher Wortwechsel zwischen den Männern folgt. Anschließend verabschieden sich Anna und Gerda in tiefer Dankbarkeit von dem Mann, der ihnen den Weg aus Mecklenburg zu ihren Angehörigen im Westen Deutschlands ermöglicht hat. Der Landwirt fordert die beiden Frauen auf, sich mit den Kindern auf die Ladefläche des Autos zu begeben. Er muss ihnen dabei behilflich sein, denn hier wimmelt es von kleinen Ferkeln, die sich stürmisch für die neuen Fahrgäste zu interessieren scheinen. Der Bauer verweist sie energisch in eine Ecke der Ladefläche. Mensch und Tier finden letztendlich den Platz, den sie brauchen, um entsprechend den Umständen gut an ihr Ziel zu gelangen. Der Winter steht vor der Tür und über das Land weht schon eine kalte Brise. So sind die dicken Decken des Landwirtes ein wahrer Segen, um sich vor Wind und Kälte auf dem offenen Auto ein wenig zu schützen.

Die Glieder sind etwas steif geworden, als der nächstliegende Bahnhof in Niedersachsen, jetzt Britische Zone, erreicht wird. Dankbar verabschieden sich Anna und Gerda mit den Kindern von dem hilfsbereiten Mann und begeben sich anschließend in das Bahnhofsgebäude, um sich beim Roten Kreuz zu melden.

Gemeinsam stark

Ankunft und Aufnahme

Allem Anschein nach wird der Winter im Wittgensteiner Ländchen nicht mehr lange auf sich warten lassen. Über die leeren Bahnsteige von Erndtebrück pfeift mittlerweile ein eiskalter Wind und die Luft riecht schon nach Schnee.

Annas Mann Franz und sein Sohn haben die Kragen ihrer Winterjacken soweit es geht hochgezogen. Die wärmenden Ohrenklappen bieten Vater Franz einen zusätzlichen Kälteschutz unter der Kopfbedeckung. Sein heute besonders buschiger Oberlippenbart schimmert weiß von dem leicht gefrierenden Atem, der sich durch die beißende Kälte wie ein hauchdünner Schleier über die Barthaare gelegt hat. Auch Sohn Franz hat seine dicke Wintermütze zu Hause herausgeholt und zieht sie jetzt noch tiefer in die Stirn und auch über die Ohren, die er sich in früheren Jahren während eines strengen Winters etwas erfroren hat. Sie sind bei dieser Kälte besonders empfindlich. So erreichen die beiden Männer den Bahnhof von Erndtebrück. Für sie ist der heutige Tag ein ganz besonderer, denn ihre Familienangehörigen sind von Niedersachsen hierher unterwegs. Sohn Franz eilt seinem Vater voraus, um sich auf dem Fahrplan von der richtigen Ankunftszeit des Zuges zu überzeugen.

„Wir sind noch zu früh." Mit diesen Worten geht er ihm wieder ein Stück auf dem Bahnsteig entgegen, denn mit der Beinprothese ist sein Vater nicht so schnell, wie dieser es gerne hätte. Die beiden suchen sich ein verhältnismäßig geschütztes Eckchen und warten, das Genick im Jackenkragen und die Hände tief in den Taschen vergraben. Der Gehstock von Vater Franz hängt über seinem Arm.

Man sieht ihnen nicht an, was in ihnen vorgeht. Wortlos stehen sie nebeneinander. Ihre Vorfreude ist unbeschreiblich. Gleichzeitig erzeugt aber ein Gefühl der Unwissenheit, welches sie seit der Trennung immer begleitet hat, jetzt in ihnen eine gewisse Nervosität. *„In welcher Verfassung sind die Frauen und die Kinder? Sind sie gesund?“*

„Ich glaube jetzt tut sich was“, unterbricht Sohn Franz die Stille und schaut in Richtung des Bahnhofgebäudes. Aus der geöffneten Tür tritt der diensthabende Bahnbeamte mit roter Schildmütze und Trillerpfeife und begibt sich dorthin, wo die Eisenbahn voraussichtlich halten wird. Das entfernte Geräusch eines herannahenden Zuges ist bereits zu hören.

„Vorsicht an der Bahnsteigkante!“, lautet die Ansage. „Es hat Einfahrt der Zug aus…“. Die Stationen verhallen unbeachtet an den Ohren der beiden Wartenden. Sohn Franz zieht seinen Vater noch schnell etwas weiter von der Bahnsteigkante weg; und schon rattern die ersten Räder des einfahrenden Zuges, immer langsamer werdend, an ihnen vorbei, bis die Bahn zum Stehen kommt. Jetzt klopft das Herz bis zum Halse. *„Aus welchem Waggon werden sie aussteigen?“* Sie sehen, wie sich der Zugführer zielstrebig zu einem bestimmten Ausstieg begibt und sich dort emsig etwas zu schaffen macht.

„Das sind sie!“, ruft Sohn Franz aufgeregt seinem Vater zu und deutet ihm an, mitzukommen.

Das Gepäck, das inzwischen auf dem Bahnsteig steht, sieht nicht gerade aus, als ob es zu normal Reisenden gehört. Einige Bündel, sorgfältig zusammengeschnürt, eine Tasche und ein Kinderwagen, dem man ansieht, dass er schon einiges hinter sich hat. Dann steigen sie aus. Anna in ihrem gewohnten Kopftuch, mit Maria an der Hand, und Gerda. Vater und Sohn Franz eilen auf sie zu. Man umarmt sich und lässt den Tränen der Wiedersehensfreude freien Lauf. Dabei ist es ihnen egal, ob ihr heimatlicher Dialekt in den Ohren der Einheimischen vielleicht wie eine Fremdsprache klingen mag.

„Unsere Kleine!“ Mit diesen Worten drückt Sohn Franz seine kleine Schwester ganz fest an sich und erinnert sich in diesem Moment an die Situation, als seine Mutter mit ihr damals vor der Grenze im Nebel verschwand. Sie wollte nach Stiebnitz zurückkehren. Als Vater Franz seine jüngste Tochter auf dem Arm hält und seine Wange an die ihre drückt, verfangen sich ein paar Tränen in seinem Oberlippenbart. Maria versteht das alles nicht. Die kleine Elfriede hat von diesen erschütternden Emotionen nichts mitbekommen. Sie hat geschlafen bis zu den lauten Geräuschen des normalen Betriebes, der üblicherweise auf einem Bahnsteig herrscht. Als das Daunenbett auf dem Kinderwagen zur Seite geschoben wird und zwei vermummte Gesichter sich über den Säugling beugen, werden dessen Augen ganz groß, und von oben rollen erneut etliche Tränen aus den Augen, die hineinschauen. Vater Franz sieht zum ersten Mal seine Enkeltochter und Sohn Franz seine Nichte. Gerda fällt ein Stein vom Herzen, als sie erkennt, dass Elfriede von allen der Familie angenommen und wahrscheinlich auch geliebt werden wird.

Jetzt, da von allen die Anspannung der letzten Stunden einigermaßen gewichen ist, schleicht sich bei den Ankömmlingen eine sichtbare und nicht zu unterdrückende Müdigkeit ein. Es ist für sie eine große Erleichterung, dass Sohn Franz nun den Kinderwagen schiebt. Zuvor hat er noch einige der Bündel darin verstaut. Obenauf liegt wieder das unentbehrliche Daunenbett.

„Wir nehmen die Abkürzung. Dann haben wir es nicht so weit bis zu meiner Wohnung“, sagt Vater Franz. Er zeigt mit seinem Gehstock in die entsprechende Richtung. Sie müssen die Eder überqueren, einen Bachlauf, der sich in unterschiedlichen Breiten durch den Ort schlängelt. Auf der hölzernen Brücke bläst ihnen der eisige Wind noch einmal kräftig ins Gesicht. Deshalb legen sie die restliche Wegstrecke jetzt schweigend zurück. Es tut gut, als sich die Tür hinter ihnen schließt und angenehme Wärme spürbar wird.

„Gott sei Dank!“ Anna meint damit genau den Sinn ihrer Worte und lässt sich dann erleichtert auf der nächsten Sitzgelegenheit nieder, die sich ihr bietet. Maria, die während ihres jungen Lebens schon sehr viele plötzlich eintretende Veränderungen mitgemacht hat, schmiegt sich vertrauensvoll an ihre Mutter. Die beiden Männer haben eine Mahlzeit vorbereitet. Sie ist einfach, nicht gerade üppig, aber wohlschmeckend. Und während sich nun auch innerlich eine wohltuende Wärme bemerkbar macht, werden Fragen über Fragen gestellt. Alle wollen wissen, wie es den anderen ergangen ist. Bei diesen Schilderungen scheint manchen der Atem zu stocken, aufgrund der katastrophalen Situationen, denen sie ausgesetzt waren. Die Kinder befinden sich schon lange in ihrer Traumwelt und schlafen tief und fest. Für Sohn Franz ist es jetzt Zeit zu gehen. Er hat mittlerweile schon darüber berichtet, dass er seit November 1945, also seit ungefähr einem Jahr, auf einem Bauernhof in einem der umliegenden Ortschaften arbeitet und dort auch wohnt. Diese Familie hatte sich bereit erklärt, einen jungen Mann der arbeitsuchenden Aussiedler als Arbeitskraft aufzunehmen und ihm Brot und Unterkunft zu bieten. Daraufhin vermittelte ihr ein Verwandter des Bauern Annas Sohn, der das Angebot mit Freuden annahm. Diesen Schritt hat er bis heute nicht bereut. Und dafür gibt es einen ganz besonderen Grund, den nur er allein kennt.

Andeutungsweise schimmert bereits das Licht des neuen Tages durch die schweren vorgezogenen Vorhänge der Fenster. Anna muss sich erst einmal zu Recht finden, als sie aus dem tiefen Schlaf der vergangenen Nacht erwacht. Sie fühlt sich noch ganz benommen und reibt sich mit beiden Händen über die Augen und das Gesicht. Sind es die Eindrücke des gestrigen Tages, die mit ihr aufstehen wollen oder sind es die Träume in den frühen Morgenstunden, die ihr plötzlich wieder einfallen? Sie hat nicht viel Zeit darüber nachzudenken, denn nach und nach erwachen auch die anderen. Die Kinder sind die ersten. Sie wollen versorgt werden. Gerda wickelt ihre Elfriede in trockene Tücher und wärmt schnell die Milch für das Fläschchen. Maria bekommt von ihrer Mutter zunächst ein Stück Brot in die Hand gedrückt, dass noch von gestern Abend übrig ist.

Es ist nicht ganz einfach, in den neuen Gegebenheiten unter drei Erwachsenen und zwei Kindern auf Anhieb zurechtzukommen. Die

Möglichkeiten sind äußerst begrenzt und das Mobiliar ist nur für eine Person vorgesehen.

„Im Vergleich zu manchen Unterkünften, in denen wir gewesen sind!“, denkt Gerda. Sie ist ganz glücklich, während sie gemeinsam das tun, was im Moment möglich ist.

„Wir haben heute ein paar Formalitäten zu erledigen“, kündigt Vater Franz an.

„Ihr müsst euch als erstes auf dem Amt der Gemeinde melden und eine andere Wohnung beantragen. Über alles andere, was zu machen ist, wird uns der Beamte dann sicherlich informieren.“

„Vergesst nicht, die Papiere mitzunehmen!“, mahnt er nach einer kurzen Pause.

„Ich muss mitgehen wegen dieser Wohnung hier.“

Bei diesen Worten holt er seine dunkelbraune Brieftasche hervor und legt sie auf den kleinen Holztisch. Sie ist zwar schon etwas abgegriffen, aber aus besonders weichem und glattem Leder gearbeitet, eines der wenigen Stücke, die ihm aus seiner Heimat geblieben sind. Nachdem er sich noch einmal vergewissert hat, dass alles Wichtige darin vorhanden ist, steckt er sie bedächtig in die tiefe Innentasche seiner dicken Wolljacke. In der Zwischenzeit ist die ganze Familie startklar. Als sie an die Hauptstraße kommen, die in den Ort führt, weist der Gehstock in die linke Richtung. Vater Franz geht voran, neben sich seine Anna mit Maria, deren Füße es gewohnt sind, mit vielen kleinen Tippelschritten mitzuhalten. Gerda schiebt stolz den Kinderwagen über den holprigen Gehweg an der mit alten Bäumen gesäumten Chaussee, während Elfriede mit ihren großen Augen den vorbeiziehenden blattlosen Gebilden der Baumkronen folgt.

In der Amtsstube treffen sie einen Mann mittleren Alters an, der sie freundlich begrüßt. Die Sitzgelegenheiten reichen nicht für alle. So bittet er einen Kollegen, noch zwei Stühle zu besorgen. Vater Franz erläutert zunächst die Situation und die Frauen geben noch zusätzliche Informationen. Nach Überprüfung der Papiere folgen die erforderlichen Formalitäten. Dann kommt die Sprache auf ihre jetzige Unterkunft. Der Beamte zeigt sich verständnisvoll und hilfsbereit.

„Eine andere Wohnung ist dringend erforderlich. Wo Sie jetzt sind, können Sie nicht bleiben“, meint er.

Die Suche in irgendwelchen Unterlagen, die sich zu einem beträchtlichen Stoß auf seinem Schreibtisch türmen, scheint erfolgversprechend zu sein.

„Ich glaube, ich habe da etwas für Sie. Mal schauen, was sich machen lässt. Kommen Sie in ein paar Tagen noch mal wieder.“ Damit verabschiedet er sich von den Wohnungssuchenden.

Der Monat Dezember und somit das Jahr 1946 gehen langsam dem Ende zu. Die Wohnung, die man Vater Franz und seiner Familie in Aussicht gestellt hatte, haben sie kurzfristig bekommen, an der gleichen Talseite am Berg, kurz vor dem Ortsausgang. In den letzten Tagen hat es schon etwas geschneit, so dass sich das Land rundherum unter einer leichten aber geschlossenen Schneedecke verbirgt.

Heute ist Heiligabend. Draußen ist es bereits dunkel und still geworden. Der Ofen in der Ecke der Wohnstube verbreitet eine angenehme Wärme. Das Glück der Familie ist groß, an diesen Weihnachtstagen wieder vereint zu sein. Aber Anna ist es dennoch etwas wehmütig zu Mute.

„Das ist das erste Mal, dass wir kein Bäumchen haben“, meint sie und erinnert sich auch daran, wie liebevoll ihr Vater früher bei ihrem Elternhaus in Stiebnitz, oben auf dem Berg, an diesem Tag dafür sorgte, dass das Vieh im Stall etwas Besonderes zu fressen bekam. Sogar den Vögeln hängte er dann ein großes Strohbündel mit Körnern an einen geschützten Platz. Das hatte er schon im Herbst bei der Ernte zur Seite gelegt. Er freute sich dann immer, wenn seine Lieblinge, die Goldammern, sich daran austobten. Anna holt jetzt die Kerze, die sie für Notfälle oder besondere Anlässe verwahrt hat, und zündet sie an. Ihr Schein macht die Atmosphäre etwas gemütlicher, als das kalt wirkende Licht der Glühbirne in dem flachen weißen Lampenschirm an der Decke. Plötzlich hören sie ein Geräusch. Ihm folgt ein zaghaftes Klopfen an der

Zimmertür. Erstaunt schauen sich alle an, noch bevor sie „herein“ rufen. Hastig steht Gerda auf und öffnet. Jetzt verschlägt es ihr fast die Sprache. Eine Frau steht vor ihr. Zwischen ihren Händen hält sie einen großen Kochtopf.

„Ich möchte Ihnen etwas zum Heiligabend bringen. Wo kann ich das abstellen?“ Bei diesen Worten schaut sie sich etwas befremdet um, denn es gibt in diesem Raum kaum Mobiliar. Schnell wird eine Unterlage gesucht und der Topf darauf in die Mitte auf den Fußboden gestellt. Die Fremde hebt den Deckel.

„Meine Familie und ich dachten, es würde ihnen gut tun.“

Der Geruch von dampfender Erbsensuppe breitet sich in dem Zimmer aus und verspricht ein köstliches Mahl.

„Ich hole noch das fehlende Geschirr. Es dauert nicht lange“, sagt sie.

„Ich bin eine Nachbarin.“ Wie ganz nebenbei fügt sie es noch hinzu.

Als diese dann kurze Zeit später in die glücklichen Gesichter dieser Familie schaut, erfüllt sie selbst große Freude. Dann geht sie wieder, so still wie sie erschienen war.

Vater Franz sitzt auf einem Schemel. Die anderen hocken auf dem Fußboden im Kreis um den Topf herum. Jeder hält seinen Teller mit der köstlichen Speise auf den Beinen fest.

„Was für ein Weihnachtsgeschenk!“, denkt Anna. Sie sitzen noch lange zusammen bis in den späten Abend hinein. Die Kerze ist bis auf einen kleinen Stumpen heruntergebrannt. Im Ofen glimmt noch der letzte Rest eines Holzscheites. Die Tür zum Schlafraum nebenan steht schon seit einiger Zeit offen, damit die Wärme sich verteilt und die Temperatur dort etwas angenehmer wird.

Am nächsten Morgen würde man gerne etwas später aufstehen; aber die Kinder sorgen für einen zeitigen Tagesbeginn. Mittlerweile sitzt Vater Franz wieder auf seinem Schemel vor dem Ofen, in nach vorne gebückter Haltung, und kratzt die Asche vom Vorabend durch den Rost in den Aschenkasten. Hier in dem niedrigen hinteren Anbau des Hauses ist das eine seiner ersten morgendlichen Handlungen, um dann erneut ein Feuer zu entfachen. Das ist in der kalten Jahreszeit unentbehrlich. Nur eine Seite der Wohnung schließt direkt an das Haus an. Vorder- und Rückseite sind Außenwände und hinter der dritten befindet sich ein Ziegenstall. Die Feiertage vergehen in aller Stille. Bei anhaltenden Schneefällen und den sogar für das Wittgensteiner Land ungewohnten tiefen Temperaturen ist man auch zu Beginn des neuen Jahres nur unterwegs, wenn es unbedingt erforderlich ist.

Anna und ihre Familie gewöhnen sich allmählich an die neue Umgebung und die beiden Frauen finden langsam wieder zu ihren Kräften. Die Ruhe des Winters tut ihnen gut. Dabei sind die Tage keineswegs langweilig, denn in dem Haus geht es oft lebhaft zu. Hier lebt eine junge Familie mit zwei Kindern, die sich die Räumlichkeiten der beiden Etagen mit der Mutter des jungen Mannes, der Hauseigentümerin, teilt. Sie ist Witwe und bewohnt u. a. ein Zimmer direkt neben dem Anbau. Es ist gleichzeitig der Zugang von außen in den anderen Teil des Hauses. Diesen Raum müssen Anna und ihre Angehörigen immer dann durchqueren, wenn jemand von ihnen die Toilette benutzen will. Diese ist, nicht zuletzt auch wegen der kalten Jahreszeit, kein Örtchen, wo man sich gerne länger aufhält. Jetzt, kurz nach Kriegsende, herrscht überall noch großer Mangel an fast allem. So war es trotz großer Bemühungen bisher nicht möglich, für das undichte Zulassungsrohr zum Wasserkasten einen Ersatz zu bekommen. Ein Eimer sorgt in nötigem Abstand über dem Kopf dafür, den Benutzer der Toilette vor ungewollter Nässe von oben zu bewahren.

Die junge Frau Lotta ist eine geborene Frohnatur. Ihre Art zu reden und ihr Lachen tun Anna und ihrer ganzen Familie gut. Große Herzlichkeit, lebhaftes Temperament und der unverkennbare Dialekt ihrer Heimat Berlin kommen immer wieder zum Vorschein. Ihr Ehemann Paul ist auf den ersten Blick eher ein stiller aber auch sympathischer Zeitgenosse mit etwas trockenem Humor und einem Herzen auf dem rechten Fleck. Der ältere der beiden Kinder ist ungefähr so alt wie Maria und sein Bruder 2 Jahre jünger. Schon nach kurzer Zeit ist eine gegenseitige Zuneigung der beiden Familien nicht zu verkennen. Lotta ist stets darum bemüht, wichtige

Informationen zu vermitteln, wo und was man in den wenigen kleinen Geschäften mit den geringen Auslagen kaufen kann. Den Aussiedlern steht nur ein geringer monatlicher Betrag zur Verfügung. Es will gut überlegt sein, für was man das Geld ausgibt. Über die nötigsten Grundnahrungsmittel geht es kaum hinaus. Welche Menge von jeder Sorte generell gekauft werden darf, bestimmen die Lebensmittelmarken, die man monatlich ausgehändigt bekommt. Darauf sind Art und Gewicht genau festgelegt. Von Paul kommen die Tipps für praktische Dinge. Bereitwillig hilft er aus, wenn Vater Franz etwas Handwerkliches benötigt. Denn nach und nach ergeben sich durch ihn auch Kontakte zu Nachbarn und Menschen in der Umgebung. Mancher steuert etwas zur Wohnungseinrichtung oder an Gebrauchsgegenständen bei, wenn es selbst nicht mehr gebraucht wird. Franz ist dafür sehr dankbar und Paul steht ihm oft mit Rat und Tat zur Seite. Auch hat er stets eine Empfehlung parat, sei es ein Schreiner, Polsterer oder Personen, die ihrerseits wieder irgendwelche Beziehungen haben.

Maria ist inzwischen 5 Jahre alt und Elfriede zeigt zunehmendes Interesse an ihrer Umwelt. So kommt bei Anna und Gerda keine Langeweile auf. Auch hoffen sie auf eine Gelegenheit, irgendwie an Garne und das entsprechende Zubehör zu gelangen. Dann könnte man Handarbeiten herstellen, wie es im Winter damals in Stiebnitz durch Heimarbeit der Fall war.

Getrennte Wege

Man schreibt das Jahr 1950. Bereits kurz vor Weihnachten bedeckt eine dicke Schneedecke das Land. Anna lebt nun mit ihrem Mann und ihrer jüngsten Tochter Maria allein in der bisherigen Wohnung in Erndtebrück. Sie kann sich nur schwer mit den Gegebenheiten in dem für sie immer noch fremden Wittgensteiner Land abfinden. Ihre Gedanken sind täglich „*zu Hause*“, in Stiebnitz.

Noch lange nach der Vertreibung wurde sie von der Sorge um den Verbleib ihrer Eltern gequält. Mittlerweile weiß sie, dass ihre Mutter mit Annas Bruder und dessen Familie, außer dem Sohn, in einem Transport nach Thüringen gekommen ist. Der Sohn gilt seit dem Krieg noch immer als vermisst. Annas Vater verstarb bereits im Frühjahr 1947 während des Aufenthaltes im Auffanglager Anklam in Mecklenburg. Er war an Gürtelrose erkrankt und wurde 6 Wochen in einem Krankenhaus medizinisch versorgt. Nach seiner Entlassung hatte er bei einem Bauern Holz gehackt und war folgedessen kurze Zeit später an einer Lungenentzündung verstorben. Tochter Gerda heiratete dieses Jahr im Oktober ihren um 25 Jahre älteren und ebenfalls aus Mecklenburg geflüchteten Mann Willi, den sie hier im Westen kennengelernt hat. Nun leben die beiden gemeinsam mit der vier-jährigen Elfriede in einer Notunterkunft, einer der Wellblechbaracken am Rande von Erndtebrück, auf einem der Wiesengrundstücke nahe der „Eder“. Das halbrunde Wellblechdach geht beiderseits bis auf den Boden. Aus der Vorderseite ragt, oberhalb der beiden hölzernen Fenster und der Tür, ein knieförmiges dickes Abzugsrohr eines Ofens heraus. Diesen Unterkünften hat man den Namen *„Nissenhütten“* gegeben; eine entwürdigende Bezeichnung aus der Sicht der Menschen, die notgedrungen darin leben müssen. Sohn Franz hat auf dem Bauernhof in Balde, wo er als landwirtschaftlicher Gehilfe vor 4 Jahren anfing, seine große Liebe gefunden: Luise, die jüngste Tochter des Bauern. Sie schlossen vor kurzem, Mitte Dezember, den Bund fürs Leben. Maria ist 9 Jahre alt und besucht die 3. Klasse der hiesigen Volksschule. Sie hatte sich nach den großen Strapazen körperlich gut erholt. Nach Ansicht eines Arztes des Gesundheitsamtes zu gut, um mit Kindern der Vertriebenen zur Erholung in andere Familien geschickt zu werden.

Still ist es geworden in Annas Haushalt und die Wintermonate sorgen dazu noch für wenig Abwechslung. So widmet sie sich nach Möglichkeit ihrer Handarbeit. Getragene Strickpullover werden aufgezogen und aus der Wolle neue gestrickt. Bei den notwendigen

Vorarbeiten muss ihr Mann Franz Hilfestellung leisten. Dann breitet er seine geöffneten Hände in angemessenem Abstand aus, und Anna wickelt die aufgezogene Wolle gleichmäßig in einem ovalen Bogen darüber. Wenn der „Strang“ dick genug ist, wird er an einer Stelle zusammengebunden, anschließend gewaschen und zum Trocknen aufgehängt. So entsteht ein relativ glatter Faden, der dann wieder verstrickt wird. Ab und zu ergibt sich auch eine Möglichkeit, neue Wolle zu kaufen. Davon werden dann Socken, Mütze oder Schal gearbeitet. Das sind dann für Anna die Stunden, in denen sie mit ihren Gedanken ganz weit weg ist. Für Franz wird die Winterzeit besonders lang, obwohl er täglich für eine warme Stube und einen möglichst schneefreien Zugang zu ihrem Hauseingang sorgt. Auch den Gehweg zu dem Hühnerstall am Ende des eingezäunten Hühnerauslaufes hält er einigermaßen frei, damit die Hühner gefüttert werden können und somit auch während des Winters frische Eier zur Verfügung stehen. Aber oft sitzt er einfach nur vor dem Fenster und schaut auf die riesigen Schneemassen, die sich immer höher türmen. Auch seine Gedanken sind dabei oft ganz woanders. Wenn sich seine buschigen Augenbrauen in einer strengen Wölbung nach oben schieben, leise vernehmbare Pfeiftöne seinen verkrampften Lippen entweichen und seine Daumen in nervösen Bewegungen sich in den Handinnenflächen hin und her schieben, weiß Anna aus Erfahrung, dass er wieder einmal in Situationen der Vergangenheit weilt, die immer noch alles andere als angenehm für ihn sind. Maria genießt es, mit den Kindern aus der Nachbarschaft im Schnee herumzutollen. Die Straße, die seitlich neben dem Haus auf einen Berg hinaufführt, ist zum Schlittenfahren wie geschaffen. Auf einen eigenen Schlitten muss sie verzichten. Dafür hat es noch nicht gereicht; doch sie wird von den anderen ganz einfach mitgenommen, denn zu zweit oder dritt auf einem macht es riesigen Spaß.

Der Winter hat sich ausgetobt und die wärmenden Strahlen der Frühlingssonne schmelzen die letzten Schneereste dahin. Oberhalb des Hühnerhauses sprießt bereits das frische Grün auf der großen

Wiese, auf der die reichlich anfallende weiße Wäsche im Sommer gebleicht wird. Der Garten wartet auf seine Bearbeitung. Anna kann einen Teil davon zur eigenen Verwendung nutzen. Das ist eine große Bereicherung ihres Speiseplanes. Im Gegenzug greift sie Lotta oft unter die Arme, wenn es nötig ist. So lassen die beiden Frauen das Sprichwort wahr werden: *„Eine Hand wäscht die andere“*. Helfende Hände kann Lotta gut gebrauchen, denn ihre drei Söhne, eine erneute Schwangerschaft und die Landwirtschaft nehmen ihre Kräfte voll in Anspruch. Die angeborene Fröhlichkeit hilft ihr dabei über viele spannende Situationen hinweg. Zwischendurch lässt sie aber auch ihrem Berliner Temperament freien Lauf, wenn die Überraschungen ihrer Söhne kein Ende nehmen wollen. So machte der Jüngste eines Tages die Entdeckung, dass man mit Schuhcreme alles einreiben kann, auch Fußboden und Möbel. Er saß ganz still in dem Durchgangszimmer seiner Oma vor dem Schuhschrank. Die braune Schuhcreme gefiel ihm am besten und so machte er davon regen Gebrauch.

Auf der Rückseite des Anbaues befindet sich ein Fenster, das den Blick auf die Jauchegrube direkt hinter dem Haus freigibt. Eines Tages hält sich Anna gerade in ihrer Wohnstube auf, als sie plötzlich, wie aus weiter Ferne, eine Kinderstimme wahrnimmt. Sie unterbricht ihre Arbeit und lauscht. Es hört sich nach einem Hilferuf an. Eilig öffnet sie das Fenster. Dann hält sie die Luft an. Am Rand der Grube erblickt sie zwei Kinderhände und etwas tiefer ist ein Teil des Haarschopfes soeben noch zu erkennen. Annas laute Rufe erreichen den Ältesten von Lotta.

„Halt dich fest, ich komme!“, schreit er aus einem Fenster von oben herab. Im letzten Moment erreicht er noch die Hände seines jüngsten Bruders. Inzwischen ist auch Lotta herbeigeeilt. Sie ging irgendwo im Hause ihrer Arbeit nach. Jetzt steht ihr riesiges Entsetzen im Gesicht. Sie reißt das triefende Kind an sich und trägt es hastig um den Anbau herum. Dann lässt sie sich auf dem dicken Balken nieder, der das Erdreich des Hühnerauslaufes abstützt und oft als Umkleideplatz der Kinder dient. In aller Eile befreit sie den kleinen Körper von der stinkenden Masse und trägt ihn ins Haus.

Anna ist dankbar, dass sie zur Rettung des Kindes beitragen konnte und schickt erleichtert die entsprechenden Worte zum Himmel hinauf. Gegenüber Kindern empfindet sie eine besonders große Wertschätzung und Fürsorge. Das ist eine ihrer Charaktereigenschaften. Die beiden Frauen sind sich jetzt noch näher gekommen, als das bisher schon der Fall war, und noch öfter schütten sie sich gegenseitig ihr Herz aus. Im Sommer kommt keine Langeweile auf. Neben ihren täglichen Arbeiten in der Familie bearbeitet Anna den Gartenteil, den sie für ihre Zwecke nutzen kann. Sie sät und pflegt mit Freude die aufgehende Saat, wobei auch der Gartenteil von Lotta manchmal davon profitiert. Oder sie hält einfach ein Auge auf deren Kinder.

Auch Willis Bruder ist mit seiner Familie aus Mecklenburg geflüchtet. Er lebt einige hundert Meter von ihm entfernt in einem der aus Holz errichteten Behelfsheime, den Umständen und den derzeitigen Möglichkeiten entsprechend ordentlich eingerichtet. Als die Wellblechbaracken von Seiten der Gemeinde abgerissen werden, ziehen Gerda und ihre Familie 1952 in ein leer stehendes Behelfsheim neben ihrem Schwager. Hier sind die Räumlichkeiten und das Umfeld für sie etwas angenehmer. Jährlich nach der Schneeschmelze oder nach ausgiebigen Regenperioden wird ein großer Teil der an die Eder angrenzenden Grünflächen überflutet. Somit waren jeweils die Wellblechbaracken und ihre Bewohner in Gefahr, wenn das Hochwasser täglich stieg und nicht selten bis auf eine Entfernung von 50 Metern herankam. Auch für die kleine Elfriede waren es angstvolle Situationen. Das große Wasser war ihr einfach nur unheimlich. Anna besucht oft mit Maria ihre Tochter Gerda unten im Tal an der Eder. Ihre Enkelin Elfriede ist ihr sehr ans Herz gewachsen und sie hilft, wo sie helfen kann. Das ist nicht immer einfach, denn ihr Schwiegersohn ist ein außergewöhnlicher Zeitgenosse und sehr gewöhnungsbedürftig. Auch ihm bedeutet Elfriede sehr viel und er sorgt auch gut für sie; aber trotzdem leidet das Kind unter dem Verhalten ihres vermeintlichen Vaters gegenüber ihrer Mutter. Sein rücksichtsloses und brutales Verhalten flößt Elfriede Angst und Wut ein. Eines Tages hat Willi eine Idee. Sie ist so außergewöhnlich wie er selbst. Er hat sich in den Kopf gesetzt, eine Kleintierzucht aufzubauen, deren Felle wertvoller als Nerze seien und aus denen Mäntel und Zubehör angefertigt und bevorzugt von den Damen der High Society getragen würden. Euphorisch berichtet er über die Verhandlungen mit den zukünftigen Abnehmern seiner Felle und betont immer wieder, dass alles geregelt sei. Holzschuppen und andere Vorrichtungen, die seiner Meinung nach zur Verwirklichung eines solchen Planes unbedingt erforderlich sind, entstehen in Windeseile. Dabei ist ihm der optische Aspekt nicht wichtig. Die Tiere wachsen auf und auch Elfriede hat Spaß an den niedlichen Geschöpfen. Was danach kommt, lässt sie allerdings nur Ekel empfinden. Und als sie beim Aufspannen der Felle mithelfen muss, ist ihre Abscheu unbeschreiblich. Das ist nicht ihre Welt. Deshalb hält sie sich lieber in dem Schuppen auf, wo Küken unter einer Wärmelampe ausgebrütet werden und versuchen, sich in ihrer neuen Umgebung zurechtzufinden. Hühner und Gänse fühlen sich draußen in der grünen Natur wohl, denn sie haben freien Auslauf auf der Wiese an der Eder.

Für Gerda ist dieses Leben auch nicht so, wie sie es sich erträumt hat. Ihr Mann verdient zwar als Polier in einem großen Baugeschäft verhältnismäßig gutes Geld, doch versteht er es nicht, es für wichtige Dinge seiner Familie auszugeben. Zudem raucht er gerne und viel und gönnt sich mit anderen allzu gern ein Schnäpschen. Z. Zt. ist Gerda auf der Suche nach einer Arbeitsstelle. Diese findet sie in einem nicht weit von ihrer Wohnung gelegenen Sägewerk. Jetzt kommt ihr zugute, dass sie in ihrer Vergangenheit schwer arbeiten musste und gelernt hat, nicht zimperlich zu sein. Schon bald erkennt man von Seiten ihres Arbeitgebers, dass sie ordentlich zupacken kann. Sie bekommt eine Stelle in der Schleiferei des Sägewerkes, wo sämtliche Sägen des Betriebes geschliffen werden. Bei dieser verantwortungsvollen Arbeit kommt es auch auf ein gewisses Feingefühl und Präzision an. So erfüllt es sie mit Freude und Stolz, als sie eines Tages hier allein und selbstständig arbeiten kann. Elfriede ist in Gerdas Abwesenheit bei ihrer Oma Anna. Der Altersunterschied zwischen ihr und Maria beträgt nur 5 Jahre. So sind sie vom Alter her und in ihrem Verhalten untereinander wie Geschwister. Für Gerda ist das eine große Beruhigung, denn sie weiß ihre Tochter bei ihrer Mutter in guter Obhut. Es ist immer eine lange Strecke für Anna und die Kinder, wenn Elfriede nach Hause gebracht wird; den Berg hinunter, durch den Ort, am Bahnhof vorbei, dann eine breite staubige oft mit Last- und Langholzwagen befahrene Straße entlang, bis kurz hinter das Sägewerk am anderen Ende von Erndtebrück. Trotzdem will Maria immer mit. Der erste, der die drei bei ihrer Ankunft begrüßt, ist Willis großer Schäferhund, der seiner Freude von dem Zwinger aus lautstark Ausdruck verleiht. Gleichzeitig ertönt das unüberhörbare Konzert der großen weißen Gänse, die mit ausgebreiteten Flügeln und zischenden Hälsen jedem Ankömmling entgegeneilen und sich nicht ohne weiteres abwimmeln lassen. Die Kinder haben sich jedoch daran gewöhnt und vertrauen jeweils darauf, dass Anna die Angreifer rechtzeitig in die Flucht jagt. Als Elfriede 1953 eingeschult wird, ist ihr der lange Schulweg schon vertraut. Ohne Scheu bewältigt sie die 1 ½ km morgens normalerweise allein. Das Schulgebäude befindet sich zwei Straßen von ihren Großeltern entfernt. So hat sie es nach Schulschluss nicht weit zu ihnen, wo sie tagsüber bleibt, bis Gerda zu Hause ist. Nach den Hausaufgaben ist sie meistens mit Maria und anderen Kindern zusammen. Dann werden Hüpf- und Ballspiele auf dem Platz vor dem großen hölzernen Scheunentor geübt; so ganz nebenher unter der Aufsicht von Großvater Franz, der draußen auch immer irgendwo eine Beschäftigung findet. So hat er z. B. auch dafür gesorgt, dass in der Küche Holzquirle in allen Größen zur Verfügung stehen, die er aus dünnen Astquirlen des Weihnachtsbaumes herstellt. Irgendwann im Laufe des Nachmittags steht dann wieder für Elfriede der Heimweg zu ihrer Mutter an.

Maria wird dieses Jahr 11. Nach 4 Jahren Volksschule besucht sie nach den entsprechenden Prüfungen die Realschule in demselben Schulkomplex. Es war ihr eigener großer Wunsch gewesen; aber auch nur möglich, weil Kinder von Flüchtlingen und Vertriebenen diese Schule ohne Entgelt besuchen können. Sonst hätten die finanziellen Mittel dafür nicht ausgereicht, denn alles, was außerhalb der nötigsten Dinge, die man zum Leben braucht, angeschafft wird, muss praktisch vom Munde abgespart werden. Als Maria mit 9 Jahren zur Ersten Heiligen Kommunion ging, mussten ihre Eltern vorher auf manches verzichten, damit auch ihre Tochter diesen Tag in einem weißen Kleid mit dem entsprechenden Zubehör begehen konnte.

Was bei Lotta im Haushalt so alles passiert, daran ist Maria sehr interessiert und daher gerne dort; besonders wenn die kleinen Kinder versorgt werden. Lotta lässt sie gewähren, wenn sie mit geschickten Handgriffen mithilft. Meistens hat sie dabei einen Scherz auf den Lippen. Sie vertraut ihr im Laufe der Zeit immer mehr ihre Jüngsten an und Maria ist mit voller Begeisterung dabei. Sie hilft beim Wickeln und Füttern, und wenn die Wäsche draußen auf der Bleiche von der Sonne zu trocken zu werden beginnt, schwingt sie die Gießkanne in hohem Bogen darüber, damit die Wäsche wieder nass und schön rein wird. Ihre klein geblümte Schürze, die Anna mit viel Liebe genäht hat, bekommt dann oft einen Teil der Nässe ab. Sie wird dann einfach zum Trocknen zu den anderen Wäschestücken dazugelegt.

Vater Franz hat während des Sommers für reichlich Heizmaterial gesorgt. Ein bereitwilliger Bauer aus der Umgebung nahm ihn immer dann auf seinem Fuhrwerk mit in den Wald, wenn er selbst dort etwas zu tun hatte, und nach getaner Arbeit wieder zurück nach Hause. Eines Tages soll das von Franz vorbereitete und zurechtgelegte Holz geholt werden und Maria darf mitfahren. Pünktlich zur verabredeten Zeit erscheint der Bauer mit seinem Fuhrwerk auf dem Hof. Auf sein Kommando kommen die beiden an der Wagendeichsel befestigten kräftigen Ochsen zum Stehen.

Die spitzen stark gekrümmten Hörner des einen sind nach unten gewachsen und er macht einen harmlosen Eindruck. Er ist gut im Futter, schaut aber etwas gelangweilt drein, als wüsste er, was ihnen bevorsteht. Man sieht ihm an, dass er einige Jahre älter ist als der andere. Der zweite sieht unternehmungslustiger aus als sein tierischer Kollege nebenan. Er ist etwas schlanker und größer und seine langen Hörner zeigen seitlich nach oben, was nicht gerade vertrauensvoll aussieht. Der Bauer überprüft noch einmal, ob das Zaumzeug der Ochsen richtig sitzt und befestigt ist. Er sieht, dass diese Vorrichtung aus Riemen und Metallteilen ordnungsgemäß über den Kopf und ins Maul der Zugtiere gelegt und mit seinen Zügeln verbunden ist. Dass ist notwendig, damit er die beiden Ochsen nach den Erfordernissen entsprechend führen und lenken kann. Dann legt er seine unverzichtbare Geißel über die Schulter und schaut sich um. Schon erscheint Vater Franz in seiner gewohnten Arbeitskleidung. Er setzt schnell noch den dunkelgrauen Hut aus Stoff, mit Krempe und verschlissenem Hutband, auf. Die Kopfbedeckung wird noch etwas in Form gedrückt, damit sie vorne den richtigen Knick bekommt. Auf seinen Gehstock gestützt und in der anderen Hand einen Beutel mit Proviant für den Tag, so eilt er dann über den Hof zu dem wartenden Bauer. Maria ist bereits über die ausgetretenen Treppenstufen aus Ziegelsteinen hinunter gesprungen, nachdem ihre Mutter ihr noch ein paar Ermahnungen mit auf den Weg gegeben hat. Der Bauer legt zwei Decken auf der Ladefläche des Fuhrwerkes zurecht und Maria macht es sich darauf bequem. Franz hat aufgrund seiner Beinprothese schon länger eine eigene Technik entwickelt, um hier hinaufzugelangen. Der Bauer hilft noch etwas mit. Dann nimmt auch er auf dem Wagen Platz; direkt hinter den Ochsen, in der Mitte der für ihn vorgesehenen hölzernen Sitzvorrichtung. Das Kissen ist schon ziemlich zusammengesessen. *"Ich könnte auch nochmal ein neues gebrauchen"*, denkt er, als er sich darauf niederlässt. Es bedarf einer entsprechenden Aufforderung des Bauern durch einen kräftigen Schnalzlaut, den wahrscheinlich nur diese Ochsen verstehen, und eines lauten Knallens der Geißel, damit sich die

Tiere langsam in Bewegung setzen. Zunächst geht es den Berg hinauf, an den letzten massiven Häusern vorbei und weiter oben entlang an einigen bewohnten hölzernen Behelfsheimen für Flüchtlinge und Vertriebene. Es folgen dann landwirtschaftliche Flächen der hiesigen Bauern, bis in weiter Entfernung der Wald sichtbar wird. Es ist eine langwierige Fahrt, denn die Ochsen sind nicht die schnellsten Zugtiere. Manchmal meint man, sie würden gleich einschlafen. Auf das Kommando des Bauern kommen die Tiere jedoch wieder in eine schnellere Gangart. Die drei auf dem Fuhrwerk werden tüchtig durchgeschüttelt, obwohl der Wagen Gummireifen hat. Der Weg ist stark ausgefahren und somit höchst uneben. Je näher sie an den Wald herankommen, desto tiefer werden die Löcher. Die Tannenwälder, die sie durchqueren, lassen nur wenig Licht herein. Anschließend tun sich allerdings weitläufige Buchenbereiche auf und es geht über Berg und Tal. Unerwartet weist das Waldgelände tiefe Senken auf, durch die sich zahlreiche Wasserrinnsale schlängeln; mal größere, mal kleinere.

„Das ist ein Paradies für Hirsche“, sagt der Bauer mehr zu sich selbst als zu den anderen.

„In den Wäldern des Wittgensteiner Landes gibt es viel Rotwild. Wenn wir Glück haben sehen wir welches“, fährt er fort. Man sieht ihm an, dass er sehr stolz auf seine Heimat ist. Franz kann ihm das sehr gut nachfühlen. Schweigend gleiten die Blicke umher.

„Dort unten!“. Mit diesen Worten hält der Bauer das Fuhrwerk an und deutet mit der Geißel eine tiefe Senke hinab.

„Seht ihr den Hirsch? Er kommt zur Tränke.“ Majestätisch bewegt er sich auf das Wasser zu. Dabei hat er das Umfeld scheinbar voll im Blick. Der Kopf mit dem großen Geweih bewegt sich langsam in alle Richtungen. Seine Hufe versinken ziemlich tief in dem aufgeweichten Gelände, bevor er an dem Wasserlauf seinen Durst stillt. Maria ist ganz aufgeregt und ihre helle Kinderstimme wird immer lauter.

„Pst!“, unterbricht der Bauer sie.

„Meistens kommen noch andere Hirsche hinzu“, flüstert er. Maria verharrt still in voller Erwartung. Und tatsächlich: Ein ganzes

Rudel erscheint. Ein herrlicher Anblick - und für das Mädchen ein tolles Erlebnis.

„Wir müssen weiter. Sonst wird es zu spät!“, drängt Franz, nachdem sie eine Zeit lang die prächtigen Exemplare bewundert haben. Als er in das enttäuschte Gesicht seiner Tochter sieht, die sich inzwischen etwas höher neben ihren Vater gesetzt hat, um zwischen den seitlichen breiten Holzplanken des Leiterwagens besser hindurchsehen zu können, legt er tröstend den Arm um ihre Schultern.

„Aber Mädchen! Komm wir sehen nach, was Mutter uns in den Beutel gepackt hat“, flüstert er ihr verheißungsvoll zu. Maria muss lachen, als sein Oberlippenbart sie am Ohr kitzelt. *„Der ist heute aber wieder besonders struppig“,* denkt sie. Mit flinken Händen holt sie den Proviant aus der beigen mit einer Kordel zusammengebundenen Leinentasche heraus. Zunächst stillen die beiden ihren Durst mit dem Tee aus der Thermosflasche, die zwar schon ein paar Beulen aufweist, aber noch ihren Dienst tut. Dann lassen sie sich die zusammengeklappten Brotschnitten mit guter Butter und Quark gut schmecken.

„Eine verwahren wir uns noch bis nach der Arbeit und auch etwas Tee“, entscheidet Franz. „Wir müssen nur noch da vorne bis hinter die nächste Biegung. Dann sind wir da.“

Jetzt, nach gut 1 ½ Stunden Fahrt, kann Maria endlich ihrem Bewegungsdrang nachgehen und herumspringen wie sie will. Für die beiden Männer beginnt allerdings eine sehr anstrengende Arbeit. Franz hat das Holz in den letzten Monaten hier schon so vorbereitet, dass es verladen werden kann. Das sind keine Holzscheite oder Äste, sondern Wurzelstöcke von Buchenbäumen. Es ist ein hartes Stück Arbeit, bis alles so verstaut ist, dass die Ladung nicht verrutschen kann.

„Nun verschnaufen wir aber erst einmal und legen eine Essenspause ein. Das haben wir uns verdient“, sagt der Bauer.

Er holt einige Male tief Luft, wobei er auch schon nach seiner Tasche greift, um sich an den gut belegten Wurstschnitten zu stärken, die ihm die Bäuerin mitgegeben hat.

„Mögt ihr einen Apfel? Er ist aus unserem Garten und hat einen guten Geschmack“, betont er.

Bei diesen Worten drückt er Maria zwei große rotbackige Äpfel in die Hand. Sofort beißt sie strahlend in einen hinein, während ihr Vater erst sein gutes altes Taschenmesser aus Stiebnitz herausholt, um seinen in Stücke zu schneiden. Die Äpfel schmecken herrlich zu den Quarkschnitten, die sich die beiden noch verwahrt haben.

Anna steht zum wiederholten Male an der Straße und schaut den Berg hinauf. Ihrer Meinung nach sind Franz und Maria schon längst überfällig. Sie wird allmählich unruhig. „*Ob wohl alles gutgegangen ist*?“, fragt sie sich. Aber dann sieht sie das Ochsengespann über die Bergkuppe kommen. Maria sitzt oben auf der Ladung und winkt ihr schon von weitem zu. Von Franz ist nichts zu sehen. Sie erblickt nur den Bauern, der in gebückter Haltung seitlich hinten am Ende des Wagens läuft und an der Bremse dreht, damit das Fuhrwerk nicht zu schnell wird. Die quietschenden Bremsgeräusche machen dabei einen entsetzlichen Lärm. Da erkennt Anna die Beinprothese ihres Mannes, die hinter der Ladung herunterbaumelt. Sie erschrickt. Aber im selben Augenblick sieht sie zwischen einigen Wurzelstücken auch seinen Kopf mit dem Hut, und wie dieser sich zur Seite dreht. „*Gott sei Dank*“. Ihr fällt ein Stein vom Herzen. Noch etwas steif von dem langen Sitzen sucht sich Franz beim Absteigen einen festen Halt, um dann sicher nach unten zu gelangen. Er ist froh wieder festen Boden unter sich zu haben. Maria klettert von ihrem hohen Sitz herab. Und während sie ihrer Mutter entgegenläuft, sprudelt schon aus ihr heraus, was sie alles gesehen hat.

Ein harter arbeitsreicher Tag geht zu Ende, als die im Wald von der Sonne getrockneten und gebleichten Wurzelstöcke nun am oberen Rand des Hofes zu einem Haufen aufgeschichtet sind. Franz denkt jetzt nicht daran, was ihm bevorsteht, bis das Heizmaterial zerkleinert ist, sondern an die heimelige Wärme, wenn man in der kalten Jahreszeit vor dem Ofen sitzt. Anna hat in der Zwischenzeit Elfriede nach Hause gebracht. Maria geht heute zeitig zu Bett, obwohl die Sommerferien schon begonnen haben und sie morgen nicht früh aufstehen muss. Die Unternehmung am heutigen Nachmittag hat wohl besonders müde gemacht. Auch Franz streckt jetzt seine Glieder aus und erzählt Anna ausführlich die Ereignisse des vergangenen Tages, bevor ihn ein tiefer Schlaf überwältigt.

Während des Sommers ist der Platz vor der Scheune ein Tummelplatz von Jung und Alt. In erster Linie wird von hier aus zu gegebener Zeit das eingefahrene Heu mit einer Zugvorrichtung vom Heuwagen auf den Dachboden der Scheune befördert. Paul ist es meistens, der diese Arbeit übernimmt, indem er die großen an einem Seilende befestigten eisernen Greifarme über dem Heu ausbreitet und hineindrückt. Dann zieht er mit aller Kraft an dem anderen Ende des Seils, das über eine Rolle läuft, die unter dem vorstehenden Dachfirst befestigt ist. Die Last bewegt sich nach oben bis vor die offene Luke. Eine zweite Person holt jetzt mit weit ausgestrecktem Arm das Heu an einer Laufschiene hinein. Dabei steht sie dicht an der Brüstung des offenen Dachbodens. Nach der letzten Ladung liegt das gesamte Heu in einem wirren Durcheinander auf einem großen Haufen. Jetzt müssen auch die älteren Kinder mithelfen, es gleichmäßig zu verteilen. Jeder Winkel wird vollgestopft, damit alles untergebracht werden kann. Das ist zwar ein ziemlich staubiges Unterfangen; aber es duftet herrlich. Den Jungen macht es Spaß, wenn einer dem anderen zwischendurch einen Arm voll ins Gesicht werfen kann.

Allmählich nehmen die aufgestapelten Buchenstöcke ab. Wenn Paul den Platz nicht für irgendwelche größere Arbeiten benötigt, nutzt Franz jede Gelegenheit, das trockene und harte Holz so zu zerkleinern, dass es für den Ofen in der Wohnstube passend ist. Das erfordert von ihm einen hohen Kraftaufwand. Seine Arme sind jedoch in den vielen Jahren, seit dem Verlust des Beines im Ersten Weltkrieg, gezwungenermaßen besonders trainiert worden und folgedessen auch besonders stark. So zeugen jetzt die Schläge der selbst geschärften Axt von der Stärke seiner Kraft, wenn sie in regelmäßigen Abständen über den Hof hallen. Zwischendurch gönnt sich Franz jedoch öfter eine Verschnaufpause. Dann lehnt er sein Beil seitlich an das Hauklotz, das von den unzähligen

Schlägen, die bereits darauf niedergegangen sind, schon ganz uneben geworden ist. Mit einem erleichternden Seufzer lässt er sich darauf nieder, rückt seine Prothese noch etwas zurecht und zieht dann eines seiner großen Stofftaschentücher aus seiner Hosentasche, um sich den Schweiß von Gesicht und Hals zu wischen. Ein zweites befindet sich bereits seit Beginn der Arbeit auf seinem Kopf. An jedem Ende mit einem Knoten versehen, dient es im Sommer in erster Linie als Kopfbedeckung gegen die Sonne; aber auch gegen Staub und zum Auffangen der Schweißtropfen. Anna trägt das gespaltene Holz ins Haus. Maria hilft ihr, jeweils den geleerten Rutenkorb, den Lotta ihnen ausgeliehen hat, wieder zu füllen. Besonders Kleingespaltenes kommt in einen kleinen ovalen Drahtkorb mit einem Bügel und rundem Holzgriff in der Mitte. Bei Bedarf steht dieser dann neben dem Ofen im Wohnraum. Alle Beteiligten sind froh, als die Aktion beendet ist. Ebenso froh sind alle Kinder, die sich üblicherweise auf diesem Hof tummeln, wenn der Platz frei ist. Wem gelingen die meisten „Köpper" hintereinander beim Ballspielen an dem Scheunentor? Wer ist beim „Diabolo", einem Geschicklichkeitsspiel, am geschicktesten? Wer berührt beim „Hüpfjes" auf einem bzw. zwei Beinen die wenigsten Linien der in Kreuzform aufgemalten Quadrate? Egal, hier wird sich in der schulfreien Zeit so richtig ausgetobt. Die Jungen sind bestrebt, ihr Können und ihre Stärke beim „Stelzenlaufen" zu zeigen oder die Mädchen beim „Seilspringen" zu übertreffen. Ganz still und spannend wird es, wenn es um den Gewinn der sogenannten „Knicker" (kleine Kugeln/Murmeln) geht, aus Ton gebrannt oder aus Glas hergestellt, mehr oder weniger bunt und in unterschiedlicher Größe. Je nachdem aus welchem Material und in welcher Farbe sie sind, haben sie einen entsprechenden Wert. Zum Schluss müssen sie in einem kleinen Erdloch landen. Oft wird nach dem Spiel fleißig getauscht und wenn man Glück hat auch verschenkt. So ist es für Anna und ihren Mann selten langweilig, auch dann nicht, wenn sie gerade mal keine Beschäftigung haben. Oft sitzen sie dann hinter dem Fenster ihrer Stube und schauen dem fröhlichen Treiben der Kinder zu. Es gibt aber auch ruhigere Tage, an denen Maria und Elfriede sich bei ihren Freundinnen aufhalten. Heute ist so ein Tag. Anna und Franz schauen wieder einmal still durch die kleinen Glasscheiben des Fensters mit dem Blick über den Hof. Anna nimmt eigentlich gar nicht wahr, wo sie hinschaut. Ihre Gedanken sind wieder einmal ganz weit weg in der Vergangenheit. Das Heimweh nach der alten Heimat, den Verwandten, den Freunden und vertrauten Gepflogenheiten ist ihr ständiger Begleiter.

„Annla." So nennt Franz sie immer, wenn er meint, sie trösten zu müssen. Die Stimme ihres Mannes holt sie wieder zurück in die Gegenwart.

„Du kannst es doch nicht ändern. Hier geht es uns ja nicht schlecht, besser wie manchen anderen."

„Und in unserer Familie sind alle am Leben geblieben", fügt er langsam und mit vielsagender Betonung hinzu.

„Das weiß ich alles", erwidert Anna und ein leichtes Nicken unterstreicht ihre Worte. Anna ist dafür ja auch sehr dankbar. Franz zieht seine Annla noch etwas näher an seine Schulter. Und während ihre Blicke gemeinsam durch die Fensterscheiben gleiten, verweilen Annas Gedanken erneut in der Vergangenheit.

„Da haben die Burschen wohl wieder was ausgeheckt!" Mit diesen Worten zeigt Franz plötzlich mit seinem gestreckten Zeigefinger in Richtung des Scheunentores. Annas Blicke folgen ihm. Sie sehen gerade noch, wie die schlanke Gestalt von Paul in gebückter Haltung, mit lang ausgestreckten Armen und Beinen, eilig in dem niedrigen meist offenstehenden Türchen des großen Scheunentores verschwindet. Diese Situation kennen die beiden sehr gut. Was sie allerdings durch das geschlossene Fenster nicht hören können, sind die ihnen bereits vertrauten halblauten Worte „Ihr Lümmel", und Pauls Tonfall lässt darauf schließen, dass seine Söhne wieder eine ihrer zahlreichen Ideen verwirklicht haben, die ihm gar nicht gefallen. Während sein zweiter Fuß in der Scheune verschwindet, sind die Burschen bereits entweder im angrenzenden Kuhstall, auf dem Dachboden oder irgendwo im Haus verschwunden. Kurze Zeit später ist die unmissverständliche und verheißungsvolle Stimme ihrer Mutter Lotta zu hören, so dass ihnen am Ende nichts Anderes übrig bleibt, als aus dem Versteck hervorzukommen. Eine Familie voller Temperament, Leben, Lachen und die Herzen am rechten Fleck; für Anna und Franz ein wunderbarer Mosaikstein in dem Bild ihres Daseins.

Sie sollte ihnen bis ans Ende ihrer Tage in wunderbarer Erinnerung bleiben.

Veränderungen

Ein Jahr später. Der letzte Winter war wie immer schneereich und kalt, die Winterabende lang. So hatte Anna auch neben der Hausarbeit viel Zeit in ihrer Wohnstube verbracht, meistens an dem hölzernen Küchentisch, wo sie stundenlang mit einer Handarbeit beschäftigt war. Franz sorgte dann stets für eine angenehme Wärme im Raum. Er vergaß nie, rechtzeitig eines der Buchenstücke nachzulegen, für die er im Sommer des vergangenen Jahres gesorgt und geschwitzt hatte. Unter Annas Händen entstanden wieder neue Strickwaren. Maria freut sich immer, wenn sie für die Schule neue Pullover und Kniestrümpfe für den Sommer bekommt. Mittlerweile grünt und blüht draußen die Natur und die Arbeiten außer Haus sind überall in vollem Gange.

Eines Tages, es ist Sonntagabend und alles geht schon etwas geruhsamer zu, erhalten Anna und Franz eine Mitteilung, die grundlegende Veränderungen mit sich bringt. Es klopft an ihrer Tür. Auf „herein“ tritt Paul mit seiner Frau Lotta in die Stube. *„Wie schön, dass uns beide mal zusammen besuchen“,* denkt Anna.

„Was für eine Überraschung heute Abend noch. Kommt setzt euch zu uns.“ Mit diesen Worten zieht sie noch zwei Stühle an den Tisch. *„Irgendetwas ist anders als sonst“,* geht es Anna durch den Kopf. Sie vermisst bei Lotta das offene und strahlende Lachen, das so typisch an ihr ist. Auch Paul wirkt ein bisschen gehemmt.

„Unser Besuch hat einen ganz bestimmten Grund“, beginnt er behutsam das Gespräch. Lotta beobachtet ihn mit angespanntem Gesichtsausdruck.

„Es tut uns leid, dass wir euch das sagen müssen; aber mit unseren mittlerweile 5 Kindern benötigen wir für unsere Familie jetzt etwas mehr Platz. Wir werden euren Wohnraum hier im Haus in Kürze bei der Gemeinde als Eigenbedarf anmelden.“ Seine Worte kommen langsam aber nicht unfreundlich über die Lippen. Ihnen folgt eine bedrückende Stille.

„Wir würden euch gerne hier behalten und hoffen, dass ihr uns versteht“, unterbricht Lotta das Schweigen.

„Es wäre schön, wenn ihr eine gute neue Wohnung bekommen würdet!“

Als sich die Spannung langsam löst, reden sie an diesem Abend noch lange über manche Begebenheit aus der gemeinsamen Zeit. Für Anna und Franz folgt eine fast schlaflose Nacht. Erst als die Morgendämmerung den nächsten Tag ankündigt, übermannt sie die Müdigkeit.

Die behördlichen Formalitäten sind erledigt. Anna und Franz bekommen eine Wohnung in der Ortsmitte von Erndtebrück zugeteilt und ziehen im Sommer dort ein. Der Abschied von Lotta und ihrer Familie ist sehr emotional, denn schließlich haben sie 7 ½ Jahre in gegenseitiger Achtung nebeneinander gewohnt; in den letzten Jahren nicht mehr im Anbau sondern in dem eigentlichen Wohnhaus. Die beiden Familien hatten sich sehr aneinander gewöhnt. Jetzt trösten sie sich damit, dass sie ja alle noch in demselben Ort wohnen. Das Haus, in das Anna und ihre Familie jetzt einziehen, ist das Eigentum zweier älterer Damen im Alter von schätzungsweise um die Mitte 60. Die beiden betreiben dort gemeinsam einen Lebensmittelladen, sind weder verheiratet noch leben sie in einer derartigen Beziehung und legen Wert darauf, mit „*Fräulein*“ angesprochen zu werden. Ihre Wohnräume schließen direkt an den Verkaufsraum an. Maria findet die beiden Frauen etwas merkwürdig, ihrer Meinung nach nicht zu vergleichen mit

Lotta, zu dem schon sehr alt. Die eine erscheint ihr besonders groß und kräftig gebaut. Sie schaut beim Einzug der Mieter die meiste Zeit ernst drein, für Maria einfach gewöhnungsbedürftig. Die andere, ihre Schwester, ist ein ganzes Stück kleiner. Diese ist ihr bis jetzt allerdings nur freundlich begegnet.

Das dicke undurchsichtige Glas im oberen Teil der zweiteiligen Haustür, zu der von der Straße aus zunächst einige Stufen hinaufführen, ist mit eisengeschmiedeten Ornamenten vergittert und gestrichen; weiß, wie auch die Fenster des Hauses, was sich von dem dunklen Schiefer optisch gut abhebt. Wer das Gebäude betritt, kommt in einen fast quadratischen Vorraum mit dunkelroten Steinfliesen auf dem Boden. Die Tür fällt schwer und geräuschvoll ins Schloss, wenn man sie von innen wieder schließt. Auf der rechten Seite gelangt man dann durch eine weitere Tür in das Ladeninnere. Ihr teilweise gemustertes Milchglas lässt von außen Einzelheiten nur erahnen. Die unüberhörbare Glocke ertönt schrill beim Öffnen der Tür. Maria beschleicht ein eigenartiges Gefühl, als sie den Laden mit ihrer Mutter das erste Mal zum Einkaufen betritt. Das plötzliche lautlose Erscheinen der beiden Frauen wie aus dem Nichts ist ihr etwas unheimlich, was sich in Zukunft auch nicht grundlegend ändern sollte. Manchmal bekommt sie von ihren Eltern ein paar Pfennige, um sich unten im Laden etwas zum Naschen zu kaufen. Dann steht sie freudestrahlend vor den bauchigen Gläsern, die in einer Reihe auf der Theke stehen, gefüllt mit bunten Bonbons, die aussehen wie kleine Früchte. Alles um sie herum ist jetzt vergessen. Meistens fällt ihr die Wahl schwer zwischen denen mit Himbeer-, Kirsch- oder Zitronengeschmack. Am liebsten ist ihr von den beiden die kleine rundliche und lustige Verkäuferin. Sie lässt dann schon mal von der blechernen halbrunden Schaufel zusätzlich ein oder zwei Stück mehr in das spitze braune Papiertütchen fallen, für die Maria die Geldstücke fehlen.

In dem Vorraum des Hauses befindet sich gegenüber dem Hauseingang eine große zweiflügelige Tür. Von hier aus gelangt man über zwei Treppen in die obere Etage, wo sich Annas Wohnung befindet. Die Zimmer sind zwar nicht günstig angeordnet, aber man hat wesentlich mehr Platz wie bei Lotta. Der Wohnbereich besteht aus einer schmalen Küche und zwei angrenzenden hintereinander liegenden Schlafzimmern, das eine für die Eltern und dahinter ein kleines für Maria, was gleichzeitig als Abstell- und Arbeitsraum genutzt wird. Diese Räume sind nur über die Küche zu begehen. Die Toilette befindet sich auf halber Höhe zu dieser Etage, zwischen zwei durch einen Treppenabsatz getrennten Treppen, deren hölzerne abgetretene Stufen im Rhythmus der Schritte und in unterschiedlichen Lautstärken knarren und durch das hohe Treppenhaus schallen. Das Treppensteigen ist für Franz wegen seiner Beinprothese nicht gerade günstig. So begibt er sich nur nach unten, wenn es erforderlich ist. Von dem Fenster über dem Hauseingang aus hat man einen guten Überblick über einen Teil der Ortsmitte. Hier verbringt er viel Zeit, während er dem Treiben dort unten zuschaut. Der Lebensmittelladen im Haus ist für Anna von Vorteil; aber auch die zentrale Lage, da andere Geschäfte nicht weit entfernt liegen.

Die Versorgungslage ist im Laufe der Zeit immer etwas besser geworden. So haben es auch Franz und Anna zwischenzeitlich zu einer bescheidenen und, ihrer Meinung nach, ausreichenden Wohnungseinrichtung gebracht. Sogar ein kleines gebrauchtes rechteckiges Radio steht oben auf dem Küchenschrank und sorgt für Informationen und etwas Unterhaltung. Dringen allerdings scharfe Töne unterschiedlichster Politiker des Bundestages aus dem mit beigem Stoff überzogenen Lautsprecher, schimpft Franz mehr oder weniger in sich hinein. Anna bemerkt dann wieder die Erregung, der er immer wieder ausgesetzt ist, und wie er sich dann durch seine mittlerweile bekannten kaum vernehmbaren Pfeiftöne und die nervösen Bewegungen seiner Hände Luft verschafft. Sie weiß, dass er jetzt erneut an die schlimmen Jahre seiner Vergangenheit denkt.

Alle größeren Anschaffungen konnten bisher und müssen auch heute noch nur auf Ratenzahlungen gemacht werden. Also heißt es *„eisern sparen.“* Franz führt Buch über die Ausgaben bis auf den letzten Pfennig. Trotzdem bleibt es ihnen manchmal nicht erspart, in den letzten Tagen eines Monats das Brot beim Bäcker für den nächsten Monat, wenn die Rentenzahlung erfolgt ist, aufschreiben zu lassen.

Elfriede kommt wie bisher nach Schulschluss zu ihren Großeltern. Nach wie vor ist sie mit Maria die meiste Zeit nachmittags zusammen. Ihre Schulaufgaben erledigen sie in der Küche an dem einzigen Tisch ihres Mobiliars. Er steht aus Platzgründen quer in dem schmalen Raum. Es wird ganz schön eng, wenn jemand daran vorbei gehen will. Trotzdem haben die Kinder viel Spaß. Sie singen gerne und viel und bringen Leben in das bisher so ruhige Haus. Aber nicht immer geht es friedlich zu. Wenn jedes von ihnen sich durchsetzen will, können auch die Fetzen fliegen. Dann ist Anna oft an den Grenzen ihrer Geduld und fährt dazwischen.

„Ihr Mädchen, hört doch endlich auf damit und seid still!" Ist Franz anwesend, wird eine solche Situation gleich im Keim erstickt. Seine hochgezogenen Augenbrauen und sein gehobenes Kinn dulden keinen Widerspruch.

„Ich werd euch gleich helfen!" Mit diesen Worten unterstreicht er dann gewöhnlich seine Anordnung.

Werktags geht Anna am Spätnachmittag mit Maria zu Gerda, um Elfriede nach Hause zu begleiten. Der Weg ist jetzt nicht mehr so lang wie vorher, von der Wohnung bei Lotta aus. Sie geht gerne zu ihrer ältesten Tochter. Dann können die beiden sich über die Tagesabläufe austauschen. Gerda ist immer ganz neugierig, was Elfriede zu berichten hat. Sie geht bereits das zweite Jahr zur Schule und die Neuigkeiten sprudeln nur so aus ihr heraus. Für Anna ist es oft schwer, diese Familie noch immer in dem Behelfsheim wohnen zu sehen. Außerdem kann sie sich noch immer nicht an die Lebensweise ihres Schwiegersohnes gewöhnen. Jetzt im Sommer genießt sie es jedoch, draußen an der frischen Luft und in der freien Natur zu sein, wenn die beiden Mädchen im hohen Gras der Wiesen verschwinden, um wildwachsende Blumen und Gräser für einen Strauß zu pflücken oder Kränze für das Haar binden. Oft sammeln sie „Binsen" an feuchten Stellen in der Nähe der Eder, aus denen sie mit viel Geschick kleine Gegenstände und Figuren basteln. Dann darf auch der große Schäferhund „*Rolf*" bei ihnen sein. Wenn Elfriede steht und er neben ihr sitzt, reichen seine Ohren bis an ihren Bauch. Er liebt sie heiß und innig. Manchmal muss auch das Federvieh, Gänse und Hühner, wieder eingefangen werden, wenn es sich unbeobachtet durch ein Loch im Maschendraht der Einzäunung in die Freiheit begeben hat. Dann möchte „Rolf" gerne mitmachen. Doch darf er es nur von seinem Zwinger aus verfolgen.

Franz weiß mittlerweile, dass seine Schwägerin Berta und ihre beiden Söhne im Zuge der endgültigen zwangsweisen Aussiedlung mit einem Transport in den von den Russen besetzten Teil Deutschlands gebracht worden sind, auf die Insel Rügen. Immer wieder hört man, dass Bürgern der DDR die Flucht in den Westen, die Bundesrepublik Deutschland, gelungen ist. Auch Bertas ältester Sohn trägt sich mit derartigen Gedanken, zumal ihm zu Ohren gekommen ist, dass es z. Zt. noch relativ leicht sein soll, über Westberlin in den Westen zu gelangen. Der 20-jährige fasst den Entschluss, ohne Wissen seiner Mutter die Flucht zu wagen. Als Franz erfährt, dass einer der Söhne seines gefallenen Bruders Heinrich glücklich im Westen angekommen ist, erklärt er sich sofort bereit, ihn in seine Familie aufzunehmen. Berta hat schon seit längerer Zeit brieflichen Kontakt mit ihrem Schwager und seiner Familie. Als sie von der Flucht ihres ältesten Sohnes erfährt. teilt sie ihnen mit, dass sie alles unternehmen will, um auf offiziellem Wege mit ihrem jüngsten Sohn in den Westen ausreisen zu können.

Unterdessen treffen Franz und Anna die nötigen Vorbereitungen für die Ankunft ihres Neffen. Für die Familie heißt das „*wieder zusammenrücken.*" Maria muss ihr Schlafzimmer abgeben und zusammen mit den Eltern im Ehebett schlafen. Ihr Bett ist jetzt für ihren Cousin vorgesehen, an den sie sich gar nicht erinnern kann. Es fällt ihr nicht gerade leicht, sich damit abzufinden. Eines Tages steht der junge Mann vor der Tür. Die Wiedersehensfreude ist groß. Er war erst 12 Jahre alt, als Anna ihn zuletzt gesehen hat. Bei ihrem

Mann ist es noch ein Jahr länger her, weil er damals nach der ersten Aussiedlung nicht mit Anna nach Stiebnitz zurückgekehrt war. Maria schaut dem Geschehen sprachlos zu. Schließlich ist er für sie ein fremder Mensch, dem sie auch noch ihr Zimmer überlassen muss. Tante und Onkel zeigen dem Neffen Heiner seine neue Bleibe und er scheint damit ganz zufrieden zu sein. Da er ein handwerklich geschickter junger Mann ist, findet er beizeiten eine Arbeitsstelle bei einer Baufirma.

Im Alltag der Familie zeigt sich allerdings nach einiger Zeit, dass sich beide Seiten das Wohnverhältnis etwas anders vorgestellt haben. Franz, der großen Wert auf Ordnung legt, hat für die legeren Gepflogenheiten seines Neffen nicht immer Verständnis. Auch ist er der Meinung, dass man sein verdientes Geld manchmal etwas mehr zusammenhalten und für nützlichere Zwecke ausgeben könnte. Er war es bisher anders gewohnt und fühlt sich aufgrund der noch bestehenden Minderjährigkeit seines Neffen für ihn verantwortlich. Dem gegenüber steht die Ansicht des jungen Mannes, der jetzt seine Selbständigkeit leben möchte und mit der männlichen Autorität seines Onkels nur schwer zu Recht kommt. So ist es abends manchmal spät, wenn Anna noch mit dem Essen auf ihn wartet und er dann vielleicht gar nichts mehr essen will oder kann. Nach außen hin scheint Maria mit der Situation ganz gut umgehen zu können. Nur sie selbst weiß, dass das nicht der Fall ist.

Seit sie mit ihren Eltern in der neuen Mietwohnung lebt, hat sich ihr Freundeskreis grundlegend verändert. Sie hat jetzt von hier aus ein gemeinsames Stück Schulweg mit den Schülerinnen und Schülern ihrer Klasse, die mit dem Zug aus den Richtungen Bad Berleburg, der Kreisstadt, und Bad Laasphe kommen und mit ihr in Erndtebrück die einzige Realschule im Kreis Wittgenstein besuchen. Auch hiesige Schüler ihrer Klasse kommen an ihrer Wohnung vorbei. In kleinen Gruppen schlendern sie morgens gemeinsam den Berg zur Schule hinauf. Mancher ist noch nicht ganz wach. Diejenigen, die mit der Bahn ankommen, sind schon lange auf den Beinen. Der Unterricht beginnt um viertel vor acht. Wenn man mal spät dran ist, wird die Abkürzung genommen, der steile und holprige mit Kopfsteinen gepflasterte Weg an der evangelischen Kirche vorbei. Die Schule bereitet Maria keine Probleme. Sie lernt gerne und geht mit den anderen durch dick und dünn. Wenn es die Situation in der Pause erlaubt, sitzen die Mädchen auf den hölzernen dunkelbraunen Tischen mit den eingelassenen gläsernen Tintenfässern, die Füße auf den für manche schon sehr kleinen Holzstühlen und schmettern die neuesten Schlager in die Klasse. Ein Glück für Maria, dass sie zu Hause das alte Radio besitzen. Die Mädchen singen von Herzeleid und Seemannsfreud, bis der Lehrer, der Pausenaufsicht hat, sie mit deutlichen Worten an die Luft befördert. Während mittags die auswärtigen Schüler zum Bahnhof eilen, nimmt Maria meistens zusammen mit ihren Schulfreundinnen aus Erndtebrück wieder die Abkürzung. Dann kann man ungestört abseits der Straße plaudern und albern sein und sich auslassen über Schule und Lehrer. Ab und zu möchte auch die eine oder andere jemandem ein Geheimnis anvertrauen. So zieht sich Marias Heimweg manchmal ziemlich in die Länge, zum Ärgernis ihrer Eltern, die mit dem Essen warten.

„Wo warst du denn wieder so lange?“ Die Frage ihres Vaters muss sie sich dann gefallen lassen.

„Beim nächsten Mal werden wir nicht mit dem Essen warten!“, fügt er unmissverständlich hinzu. Diese Ankündigung hält bei ihr dann wieder einige Zeit vor.

Landleben

In den Sommerferien fährt Maria oft mit ihrer Mutter zu ihrem Bruder Franz. Seine beiden 3- und 1½-jährigen Töchter sind der Stolz der Familie. Er selbst ist Landwirt mit Leib und Seele. Seine Frau Luise kann auf der Landwirtschaft tatkräftig zupacken und verwöhnt ihren „*Franzl*“, wo sie nur kann. Ihr langes kräftiges dunkles Haar, zu zwei dicken Zöpfen geflochten, steckt sie als Kranz um den Kopf. Der Teil über der Stirn wird noch etwas nach oben auseinandergezogen. Ihre Schwester ist ein ruhiger Typ. Das auffallend füllige und lockige Haar wird jeden Morgen zu einer kunstvollen Hochschlagfrisur zusammengesteckt. Ihr größtes Anliegen ist es, dass es Mensch und Tier möglichst gut geht. Die beiden kleinen Nichten nimmt sie gerne in ihre Obhut und versucht schon früh, ihnen beizubringen, dass man die Fliegen im Haus nicht erschlägt, sondern wieder nach draußen bringt. Zu Ihrem Leidwesen kommt man aber trotzdem nicht ohne Fliegenfänger an der Decke aus. Es ist keine Seltenheit, dass die beiden jungen Frauen singend oder summend ihre Arbeit verrichten, auch im Stall, wenn sie auf den dreibeinigen Melkschemeln halb unter den Kühen sitzen, den Kopf an den warmen Bauch der Tiere gelehnt, und melken. Dann schallen ihre Lieder durch die Stallungen. Auch Franz hört man zwischendurch mit seiner Zweitstimme, während er für frisches Heu und Futter sorgt.

Zu der Großfamilie des Bauernhofes zählen auch die noch rüstigen Großeltern. Großmutter ist eine typische Bäuerin. Rundlich, die kleingeblümte dunkelblaue Stoffschürze hinten zu zwei Schlaufen zusammengebunden, so hantiert sie schon am frühen Morgen in der Küche, um das Frühstück vorzubereiten. Franz hat bereits beim Melken seinen morgendlichen Trunk zu sich genommen, frisch gemolkene noch warme Kuhmilch. Wenn man ihn gelegentlich daraufhin anspricht, hört man ein genießerisches Lachen.

„Hm, das ist das Beste am Morgen“, sind dann seine Worte. Großmutter lässt so leicht keine Müdigkeit aufkommen, wenn sie kraftvoll mit einem Holzlöffel in den Aluminiumtöpfen rührt, die auf dem umfangreichen Bauernherd stehen, und für 7 Personen das Mittagsmahl zubereitet. Ihr unerschütterlicher christlicher Glaube ist es, der die Familie dazu veranlasst, bei jeder Mahlzeit darum zu bitten und dafür zu danken. Nach dem Mittagessen wird ausführlich Gottes Wort gelesen. Das übernimmt meisten eine der beiden jungen Frauen. Die besondere Wärme der Küche trägt jedoch manchmal dazu bei, dass den beiden Männern dabei die Augen zufallen, denn sie haben zu dieser Tageszeit schon ein reiches Arbeitspensum hinter sich.

Im Gegensatz zur Großmutter, die sich gerne über alles, was im Haus und auf dem Hof geschieht, einen Überblick verschafft, vertraut der Großvater darauf, dass alles seine Ordnung hat. Beim Essen nimmt er generell den Platz vor Kopf an dem langen Küchentisch ein. Sein schon früh ergrautes Haar und der weiße gestutzte Oberlippenbart lassen ihn gutmütig erscheinen. Die großen Ohren, die er ab und zu mit den Händen etwas nach vorne neigt, um besser hören zu können, zählen ebenfalls zu seinen Markenzeichen,

„Nemm där noch Fläsch!“ Diesen Satz in ortsüblichem Dialekt hört man von ihm einige Male während der Mahlzeit, wenn Gäste anwesend sind. Gleichzeitig schiebt er den Fleischteller dann freigiebig in die entsprechende Richtung. Fleisch hat bei ihm einen besonders hohen Stellenwert. Das isst er am liebsten. Es ist ihm aber stets ein großes Bedürfnis, dass auch der Besuch ausreichend davon bekommt.

Heute ist Anna schon früh auf. Sie will zu ihrem Sohn Franz auf den Bauernhof und hat Maria, die Ferien hat, versprochen, sie mitzunehmen. Diese freut sich schon auf ihre kleinen Nichten und die Tiere, besonders die Katzen. Sie fahren mit dem Zug bis Leimstruth. Der Bahnsteig ist leer. Der diensthabende Bahnbeamte, der den Zug zur Weiterfahrt abgepfiffen hat, verschwindet bereits wieder im Bahnhofsgebäude. Die beiden gehen die lange steinerne Treppe hinunter, die zur Hauptstraße führt. Unten begeben sie sich zur Bahnunterführung. Auf der anderen Seite sehen sie dann nach kurzer Wegstrecke unten im Tal den kleinen idyllischen Ort Balde. Die Sonne strahlt schon vom blauen Himmel und schickt ihre warmen Strahlen über die umliegenden Berge und Hügel zu den Gehöften des Ortes. Es sieht ganz nach einem schönen Sommertag aus. Die Aussicht genießt Anna jedes Mal, wenn sie hierher kommt. Unten im Tal windet sich die Durchgangsstraße in mehreren Kurven zwischen den Bauernhäusern hindurch im Auf und Ab des

Geländes. Während Maria ihrer Mutter viel zu erzählen hat und auch Anna interessante Geschichten von früher zu berichten weiß, vergeht die Zeit schnell und sie erreichen leichten Fußes ihr Ziel.

„Da seid ihr ja. Ihr kommt zur richtigen Zeit. Ich bin auf dem Weg zum zweiten Frühstück. Ihr habt doch bestimmt auch Hunger.“ Franz kommt gerade über den Hof und begrüßt sie freudig.

Er nimmt seiner Mutter die Tasche mit ihrer Arbeitsschürze und einem zweiten Paar Schuhe ab und legt seinen Arm liebevoll um ihre Schultern. Er hat sie schon erwartet, denn es war abgesprochen, dass sie heute wieder auf dem Hof mithelfen wird. Bei der Frühstückspause werden Neuigkeiten ausgetauscht und Anna und Maria lassen sich die hauseigenen Produkte schmecken. Die Milch aus dem steinernen grauen Krug mit dem blauen Zwiebelmuster schmeckt einfach köstlich. Luise und ihre Schwester sind am Vormittag noch mit der Wäsche beschäftigt. Nach altem Brauch ist montags Waschtag. Der heiße Dampf vom Kochen der weißen Wäsche in einem Nebengebäude des Bauernhofes, hat sich schon durch die offenstehende Tür verzogen. Die Glut in der Feuerstelle unter dem Waschkessel ist zusammengefallen und erloschen. Die auf dem Waschbrett gewaschenen Teile müssen jetzt nur noch klargespült werden. Das geschieht per Hand in großen Zinkwannen mit Hilfe eines Stampfers, einer an einem glatten Holzstiel befestigten Gummiglocke. Die Wäsche wird oberhalb des Hauses auf dem Rasenstück neben dem Garten zum Bleichen ausgelegt oder auf die Leine gehängt. Die Bäuerin hat indessen im Haus alle Hände voll zu tun, um rechtzeitig das Mittagessen auf den Tisch zu bringen. Da die Kartoffeln heute noch nicht geschält sind, holt sie schnell einen Eimer voll und stellt ihn vor Anna auf die Steinplatten des Fußbodens. Ein zweiter mit sauberem Wasser kommt gleich daneben.

„Kannst du mir die Kartoffeln schälen, damit es mit dem Essen nicht zu spät wird?“, fragt sie.

Anna erklärt sich sofort dazu bereit und bindet sich die mitgebrachte Arbeitsschürze um. Das kleine handliche, vom vielen

Wetzen schon schmal gewordene, sehr scharfe „*Schnitzerchen*“ liegt bereits auf dem Tisch. Die untersetzte Bäuerin wirbelt wie üblich um ihren Herd. Dann wuchtet sie den gefüllten Kartoffeltopf auf die Herdplatte und strahlt.

„Von dem, was heute übrig bleibt, gibt es morgen Bratkartoffeln, Spiegeleier und Stielchesmus. Inzwischen hält Anna das hölzerne Butterfass zwischen den Knien und bewegt den gelochten Stößer darin in gleichmäßigen und kräftigen Zügen rauf und runter, bis der abgeschöpfte und eingefüllte Rahm zu einem Klumpen Butter wird. Als Anna „Stielchesmus“ hört, kann sie sich darunter gar nichts vorstellen.

„Wie du siehst, gibt es heute in der Pfanne gebratene geräucherte Blutwurst und dazu als Gemüse Mangold. Dafür wird das Grün der Blätter von den Stielen gestreift und wie Spinat zubereitet. Die Stiele kochen wir dann morgen zu Stielchesmus.“, erklärt die Bäuerin.

Pünktlich zur gewohnten Zeit steht das Mittagessen auf dem Tisch. Franz ahnt schon, was es morgen Mittag gibt. Das ist nicht gerade sein Leibgericht. Schnell wird noch ein dickes Holzscheit auf die glühende Kohle unter der Herdplatte gelegt, damit das Wasser in den zwei 10 Liter fassenden Aluminiumtöpfen heiß ist, wenn anschließend der große Abwasch des Küchengeschirrs bewältigt werden muss.

Im Wiesengrund jenseits der Straße liegt noch der Rest vom zweiten Grasschnitt. Der Wetterbricht hatte für das vergangene Wochenende nur Gutes voraus gesagt. Daraufhin mähte Franz am Samstag sehr früh die letzte noch am Halm stehende Wiese und wendete nachmittags zweimal den Schnitt. Sonntags wird auf dem Bauernhof, außer der Versorgung der Tiere, grundsätzlich nicht gearbeitet. So soll heute, am Montag, das letzte „Grummet“ für dieses Jahr eingefahren werden. Franz und sein Schwiegervater haben es am Vormittag noch einmal aufgelockert, damit es die richtige Qualität hat, wenn es gegen Abend unter Dach und Fach gebracht wird. Die Sonne scheint heiß vom wolkenlosen Himmel. Daher ist eine Kopfbedeckung unbedingt notwendig. Die beiden jungen Frauen setzen ihre breitkrempigen Strohhüte auf. Anna bindet sich das weiße Kopftuch mit dem rosafarbenen Blümchenmuster im Nacken zu einer Haube zusammen. Franz nimmt den leichten Sommerhut aus Leinen und zieht ihn heute etwas tiefer ins Gesicht. Denn dessen Krempe muss seinen in jungen Jahren durch Frost geschädigten Ohren unbedingt Schatten spenden, damit sie sich nicht pellen. Trotz aller Vorsicht passiert das aber wenigstens einmal im Sommer. Und so ein Tag könnte es heute sein. Dem Bauern ist der Strohhut mit den etwas größeren Löchern lieber.

„Wegen der Luft“, meint er.

In nötigem Abstand nebeneinander wird das durchgetrocknete und herrlich frisch riechende Grummet in langen Reihen zu „Maden“ zusammengerecht. An den Umgang mit den beidseitigen Holzzinken des Rechens hat sich Anna immer noch nicht so richtig gewöhnt. In Stiebnitz gab es sie nur auf einer Seite. Inzwischen ist die Bäuerin mit einem gefüllten Rutenkorb über dem Arm erschienen. Sie versorgt jetzt ihre Leute mit Kaffee, selbstgebackenem belegtem Brot und Rührkuchen. Maria passt indessen im Haus auf die beiden Kleinen auf. Darin hat sie Übung aus der Zeit bei Lotta. Als die Bäuerin nach Hause kommt, setzt sie sich mit den Kindern an den Tisch und freut sich, dass er ihnen schmeckt, der Rührkuchen mit herrlich süßem Puderzucker bestreut. Da geht nichts verloren. Die kleinen angefeuchteten Finger finden jedes Krümelchen auf dem Teller. Nach geraumer Zeit kommt Franz, um die zwei kräftigen Zugpferde zu holen und vor den Ladewagen zu spannen. Nun kann Maria endlich im Stall nach den Katzen suchen, die sie heute noch nicht gesehen hat. Nachdem nun der offene Pferdestand leer ist, geht sie seitlich daran vorbei in den Kuhstall. Das Wiehern der Pferde und laute Scharren mit den eisenbeschlagenen Hufen auf dem Steinboden flößen ihr immer Angst ein. Franz hat ihr untersagt, nie allein an ihnen vorbeizugehen. Er ist sich nämlich nicht sicher, ob das eine bei Fremden nicht doch einmal mit den Vorderzähnen etwas zukneift oder mit einem Huf etwas zu weit ausholt. Die Milchkühe und

Rinder sind noch auf der Weide, so dass der Stall fast leer ist. Nur ein trächtiges Rind, das voraussichtlich in den nächsten Tagen Nachwuchs bekommen wird, und 2 Kühe mit ihren vor einigen Tagen geborenen Kälbchen heben ihre Köpfe. Sie schauen erstaunt drein, als Maria durch den Kuhstall stürmt. Den Neugeborenen hat es Franz auf frischem Heu bequem gemacht. *„Hoffentlich treten die Kühe nicht auf die kleinen Kälbchen"*, denkt Maria besorgt und streckt ihre Hand nach einem von ihnen aus. Plötzlich hört sie ein ganz leises Stimmchen. Es kommt von dem Heuhaufen in der hintersten Ecke des Stalles. Als sie in gebückter Haltung langsam in die entsprechende Richtung schleicht, sieht sie, dass sich in dem Heuhaufen etwas bewegt. Sie ahnt schon, wer sich darin versteckt hat. Es sind die beiden Katzen, die mit lautem „miau" ihre Portion Milch fordern. Jetzt ist Maria mit ihnen beschäftigt bis Anna in der Stalltür erscheint.

„Maria, komm! Wir müssen gleich los, damit wir den nächsten Zug noch erreichen."

Die Bäuerin hat für die beiden schon den Tisch gedeckt.

„Lasst es euch schmecken."

„Ja, und trinkt genug Milch", ruft Franz beim Vorbeigehen durch das Küchenfenster.

„Ich würde mich ja gerne noch zu euch setzen. Aber die Kühe müssen von der Weide geholt werden", sagt er, als er die Küche betritt, und bedankt sich herzlich für den Besuch und die Hilfe seiner Mutter.

„Grüßt Vater und bei Gerda", fügt er noch hinzu, bevor er sich von ihnen verabschiedet.

Die Bäuerin drückt Anna ein Paket in die Hände, das diese dankend in ihrem Leinenbeutel verstaut; etwas zum Kochen und aufs Brot für die nächsten Tage. Es wiegt schwer. An der Straße vor dem Haus treffen sie den Bauern, Luise und ihre Schwester. Jeder hat einen Stock in der Hand. Sie *„stehen an"*, wie sie es nennen, damit die Viehherde an der Hausecke gleich den richtigen Weg nimmt, wenn die Kühe zum Stall drängen, um gemolken zu werden. Das geschieht nicht immer reibungslos.

Anna und Maria machen sich wieder auf den Weg, den sie heute Morgen leichtfüßig gekommen sind. Jetzt geht es nicht mehr so schnell voran, denn sie sind müde. Obwohl Maria beim Tragen hilft, hängen die Taschen schwer an Annas Armen. Ganz langsam, Schritt für Schritt, immer im gleichmäßigen Tempo, gehen sie aus dem Tal hinaus, den Berg hinauf zum Bahnhof. Was für eine Erleichterung, als sie das Gepäck am Bahnsteig abstellen können. Zu Hause angekommen, werden sie schon von Vater Franz erwartet. Er nimmt ihnen die Taschen ab und hebt sie auf den Küchentisch.

„Na, da habt ihr`s aber heute wieder schwer gehabt. Und der Tag war auch lang genug“, meint er.

Als sie gemeinsam auspacken, freuen sie sich schon auf die Brotschnitten mit der hausgemachten und selbst geräucherten Wurst und das Gemüse vom Feld. Ein Stück frische Butter aus dem Fass ist auch dabei.

In den Herbstferien hilft Maria auch bei der Kartoffelernte. An einem Montagmorgen geht es schon früh auf das Feld. Alle, die im Haus abkömmlich sind, müssen jetzt mithelfen; denn die Reihen des Ackers sind lang und das Feld ist breit. Das abgestorbene Strauchwerk der Kartoffeln haben der Bauer und Franz bereits zum Teil gerupft. Es liegt in großen Haufen am Rand des Feldes und soll zum Schluss verbrannt werden. Die leeren Kartoffelsäcke liegen in gewissen Abständen entlang der Furchen, so, dass beim Ausschütten der Körbe nur kurze Wege zurückzulegen sind. Luise verschafft sich nochmals einen Überblick und schon spannt Franz die beiden Pferde vor die Kartoffelschleuder. Die Geißel knallt in der Luft und los geht es. Alle sind gespannt, wie groß und zahlreich die *„Erdäpfel“* sind. Die in einem Kreis angeordneten langen Eisenzinken der Maschine befördern alles zum Vorschein, was in diesem Jahr an den Sträuchern gewachsen ist. Die Kartoffeln werden, je nach Größe, in Körbe gelesen; eine ganz schöne Strapaze für den Rücken. Das zweite Frühstück wird gebracht. Der Bauer ist der erste, der für Sitzgelegenheiten sorgt. Die großen Drahtkörbe werden umgedreht und deren Griffe in die lockere

Ackerkrume gedrückt. Ein zusammengefalteter leerer Kartoffelsack kommt oben drauf, so dass jeder sicher und bequem sitzen kann. Die Herbsttage sind schon kühl geworden. Auch der Bauer hat daher während der Arbeit seine dicke Jacke an, die er jetzt neben sich auf den Acker gelegt hat. Er langt, wie die anderen auch, eifrig zu, denn Arbeit macht bekanntlich Hunger. Der Milchkaffee dampft aus den großen Henkeltassen, an denen sich wunderbar die Hände wärmen. Man erzählt dabei über Arbeit und Ernte und weiß auch manche Kuriosität aus der Vergangenheit zu berichten. Nach dieser wohltuenden Mahlzeit reckt und streckt sich jeder erst einmal, um wieder besser in Gang zu kommen. Als der Bauer seinen Arm in den ersten Ärmel seiner dicken etwas störrischen Jacke steckt und sie sich über die Schulter zieht, schlägt er plötzlich wie wild um sich.

„Woss äss doss da? Russ us minem *Jipp!*“ Und damit hat er sich auch schon seines Kleidungsstückes entledigt, und auch der Maus.

„Die weiß auch, wie schön warm es da drin ist“, lacht Luise und alle anderen mit ihr.

Maria kann so schnell nicht verfolgen, wo die Maus gelandet ist. Sie liest weiter die Kartoffeln in die Körbe ihrer Mutter. Dabei fallen ihr die Kartoffelkäfer ein, die in manchen Jahren von der Schule aus klassenweise gesammelt werden mussten, damit die Sträucher nicht von ihnen kahlgefressen wurden. Nach kurzer Zeit sind ihre Gedanken wieder bei den Katzen im Stall, wie schön warm sie es dort haben. Sie freut sich schon auf die Zeit nach dem Mittagessen. Dann kann sie mit ihnen im Stall verstecken spielen, während die kleinen Kinder ihren Mittagsschlaf machen. Für Maria vergeht der Tag viel zu schnell.

Als Anna mit ihrer jüngsten Tochter am Abend auf dem Weg zum Bahnhof ist, sind ihre Schritte wieder kurz und ganz langsam. Trotz der großen Müdigkeit erfüllt sie aber auch wieder Dankbarkeit dafür, dass sie bei ihrem Sohn auf der Landwirtschaft mithelfen kann und dass die Kartoffeln und das Gemüse vom Feld in den Taschen, die ihr im Moment wieder die Arme nach unten ziehen, in der kommenden Woche den Speiseplan bereichern werden. Sie denkt oft an die Zeit, als ihre Tochter Gerda so manches Mal mit einer Tasche unterwegs war. Sie bot den Bauern in den umliegenden Dörfern die Handarbeiten an, die sie mit ihr gefertigt hatte, um sie gegen landwirtschaftliche Produkte einzutauschen, ein paar Kartoffeln, etwas Obst, ein Stückchen Butter oder manchmal etwas Speck. Es gab aber auch Tage, an denen sie mit leerem Rucksack aus dem Haus ging und mit dem Zug fuhr, um einfach etwas zu erbitten. Gerda stieß dabei nicht immer auf offene Ohren. *„Hamstern"* nannte man solche Bestrebungen, um satt zu werden, weil die Lebensmittelmarken oft nicht ausreichten. Auch viele Kriegerwitwen waren darauf angewiesen. In der Bauernfamilie in Balde finden seither selbst gefertigte Tischdecken in unterschiedlichen Größen und Formen großen Anklang. Daraus ergibt sich auch hier ein Tausch gegen landwirtschaftliche Produkte. Darüber hinaus bietet sich für sie eine gute die Gelegenheit, derartige Dinge zu verschenken oder zu vermitteln.

„Wann gehen wir wieder nach Balde?" Maria reißt Anna aus ihren Gedanken.

„Freitag", antwortet diese.

„Wenn du willst kannst du nochmal mit. Nächste Woche fängt ja die Schule wieder an", fügt sie hinzu.

Im Laufe der Woche wird es zunehmend kälter. Entsprechend warm angezogen begeben sich die beiden an dem besagten Tag wieder auf den Bauernhof. Heute sollen die letzten Kartoffeln für dieses Jahr gerodet werden, oben auf dem Acker am Berg, unterhalb eines Waldstückes. Zunächst verläuft alles wie gewohnt. Doch am Nachmittag setzt plötzlich leichter Schneefall ein, so dass zum Schluss die gefüllten Kartoffelsäcke noch weiße Hauben bekommen.

„Ich glaube es gibt dieses Jahr einen frühen Winter", meint Franz und mit dieser Annahme sollte er recht haben.

Heftige Schneefälle setzen schon im Oktober ein, also wesentlich früher als gewöhnlich. Mitte Dezember hat sich die Wetterlage jedoch beruhigt und die Straßen sind wieder schneefrei.

Das veranlasst Anna und Franz, zusammen mit Maria ihren Sohn zu besuchen.

Jetzt im Winter hat man auf dem Bauernhof mehr Zeit, und so wird es ein schöner und unterhaltsamer Nachmittag, bis die Arbeit im Stall ruft. Maria bekommt von Luise einen Schokoladen-Nikolaus geschenkt.

„Und dieser ist für Elfriede“, sagt sie und reicht ihr einen zweiten.

„Lasst sie euch gut schmecken.“ Sie freut sich, als sie die strahlenden Kinderaugen sieht.

Vater Franz steckt beide in die große Innentasche seiner gefütterten Winterjacke.

„Damit sie nicht kaputt gehen“, sagt er lächelnd zu Maria und knöpft die Jacke zu.

„So, jetzt kann ihnen nichts passieren.“ Er streicht von außen noch einmal mit der flachen Hand darüber, um sie von seinen Worten zu überzeugen.

Betont langsam bewältigen sie mit einigen Pausen den Anstieg zum Bahnhof. Franz ist froh, als er sich endlich auf den hölzernen Bänken des Zuges von der Strapaze etwas erholen kann. Schon beizeiten steht er von seinem Sitzplatz auf, um rechtzeitig an der Tür zu sein, wenn der Zug in Erndtebrück hält. Anna und Maria folgen ihm bis zum Ausstieg. Mit der rechten Hand hält sich Franz an der dafür vorgesehenen senkrechten Stange neben der Tür fest. Der unverzichtbare Gehstock hängt über seinem Arm. Da sieht Anna, wie ihr Mann sich etwas nach vorn bückt. Sie traut ihren Augen nicht, als sie erkennt, wie er mit der linken Hand nach dem geschwungenen Türgriff langt.

„Mach nicht auf!“ Sie schreit es förmlich heraus.

„Wir sind doch noch nicht am Bahnhof.“ Dabei versucht sie, ihn an seiner Jacke zurückzuziehen, doch es ist zu spät.

Die am Zug etwas zurückgesetzte Tür fliegt bereits durch den Fahrtwind bis zum Anschlag auf.

„Papa!“, schreit Maria voller Angst.

Franz hält sich krampfhaft an Türgriff und Haltestange fest. Es gelingt ihm nach einiger Anstrengung, auf die erste Stufe unter ihm zu gelangen, um besser stehen zu können. Und so fährt er mit ausgebreiteten Armen auf dem Bahnhof von Erndtebrück ein. Anna stehen vor Schreck die Tränen in den Augen; aber auch vor Glück, dass es so gut ausgegangen ist.

„Gibst du mir meinen Nikolaus?“, fragt Maria, als sie auf dem Bahnsteig stehen und sich allmählich von dem Schrecken erholen.

Vater Franz bereitet es etwas Mühe, mit den vor Kälte steif gewordenen Händen seine Jacke aufzuknöpfen. Dann holt er die beiden Nikoläuse aus der Innentasche heraus.

„Oh!“, staunt Maria. „Wie sehen die denn aus?“

„Denen ist die Fahrt wohl doch nicht bekommen. Aber sie schmecken bestimmt noch genauso gut.“ Ein gezwungenes Lächeln huscht über das vom Wind gerötete Gesicht ihres Vaters. An dem weißen zerzausten Oberlippenbart hängen jetzt ein paar Tropfen.

„Komm, ich stecke sie wieder ein. Wir sind ja gleich zu Hause.“ Damit lässt er sie, jetzt etwas dünner geworden und zerknittert, aber immer noch glänzend, in seinen Taschen verschwinden.

Franz wendet sich Anna zu. Er stützt sich auf ihren Arm, denn nicht überall ist der Bahnsteig schneefrei Sie gehen schweigend einige Schritte in Richtung Ausgang.

„Ich dachte, der Zug würde bald halten.“ Mit diesen Worten, die sein Bedauern ausdrücken sollen, ist für ihn alles gesagt.

Weihnachten steht vor der Tür. Anna hat es wieder einmal geschafft, Weihnachtsplätzchen zu backen, wenn Maria außer Hause war. Fest verschlossen, in einer runden braunen Blechdose mit weihnachtlichem Dekor, werden sie verwahrt bis zum ersten Weihnachtstag, an dem beschert wird. So sind sie es aus der alten Heimat gewohnt. Maria weiß jedes Jahr, wo sich das Gebäck befindet. Seit einigen Tagen liegt es dieses Mal im obersten Fach des Kleiderschrankes und daneben ein Päckchen. Sie ist sich ziemlich sicher, dass das ihr Weihnachtgeschenk ist. Sie bezähmt jedoch ihre Neugier und alles bleibt wo es ist. Sonst wäre es ja am

Weihnachtstag keine Überraschung mehr. Aufgrund der z. Zt. beengten Wohnverhältnisse weiß man zunächst nicht so recht, wo der obligatorische Weihnachtsbaum stehen soll. Sohn Franz hat einen in geeigneter Größe aus dem Waldbestand des Bauern besorgt, und Vater Franz deponiert ihn erst einmal nebenan im jetzigen Zimmer seines Neffen. An manchen Traditionen aus der Zeit in Stiebnitz hält die Familie auch heute noch fest, so wie an der sich von Jahr zu Jahr immer wiederholenden Mahlzeit am Heiligabend. Dazu gehören sieben verschiedene Gerichte, die einzeln nacheinander gegessen werden, wie Semmelmilch, Erbsen, Graupen u. a. mehr. Am späten Abend geht Maria mit ihrer Mutter in die Christmesse. Der Schnee knirscht unter ihren Schuhen und der Himmel ist sternenklar. *„Nirgendwo gibt es so einen Sternenhimmel wie in Stiebnitz!“,* denkt Anna wehmütig. Nach dem feierlichen Gottesdienst beeilt man sich, schnell nach Hause zu kommen, denn es ist eisigkalt. Als Maria auf ihre Seite in dem Doppelbett ihrer Eltern springt und sich das Daunenbett aus Stiebnitz über die Ohren zieht, ist die Kälte fast vergessen. Was sie nicht vergisst, ist das Abendgebet, auch für ihre Eltern. Dann nimmt sie die Gedanken an die Bescherung mit in den Schlaf.

Es ist später als sonst, als Maria am darauf folgenden Morgen erwacht. Das Tageslicht schimmert schon durch die Vorhänge der beiden hohen Fenster mit den zwei unteren geteilten Scheiben und dem querstehenden Oberlicht. Aus der Küche nebenan dringen vertraute Geräusche. Das Feuer im Kohleherd brennt schon und verströmt bereits eine mäßige Wärme. Geschirr klappert bei den Vorbereitungen für das Frühstück. Maria reibt sich noch ganz verschlafen die Augen, als ihr plötzlich einfällt, dass ja heute Bescherung ist. Blitzschnell sitzt sie aufrecht im Bett. Da steht er, der Baum, vor dem Fenster, den Fuß eingepackt in weißes Weihnachtspapier mit kleinen goldenen Sternchen und grünen Tannenzweigen, auf den kastanienbraunen Holzdielen des Fußbodens, in voller Pracht. Einige silberfarbene Kugeln, die aussehen, als hätte es darauf geschneit, heben sich von dem dunklen Grün des Baumes auffallend ab. Das Lametta aus zahlreichen schmalen dünnen Streifen Alu-Folie, die herrlich glitzern, ist gleichmäßig über dem Baum verteilt. Dazwischen hängen die 16-eckigen silberglänzenden Sterne, die Maria mit ihrer Mutter aus jeweils vier Streifen in der Adventszeit gebastelt hat. Die kleinen runden Halter unter den weißen Kerzen sind so geradestehend auf die Zweige geklemmt, dass flüssiges Wachs aufgefangen werden kann. Und ganz oben gibt die lange und bunte Christbaumspitze dem von Natur aus schlichten Baum den letzten Schliff. Maria schwingt sich über das hohe Fußende des Ehebettes. Es ist nur ein kleiner Schritt bis zu der gegenüberstehenden Frisierkommode mit dem großen 3-teiligen zusammenklappbaren Spiegel. Dort hat sie sofort das Päckchen aus dem Kleiderschrank entdeckt. Daneben stehen ein Teller mit Weihnachtsgebäck und eine Schale mit Nüssen. Sogar ein paar Apfelsinen sind dabei.

„Frohe Weihnachten!“ Anna und Franz kommen herein und nehmen ihre jüngste Tochter in die Arme.

„Ja, frohe Weihnachten!“, erwidert sie.

„Zieh‘ dir was drüber, es ist kalt hier drin!“ Anna reicht ihr die gestreifte Wolljacke mit dem Zopfmuster, die sie ihr aus weißer und dunkelblauer Wolle im Sommer gestrickt hat. Das Nachthemd reicht bis an die Knöchel. Die Verbindungstür zur Küche bleibt weit offen, damit die Wärme sich hier etwas verteilt. Jetzt erscheint auch ihr Cousin Heiner und wünscht ein frohes Weihnachtsfest. Als weihnachtliches Ritual zündet Franz die Kerzen an.

„Das brauchen wir jetzt nicht“, sagt Anna, während sie auf den Lichtschalter für die Deckenlampe drückt.

Ihr fällt der erste Heilige Abend ohne Weihnachtsbaum ein, bei Lotta, mit Erbsensuppe, beim Schein einer Kerze.

„Das ist für dich, Maria!“, sagt Vater mit erwartungsvollem Gesicht.

Voller Spannung setzt sie sich auf die Bettkante. Als sie endlich das gut verknotete Band gelöst hat und die exakt eingepackte Schachtel öffnet, werden ihre Augen ganz groß. Eine Spieluhr in einem rechteckigen zartgrünen Kunststoffgehäuse kommt zum Vorschein. Die hatte sie sich schon so lange gewünscht, mit einer tanzenden Ballerina zu leiser Musik, in kurzem rosafarbenem Tüllkleid und Ballettschuhen. Maria ist glücklich.

„Jetzt hab‘ ich aber langsam Hunger“, meint Franz. Er ist schon ungeduldig, denn Maria erledigt erst noch vorne in der Küche ihre Morgenwäsche.

„Nun mach doch!“, drängt jetzt auch Anna.

Dabei schneidet sie den *„Striezel“* an, den es nur zu Weihnachten und Ostern gibt. Der Hefezopf ist mit guter Butter, Rosinen und Mandeln gebacken. Dazu gibt es heißen *„Muckefuck“*, einen Ersatzkaffe aus geröstetem Getreide.

„Der ist aber heute wieder heiß“, meint Franz nach dem ersten Schluck und streicht schleunigst und etwas ärgerlich seinen Oberlippenbart zur Seite.

Endlich ist auch Maria soweit. Schwungvoll lässt sie sich auf ihrem Stuhl nieder, so dass ihr Kakao über den Tassenrand schwappt. Vater Franz verkneift sich an diesem Morgen einen ermahnenden Kommentar. Gemeinsam lassen sie sich jetzt das köstliche Frühstück schmecken. Heiner ist es etwas wehmütig zumute. Er verbringt das erste Mal Weihnachten ohne Mutter und Bruder, die noch auf der Insel Rügen wohnen. Am Nachmittag gehen alle zu Gerda. Für Vater Franz ist es ein mühsames Unterfangen; aber sein Neffe hat ihn fest im Griff. An seinem starken Arm bringt er ihn einigermaßen gut über die zwar geräumten aber noch nicht ganz von Schnee und Eis befreiten Bürgersteige und Wege. Elfriede erblickt sie zuerst und eilt ihnen lachend entgegen, so dass die zwei dicken langen Zöpfe, festgeflochten und an beiden Seiten etwas abstehend, nur so fliegen. Mit Vergnügen springt sie absichtlich noch schnell in den zur Seite geschaufelten Schnee, so dass die hohen Schuhe und die gestrickten Wollstrümpfe zur Genüge davon mitbekommen. Als sie endlich das Weihnachtspäckchen ihrer Großeltern auspacken kann, strahlen ihre großen dunklen Augen und dem hartgesottenen Willi werden die Augen vor Freude etwas feucht. Sie ist ihm mittlerweile sehr ans Herz gewachsen. Dann gibt es den üblichen Malzkaffee, Kakao und

Kuchen und für die Erwachsenen anschließend ein Schnäpschen. Die Kinder lassen sich noch die Weihnachtsplätzchen schmecken.

„Teilt sie euch ein. Sonst habt ihr morgen keine mehr“, ermahnt Gerda sie.

„Kommt mal her. Ich hab noch welche“, flüstert Anna ihnen zu. Sie sitzt etwas abseits und winkt die Kinder, verschmitzt lächelnd, zu sich heran. Elfriede ist noch schneller als Maria zur Stelle. Kichernd verkriechen sich die beiden dann in eine Ecke und sind mucksmäuschenstill.

„Hast du die Spielkarten mitgebracht?“, fragt Heiner und schaut erwartungsvoll zu seinem Onkel hinüber.

„Wir werden sehen, wer heute gewinnt, mein Lieber.“ Bei diesen Worten zieht Franz sein Kinn und die Augenbrauen bedeutungsvoll nach oben und grinst. Gleichzeitig holt er die Karten aus seiner Jackentasche, die schon in Stiebnitz so manches mitgemacht haben und nun hier im Westen etwas Abwechslung in die langen Wintertage bringen. Im Winter ruht bei den Bauunternehmen die Arbeit, so dass auch Willi und Heiner zu Hause sind.

Die Vorstellungen über eine Lebensführung sind zwischen Franz und seinem Neffen im Laufe der Zeit zu unterschiedlich geworden, als dass die beiden noch länger unter einem Dach wohnen wollen. So zieht Heiner zu Gerda in das Behelfsheim. Als seine Mutter und sein 14-jähriger Bruder Ewald im Zuge der beantragten Familienzusammenführung nach Erndtebrück kommen, werden auch sie von Gerda und ihrer Familie noch zusätzlich aufgenommen. Nun wird es äußerst eng in deren Unterkunft. Berta und ihre beiden Söhne schlafen in dem Raum, in dem sie sich auch tagsüber aufhalten. Zum Kochen steht eine extrem kleine Küche zur Verfügung. Diese beiden Zimmer sind nur über Gerdas Wohnraum erreichbar. Das Plumpsklo ist für alle da.

Erfahrungen in nah und fern

Unerwartete Situationen

Maria gehört mittlerweile einem festen Freundeskreis an. Zum größten Teil sind es Kinder von Aussiedlern aus Schlesien. Schon in kurzer Zeit hatte sich unter den Erwachsenen ein gewisses Zusammengehörigkeitsgefühl entwickelt. Sie haben alle ein ähnliches Schicksal erlitten, sprechen den Dialekt ihrer Heimat und sind katholisch. Mit ihrer Freundin Mona ist Maria besonders oft unterwegs. Sie hat vier Geschwister. Ihr Vater ist im Krieg geblieben. Die beiden haben die gleichen Interessen und gehen u. a. einmal wöchentlich abends in die Jugendgruppe der katholischen Kirche. Der Geistliche ist einer von der strengen Kategorie. Daran lässt er auch in seinen Predigten keinen Zweifel. Ein beliebtes Thema ist der regelmäßige sonntägliche Besuch des Gottesdienstes und der ebenso regelmäßige Empfang des Altarssakramentes. Maria folgt diesem Aufruf, jedoch nicht wegen dem Pastor, sondern weil es ihr Wunsch ist. Schwierigkeiten hat sie allerdings mit der jeweils in den Predigten angekündigten Strafe Gottes, auch auf anderen Gebieten. Das geht soweit, dass sie eine Angst entwickelt dahingehend, dass ihre Eltern davon betroffen sein könnten. Darüber schweigt sie jedoch eisern. Aus Erzählungen ihrer Mutter ist ihr bekannt, dass früher diesbezüglich die Gepflogenheiten zum Teil etwas anders waren und ihre Mutter diese mit einem großen Gottvertrauen bis heute praktiziert. Maria und Mona kennen in ihrer Freizeit kaum Langeweile. Sie haben meistens irgendetwas vor. Oft halten sie sich gemeinsam in ihren Familien auf oder besuchen Gerda. Manchmal gehen sie einfach die Hauptstraße entlang, so wie es eines Tages gegen Abend der Fall ist. Die Landstraße, gesäumt von hohen Laubbäumen, ist um diese Zeit nur noch wenig befahren.

Nähert sich ein Fahrzeug, so springen sie schnell zur Seite, neben die Fahrbahn ins Gras. Der Gesprächsstoff geht ihnen nie aus. Plötzlich wird ihnen bewusst, dass sie schon ein ganzes Stück außerhalb des Ortes unterwegs sind. Der Baumbestand liegt längst hinter ihnen und die letzten Häuser von Erndtebrück sind nicht mehr zu sehen. Es ist später geworden als beabsichtigt. So treten sie den Heimweg an und legen in ihrer Gangart einen Schritt zu. Plötzlich bemerken sie, dass sich hinter ihnen ein Fahrzeug nähert und immer langsamer fährt. Sie schauen sich um. Schon steht es neben ihnen, ein Auto in beachtlicher Größe, am Steuer ein Mann, ihrer Meinung nach schon etwas älter. Er drückt die Beifahrertür von innen auf.

„Na, so allein noch unterwegs? Wo wollt ihr denn hin?“, fragt eine freundliche Stimme.

„In den Ort“, klingt es wie aus einem Mund.

„Dann steigt mal ein. Ich nehme euch ein Stück mit.“ Der Fahrer winkt mit der Hand.

Die Mädchen lassen sich auf die Sitze fallen, Maria vorne neben dem Fahrer und Mona hinter ihr auf den Rücksitz. Das Auto setzt sich wieder in Bewegung.

„Habt ihr denn keine Angst, bei einem Fremden ins Auto zu steigen?“ Die Worte unterbrechen die Stille.

Die beiden sind über diese Frage überrascht und zögern mit der Antwort.

„Das braucht ihr bei mir nicht. Hier seid ihr sicher.“ Nach diesen Worten beugt sich der Mann zur Seite und öffnet mit der rechten Hand das Handschuhfach.

Er zeigt auf ein Messer. Erschrocken starren die Mädchen auf die glänzende Klinge. Maria drückt sich in den Sitz und auch Mona macht sich ganz klein.

„Das ist nur zu meinem Schutz.“ Der Fremde lacht.

„Man weiß ja nie“, fügt er noch hinzu. Dann hüllt er sich in Schweigen.

Die Ortsmitte ist in Sicht.

„Hier müssen wir aussteigen. Halten Sie an!“ Jetzt kommt wieder Leben in die Fahrgäste.

Das Auto bremst und kommt zum Stehen.

„Alles Gute und passt auf euch auf!“, hören sie noch, als sie schon festen Boden unter den Füßen haben.

Es dauert eine ganze Weile, bis sie sich von diesem Schrecken erholt haben.

„Hättest du das gedacht als wir eingestiegen sind?“ Maria zieht ihre Freundin etwas näher zu sich heran.

„Eigentlich machte er ja einen ganz netten Eindruck; aber“

„das nächste Mal gehen wir auf alle Fälle zu Fuß!“, unterbricht Mona sie energisch.

Die beiden schauen sich vielsagend an. Mit einem erleichternden Lachen begeben sie sich schleunigst auf den Weg nach Hause.

Maria besucht jetzt die vierte Klasse der Realschule. Die Anzahl der Schülerinnen und Schüler war zu Beginn der ersten Klasse so groß, dass eine Unterteilung in a und b vorgenommen wurde. In diesem Schuljahr müssen sich nun alle entscheiden, ob sie zum nächsten Schuljahreswechsel, also nach dem achten Schuljahr, die Schule verlassen oder die Realschule bis zum Abschluss der Mittleren Reife fortsetzen wollen. In dem Lehrplan wird nun richtig Gas gegeben, denn gewisse schulische Voraussetzungen sind mitentscheidend. Maria hat sich bereits für die zweite Variante entschieden.

Die fünfte Klasse umfasst die Hälfte der Schüler aus den bisherigen Klassen a und b. Die Sitzordnung in den drei Zweierreihen verändert sich und neue Cliquen entstehen.

Neu hinzugekommen sind auch Friedel und Margret. Sie kommen aus unterschiedlichen Ortschaften und benutzen zusammen den entsprechenden Zug aus Richtung Bad Laasphe. Zwischen ihnen und Maria entwickelt sich eine intensive Freundschaft. Besonders Friedel und Maria besuchen sich wann immer sich die Gelegenheit bietet, obwohl die Anforderungen in der Schule nicht mehr allzu viel Freizeit zulassen. Maria gehört zu einem Kreis von Schülerinnen, die nachmittags zusammen lernen, wenn eine Klassenarbeit ansteht oder besonders kniffelige Hausaufgaben in mathematischen Fächern, wie Geometrie oder Algebra, zu lösen sind. Dann geht sie jeweils zu den anderen, denn deren Eltern besitzen eigene Häuser, in denen mehr Platz zur Verfügung steht als bei ihr zu Hause. Deutsch zählt zu Marias Lieblingsfächern. So ist es nicht verwunderlich, dass Lesen zu ihrem Hobby geworden ist. Dieses veranlasst ihre Eltern, einem Lesering beizutreten. Das Quantum der regelmäßigen Buchbestellungen einmal pro Quartal muss auf ein Minimum beschränkt bleiben. Ab und an begibt sich Maria daher in die Leihbücherei von Erndtebrück, um dort herumzustöbern und sich ein Buch auszuleihen. Herr Breuer, ein pensionierter Lehrer, der Maria schon kennt, ist zuständig für die Ausgabe der Bücher und das, was eine Bücherei an Arbeit so mit sich bringt. Er hat bei der Wahl des Lesestoffes immer die passende Empfehlung parat, wenn sie etwas unschlüssig vor den gefüllten Regalen steht. Zu Hause nutzt sie jede Gelegenheit, um sich in die Welten der Bücher zu begeben. Für sie sind es Reisen in die große weite Welt, in andere Länder, andere Kulturen und zu anderen Völkern mit ihren neuzeitlichen Gepflogenheiten oder uralten Traditionen aus längst vergangenen Zeiten. Es tut sich für sie aber auch manchmal eine Welt auf, die viele Fragen offen lässt.

„Hast du nicht Lust, mir etwas zur Hand zu gehen, wenn die Bücherei geöffnet ist?“, fragt Herr Breuer sie eines Tages.

„Es ist auch wieder mal an der Zeit, die Bestände von Grund auf durchzusehen. Etliche Bücher sind darunter, die eine neue Schutzhülle brauchen, damit sie wieder etwas ansehnlicher werden, bevor sie ganz auseinanderfallen.“

„Ja, gerne.“ Die Antwort kommt prompt.

„Wenn du willst, kannst du sie nach und nach mitnehmen und nach der Instandsetzung wieder zurückbringen.“

„Das ist prima.“ Maria freut sich schon darauf.

Herr Breuer zeigt ihr noch an demselben Nachmittag, wie er sich die Sache vorstellt. Zu Hause erfordert es schon etwas Übung, die einseitig auf einem Papierbogen aufgeklebte durchsichtige Plastikfolie zu lösen und ein Buch damit einzubinden. Denn sie ist sehr stabil, und wo sie erneut haften bleibt, ist sie nur schwer wieder ohne bleibenden Schaden zu lösen; aber mit Hilfe von Vater Franz bekommt man es schnell in den Griff.

Üblicherweise wird über die Realschule in der letzten Klasse ein Tanzkurs angeboten. Damit Maria nicht außen vor bleibt, erlauben ihre Eltern es ihr, daran teilzunehmen. Die Haushaltskasse hat für derlei Zwecke wenig Spielraum; aber irgendwie gelingt es ihnen, ihre Tochter an diesem Vergnügen teilhaben zu lassen. Der Tanzlehrer ist ein großer schlanker Mann mittleren Alters, der unermüdlich darauf bedacht ist, die zunächst etwas verklemmt wirkende Gruppe junger Leute in die Standardtänze einzuführen. Besonderen Wert legt er darauf, dass alle dabei eine entsprechend gute Figur machen. Im Laufe des Kurses geht alles allmählich lockerer zu und die jungen Leute haben viel Spaß dabei. Die Übungsstunden sind immer viel zu schnell vorbei. Der Tag des Abschlussballes naht. Die Auswahl der Tanzpartnerin für diesen festlichen Abend haben die jungen Herren bereits in einer feierlichen Zeremonie während der letzten Tanzstunde getroffen. Eine entsprechende Garderobe wurde angeschafft und so sieht man mit Spannung dem Abschlussball entgegen. Endlich ist es soweit. Die Türen zum großen festlich geschmückten Saal stehen weit offen, als Maria mit ihren Eltern dort eintrifft. Anna hat zu dem heutigen Anlass ihr schwarzes Kostüm mit dazu gehörender Bluse angezogen. Franz erscheint in seinem dunklen Anzug und weißem Hemd mit passender Krawatte. Diese Kleidung hatten sie sich zur Hochzeit ihres Sohnes vor acht Jahren angeschafft. Sie wird nur zu ganz besonderen Anlässen hervorgeholt. Maria eilt zu dem Treffpunkt der Tanzgruppe. Sie hat ihr hellblondes Haar heute am Hinterkopf festgesteckt und trägt ein langes engtailliertes Kleid aus glänzendem Stoff, mit ausgestelltem Rock, ärmellos, in leuchtendem Blau, in sich gemustert. Das hatte sie sich selbst ausgesucht. Es war gar nicht so einfach gewesen, etwas Passendes zu finden, denn ein „wallendes Tüllkleid“ wollte sie auf keinen Fall. Kaum haben ihre Eltern den Saal betreten, werden sie zu einem der weiß gedeckten Tische geleitet. Nach und nach treffen die geladenen Gäste ein. Nachdem alle ihre Plätze eingenommen haben, erscheint der Tanzlehrer, mit charmantem Lächeln, in schwarzem Frack und auffallend glänzenden schwarzen Lackschuhen. Nach schmeichelnden Begrüßungsworten stellt er sich vor und berichtet über den Ablauf des Kurses seiner Tanzschüler. Nacheinander gibt er die Namen der Tanzpaare bekannt, während diese den Saal durch eine Seitentür betreten und mit Beifall empfangen werden. In einem Halbkreis stehen sie letztendlich da, der eine stolz, der andere verlegen, eine bunte Mischung. Die Ansagen des Tanzlehrers verheißen einen unterhaltsamen Abend. Zu Beginn noch etwas steif aber selbstbewusst zeigen die jungen Leute nun, was sie gelernt haben. Bei den unterschiedlichen Rhythmen der Standardtänze wird der Abschlussball ein voller Erfolg und es gibt viel Applaus. Wie üblich überreichen die jungen Herren zum Abschluss ihren Tanzpartnerinnen als Dankeschön den obligatorischen Blumenstrauß. Bei Getränken, Knabbereien und angeregter Unterhaltung geht die Veranstaltung zu später Stunde ihrem Ende zu. Anna und Franz sind stolz auf ihre Tochter und froh, dass sie dabei sein konnte. Heute Nacht wird es etwas enger als gewöhnlich in der Wohnung Schediwy, denn Marias Schulfreundin Friedel übernachtet bei ihr, auch deren Freund Manfred, der ebenfalls als Gast geladen ist, und ihre Mutter. Alle finden irgendwo einen Platz zum Schlafen, denn Gastfreundschaft hat in dieser Familie noch immer einen großen Stellenwert, so wie man es von Stiebnitz her gewohnt ist. Maria kann an diesem Abend vor Freude über den vergangenen Tag nicht gleich einschlafen. Sie weilt noch lange mit ihren Gedanken bei dem heutigen Tanzabend und ist glücklich. Mit diesem Gefühl sinkt sie irgendwann in der Nacht in einen tiefen Schlaf.

An manchen Tagen liegt sie abends noch lange schlaflos in ihrem Bett; seitdem ihre Familie vor 3 Jahren hier in dieses Haus gezogen ist. Sie hat keine Erklärung dafür. Sie weiß nur, dass jetzt im Alter von 16 Jahren in ihrem Innersten Gefühle und Emotionen Purzelbaum schlagen. Was Maria sehr zu schaffen macht, ist ein eigenartiges Gefühl der Angst. Sie kann es nicht einordnen und fühlt sich dann völlig allein gelassen. Sie findet jedoch nicht den Mut, sich mit ihrem Problem jemandem anzuvertrauen. Am liebsten würde sie sich dann ganz klein machen. Tagsüber flüchtet sie in einer solchen Situation oft in die äußerste Ecke der Toilette, auf halber Höhe zwischen den beiden Etagen, und presst ihre langen dünnen Arme eng an ihren Körper. Sie schaut, angespannt und innerlich zitternd, durch die bis zum Fußboden reichende Fensterscheibe und beobachtet die vorbeigehenden Menschen und den Betrieb auf der Straße, die an der Seite des Hauses vorbeiführt. Hier fühlt sich Maria unbeobachtet und kann ihren Gefühlen freien Lauf lassen. Eine dicht gemusterte Tüllgardine vor dem unteren Teil der Glasscheibe schützt sie vor den Blicken der Passanten. An solchen Tagen fällt es ihr abends schwer, Ruhe zu finden. Und wieder hat sie dann das Bedürfnis, sich ganz klein zu machen, jetzt mit angezogenen Beinen, die Hände zwischen den Knien, unter ihrem Daunenbett aus Stiebnitz. Dabei merkt sie nicht, wie sie allmählich ganz entspannt einschläft.

Eines Tages ziehen dunkle Wolken auf und verheißen nichts Gutes. Es ist erst früher Nachmittag und trotzdem wird es plötzlich ungewöhnlich dunkel.

„Da wird wohl was kommen“, sagt Anna und drückt auf den Lichtschalter in der Küche. Ihr Gesichtsausdruck lässt keinen Zweifel daran, dass sie sich vor schweren Gewittern fürchtet. In ihrer Heimat waren sie keine Seltenheit. So fielen damals in dem engen Stiebnitztal viele der dortigen Holzhäuser Bränden durch Blitzschlag zum Opfer.

„Was du immer hast. Hier ist das doch was ganz anderes“, erwidert Franz.

Er erhebt sich von seinem Stuhl, verlässt das Zimmer und begibt sich, auf seinen Gehstock gestützt, vor das Fenster über dem unteren Hauseingang. Anna vertraut lieber auf die Höhere Macht, bittet um Beistand und bekreuzigt sich. Inzwischen ist das Gewitter in vollem Gange. Grelles Aufleuchten der Blitze und gewaltiges Krachen der Donnerschläge folgen unmittelbar aufeinander. Maria, die etwas abseits von ihrem Vater steht, zuckt dabei jedes Mal zusammen und es schüttelt sie. Ein stürmischer Wind ist mittlerweile aufgekommen, der den heftigen Regen durch die Straßen und gegen die Häuser peitscht. Durch die Fensterscheiben ist nur schwer zu erkennen, was draußen im Freien geschieht. Eines ist sicher: Das Gewitter tobt sich über Erndtebrück richtig aus. Erst als es langsam wieder etwas heller wird und die Niederschläge nachlassen, wird das Ausmaß der Schäden, die das Unwetter angerichtet hat, nach und nach sichtbar. Die Straßen sind überflutet und aus den hochgedrückten Kanaldeckeln sprudeln riesige Wassermassen. Vater Franz, der schon in Stiebnitz die Gewohnheit hatte, bei Gewittern vor der offenen Tür zu stehen und dem Treiben zuzusehen, wüsste auch jetzt zu gerne, wie es dort unten rechts hinter der Kurve aussieht.

„Maria“, ruft er und dreht sich plötzlich um.

„Geh mal runter und guck, wie es da hinten aussieht. Du musst aber ein Stück auf die Straße gehen!“

Anna hört laute Worte, das Knallen einer Tür und wie Maria die hölzerne Treppe hinunterspringt. Eilig öffnet sie die Zimmertür und erblickt ihren Mann, der aufgebracht mit seinem Gehstock herumfuchtelt.

„Mach, dass du rauskommst!“, ruft er Maria zu.

„Was ist denn hier los?“, fährt Anna dazwischen.

„Ich werde ihr gleich Beine machen.“ Seine Beinprothese schwingt in Richtung Treppenabgang. Maria steht stocksteif auf dem Treppenpodest vor der Toilette, entschlossen, nicht einen Schritt weiter nach unten zu gehen.

Geistesgegenwärtig zieht Anna ihren Mann heftig am Ärmel und greift ihm in den Gehstock.

„Ich bitte dich, lass das Mädchen in Ruhe; bei dem Wetter!“, fleht Anna.

Erst nach mehreren Anläufen gelingt es ihr, ihren Mann wieder zu besänftigen. Maria verschwindet indessen auf der Toilette. Anna hört, wie die Tür hinter ihr hart ins Schloss fällt und der Schlüssel beim Rumdrehen krächzt. Ihre Tochter hätte sich nie freiwillig in die Wassermassen begeben. Maria weiß zu diesem Zeitpunkt noch nicht, dass sie erst als erwachsene Frau nach vielen Jahren die Ursache für ihre unerklärlichen Ängste finden und das zeitweise unverständliche Verhalten ihres Vaters verstehen wird.

1957 ändern sich die Wohnverhältnisse für Annas Familie. Die beiden Vermieterinnen geben ihren Lebensmittelladen auf und Vater Franz wird erneut auf dem Wohnungsamt der Gemeinde vorstellig. Glücklicherweise werden z. Zt. am Ortsrand von Erndtebrück drei Vierfamilienhäuser gebaut, wieder an einem Berg, ruhig gelegen, mit einer guten Aussicht. Als die dreiköpfige Familie dort einzieht, sind alle sehr glücklich. Auf einer abgeschlossenen Etage befinden sich ein Wohnzimmer mit Blick über den Garten und die umliegende Wohngegend, eine Küche, ein geräumiges Elternschlafzimmer und ein separates für Maria, das sie sich eigentlich etwas größer vorgestellt hat. Ihre Bewegungsfreiheit darin ist knapp bemessen. Das liegt jedoch nicht zuletzt an den sperrigen Möbeln. Annas Onkel Emil hat ihnen bei einem Besuch in umfangreicher Kleinarbeit einen neuen Anstrich mit beachtenswerter Maserung verliehen. Während seines Aufenthaltes waren auch zahlreiche Gespräche geführt worden, in denen wieder die Erinnerungen an die schreckliche Zeit der Vertreibung und deren Folgen erwachten. So hatten sie auch an den Tag gedacht, an dem Anna mit Maria durchnässt und am Ende ihrer Kräfte bei ihm zu Hause erschienen war, nachdem sie mit ihrer kleinen Tochter zurück über die polnische Grenze flüchten konnte und beide nur knapp vor dem Ertrinken bewahrt wurden. Jetzt lebt Onkel Emil mit seiner Familie in der DDR. In seiner Heimat hatte er das Schreinerhandwerk gelernt. Dort legte man großen Wert auf akkurates Arbeiten. Von daher war es für ihn nichts Außergewöhnliches, Möbelstücken durch einen Farbanstrich eine

Holzmaserung zu verleihen, die man nur schwer von einer natürlich gewachsenen unterscheiden kann. Die von Franz erstandenen Teile eines alten Schlafzimmers, die schon zu dem Mobiliar ihrer vorherigen Wohnung gehörten, erstrahlen nun in neuem Glanz, in hellbrauner Färbung mit honiggelber Maserung. An das unüberhörbare Geräusch beim Öffnen der drei schwergängigen riesigen Schubladen der umfangreichen Kommode hat sich Maria schon lange gewöhnt. Die großen umklappbaren geschnörkelten Griffe aus Metall fallen nach jeder Benutzung immer noch schwer gegen das Holz. Das Bettgestell mit dem hohen Kopf- und Fußende erscheint ihr hier noch gewaltiger. Es mag wohl daran liegen, dass ihr jetziges Zimmer wesentlich kleiner und die Räume hier niedriger sind als in der Wohnung zuvor. Das alte Daunenbett tut noch das Übrige dazu, wenn es sich nach der täglichen Prozedur des Aufschüttelns als voluminöses Etwas über der Matratze ausbreitet. Man könnte meinen, es wolle damit seine Berechtigung beweisen. Aber Maria liebt es immer noch. Es spendet ihr nach wie vor ein besonderes Gefühl der Wärme und dient ihr als versteckte Höhle, wenn sie abends im Schein einer Taschenlampe in ihren Büchern auf Reisen geht.

Zu der neuen Wohnung zählt auch ein Bad, nicht sehr geräumig; aber im Gegensatz zu früher, nach Meinung der Familie, mit einer Besonderheit ausgestattet, einer Badewanne. Man hat die Wahl zwischen kaltem und warmem Wasser und braucht nur den Wasserhahn aufdrehen. Das letztere befindet sich in einem großen Wasserbehälter, der von unten beheizt werden muss. Diese Aufgabe hat selbstverständlich Vater Franz übernommen. *„Was für eine Erleichterung!“* Anna denkt so manches Mal an den großen Arbeitsaufwand in Stiebnitz, als sie noch das Wasser das ganze Jahr hindurch mit Kannen aus dem Bach herbeischaffen musste. Maria ist der Badevorgang bei Lotta noch gut in Erinnerung. Damals ging sie noch nicht zur Schule. Samstags fand die wöchentliche Großreinigung statt. Ihre Familie konnte sich nicht glücklich preisen wie manch andere, eine größere Zinkwanne zu besitzen. Es wurde einfach eine Schüssel in die Mitte des Wohnraumes gestellt und heißes mit kaltem Wasser gemischt. Manchmal war die Kinderhaut etwas empfindlicher als Mutters Hände. Dann gab es noch einen kalten Guss aus dem blechernen Schöpfbecher dazu und die Prozedur begann. Mit einem rauen Waschlappen und unvergesslich riechender Kernseife - ab und zu auch mal mit einer klebrigen Seife, die dafür herrlich grün aussah - erreichte ihre Mutter alle Stellen, die zu Marias Körper gehören. Dann kam der letzte Guss aus dem Schöpfbecher, der den Schaum von Kopf bis Fuß entfernte, auch den restlichen beißenden aus den Augen, wobei Maria dann immer nach Luft schnappte. Das Handtuch empfand sie ziemlich kratzig; aber wenigstens roch es meistens besonders gut. Es war ja auch draußen getrocknet, an der Luft bei Lotta am Berg.

Maria gewöhnt sich schnell an die neue Umgebung, obwohl sie jetzt einen bedeutend längeren Schulweg hat. Doch da die Klassenkameradin Iris, die auch zu dem Kreis derer gehört, die sich ab und an zu Hausaufgaben treffen, in nächster Nähe wohnt, gehen die beiden oft gemeinsam. Und so macht ihr schon nach kurzer Zeit die nun längere Wegstrecke gar nichts mehr aus. Die Mutter von Iris ist Schneiderin. Folgedessen ist ihre Tochter immer adrett und nach der aktuellen Mode gekleidet. Auch Anna hat mittlerweile mit ihr Kontakt. Eines Tages kommen die beiden Mütter wieder einmal ins Gespräch. Dabei rückt Anna jetzt mit ihrem Anliegen heraus, mit dem sie sich bereits einige Zeit gedanklich beschäftigt. Der Anlass dazu ist Marias Bitte, mit der diese ihr schon lange in den Ohren liegt.

„Kannst du nicht mal fragen, ob sie für uns auch etwas nähen kann?“ Mit einem flehenden Gesichtsausdruck verlieh Maria dann immer ihren Worten etwas Nachdruck.

„Ich werde sehen, was sich machen lässt“, hatte ihre Mutter ihr das letzte Mal versprochen.

Erfreulicherweise sagt die Schneiderin jetzt wie ganz selbstverständlich zu.

„Komm einfach mit deinem Stoff vorbei, wenn es etwas für dich sein soll. Oder bring Maria gleich mit, falls sie etwas genäht haben möchte.“

Als Maria das erfährt, jubelt sie und wäre am liebsten gleich mit ihrer Mutter losgezogen, um Stoff zu kaufen, denn ihr fallen sofort die schönen Kleider von Iris ein. Anna ist froh, diese Gelegenheit in Anspruch nehmen zu können, zumal sie es in Stiebnitz gewohnt war, dass man den überwiegenden Teil der benötigten Kleidung nähen ließ oder selbst anfertigte. Eine Tante von ihr war Schneiderin gewesen. Deren Tochter zeigte absolut kein Interesse, in die Fußstapfen ihrer Mutter zu treten, ließ sich allerdings gerne in Kleidungsstücken mit Rüschen und besonderen Knöpfen bewundern. Die besagte Schneiderin war damals sehr gefragt und nähte auch für die Familie Schediwy. Anna hatte schon früh die Fähigkeiten ihrer Tante bewundert. Eine Nähmachine zu besitzen war zwar nicht allgemein üblich, aber auch nichts Außergewöhnliches. Vater Franz hatte rechtzeitig dafür gesorgt, dass eine im Haus zur Verfügung stand. Anna hatte sich viel von der Fertigkeit ihrer Tante abgeschaut, bei der nächsten sich bietenden Gelegenheit in die Tat umgesetzt und so nach und nach einige wertvolle Erfahrungen sammeln können. Auch hier im Westen ist es Vater Franz nun gelungen, eine gebrauchte Nähmaschine zu erstehen. Das Gestell ist aus Eisen und mit geschwungenen Ornamenten versehen. Die stabile Tretfläche ging zunächst etwas schwer, wenn man sie in Bewegung setzte. Der runde Lederriemen, der durch die Betätigung der Tretfläche die gesamte Technik der Nähmaschine in Gang setzt, sah schon ziemlich abgenutzt aus. Auch hatte der Rost sich an mehreren Stellen des schwarzen Gestelles festgesetzt. Er verlieh der neuen Errungenschaft ein nicht gerade strahlendes Aussehen. Mittlerweile ist sie wieder ganz ansehnlich geworden. Durch den Einsatz von Schmirgelpapier, schwarzem Lack, Öl zum Einfetten und viel Geduld von Vater Franz zählt sie jetzt zum unverzichtbaren Inventar der Familie und dient Anna zum Flicken und Nähen einfacher Kleidungsstücke. Nur die halbrunde abschließbare hölzerne Abdeckung über dem Maschinenteil, das sich aus der ebenfalls hölzernen Arbeitsplatte erhebt, gibt noch davon Zeugnis, dass sie unzählige Male über viele Jahre hinweg benutzt worden ist.

Durch die spröde farblose Lackierung hindurch sind noch zahlreiche feine Risse im Holz zu erkennen und der Schlüssel findet bei Benutzung manchmal nur schwer seinen Weg. Jetzt steht das gute Stück im Wohnzimmer, abgedeckt mit einer selbst genetzten und mit umfangreichem Muster ausgestickten Decke. Anna macht von ihr fleißig Gebrauch, ist aber trotzdem dankbar dafür, im Bedarfsfall bei der Schneiderin etwas nähen lassen zu können. Als sie das erste Mal mit Maria dorthin kommt, werden sie von ihr freundlich begrüßt. Sie geht voraus und bittet die beiden mit einer entsprechenden Handbewegung in ihr Arbeitszimmer.

„Schaut euch erst mal hier bei mir um.“, sagt sie und ihr Blick schweift über ihre Brille hinweg umher. Sie zieht noch schnell das Zentimetermaß gerade, das sich nur noch mit einem kurzen Stück an ihrem Hals festhält. Marias Augen werden immer größer und auch Anna staunt darüber, welche Möglichkeiten sich hier bieten. In einem Wandregal türmen sich Stoffe der unterschiedlichsten Art, bunt und uni, auch einige Ballen für dickere Oberbekleidung. In Arbeit befindliche Kleidungsstücke, mit Namensschildern versehen, liegen ganz vorne und warten scheinbar auf Fertigstellung. Glänzende Futterstoffe, Vlieseline zum Verstärken von Kragen und Manschetten, weiße Spitzen und anderes Zubehör sind etwas abseits davon zu finden. Bücher mit Schnittmustern nach neuester Mode oder zeitlos, für Jung und Alt, liegen aufgeschlagen auf einem Tisch; dazwischen alles, was darauf schließen lässt, dass hier fleißig gearbeitet wird. Das ist auch an den unzähligen Stecknadeln zu erkennen, die weit verstreut auf dem Fußboden umherliegen. Ein angefangenes Kleidungsstück liegt auf der großen Arbeitsplatte der Nähmaschine.

„Im Moment habe ich viel Arbeit. Da bleibt es nicht aus, dass es hier so aussieht. Aber ich finde noch, was ich gerade brauche!“ Den Worten folgt ein herzliches Lachen.

„Für einen freien Fußboden sorgt heute Abend mein unentbehrliches Magnet“, sagt sie beiläufig und macht mit dem Unterarm auf dem großen Tisch etwas Platz. „Wie ich sehe, habt ihr schon etwas mitgebracht. Zeigt mal her.“

Anna packt ihren hellgrünen Stoff für eine Bluse aus und Maria einen roten mit großen weißen Tupfen für ein Sommerkleid.

„Wie sehen denn eure Vorstellungen aus? Sonst schaut mal hier in die Bücher. Vielleicht ist da was drin, was Euch gefällt“. Dabei sucht sie einiges heraus, was ihrer Meinung nach infrage kommen könnte. Anna hat sich schnell entschieden. Eine Bluse mit dreiviertel langem Arm und einem Stehkragen mit breiten Bändern zum Binden einer Schleife soll es werden. Bei Maria dauert die Auswahl etwas länger. Es gibt vieles, was ihr gefällt; aber dann entschließt sie sich zu einem ärmellosen Kleid mit spitzem Ausschnitt, geknöpftem Oberteil und knapp bis über das Knie reichendem angekraustem weitschwingendem Rock. Dazu stellt sie sich schon einen breiten weißen Gürtel und eine weiße Handtasche vor. Es soll ein Kleid nicht gerade für jeden Tag werden.

„Diese Woche schaffe ich das nicht mehr. Ende nächster könnt ihr zur Anprobe kommen“, vertröstet die Schneiderin Anna.

Zu Hause möchte Franz zu gerne wissen, was sie sich ausgesucht haben. Am liebsten wäre er dabei gewesen. Aber das hat er sich verkniffen. Vierzehn Tage später ist Anprobe und eine Woche danach können Anna und Maria ihre neuen Kleidungsstücke abholen. Beide sind sehr zufrieden damit und Franz freut sich, dass „seine Frauen“ so gut darin aussehen. Auch er legt, besonders sonntags, großen Wert auf sein Äußeres. Das beginnt schon bei der Rasur. Diese Prozedur, für die er sich an diesem Tag besonders viel Zeit nimmt, geht jeweils in der Küche vonstatten. Dabei sitzt er morgens in kurz- oder langärmeligem Unterhemd vor seinem aufgeklappten weiß umrandeten Spiegel, dessen Größe sein Gesicht nur zum Teil erkennen lässt. Wichtiger ist ihm, dass das Wasser in der hohen geraden Kaffeetasse aus Stiebnitz genau die richtige Temperatur hat. Die beige Farbe des gedrechselten Holzgriffes an dem Rasierpinsel ist schon etwas abgeblättert, so dass das helle Holz zu sehen ist; aber dafür sind die Borsten nach wie vor besonders weich. Sie lassen zusammen mit der Rasierseife auf seinem Gesicht einen herrlichen Schaum entstehen. Kommt das äußerst scharfe Rasiermesser zum Einsatz, weiß jeder, der sich in der Nähe aufhält: *„Nicht stören!“* Denn dann fährt Franz mit einem gekonnten Strich an seinem Oberlippenbart entlang, damit dieser seine exakte Form behält. Der blutstillende Stift für eventuelle Pannen liegt dabei immer parat. Wenn die Barthaare zum Ende hin nur noch ganz spärlich sind, werden sie mit einer Schere etwas gekürzt, mit angefeuchteten Fingern zusammengedreht und nach oben gebogen. Zum Schluss gleiten seine Finger noch einmal prüfend über Kinn und Wangen, um sich davon zu überzeugen, dass keine Bartstoppeln stehen geblieben sind. Dann greift er zufrieden nach dem ausgebreiteten Handtuch auf seinem Schoß und beseitigt damit die restlichen Spuren des Rasierschaumes aus seinem Gesicht. Jetzt werden noch Tasse und Pinsel gründlich gereinigt und zum Trocknen aufbewahrt. Ein frisches Hemd zu seiner „guten Hose“ gibt ihm dann das für ihn wichtige Gefühl für den heutigen Tag. Der Sonntag kann beginnen.

Hinaus in die Ferne

Am Dienstag, dem 1. April 1958 beginnt für Maria eine völlig neue Epoche. Sie hat die Realschule erfolgreich abgeschlossen und fängt nun eine 3-jährige Ausbildung zum Einzelhandelskaufmann an. Ihre Eltern hatten sich diese Entscheidung nicht leicht gemacht. Es ist eine lange Anfahrt in den Ort des zukünftigen Arbeitgebers, über 40 km mit dem Zug. Dabei muss sie einmal umsteigen. Nach der Bahnfahrt kommt noch ein Fußweg von gut 20 Minuten hinzu. Vater Franz begleitete seine Tochter im vergangenen Jahr zu dem Vorstellungsgespräch. Es war ausdrücklich darum gebeten worden, denn es besteht eine gesetzliche Volljährigkeit mit 21 Jahren und Maria wird dieses Jahr erst 17. Die Monatsfahrkarte haben die beiden bereits gestern besorgt. Als der Bahnbedienstete am Fahrkartenschalter dafür das Geld forderte, hatte Vater Franz zunächst einen Moment inne gehalten, bevor er es in die blecherne Schale vor der gläsernen Trennscheibe legte. Marias monatlicher Verdienst würde gerade dafür ausreichen. Ihm fiel die Situation nach der Vertreibung ein, als er und seine Familie das polnische Gut, auf dem sie vorübergehend untergekommen waren, verlassen mussten. Damals hatte er das letzte sauer verdiente Geld für seine Fahrkarte am Bahnhofsschalter hingezählt. Danach waren seine Taschen leer; aber ihm wäre es nicht möglich gewesen, den bevorstehenden Fußmarsch mit seiner Familie durchzustehen. *„Vieles hat sich in der Zwischenzeit zum Guten gewendet."* Mit diesem Gedanken steckte er gestern Marias Fahrkarte vertrauensvoll in seine lederne Brieftasche.

Es ist 5:00 Uhr, als Anna an die Schlafzimmertür ihrer Tochter klopft. Maria ist schon wach und etwas aufgeregt, denn heute steht ihr der erste Arbeitstag bevor. Ihre Mutter hat ihr schon die Pausenbrote, einen Apfel und etwas zum Trinken eingepackt. Um 5:45 Uhr verlässt sie frohen Mutes das Haus, in der Hoffnung, dass die erste Anfahrt gut klappen wird. An der Straßenbiegung legt sie einen Schritt zu, eilt den Berg hinunter und überquert die Bahngleise. Sie hat gehofft, dass die Bahnschranke offen bleibt, bis der Bahnübergang hinter ihr liegt. Bisher ist ihr niemand begegnet. In der Bahnhofstraße überholt sie in Abständen einige Männer, die ihrer Meinung nach mehr schlendern als gehen. Auf dem Bahnsteig herrscht noch morgendliche Stille. Die meisten Menschen, die hier stehen, schauen versonnen drein. Ist es Müdigkeit? Oder sind sie gedanklich noch zu Hause? Für Maria trifft beides nicht zu. Ihre Gedanken sind ihr schon weit voraus. Der Mann neben ihr klemmt sich seine Arbeitstasche unter den Arm und zündet zwischen seinen hohlen Händen eine Zigarette an. Der Rauch streift Marias Gesicht. Sie geht daher ein paar Schritte weiter und schaut gespannt in die Richtung, aus der sie ihren Zug erwartet. Da nähert er sich schon, der Personenzug. Sein Schornstein zieht eine dichte weiße Rauchfahne hinter sich her. Unter Quietschen kommt er schließlich zum Stehen. Die Wartenden auf dem Bahnsteig suchen sich in gewohnter Weise den für sie passenden Waggon. Maria steigt einfach in den ein, der gerade vor ihr steht. Doch fast alle Plätze sind besetzt. Am liebsten hätte sie einen am Fenster. So geht sie weiter, über die etwas wackelige zweiteilige Verbindungsplatte aus geriffeltem Eisen, in den nächsten. Hier wird sie fündig. Erfreulicherweise ist es ein Nichtraucherabteil. Maria hängt ihre beige Wolljacke mit Kapuze und ledernen dunkelbraunen Knebelknöpfen an einen Haken in der Ecke neben dem freien Sitzplatz. Dann macht sie sich es, soweit wie möglich, bequem. Einige Personen haben sich hinter ihren Jacken oder Mänteln verkrochen. Sie nutzen die Fahrt scheinbar noch für ein Schläfchen. An das Rütteln auf den hölzernen Bänken und das geräuschvolle monotone Rattern des Zuges haben sie sich wahrscheinlich gewöhnt. Ab und zu lugt der eine oder andere aus seinem „Versteck" hervor und blinzelt durch die Fensterscheibe, um sich dann entweder wieder in die alte Position zu begeben oder für den Ausstieg vorzubereiten. Maria hat keine Langeweile. Sie versucht, sich die Reihenfolge der Bahnstationen ihrer Strecke einzuprägen. In Siegen steigt sie in einen bereitstehenden Personenzug um. Schon an der nächsten Station muss sie aussteigen. Es ist 7:00 Uhr als sie den Bahnhof verlässt und sich zu Fuß auf den letzten Teil ihres Weges begibt, entlang der Durchgangstrasse bis in die Ortsmitte. Allein kommt ihr die Strecke heute Morgen wesentlich kürzer vor als im vergangenen Jahr mit ihrem gehbehinderten Vater. Nach insgesamt 1 ½ Stunden trifft sie pünktlich auf ihrer Arbeitsstelle ein. Der erste Tag verläuft so wie wohl die meisten dieser Art: Begrüßung, Führung durch die Firma, Vorstellung der künftigen Kolleginnen und Kollegen und Einweisung am Arbeitsplatz. Maria gewöhnt sich schnell an ihre neue Umgebung und ihre Aufgaben.

Christel aus Siegen hat zur gleichen Zeit eine Lehre in diesem Unternehmen begonnen. Schon nach kurzer Zeit entwickelt sich zwischen Maria und ihr ein freundschaftliches Verhältnis. Beide lachen gern und sind oft zum Scherzen aufgelegt. In der Berufsschule sitzen sie natürlich nebeneinander. Selbst dort haben sie oft etwas zu kichern. Nach dem Unterricht ist allerdings etwas

Eile angesagt, damit sie nach dem Mittag pünktlich zur Arbeit kommen. Samstags wird in der Firma bis 12:00 Uhr gearbeitet. Das ist der Tag, an dem Maria anschließend manchmal mit zu Christel nach Hause geht. Deren Mutter ist eine ausgesprochen sympathische Frau, die es gerne sieht, dass die beiden einen solchen Kontakt pflegen. Auch Maria fühlt sich dort sehr wohl. Diese Besuche sind jedoch seltener als die zwei Mädels es gerne hätten; denn üblicherweise hilft Maria ihrer Mutter samstags nach der Arbeit beim Wochenendputz der Wohnung, worüber Anna sehr froh ist. Marias lange Arbeitstage lassen wenig Raum für Freizeit. Nicht selten kommt es vor, dass sie abends statt ihrem normalen Personenzug den späteren Eilzug nach Erndtebrück nehmen muss. Während der Fahrt führt sie immer genügend Lesestoff mit sich. So erscheint ihr die Zeit nicht so lang. Anna lässt es sich nicht nehmen, auch zu später Abendstunde noch etwas Warmes für ihre Tochter zu kochen; meistens sind es nur einfache Gerichte, wie Kartoffelsuppe mit Möhren, Eintopf aus gelben Rüben mit Speck, Stampfkartoffeln mit gebratenen Zwiebeln und heißer Fleischwurst oder süßer Reisauflauf mit Dörrpflaumen. Manchmal gibt es auch noch etwas vom Mittag. Maria freut sich schon immer darauf, wenn sie mit langen Schritten den Berg hinauf eilt. In der Jahreszeit wenn es schon früh dunkel wird, ist ihr dieser Weg zu später Stunde manchmal etwas unheimlich, denn sie ist dann oft die Einzige, die noch unterwegs ist. Das Haus in dem sie wohnt, ist das vierte und letzte an einem kurzen Weg, der unterhalb einer Böschung parallel zur Straße verläuft und sich danach wieder mit ihr verbindet. Als Maria eines Abends auf dem Heimweg ist, bemerkt sie auf der Hälfte dieses Weges plötzlich einen Mann oberhalb der Böschung. Wie aus dem Nichts ist er aufgetaucht. In der Dunkelheit kann sie nur sehr undeutlich erkennen, dass dieser ihren Schritt hält. Ihr Herz klopft wie wild. Jetzt ist sie kurz vor ihrem Haus.

„Warte, lass die Tür auf. Ich komme!“, ruft sie geistesgegenwärtig und macht mit ihrem Arm eine winkende Bewegung.

Ihre Schritte werden schneller. Und so lautlos wie der Unbekannte erschienen war, ist er wieder verschwunden. Marias Hände zittern ein wenig, als sic dcn Schlüsscl im Schloss herumdreht. Der Mann hat nicht erkennen können, dass die Tür zu und keiner in der Nähe war. In der Küche brennt das Licht hinter der zugezogenen bunt gemusterten Übergardine. Anna wartet wie üblich mit dem Essen auf ihre Tochter.

Vater Franz sitzt auf seinem Stammplatz in der Küche vor dem Fenster, wenn Anna das Mittagessen zubereitet, und behält darüber gerne den Überblick. Wie so oft schaut er dabei zwischendurch immer wieder mal erwartungsvoll den Weg vor den Nachbarhäusern entlang. Um diese Zeit ist nämlich meistens der Briefträger unterwegs.

„Wir haben lange keine Post bekommen“, sagt Anna mit einem wehmütigen Unterton und rührt in ihrem Kochgeschirr so vor sich hin.

„Die könnten auch nochmal was von sich hören lassen“, meint ihr Mann nach einer Weile.

Er zählt eine Reihe von Heimatfreunden und Verwandten auf, die verstreut irgendwo verblieben sind, letztere in der DDR.

„Aha, da kommt er.“ Er meint den Briefträger. Und schon stützt er sich auf seinen Gehstock, um ihm entgegenzugehen.

„Ist für uns denn auch mal wieder was dabei?“, ruft er ihm von der Haustür aus zu.

„Heute was Besonderes“, scherzt dieser und reicht ihm einen Brief.

Franz bedankt sich und eilt, leise vor sich hin pfeifend, über den Flur.

„Haben wir was?“ Anna schaut ihm ganz gespannt aus der Küchentür entgegen, tritt aber dann gleich ein paar Schritte zurück, damit sich Franz auf seinem Platz wieder niederlassen kann.

„Du wirst nicht erraten von wem. Gib mal ein scharfes Messer rüber.“ Franz hasst ausgefranste Briefumschläge. Der Schnitt muss immer ganz glatt sein.

„Hans aus Wien hat geschrieben, wieder mal nach langer Zeit.“

„Was schreibt er denn?“ Anna kann es kaum erwarten, bis ihr Mann mit seinen angefeuchteten Fingern das Briefpapier auseinander gefaltet hat. Sie zieht den dampfenden Kochtopf zur Seite und setzt sich auf den Stuhl ihm gegenüber. Dann liest Franz vor. Seine Blicke gleiten ein zweites Mal über das Geschriebene. Beide sind sprachlos.

„Das ist ja eine Überraschung; eine Einladung für zwei Wochen nach Wien!“ Anna stützt das Gesicht in ihre Hände. Sie kann es noch gar nicht fassen.

„Du kannst Maria mitnehmen. Sie würde sich bestimmt darüber freuen“, sagt Anna, nachdem sie ihre Sprache wiedergefunden hat.

„Wir alle drei, das geht nicht“, gibt sie anschließend noch zu bedenken. Ihre Worte klingen ganz entschlossen.

Als Maria am Abend von der Einladung erfährt, ist sie begeistert. Sie kennt Hans nur von einem Foto, ein hübscher Mann mit schwarzen exakt geschnittenen Haaren, gut gekleidet. Er ist ein Groß-Cousin ihres Vaters und Richter in gehobener Stellung. Nach ausführlichen Gesprächen innerhalb der Familie und erneutem Briefwechsel mit Hans ist geplant, dass Franz und Maria Mitte Mai mit dem Zug für zwei Wochen nach Wien fahren. Der Winter geht ins Land. Und als das Frühjahr 1959 in Österreich längst mit warmen Temperaturen Einzug gehalten hat, stehen Mitte Mai die zwei Reisenden vom Land auf dem Hauptbahnhof Wien. In der großen Menschenmenge fällt es ihnen schwer, sich an die briefliche Verabredung mit Hans zu halten. Doch als die beiden Männer sich schließlich in den Armen liegen, lassen sie den Freudentränen einfach ihren Lauf. Sie haben sich seit ihrer Jugend nicht mehr gesehen. Auch Maria wird freudig begrüßt und ist ganz gerührt. Die Strapazen des Tages sind vergessen.

Hans und seine Frau Mietzi wohnen in einem der aus früheren Jahrhunderten stammenden typischen Wiener Wohnkomplexe mit Innenhof, von der Straße durch ein riesiges hölzernes zweiflügeliges Tor zu begehen. Der Innenhof ist weiträumig, z. T. mit Bäumen und Sträuchern bepflanzt. Freie Flächen dienen als private Abstellflächen für Fahrräder und Ähnliches. Von hier aus gelangt man durch mehrere Hauseingänge über breite Steintreppen zu den Wohnungen der jeweiligen Etagen

„Wir müssen in den dritten Stock“, sagt Hans, als er mit seinen Gästen an einem der Hauseingänge angekommen ist.

„Franz, nimm dir Zeit; einen Aufzug gibt es hier leider nicht“, fügt er hinzu.

Es klingt fast wie eine Entschuldigung. Maria nimmt das Gepäck. Hans will seinem Cousin behilflich sein.

„Es geht schon“, wehrt Franz ab.

Er ist erstaunt, dass sich die Wendeltreppe besser gehen lässt als er gedacht hat. Die Stufen sind breit und nicht hoch. So kommt er langsam aber sicher oben an. Ein schriller Ton schallt durch das Treppenhaus, als Hans auf den großen runden blankgeputzten Messingknopf drückt. Gleich danach geht die Tür auf.

„Herzlich Willkommen!“, ruft eine Stimme.

Mietzi breitet ihre kräftigen Arme aus und drückt erst Franz dann Maria an ihren umfangreichen Busen. Mit einem strahlenden Lachen in ihrem hübschen Gesicht sorgt sie sogleich für eine lebhafte Unterhaltung. Als die beiden Besucher etwas verschnauft haben, bringt sie ganz nebenbei in kürzester Zeit, trotz ihrer beachtlichen Körperfülle, mit flotten Bewegungen eine Abendmahlzeit auf den Tisch. Das Ehepaar ist kinderlos und lebt in einer auffallend bescheidenen Wohnung. Das Mobiliar stammt zum größten Teil aus vorherigen Generationen, an dem der Zahn der Zeit so manche Spuren hinterlassen hat. Hans und seine Frau haben sich vorgenommen, ihnen den Aufenthalt in Wien so angenehm wie möglich zu gestalten. Sie sind stolz auf „ihre“ Stadt und die zahlreichen Sehenswürdigkeiten. Ein Auto besitzen sie nicht, so dass man auch jetzt, wie normalerweise üblich, mit den öffentlichen Verkehrsmitteln unterwegs ist. Franz hat damit kein besonderes Problem. Zwischendurch braucht er aber verständlicherweise immer mal einen Tag Pause. Dann ist Hans mit Maria manchmal stundenlang auf Tour, um ihr die Schönheiten der weiteren

Umgebung zu zeigen und ihr viel zu vermitteln über die Geschichte und Kultur des Landes.

Mit Mietzi geht Maria gern in die zahllosen kleinen Läden der Stadt einkaufen. Ihr fällt auf, dass hier alles sehr gemütlich zugeht. Man hat während des Einkaufs oder an der Kasse gelegentlich noch etwas in aller Ruhe zu bereden, zu erfragen oder das Neueste über „Frau Müller“ oder „Frau Meier“ weiterzugeben. Oder man plaudert einfach über Ereignisse vom Tage. So ist man immer auf dem neuesten Stande. Gut dass Maria auf dem Heimweg beim Tragen hilft. Trotzdem macht Mietzi beim Hinaufgehen der Wendeltreppe zweimal eine kurze Pause, schnauft ein wenig und nimmt alles gelassen hin. Dann stellt sie ihre Kochkunst der österreichischen Küche unter Beweis; süße Mehlspeisen in allerlei Variationen gehören dazu. Mittags wird direkt vor dem geöffneten Fenster gegessen. Das Wetter lädt dazu förmlich ein. Zudem zwitschern dabei die Vögel in den Baumwipfeln des Innenhofes um die Wette. *„Es scheint als ob sie sich im Voraus für die Krümel auf der Wachsdecke des Esstisches bedanken wollen, die sie sich nach der Mahlzeit holen“*, denkt Maria. *„Der Tisch ist hier für alle gedeckt.“* Sie amüsiert sich.

Allmählich geht der Urlaub dem Ende zu.

„Ihr könnt nicht nach Hause fahren, ohne in einem Heurigenlokal gewesen zu sein“, sagt Hans am Morgen nach dem Frühstück des vorletzten Urlaubstages.

„Das gehört zu einem Wien-Besuch einfach dazu.“ Er grinst und dabei schaut er in zwei erstaunte Gesichter.

„Wenn ihr einverstanden seid, könnten wir uns das für heute Abend noch vornehmen.“ Alle freuen sich darauf.

„Heute ist ein besonders milder Abend“, stellt Mietzi fest, als sie auf die Straße treten.

„Wir gehen zu Fuß. Es ist nicht allzu weit. Und wenn wir nach Hause gehen, wird uns die frische Luft gut tun.“ Wie recht sie haben sollte.

Als sie beim Heurigen eintreffen, sind schon viele Tische besetzt.

„Dort hinten in der Ecke neben dem Garderobenständer ist noch einer frei. Ich glaube, da sitzt man ganz gemütlich“, meint Hans. Sie lassen sich nieder und verbringen zusammen einen etwas feucht-fröhlichen Abend bei Schrammelmusik und Heurigen-Wein. Franz und Maria stört es nicht, dass in dem hohen Raum Decke und Wände mit dunklem Holz vertäfelt sind und ernste Gesichter vergangener Epochen aus zahlreichen Gemälden auf sie herabschauen. Einer von ihnen versteckt sich zur Hälfte hinter dem Garderobenständer, an dem nur der Gehstock von Franz hängt.

„Ich glaube, wir brechen jetzt langsam auf“, meint Hans nach geraumer Zeit und zahlt die Zeche.

Beim Aufstehen stützt sich Franz auf seinen Stock, den ihm Mietzi reicht. Aber das Gleichgewicht macht ihm einige Schwierigkeiten. Er klammert sich noch schnell an den Garderobenständer, bevor dieser sich dem Gemälde nähert und dann mit einem seiner hölzernen Kugeln, zum Aufhängen der Kleidungsstücke, ein bleibendes Andenken in dem finster drein schauenden Vorfahren hinterlässt. Nach körperlichem Einsatz der drei Beteiligten erhält der Garderobenständer wieder den ursprünglichen Platz und Franz hakt sich am Arm seines Cousins unter.

„Der ist sowieso nicht echt“, meint Mietzi mit einem Blick auf das Gemälde an der Wand.

Das Lachen lässt ihr Gesicht noch hübscher erscheinen.

Der Rückweg dauert etwas länger; aber es geht jetzt bergab und alle haben Spaß. *„Wie recht Mietzi doch hatte. Die frische Luft tut wirklich gut“*, denkt Maria.

Nach einer zweiwöchigen in jeder Beziehung wunderschönen Zeit treten die beiden vom Lande am übernächsten Morgen wieder ihre Heimreise an.

Vater Franz ist es nicht entgangen, dass sich seine jüngste Tochter in letzter Zeit verändert hat. Es fiel ihm bereits öfter auf, dass sie in eigenen Belangen wie ganz selbstverständlich ihre Entscheidungen allein trifft und scheinbar auch Verantwortung dafür übernimmt. Im Stillen ist er sogar etwas stolz darauf und er weiß auch warum. Als Maria ihm allerdings ihre zuletzt gekauften Schuhe zu Hause vorführt, wundert er sich schon etwas.

„Wie man in solchen Dingern nur laufen kann“, meint er.

Maria lacht. *„Gut sieht sie ja darin aus“,* gibt er gedanklich zu; Anna schüttelt nur den Kopf.

Mittlerweile ist es Sommer geworden und die Wien-Reise liegt bereits einige Wochen zurück.

„Nächstes Wochenende machen wir einen Betriebsausflug“, berichtet Maria, als sie eines Montags von der Arbeit kommt.

„Wir fahren Samstag und kommen Sonntag wieder zurück“, fügt sie hinzu.

„Und wo übernachtet ihr?“ Anna ist von diesem Vorhaben nicht gerade begeistert.

„Wo geht`s denn überhaupt hin?“, will Vater Franz erst einmal wissen.

„Nach Frankreich, nach Verdun“, antwortet Maria.

„Und wir übernachten in der Nähe der Stadt.“ Sie kann die plötzliche steile Stirnfalte und die hochgezogenen Augenbrauen in seinem Gesicht nicht deuten.

„Die Gegend ist aus dem Ersten Weltkrieg bekannt“, sagt er nur und seine Augen blicken ins Leere.

Anna schickt in aller Stille ein Stoßgebet zu ihrem Herrgott und bittet um Beistand für ihre Tochter. Maria kann nach dem Zubettgehen nicht gleich einschlafen. Sie verfolgen die Gedanken, dass der Ausflug ja eigentlich eine private Initiative der kaufmännischen Kollegen ist, was sie ihren Eltern jedoch verschwiegen hat. Sie und zwei Kolleginnen aus ihrer Abteilung sind sich bereits einig, gemeinsam daran teilzunehmen. Da Ehrlichkeit bei Maria einen hohen Stellenwert hat, nimmt sie sich vor, nach ihrer Rückkehr ihren Eltern ausführlich darüber zu berichten. *„So erspare ich ihnen wenigstens die Angst um mich“*, tröstet sie sich. *„Oder würden sie mir aus diesem Grunde vielleicht die Teilnahme gar nicht erlauben?“* Schnell schiebt sie diesen Gedanken zur Seite und schläft ein.

Ein lustiges Völkchen findet sich an dem besagten Samstag bei dem Reisebus an dem vereinbarten Treffpunkt in Siegen ein; bunt gemischt, was sowohl das Geschlecht als auch das Alter angeht. Schon der frühe Morgen verheißt einen warmen Sommertag und alle sind gut gelaunt. Die Stimmung während der Fahrt ist gut und mancher entpuppt sich als wahrer „Unterhaltungskünstler". Trotz der unumgänglichen Fahrpausen sind alle froh, als der Bus schließlich nach einigen Stunden vor Verdun hält; mitten im Grünen, auf einem geschotterten weitläufigen Platz, der sich zum Parken und Übernachten geradezu anbietet. Und das ist auch vorgesehen. Aus diesem Grund hat man sich bei der Wahl des Reiseunternehmens für einen etwas komfortableren Reisebus entschieden, in dem man für eine Nacht einigermaßen gut schlafen kann. Der Abend steht zur freien Verfügung. Noch einmal weist der Reiseleiter ausdrücklich darauf hin, Wertgegenstände nicht hier zu lassen und alles, was unterwegs benötigt wird, mitzunehmen, da er den Bus abschließe. Die Uhrzeit, ab wann dieser zur Übernachtung wieder zur Verfügung steht, wird vereinbart. Je nach Interesse bilden sich kleine Gruppen. Alle gehen gemeinsam in Richtung Stadt. Maria und ihre beiden Kolleginnen schließen sich einigen jungen Frauen der Reisegruppe an, die genau wie sie, einfach durch Verdun bummeln möchten. Die Eindrücke sind vielfältig. Ihnen begegnet viel Interessantes und Lustiges, aber auch Komisches. Dann hört man sie schon von weitem lachen. Auch die Franzosen genießen den lauen Sommerabend; viele bei Rotwein, Kerzenschein und Musik. Es hat den Anschein, als ob hier das Leben erst am Abend beginnt.

Es ist schon zu vorgerückten Stunde, als die jungen Frauen vor einem Schaufenster stehen und vor lauter lachen kaum reden können. Irgendetwas ist Anlass für ihre witzigen Einfälle. Sie sind so mit sich beschäftigt, dass sie nicht merken, wie sie von der anderen Straßenseite her beobachtet werden. Ein paar junge Männer, auffallend salopp gekleidet, machen keinen Hehl daraus, dass sie mit den lustigen Frauen etwas vorhaben. Schon überqueren sie die Straße und nähern sich ihnen mit einem breiten und unmissverständlichen Lachen. Die Frauen verstummen schlagartig, als sie in dunkelhäutige Gesichter blicken, die durch den Lichteinfall des beleuchteten Schaufensters jetzt besonders glänzen. Auffallend sind ihre Zähne, wie weiße Perlen. Ihnen wird plötzlich bewusst, dass sie sich nicht mehr im Zentrum der Stadt befinden und nur noch wenige Menschen unterwegs sind. Der Kreis um sie herum wird immer enger und es entsteht ein fremdsprachliches Stimmengewirr seitens der Männer.

„Kommt schnell!“, schreit eine der Frauen.

Blitzschnell setzen sich alle in Bewegung. Das laute Klappern der flachen Absätze auf dem Steinpflaster halt laut durch die Straße. Die Tritte ihrer Verfolger auf weichen Sohlen sind kaum zu vernehmen. Eine plötzliche Stimme lässt die Frauen fast erstarren, laut und kraftvoll, wie ein Bass. Schlagartig hinter ihnen völlige Ruhe. Ein Mann, dunkelhäutig, sehr groß und schlank, geht auf die jungen Männer zu. Seine Worte wirken auf sie wie ein Befehl; dann ziehen sie sich lautlos zurück.

„Wo wollt ihr hin?“

Die an die Frauen gerichteten Worte des Mannes haben einen freundlichen Unterton. Er spricht gut Deutsch, so dass die Verständigung keine Schwierigkeiten bereitet.

„Ich bringe euch dorthin“, sagt er.

Vor dem Parkplatz bleibt er stehen. Nur allmählich lässt die Anspannung der Frauen nach und sie bedanken sich bei ihm für den hilfreichen Einsatz.

„Alles Gute.“ Ein Lächeln auf seinem Gesicht; dann verschluckt ihn die Dunkelheit.

Am nächsten Morgen sind alle früh auf den Beinen, wenn auch nicht unbedingt ausgeschlafen. Die Luft tut jetzt besonders gut, obwohl es in der Nacht nur wenig abgekühlt hat. Nach einer den Möglichkeiten entsprechenden Morgentoilette, freut sich jeder auf das französische Frühstück in der Stadt. Aus zahlreichen Kaffeestuben strömt bereits ein verlockender Duft nach Croissants, den knusprig gebackenen Blätterteighörnchen, und anderen frischen

Backwaren. Es ist erstaunlich, wie viele Franzosen schon zu so früher Stunde von den Angeboten Gebrauch machen. Die Siegener Gruppe hält Ausschau nach einer Stelle, an der alle draußen Platz finden. Dann lassen sie es sich gut schmecken, die Croissants, auf Servietten serviert, mit Milchkaffee.

Am Vormittag stehen zu Fuß einige Sehenswürdigkeiten der Stadt auf dem Plan, bevor es anschließend mit dem Bus zu einer international bekannten Grabstätte geht. Sie liegt ca. 5 km nordöstlich von Verdun. Die Anlage soll an gefallene Soldaten der Schlacht von Verdun im Ersten Weltkrieg erinnern. In diesem Beinhaus von Douaumont werden die Gebeine von über 130 000 französischen und deutschen Soldaten aufbewahrt, die nicht identifiziert werden konnten; ein beklemmendes Gefühl, wenn man an der Rückseite des Gebäudes von außen durch die Fensterscheiben in die Grabkammern schaut. Von der Vorderseite aus hat man einen freien Blick auf das riesige Ausmaß der mehr als 16000 Gräber französischer Soldaten, mit Namen versehen, einheitlich bepflanzt - zur Jahreszeit passend jetzt blühende Rosen - und gut gepflegt. Maria erinnert sich plötzlich an das Gesicht des Vaters, als sie ihm mitteilte, dass der Ausflug das Ziel Verdun hatte. Sie weiß, dass er im Ersten Weltkrieg gekämpft hat, zwar in Italien, aber letztendlich dadurch ein Bein verlor. Tiefes Mitgefühl ergreift sie.

Auf der Rückfahrt nach Siegen geht es wesentlich ruhiger zu als auf der Hinfahrt. Jeder macht es sich so bequem wie möglich und alle versuchen im Laufe der nächsten Stunden, den versäumten Schlaf der vergangenen Nacht nachzuholen. Es ist schon spät, als sie den Bus verlassen und sich auf das letzte Stück ihres Heimweges begeben. Ab morgen heißt es wieder, sich auf die Arbeit zu konzentrieren. Franz und Anna sind erleichtert, als ihre Tochter wohlbehalten zurückkehrt. Sie berichtet ausführlich über die Fahrt und die Unternehmungen während des „Betriebsausfluges"; doch bringt sie es aus Rücksicht auf ihre Eltern nicht fertig, ihnen die spektakuläre Begegnung mit den jungen Männern in Verdun zu schildern.

Marias Kollegin Christel arbeitet schon längere Zeit in derselben Abteilung wie sie. Das kollegiale Miteinander zu viert ist in der Zwischenzeit sehr locker geworden. Eines Tages ergab es sich, dass Christel das Wort „schön“ meint, aber „schlön“ aussprach. Unter Gelächter wiederholte sie es gleich ein zweites und drittes Mal, dazu mit besonderer Betonung des Buchstaben l. Seit diesem Zeitpunkt nennt sie jeder innerhalb der Abteilung nur noch „Schlöni“. Das stört sie nicht im Geringsten; im Gegenteil, sie findet es eher lustig.

Marias Freundin Margret ist mit ihren Eltern nach Weidenau gezogen, in eine Kleinstadt ganz in der Nähe von Siegen. Sie hat Maria für das kommende Wochenende eingeladen. Die beiden wollen am Samstagabend tanzen gehen. Es wird ein fröhlicher Abend bei moderner Musik und in netter Gesellschaft. Da sie am nächsten Tag nichts Konkretes geplant haben, fährt Maria am Nachmittag noch bei Schlöni vorbei, für diese eine tolle Überraschung. Sie hat sich vorgenommen, am Abend in ein katholisches Jugendheim in Siegen zu gehen.

„Dort ist Tanz, komm doch mit“, sagt sie. „Da ist es immer sehr schön“.

Maria überlegt nicht lange.

„Ich kenne da zwar keinen, aber ich gehe mit.“

„Ich war schon öfter dort. Die Leute, die ich bis jetzt da kennengelernt habe, waren alle sehr nett“, erklärt Schlöni mit verheißungsvollem Gesichtsausdruck.

Als sie in dem Jugendheim eintreffen, sind sie nicht die ersten. Die langen Tische sind teilweise schon gut besetzt und die beiden reihen sich dazwischen ein. *„Die kennen sich ja hier fast alle“,* denkt Maria etwas enttäuscht. Sie schwingt nur ganz verhalten ihr Tanzbein, während sie noch dabei ist, sich einen Überblick zu verschaffen.

„Darf ich bitten?“ Maria muss von ihrem Stuhl aus etwas nach oben schauen, woher die Worte an ihr Ohr dringen.

Sie blickt in das erwartungsvolle Gesicht eines jungen Mannes in Anzug mit Krawatte. Als sie neben ihm steht, geht sie ihm gerade bis an seine Schulter. „*Das scheint ja spannend zu werden*“, denkt sie, als sie bemüht sind, sich auf die Rhythmen der Musik einzustellen.

„Kennst du ihn?“, fragt Maria ihre Freundin, als sie sich wieder zusammen am Tisch eingefunden haben.

„Nein, hier nie gesehen“, meint Schlöni in ihrer knappen aber lustigen Art. „*Heute ist alles anders*“, geht es Maria an diesem Abend während der zahlreichen Tänze mit ihm immer wieder durch den Kopf. Es sind die Schmetterlinge in ihrem Bauch, von denen ihr noch niemand etwas erzählt hat.

„Um 22:40 Uhr fährt mein letzter Bus nach Erndtebrück“, streut Maria irgendwann in ihre Unterhaltung ein.

Fred, so hat er sich vorgestellt, begleitet sie bis zur Haltestelle am Siegener Bahnhof.

„Den muss ich unbedingt erreichen!“, beteuert sie.

Als es soweit ist und sie ihm aus dem Bus noch einmal zuwinkt, flattern die Schmetterlinge weiter in ihr. Sie ist jetzt schon gespannt auf das nächste Treffen. Franz und Anna erfahren beizeiten von der neuen Bekanntschaft ihrer Tochter. Sie macht daraus gar keinen Hehl, denn ihre Eltern sind in vielem ihre Ansprechpartner geworden. Manchmal gehen ihre Meinungen zwar auseinander und rufen ab und zu auch heiße Diskussionen hervor; meistens steht jedoch letztendlich ihren persönlichen Entscheidungen nichts im Wege.

„Morgen kommt Fred zu Besuch“, kündigt Maria eines Tages an.

„Das passt gut“, erwidert ihre Mutter. „Ich will heute sowieso noch einen Kuchen backen.“

„Dann werden wir sehen, was du für einen bringst.“ Franz macht ein verschmitztes Gesicht. Auch Anna muss lachen.

Als Fred am nächsten Tag erscheint, geht in der Familie Schediwy alles wie üblich zu. Anna hat, wie immer an einem Sonntag, ihr weißes Kopftuch mit den kleinen Blümchen nach hinten gebunden und ihre Sonntagsschürze um. Franz hat seine sonntägliche Rasur und Bartpflege schon am Vormittag hinter sich gebracht und empfängt nun den Gast in weißem Hemd und Sonntagshose. Der Tisch im Wohnzimmer ist schon gedeckt. Es gibt Hefekuchen mit Powidl - einem Pflaumenmus nach einem speziellen Rezept aus der alten Heimat - dick bestreut mit Butterstreusel. Vater Franz weiß immer etwas zur Unterhaltung beizutragen. Dabei hat Fred allerdings einige Schwierigkeiten, ihm zu folgen, denn der Dialekt des Adlergebirges ist für seine Ohren ungewohnt. Anna betrachtet ihn in ihrer stillen Art ohne Worte und freut sich für Maria. Das Wetter zeigt sich heute von seiner besten Seite und lädt geradezu zu einem Spaziergang ins Grüne ein; schließlich haben die beiden jungen Menschen sich auch noch etwas unter vier Augen zu sagen.

„Das ist aber ein feiner Mensch“, meint Anna am Abend mit hochachtungsvoller Betonung zu ihrer Tochter. Auch Franz ist von ihm angetan.

Die Busfahrten kann sich Fred finanziell nicht oft leisten, denn von seinem wöchentlichen Taschengeld bleibt dann fast nichts übrig. So wechseln die zwei Verliebten sich ab, so dass Maria an jedem zweiten Sonntag nach Siegen fährt. Abends muss Fred schon fast eine halbe Stunde vor ihrer Rückfahrt den letzten Bus nach Hause nehmen. Für Maria ist es nicht besonders angenehm, zu später Stunde am Bahnhofsvorplatz zu warten. Daher geht sie meistens noch eine Runde zu Fuß durch die Straßen in der näheren Umgebung. Es ist keine Seltenheit, dass sie dabei von irgendwelchen zweifelhaften Typen angesprochen wird oder Betrunkene mit lallenden Lauten hinter ihr herrufen. Dann vertraut sie einfach darauf, dass alles gut geht.

Es ist Herbst. Kalte Winde wehen durch die Äste der Laubbäume, deren restliche Blätter noch an die bunte Farbenpracht dieser Jahreszeit erinnern.

„Meinst du nicht auch, dass es an der Zeit ist, mal nach Wilgersdorf zu kommen?“, fragt Fred eines Tages.

Maria ist im ersten Moment etwas überrascht. Doch hat sie sich schon öfter gefragt, wie es denn wohl so sein würde, wenn sie eines Tages seine Familie besucht.

„Ja, das können wir uns mal vornehmen“, antwortet sie.

„Wie ist es mit kommendem Samstag, wenn du von der Arbeit kommst? Ich hole dich vom Bus ab. Dann kannst du auch bei uns schlafen“, schlägt er vor.

„Prima.“ Maria ist damit einverstanden.

Fred hat ihr schon viel aus seinem Leben und seiner Familie erzählt. Daher weiß sie auch von den dramatischen Ereignissen während des letzten Krieges, von denen sie betroffen waren. Freds Mutter, Großmutter, sein jüngerer Bruder und einige Nachbarn kamen kurz vor Kriegsende bei einem Bombenangriff in seinem Elternhaus ums Leben. Alle hatten im Keller Schutz gesucht. Die gut einen halben Meter große Mutter-Gottes-Statue aus weißem Porzellan mit blauer und goldfarbener Verzierung, die dabei hinausgeschleudert wurde, fand man später völlig unversehrt zwischen herumliegendem Schutt auf der Straße.

„Meine andere Großmutter, die im selben Ort weiter entfernt wohnte, kam an diesem Morgen und fragte mich, ob ich bei ihr mittags Reibeplätzchen essen wolle. Weil ich mit ihr ging, blieb ich am Leben. Mein Vater war im Krieg.“ So hatte Fred es ihr erzählt, als sie draußen in der Natur saßen, im Gras vor den kleinen Fichten am Waldrand. Maria fehlten damals die Worte des Trostes. Ihr blieb nur eine lange Umarmung. An Einzelheiten aus der damaligen Zeit kann sich Fred nicht erinnern. Nach dem Krieg wurde das Haus wieder aufgebaut und Freds Vater heiratete ein zweites Mal; eine Frau aus einem der Nachbarorte, im gleichen Alter wie seine verstorbene. Ihnen wurden in den folgenden Jahren zwei Kinder geboren, 1948 eine Tochter und 1953 ein Sohn. Es war keine einfache Zeit, weder für Freds Vater noch für ihn selbst. Heute ist er ein erwachsener Mann mit eigenen Vorstellungen von seinem zukünftigen Leben.

Es ist Samstagmittag. Maria hat sich nach der Arbeit besonders beeilt, um in Siegen einen möglichst frühen Bus nach Wilgersdorf zu erreichen. Bald werden sie sich kennenlernen, die besagte Familie und sie. Die Fahrt erscheint ihr fast endlos durch die vielen kleinen Ortschaften mit z. T. mehreren Haltestellen. In Wilgersdorf stellt der Fahrer den Motor ab - Endstation. Folgedessen ist sie bei den letzten Fahrgästen, die aussteigen. Ihre Blicke schweifen umher. Sie stellt etwas verwundert fest, dass Fred nirgendwo zu sehen ist. *„Ich kenne ja die Anschrif.“*, denkt sie und macht sich auf den Weg. Beim Gehen muss sie sich zunächst auf ihre Füße konzentrieren, damit sie mit ihren hohen Pfennigabsätzen nicht in die Fugen des holprigen Kopfsteinpflasters tritt. Dann biegt sie in eine Straße mit wassergebundener festgefahrener Oberfläche ein, auf der es besser voran geht. *„Da vorne das Haus muss es sein.“* Sie kann sich ganz genau an Freds Beschreibung erinnern, als sie es in einiger Entfernung erblickt. Sie kommt näher und traut ihren Augen nicht. Scheinbar ist hier heute Schlachttag. Ein Schwein hängt, ausgenommen und ausgebreitet, an einer hölzernen Leiter, die an der grau gestrichenen Wand des Sockels lehnt. Sofort hat sie die Bilder aus ihrer Kindheit vor Augen, wenn sie zu Beginn des Winters auf dem Schulweg an einem geschlachteten Schwein vorbei kam. Eine große Blutlache vor dem Bauernhaus hatte jeweils den weißen Schnee rot gefärbt. Schnell verwirft sie diesen Gedanken und überlegt, ob heute vielleicht doch nicht der richtige Tag ist, den ersten Besuch in dieser Familie zu machen. Wie sich später herausstellt, auch nicht in Bezug auf Fred.

Die Tür zum Keller steht halb offen. Maria holt tief Luft, geht den Stimmen nach, grüßt und stellt sich vor. Freds Stiefmutter zieht schnell ihr nach hinten gebundenes Kopftuch in Form und wünscht ebenfalls „Guten Tag.“ Ihr erstaunter Blick lässt jedoch keinen Zweifel daran, dass dies nicht der geeignete Augenblick ist, hier zu erscheinen. Freds Vater legt das große Fleischmesser zur Seite, mit dem er bis jetzt hantiert hat. Er wischt sich seine Hände an einem blaukarierten Küchenhandtuch ab und begrüßt sie freundlich.

„Du kannst gleich ein Stück davon probieren“, sagt er zu ihr und zeigt dabei auf die selbst hergestellte Blut- und Leberwurst, die bereits in dem Waschkessel gekocht hat. Durch seine Art sich mit ihr zu unterhalten, macht er es ihr leichter, mit der gegebenen Situation gut umzugehen. Als er bemerkt, dass ihr Blick auf eine

Flasche „Jägermeister“ fällt, die auf dem gemauerten Sims vor dem Kellerfenster steht, lacht er.

„Den braucht man an so einem Tag; zur Verdauung!“

„Wo ist eigentlich Fred?“ Marias Frage ist an beide gerichtet.

„Der muss irgendwo oben sein“, meint seine Frau.

Sie zeigt ihr den Weg zur Treppe. Maria findet den Gesuchten im Schlafzimmer seiner Stiefschwester Er kämpft gerade mit den Nachwirkungen des „Jägermeisters“. *„Irgendwie tut er mir ja noch leid“,* denkt sie bei dem ungewohnten Anblick und hilft so gut es geht. Mit einem solchen Empfang hat sie im Entferntesten nicht gerechnet. Maria lernt auch die Kinder kennen, die im Haus herum springen. Theodora ist 11 Jahre alt. Sie stellt ihr das Bett für die Übernachtung zur Verfügung. Ihr quirliger Bruder ist diesen Monat 6 geworden.

Ein Jahr später, im Oktober, geht Fred zur Bundeswehr nach Nieder-Lahnstein an der Mosel. Maria begleitet ihn heute bis auf den Bahnhof des Nachbarortes. Dort treffen sie auf drei ihm bekannte junge Männer, die das gleiche Ziel haben. Es sieht so aus, als ob diese schon irgendwo Abschied gefeiert haben. Oder ist es Galgenhumor? Wie dem auch sei, ihre gute Laune trägt jedenfalls dazu bei, dass die Zeit bis zur Abfahrt schnell vergeht. Dann ist es soweit. Fred verabschiedet sich von seiner Maria und muss schnell noch einen Schritt zulegen, um die letzte Stufe des Eisenbahnwagens zu erreichen, bevor die schrille Pfeife des Bahnbediensteten ertönt.

Nach einer vierteljährlichen Grundausbildung bei den Pionieren, in viel Schlamm, Wasser und Kälte, wird Fred in die Schreibstube versetzt. Eines Tages erhält Maria die Nachricht, dass er sich aufgrund einer akuten Blinddarmentzündung einer Operation unterziehen musste und im Lazarett in Koblenz liegt. Sie überlegt nicht lange, trifft einige Vorbereitungen und setzt sich in den entsprechenden Zug. Die beiden haben sich in den vergangenen Monaten nur selten gesehen. Auch jetzt bleibt ihnen wenig Zeit, denn Maria muss heute noch zurück. *„Ganz schön kess sieht er* *aus*“, denkt sie, als sie ihn so erblickt; lachend und mit Stoppelhaarschnitt. Er hat alles gut überstanden und lässt sich jetzt von Maria etwas verwöhnen. Sie schiebt ihn im Rollstuhl bei herrlichem Sonnenschein und anfänglichen Frühlingstemperaturen über die Kieswege der zum Lazarett gehörenden Grünanlage. Es ist März, als Fred nach 3 Wochen entlassen wird. Bei seiner Ankunft in Nieder-Lahnstein sind die Kasernen leer. Die Soldaten befinden sich in einem Manöver. Für ihn ist nun, nach insgesamt nur einem halben Jahr, die Zeit bei der Bundeswehr überraschend schnell vorüber; aufgrund einer neuen Gesetzesregelung, da seine Mutter im Krieg bei einem Bombenangriff ums Leben kam.

Marias Lehrzeit geht fast zeitgleich zu Ende. Und so werden die Karten neu gemischt.

Wieder ist ein Jahr vergangen und Elfriede hat ihr letztes Halbjahreszeugnis der Realschule bekommen. Nun wird es Zeit, sich um eine Lehrstelle umzusehen. Sie hat sich bereits für den Beruf der Krankenschwester entschieden.

„Ich will mich in einer Klinik in Düsseldorf bewerben“, sagt sie eines Tages zu Maria.

„Dann bist du aber weit weg von hier“, antwortet diese etwas enttäuscht.

„Soweit nun auch wieder nicht“, widerspricht Elfriede.

„Aber ich möchte einfach in ein anderes Umfeld. Kannst du mir bei der Bewerbung behilflich sein? Du hast doch eine Schreibmaschine.“

Für Maria ist das keine Frage.

„Was sagt überhaupt deine Mutter dazu?“, möchte sie wissen.

„Sie weiß es noch nicht. Ich sag es ihr erst, wenn es unbedingt erforderlich wird“, antwortet Elfriede.

Diese Notwendigkeit ergibt sich, als in den Bewerbungsunterlagen die Unterschrift der Eltern verlangt wird. Sie nimmt allen Mut zusammen, um ihrer Mutter reinen Wein einzuschenken. Deren unerwartete Reaktion in Form einer Ohrfeige wird Elfriede für immer in Erinnerung bleiben, ihre erste Erfahrung dieser Art. In Gerdas Kopf überschlagen sich die Gedanken. Ist es Ärger, Sorge, Wut über ihre Situation oder Enttäuschung darüber, dass sic sich dazu hat hinreißen lassen? Hinzu kommt noch, dass sie Elfriede gegenüber ein Geständnis machen muss; nämlich, dass ihr Mann Willi nicht der leibliche Vater ihrer Tochter ist und Großvater Franz die Vormundschaft über seine Enkeltochter übernommen hat. Keiner in der Familie ahnt, welche Folgen sich aus dem jetzigen und zukünftigen beharrlichen Schweigen über die wirkliche Vaterschaft ergeben werden. Es ist ein harter Brocken, den Elfriede jetzt verdauen muss. Aber als Großvater Franz die Unterschrift auf ihre Bewerbung gesetzt hat, verblasst alles ein wenig. Im Vordergrund steht die Hoffnung, bald den Schritt in ein neues Leben tun zu können.

Nach ihrem Realschulabschluss im Frühjahr 1963 geht Elfriede als Schwesternschülerin nach Düsseldorf. Maria und Fred begleiten sie im Zug dorthin. Ihnen sitzt jetzt eine motivierte junge Frau gegenüber, die mit ihren erst knapp 17 Jahren den Eindruck macht, als ob sie nichts erschüttern könnte. Sie ist glücklich. Maria und Fred freuen sich mit ihr.

Ein neuer Lebensabschnitt

Auf Wolke 7 und danach

Für Fred und seinen Vater ist es ein arbeitsreiches Jahr aufgrund des Umbaus eines vererbten und doch nicht geerbten Hauses. Eine verwitwete alleinstehende Tante von Fred hatte es ursprünglich zusammen mit Grundstücken an die katholische Kirche vererbt, die zuvor darin für einige Jahre ein Vikariat eingerichtet hatte. Zu einem späteren Zeitpunkt verfasste sie jedoch ein zweites Testament, in dem sie Fred als Erben einsetzte. Da dieses nicht handschriftlich geschrieben worden war, wurde es aufgrund dieses formalen Fehlers für ungültig erklärt. Darauf folgten längere schwierige Verhandlungen mit Hilfe eines gemeindefremden kirchlichen Vermittlers. Schließlich fand man einen Kompromiss für den Hauserwerb von der Kirche. Dieser beinhaltete, dass Fred für die Ablösung der noch nicht abgewohnten vorherigen Umbaukosten einen Geldbetrag zahlt und auf einen Teil der Grundstücke verzichtet.

Fred und Maria haben sich vorgenommen, im kommenden Herbst zu heiraten, trotz mancher erstaunlicher Verhaltensweisen seitens Marias zukünftiger Schwiegermutter. Als Maria bei einer gemeinsamen Mahlzeit in Freds Elternhaus wie gewohnt mit Messer und Gabel isst, bleibt ihr deren Hinweis nicht erspart, dass man nicht so tun brauche, als ob man aus vornehmen Verhältnissen komme. Sie ahnt nicht, dass sie damit in der jungen Frau den Grundstein für ein wachsendes Selbstbewusstsein gelegt hat. Maria spürt, wie ihr eine kräftige Röte ins Gesicht steigt. Als sie sich wieder gefangen hat, muss sie an eine Einladung mit Fred ins Elternhaus ihrer zukünftigen Schwiegermutter denken. Dort lernte sie eine denen scheinbar gut bekannte junge Frau kennen, die wohl eher den Vorstellungen dieser Familie entspricht als Maria.

Der Umbau des Hauses verläuft während des Sommers wie geplant und der Hochzeitstermin Mitte Oktober steht wohlweislich bereits fest. Nun gibt es allerdings ein scheinbares Problem, als Marias zukünftige Schwiegermutter erfährt, dass die Hochzeit an einem Freitag sein soll. Sie vertritt dazu vehement ihre ablehnende Einstellung. Für sie ist dieser Tag als Hochzeitstag unvorstellbar, zumal man ja dann, ihrer Meinung nach, als guter Katholik kein Fleisch isst. Maria gelingt es nicht, sie davon zu überzeugen, dass es aus Sicht der katholischen Kirche mittlerweile erlaubt ist, zu bestimmten Anlässen auch freitags Fleisch zu essen. Geheiratet wird trotzdem. Und so gibt es in Freds Elternhaus am Hochzeitstag mittags Salzkartoffeln, Spiegeleier und Spinat. Dann kommt der spannende Augenblick. Maria erscheint in ihrem Hochzeitskleid. Und wieder tanzt sie aus der Reihe der Normalitäten. Sie trägt kein wallendes Brautkleid, von der Stange gekauft, und keinen langen Schleier. Das Kleid hat die Mutter ihrer Schulfreundin Iris genäht, ganz nach den Wünschen Marias, aus weißem glattem glänzendem Stoff, tailliert, mit langen Ärmeln, engem kurzen Rock bis ans Knie und einem noch kürzeren Überrock, der abgerundet ist und vorne leicht übereinander geht. Der zweifache kurze Schleier fällt locker aus einem Kranz von kleinen weißen Blüten und reicht bis an die Ellbogen. Die weißen Handschuhe und ein Strauß gelber Freesien geben dem Ganzen ein harmonisches Aussehen. Die vorne äußerst spitzen Brautschuhe lassen durch ihre hohen Pfennigabsätze Maria jetzt größer erscheinen, neben ihrem schlanken, 1,86 m großen Fred in schwarzem Anzug mit Einstecktuch und silberfarbiger Krawatte. Der Seitenscheitel seines Kurzhaarschnittes ist exakt gezogen.

In feierlicher Zeremonie wird das Brautpaar in einer kleinen Kirche außerhalb von Wilgersdorf getraut. Die anschließenden Feierlichkeiten beschränken sich auf ein fröhliches Beisammensein beider Familien mit Trauzeugen bei Kaffee und Kuchen in einer Gaststätte der näheren Umgebung. Beizeiten löst sich die Hochzeitsgesellschaft auf und ein Trauzeuge bringt das Brautpaar zu ihrem Haus. Es scheint, als ob die Nachbarschaft schon auf sie wartet. Was diese jetzt sieht, erscheint ihr sehr ungewöhnlich. Fred trägt seine Braut wortwörtlich auf Händen über die Schwelle in ihr neues Heim.

Bereits gegen 18:30 Uhr steigen Fred und Maria auf dem Siegener Bahnhof in einen Zug nach Bad Neuenahr und starten glücklich in die gemeinsame Zukunft. Die Zeit vergeht für die beiden in der einen Woche, die sie dort verbringen wollen, viel zu schnell. Maria hält für ihren Fred zwischenzeitlich aber noch eine Überraschung bereit. Damit hat sie absichtlich bis nach der Hochzeit gewartet. Es ist der Bescheid über den Beginn ihrer beantragten Kur, den sie erhalten hat. Am 14. November, also in gut 3 Wochen, wird sie in einem Sanatorium in der Nähe von Utersum auf der Nordseeinsel Föhr erwartet, um dort während eines vierwöchigen Kuraufenthaltes ihren labilen Kreislauf zu stärken. Als Fred es erfährt, ist er davon nicht gerade begeistert, so kurz nach der Hochzeit. Auch für Maria kam der kurzfristige Termin etwas überraschend. Beide lassen sich dadurch allerdings die ihnen noch verbleibenden Tage in Bad Neuenahr nicht verderben.

Wieder in Wilgersdorf, müssen sich die frisch Vermählten erst an ihren Alltag gewöhnen. Der erste Blick in den Kleiderschrank überzeugt Maria davon, dass in der Zwischenzeit jemand in der Wohnung gewesen ist. *„Das kann nur Schwiegermutter gewesen sein, als Freds Vater in der letzten Woche während unserer Abwesenheit hier im Haus gearbeitet hat."* Der Gedanke kommt ihr ganz spontan. Die Handtücher in den Wäschefächern sind jetzt nach Farben geordnet, exakt aufeinander gestapelt und mit gehäkelten Bändern zusammengefasst. *„Genau wie in ihrem eigenen Schrank."* Maria kann es nicht fassen. Sie will sich die Gewohnheiten dieser Frau einfach nicht aufdrängen lassen, auch nicht in Zukunft. Bei nächster Gelegenheit führt sie deshalb ein klärendes Gespräch, mit dem Ergebnis, dass zwischen den beiden Frauen zunächst einmal Funkstille herrscht. Maria ist ihrem Schwiegervater sehr sympathisch. Wenn er bei ihnen vorbeischaut, hat er immer ein freundliches Wort für sic. Als sic eines Abends mit ihm allein ist, erzählt er aber auch, dass es in seiner Familie Situationen gibt, in denen er *„zwischen zwei Stühlen sitzt"*, wie er es nennt.

„Ich hoffe, du versteht das", fügt er noch hinzu.

Am Spätnachmittag des 13. November verabschiedet sich Maria etwas wehmütig von ihrem Mann auf dem Bahnsteig in Siegen, um nach Köln zu fahren. Morgen muss sie im Sanatorium Utersum eintreffen. Von dort hat sie die Anweisung erhalten, eine Urlauberrückfahrkarte Hamburg - Niebüll - Dagebüll - Wyk auf Föhr zu lösen, mit einer Gültigkeitsdauer von 2 Monaten. Es ist gegen 22:00 Uhr, als der Schnellzug nach Hamburg in Köln einläuft. Der reservierte Platz im Schlafwagen ist schnell gefunden. Maria verstaut das Gepäck und ein Mitreisender hilft ihr, den Sitz zum Schlafen auszuziehen. Das Abteil ist jetzt voll belegt. Ihr Blick durch das Fenster fällt genau auf die große Uhr des hell beleuchteten Bahnsteigs, die nur noch eine Minute bis zur Abfahrt des Zuges anzeigt. Maria wartet bis er sich in Bewegung setzt und macht es sich dann auf ihrem Platz bequem. Es dauert nicht lange, bis ihr die Augen zufallen. Schließlich war der heutige Tag ganz schön lang.

Die Tür des Abteils wird mit einem lauten Geräusch aufgeschoben. Maria erschrickt.

„Ihre Fahrkarten bitte." Die Stimme des Schaffners klingt wie von weit her.

„In Hamburg müssen Sie umsteigen!", sagt er zu ihr.

„Sie haben genügend Zeit dafür."

Maria fällt in einen tiefen Schlaf, so dass die wenigen Haltestellen bis Hamburg unbemerkt bleiben. Niemand in ihrem Abteil steigt aus. Kurz bevor die Ankunft in Hamburg angekündigt wird, erwacht sie.

Auf dem Bahnsteig herrscht Hochbetrieb und es bläst ein unangenehm kalter Wind. *„Der Wetterbericht hatte scheinbar doch recht"*, denkt Maria und erinnert sich an die Vorhersage eines Sturmtiefs an der Küste. Sie schlägt sich den breiten Kragen ihres dunkelviolett farbigen Mantels aus Mohair bis über die Ohren.

Dann informiert sie sich vorsichtshalber noch einmal über den Anschluss nach Dagebüll, bevor sie, soweit ihr Gepäck eine schnellere Gangart zulässt, in die Bahnhofshalle eilt. In der Gaststätte trinkt sie einen wärmenden Tee und bestellt ein belegtes Brötchen. Im Laufe des Vormittags begibt sie sich zum Gleis des Anschlusszuges über Niebüll nach Dagebüll. Sie darf ihn auf keinen Fall verpassen, denn dort hat sie um 15:45 Uhr Anschluss an ein Schiff nach Wyk auf Föhr. Ein später abfahrendes hat heute keinen Busanschluss mehr nach Utersum.

Als Maria mit vielen anderen in Dagebüll an der Anlegestelle der Schiffe steht, erleben sie die volle Wucht eines Nordseesturmes. Das Schiff liegt etwas entfernt von dem Steg. Aufgrund der hohen Wellen kann es nicht so nah herankommen wie gewöhnlich und schaukelt dementsprechend. Männer in wetterfester Kleidung tragen Maria und die Mitreisenden samt Gepäck auf das Schiff. Starker Regen hat eingesetzt, den der Sturm den Menschen ins Gesicht peitscht; eine schreckliche Situation. Über Lautsprecher fordert eine Stimme auf, sich möglichst unter Deck zu begeben und weist auf die ausgelegten Papiertüten hin. Maria gelingt es, einen Fensterplatz zu bekommen. *„Von hier aus kann ich wenigstens ins Weite sehen“*, denkt sie. *„Lieber Gott hilf!“* Das Stoßgebet lässt sie hoffen. In der Zeit bis das Schiff ablegt hat sie herausgefunden, dass ihr Magen, der bereits durch die starken Schaukelbewegungen heftig rebelliert, sich etwas gemäßigter verhält, wenn sie über das Wasser in die Ferne schaut. Vorsichtshalber versorgt sie sich mit den empfohlenen Tüten. Während der Fahrt ist ihr Blick krampfhaft in die Ferne gerichtet. Sie versucht, ihn auch dann festzuhalten, wenn die Wassermassen der ankommenden hohen Wellen gegen die Scheiben donnern. Den Anblick ihres Umfeldes erspart sie sich lieber, denn ein äußerst übler Geruch hat sich mittlerweile unter Deck ausgebreitet. Maria stößt an ihre Grenze des Erträglichen.

Alle strömen dem Ausgang zu, nachdem das Schiff in Wyk angelegt hat. Für viele erweist sich das Gehen allerdings als schwierig; nicht nur wegen den zahlreichen benutzten Papiertüten dic übcrall hcrumlicgcn, sondern auch weil ihre Kräfte fast am

Ende sind. Der Bus nach Utersum, an der Westküste der Insel Föhr gelegen, lässt nicht lange auf sich warten. Die letzte Etappe der Anfahrt beginnt. Maria ist ein wenig erstaunt, dass das Sanatorium außerhalb der Ortschaft liegt. *„Ganz schön einsam hier"*, denkt sie. Ihre Kleidung ist immer noch feucht und sie ist durchgefroren. Doch als sie durch den Eingang geht und die Empfangshalle betritt, strömt ihr eine wohltuende Wärme entgegen.

Das Sanatorium verfügt über ein vielfältiges Angebot an Anwendungen. Nach den üblichen ärztlichen Untersuchungen kommt man zu dem Schluss, dass in erster Linie die gesunde Nordseeluft dazu beitragen kann, Marias Kreislauf zu regulieren und ihr Allgemeinbefinden zu stabilisieren. Das bedeutet viel Bewegung im Freien. Ihre mitgebrachte Winterkleidung reicht dafür manchmal nur soeben aus, wenn sie z. B. bei langen Spaziergängen an der See unterwegs ist. Also entschließt sie sich zum Kauf einer entsprechenden neuen Mütze und eines Schals, aus dicker Schafwolle, handgestrickt. Jetzt macht ihr auch die steife Brise nichts mehr aus, die generell über die lange Zufahrtsstraße zwischen dem Sanatorium und Utersum-Ort fegt.

Maria hat gleich am ersten Tag ihres Kuraufenthaltes Vera kennengelernt. Im Speisesaal sitzen sie nebeneinander. Zusammen mit anderen Kurgästen geht es in dieser Tischrunde immer lustig zu. Wenn die Anwendungspläne es erlauben, sind sie oft in den nächstliegenden Ortschaften unterwegs. Auch der fünffache Familienvater Bruno, der hier seine Freiheit genießt, ist gerne dabei. Die unterschiedlichsten handwerklichen Waren aus eigener Herstellung warten auf ihre Käufer. Vor keinem Laden fehlen allerdings Gummistiefel, Regenjacken und -hüte; letztere mit Bändern, wohlgemerkt. Wie vorausgesagt, geht es Maria durch das Nordseeklima immer besser. Das Wetter ist gut und längere Unternehmungen sind an der Tagesordnung. Zwischendurch hält man allerdings auch gerne Ausschau nach einem Wirtshaus, um sich bei Tee oder einem „Pharisäer", einem heißen Kaffee mit Rum und Schlagsahne, aufzuwärmen. Besonders an den Wochenenden treffen sich hier die einheimischen Inselbewohner, an deren

Eigenart Maria sich inzwischen gewöhnt hat. *„Etwas wortkarg sind sie schon, diese Nordfriesen“,* denkt sie manchmal. *„Aber ihr trockener Humor macht sie interessant und liebenswert.“* Davon ist sie überzeugt. Trotz aller Bemühungen, die Freizeit der Kurgäste im Sanatorium abwechslungsreich zu gestalten, kommt bei dem einen oder anderen allmählich Langeweile auf. Eines Tages schaut sich Maria im Kinosaal gerade einen Film an, als die Vorführung abrupt unterbrochen wird. Die Nachricht über die Ermordung des amerikanischen Präsidenten J.-F. Kennedy geht um die Welt. Im ersten Moment sind alle Anwesenden sprachlos. Dann erfüllen Stimmen des Entsetzens den Saal, als der Filmbericht über das dramatische Geschehen des Attentates gezeigt wird. Der Kuraufenthalt an der See geht dem Ende zu. Die Abschlussuntersuchung und erforderliche Formalitäten sind erledigt. Bereits gestern Abend hat Maria mit ihrer Clique das letzte Mal zusammen gesessen und sich verabschiedet. Jetzt steht alles im Zeichen der bevorstehenden Abreise.

Es ist Mitte Dezember, als Maria und ihr Mann sich auf dem Bahnsteig in Siegen wieder glücklich umarmen.

Leben zu zweit

Bei Maria und Fred ist der Alltag eingekehrt. Jeder geht seiner Arbeit nach und auch anschließend gibt es keine Langeweile. Als sie das erste gemeinsame Weihnachtsfest feiern, lernt Maria die Gepflogenheiten an den Feiertagen in Freds Elternhaus kennen, die so ganz anders sind als die bescheideneren in ihrer eigenen Familie.

Anfang Januar benötigt Fred ein spezielles Werkzeug für Arbeiten in seinem Haus; aber ausgerechnet ein solches fehlt noch in seinen Anschaffungen. Ein guter Bekannter hat schon viele handwerkliche Tätigkeiten an seinem Wohngebäude vorgenommen. Ihn sucht er auf, um sich eines auszuleihen und hat Erfolg. Dort begegnet er auch einem Mann, der in Freds Alter sein könnte. Dieser kennt sich in baulichen Maßnahmen ebenfalls gut aus. So wird es ein langes Gespräch, das die beiden miteinander führen. Dabei erfährt Fred, dass Gerhard, so hat er sich vorgestellt, und seine Frau Gertrud erst vor kurzem aus der Stadt nach Wilgersdorf gezogen sind.

„Besucht uns doch mal“, sagt Fred, als er sich verabschiedet.

„Meine Frau würde sich sicher auch darüber freuen.“

Keiner ahnt, dass dies der Beginn einer sehr langen Freundschaft ist. Gerhard und Gertrud lassen nicht lange auf sich warten. Die beiden Ehepaare liegen scheinbar auf der gleichen Wellenlänge, denn sie sind sich einig, das nächste Mal zusammen in Freds Haus Karneval zu feiern. Auch zwei ehemalige Arbeitskolleginnen von Maria werden dazu eingeladen. Alles ist vorbereitet, als gegen Abend Fred und Maria in karnevalistischer Verkleidung auf ihre Gäste warten.

„Ich kann ja schon den Kaffee machen“, ruft Fred von der Küchentür aus Maria zu, füllt die Kaffeebohnen in die elektrische Kaffeemühle und steckt den Stecker in die nächstliegende Steckdose, auf dem Flur neben der Küchentür. Ein Druck auf den Knopf - und ein bis dahin nie gehörtes Geräusch folgt. Der gesamte Inhalt fliegt durch die Gegend. Der durchsichtige Deckel war nicht richtig geschlossen, so dass die Kaffeebohnen jetzt weit verstreut herumliegen, auch die Treppe hinunter bis zur Haustür. In diesem Moment klingelt es. Die Besucher sind da, alle vier im Karnevals-Outfit. So beginnt der Abend im wahrsten Sinn der *„fünften Jahreszeit“* - mit großem Gelächter.

Der Winter hat noch alles fest im Griff, als Fred und Maria Mitte Mai bei Minusgraden, jedoch in frühlingshafter Garderobe und mit entsprechendem Gepäck, an der Bushaltestelle in Wilgersdorf stehen. Sie wollen auf ihre nachträgliche Hochzeitsreise, mit dem Zug von Siegen nach Italien. Darauf haben sie in den letzten Monaten fleißig gespart.

Eine lange Fahrt liegt hinter ihnen, als sie in ihrem Urlaubsort ankommen, dem Fischerdorf Misano an der Adria. Die gemütliche Familienpension, in der sie untergebracht sind, verspricht einen angenehmen Aufenthalt in den nächsten 2 Wochen. Schon heute klettert das Thermometer auf 30°. So haben sie es sich vorgestellt; dabei blauer Himmel und kilometerlanger feiner Sandstrand. Auch Maria wagt sich, zuerst nur zögernd, in das warme nur allmählich tiefergehende Wasser. Im Grunde liebt sie das Meer, mit seiner unendlich erscheinenden Weite und den rauschenden Wellen, genauso wie die See vor Utersum. Doch überfällt sie ein Gefühl der Beklemmung, wenn ihr das Wasser höher als bis zur Brust steht. Sie kann nicht schwimmen und ist deshalb darauf bedacht, nur soweit hineinzugehen, dass sie noch stehen kann. Fred sieht hier eine gute Gelegenheit, ihr die für das Schwimmen erforderliche Technik zu vermitteln. Seine Bemühungen sind erfolgsversprechend. Maria kann sich bereits nach kurzer Zeit über Wasser halten. Eines Tages begibt sich Fred weiter hinaus als gewöhnlich.

„Komm, hier kannst du noch stehen“, ruft er Maria zu.

Maria schwimmt. Plötzlich will sie sich davon überzeugen, dass sie noch stehen kann. Sie weiß nicht, dass ihr Mann auf einer Sandbank steht. Als sie merkt, dass sie keinen Boden unter ihren Füßen findet, schnappt sie panikartig ein paar Mal nach Luft und verschwindet unter der Wasseroberfläche. Blitzschnell taucht Fred nach ihr, erreicht sie kurz vor der Sandbank und bringt sie, körperlich unbeschadet, zurück an den Strand zu ihrem Platz. Hier in dem warmen Sand erholen sie sich zunächst von dem großen Schrecken. Maria weiß zu diesem Zeitpunkt noch nicht, dass die Angst vor der Tiefe des Wassers in ihrer Kindheit begründet ist und sie ihr ganzes Leben lang begleiten wird. So schwimmt Fred in tiefem Wasser ohne sie, begleitet sie aber auf langen Strandwanderungen. Bei diesen hohen Temperaturen ist es in der frischen Meeresluft und mit den Füßen im Wasser angenehmer als im heißen Sand zu liegen. Sie staunen jedes Mal, wenn sich vereinzelt ältere Einheimische bei dieser Hitze in dicken schwarzen

Wollstrümpfen und dicker Oberbekleidung am Strand blicken lassen. Maria und Fred machen auch Ausflüge in das Hinterland und die benachbarten Ferienorte. Sie genießen die fortgeschrittene Vegetation und den Blütenreichtum, dessen Duft für ihre Nasen ungewohnt ist. Viel zu schnell vergeht dieser wunderschöne Urlaub. Beide sind sich einig, nicht das letzte Mal hier gewesen zu sein.

Nach ihrer Rückkehr wechselt Fred am 1. Juni die Arbeitsstelle und beginnt in einem mittelständischen Familienunternehmen in Haiger, im benachbarten Bundesland Hessen. Neben der beruflichen ist auch die finanzielle Verbesserung willkommen. Bei der Anfahrt zur Arbeitsstelle ist Fred jetzt allerdings auf den Zug der nächstliegenden Bahnstation angewiesen und bis dorthin muss er den Bus nehmen. Das ist sehr zeitaufwendig. Außerdem ist Fred zu zeitgebunden in Bezug auf seinen Arbeitgeber. Daher hatte er schon vor dem Urlaub mit den Fahrstunden für einen Führerschein begonnen. Jetzt hält er, nach dem zweiten Anlauf, die Fahrerlaubnis stolz in seinen Händen.

„Ich werde morgen, wie besprochen, das Darlehn beantragen“, sagt Fred noch am gleichen Tag zu Maria.

„Ein Auto muss schnellstens herbei, damit ich beweglicher bin und somit irgendwo auch noch etwas hinzu verdienen kann. Das wäre im Moment sicher für uns beide eine gute Sache“, kündigt er weiter an.

Maria ist ganz seiner Meinung. Und so kommt es, dass kurze Zeit später ein dunkelgrauer VW Käfer Standard, der mit Zwischengas geschaltet wird, in der Wellblechgarage neben dem Haus steht. Fred findet eine Nebenbeschäftigung in einer Firma auf dem Westerwald, in einem kleinen Ort 15 km hinter Haiger. Zwei- bis dreimal pro Woche arbeitet er dort abends oder samstags als Buchhalter. Abends wird es oft spät, besonders wenn die winterlichen Tücken dieser Gegend Probleme bereiten und er mit viel Schnee, Schneeverwehungen und Glätte zu kämpfen hat. Maria arbeitet seit diesem Frühjahr beim Landkreis Siegen.

Dieses Jahr ist scheinbar wieder ein Jahr der Veränderungen, denn Marias Schwester Gerda und ihr Mann Willi verlassen Erndtebrück. Sie haben ein kleines Haus in Hessen gekauft, in der Nähe von Nidda. Anna und Franz sind einerseits froh, dass die beiden endlich aus dem Behelfsheim in eine normale Wohnung ziehen. Andererseits erfüllt es sie mit Traurigkeit, so weit von ihnen entfernt zu sein. Besonders Anna kann sich mit dieser Tatsache schwer abfinden.

„Wir haben auch einen Garten und ein Wiesenstück mit Obstbäumen und Beerensträuchern, nicht weit von unserem Haus entfernt. Das wird dir gefallen. Ihr könnt uns oft besuchen und dann auch länger bleiben“, tröstet Gerda sie.

„Wir werden sehen, wie es wird“, antwortet Anna.

Das sind die Worte, die sie meistens gebraucht, wenn ihr etwas ungewiss erscheint.

„Ich komme euch ja auch besuchen“, stellt Gerda in Aussicht. Sie erinnert ihre Mutter daran, dass sie doch einen Führerschein besitzt. Sie hat allerdings wenig Fahrpraxis. Das Auto ihres Mannes, einen alten DKW Kombi mit teilweiser Holzverkleidung, hatte sie vor kurzem beim Anfahren auf einen Bretterhaufen gesetzt, als es nicht so wollte wie sie.

„Dann tritt doch mal richtig auf das Gas!“, hatte Willi ihr zugerufen.“ Und schon saß Gerda mit dem Auto oben auf den Brettern.

Als Fred und Maria mit ihren Eltern das erste Mal nach dem Umzug auf Besuch kommen, zeigen Gerda und ihr Mann ihnen voller Stolz Haus, Garten und das Baumstück. Auch Nebengebäude gehören dazu, eine Scheune, Schuppen für Hühner, Gänse und den Schäferhund. Das alles ist sehr im Sinne von Willi. Seiner Meinung nach sind es auch die besten Voraussetzungen für den Beginn einer erneuten Kleintierzucht, was er sofort in die Tat umsetzt. Er ist mit seinen 66 Jahren Rentner und hat viele Pläne. Dabei kommt ihm die Tatkraft seiner 41-jährigen Frau sehr gelegen. Gerda ihrerseits hat eine verantwortungsvolle Stelle in einer Verpackungsfirma gefunden.

Eine neue Generation

Der Sommer des darauffolgenden Jahres ist sehr heiß. Maria ist schwanger. Sie kommt gerade von ihrer Ärztin im Nachbarort Wilnsdorf und ist zu Fuß unterwegs nach Wilgersdorf, denn der nächste Bus fährt erst in einer Stunde. Sie befindet sich bereits außerhalb der Bebauung und ist schon ganz schön ins Schwitzen gekommen. Es sind noch ca. 100 m bis auf die Höhe des Berges, als sie hinter sich ein Auto hört, das gleich darauf neben ihr anhält.

„Kann ich Sie ein Stück mitnehmen?“, fragt ein Mann mit Bart aus dem offenen Fenster.

„Nein, danke. Ich gehe zu Fuß“, antwortet Maria. Als sie hinter dem Kombi herschaut, fällt ihr das fremde Kennzeichen des Wagens auf. Unbeirrt geht sie weiter, wundert sich aber, dass dieser vor dem beiderseitigen Waldbestand an der Straße urplötzlich nach links auf einen Weg einbiegt und nach einigen Metern stehen bleibt. Der Mann steigt aus, für ihre Begriffe etwas eilig, und öffnet die Heckklappe. *„Er sieht aus wie ein Forstmann“,* geht es Maria kurz durch den Kopf, als sie ihn in entsprechender Jacke und Hose, hohen Stiefeln und Hut erblickt. Ein Jagdhund springt aus dem Kofferraum. Vorsichtshalber bleibt Maria stehen. Entsetzt sieht sie, wie der Mann seinen Arm hebt und in ihre Richtung zeigt. Mit weiten Sprüngen setzt sich das Tier in Bewegung und kommt auf sie zu. Maria ist wie erstarrt. Im selben Moment hält neben ihr ein Personenwagen. Es sind Bekannte aus ihrer Straße. Unmittelbar danach hört Maria einen Pfiff. Der Hund macht sofort eine Kehrtwendung und springt wieder ins Auto. Noch während sie die Situation schildert, gibt der Fremde Gas. Im Nu haben die Bäume des Waldes ihn verschluckt. Die Nachforschungen ergeben, dass eine Anzeige kaum erfolgsversprechend sein würde, da der Tatbestand dafür nicht ausreiche. Dem Autokennzeichen nach soll der Wagen allerdings aus dem Ruhrgebiet stammen.

Die Hitze macht Maria in den darauf folgenden Wochen sehr zu schaffen. Sie ist froh, als sie zu gegebener Zeit in ihren Schwangerschaftsurlaub gehen kann.

Es ist der 20 August. Fred ist schon zur Arbeit gefahren und Maria hat mit den täglichen Hausarbeiten begonnen, als ihr plötzlich die Fruchtwasserblase platzt. Sie ruft ihrer Mieterin im Erdgeschoss, die ganz verstört in der Tür ihres Schlafzimmers erscheint. Maria hat sie aus einem schrecklichen Alptraum geweckt; aber jetzt ist sie hellwach.

„Du musst sofort ins Krankenhaus. Ich laufe an die Telefonzelle und rufe Fred an. Leg dich hin, bis ich wiederkomme!“, ordnet sie an.

Sie wirft schnell ein Kleidungsstück über und draußen ist sie.

„Fred kommt sofort“, sagt sie nach ihrer Rückkehr und hilft Maria beim Fertigmachen. Die Tasche ist schon seit einer Woche gepackt. Vor dem Eintreffen hat Fred seine Frau bereits in der vorgesehenen Privatklinik in Weidenau angemeldet. Als sie dort ankommen, treffen sie eine ebenfalls hochschwangere Frau, die auf die Zimmerzuweisung wartet. Sie kommen ins Gespräch. Es stellt sich heraus, dass deren Mann ein ehemaliger Schulkamerad von Maria ist. Die beiden Frauen sind sich sofort sympathisch. Sie äußern den Wunsch, in demselben Zimmer untergebracht zu werden, was ihnen ohne weiteres gewährt wird. Die erste Untersuchung von Maria ergibt, dass man heute noch nicht mit der Geburt rechnet und dass es auch morgen unwahrscheinlich sei. So versorgt sie sich mit genügend Lesestoff und will den sonnigen Tag auf einer der Bänke in den Außenanlagen genießen. Als Mittagessen gibt es eine reichliche Portion Nudeln mit Gulasch. Bei ihrer Zimmerkollegin Erika dauert die Schwangerschaft schon 3 Wochen über den errechneten Termin hinaus. Es machen sich immer noch keine Anzeichen einer Geburt bemerkbar. Auf Anordnung nimmt sie jetzt in regelmäßigen Abständen Nasentropfen, die bewirken sollen, dass die Wehen einsetzen.

„Die könnte ich doch auch probieren“, überlegt Maria laut, als sie das hört.

„Warum eigentlich nicht." Erika lacht.

Kurze Zeit später geht die Tür auf. Der Arzt erscheint, um nach ihnen zu sehen. Bei dieser Gelegenheit stellt Maria ihm die Frage in Bezug auf die besagten Nasentropfen.

„Schaden können die Ihnen nicht", meint er lächelnd.

Es ist früher Nachmittag, als sich Maria die ersten Tropfen verabreicht. *„Viel hilft viel."* Ihr fällt die Redewendung ihrer Mutter Anna ein und sie träufelt gleich darauf noch etwas nach. Fred hat sich vorgenommen, seiner Frau bei der Geburt beizustehen. Nachdem man ihn am Vormittag nach Hause geschickt hatte, verbrachte er eine geraume Zeit mit körperlicher Arbeit. Um sich abzulenken, hackte er bei seinem Vater Holz. Am späten Nachmittag trifft er in der Klinik ein, um Maria, wie verabredet, zu besuchen. Im ersten Augenblick kann er gar nicht glauben, was ihn erwartet. Sie befindet sich bereits im Kreissaal. Alle Anzeichen sprechen dafür, dass die Geburt bevorsteht. Nach der letzten Untersuchung muss das Kind jetzt allerdings in Steißlage auf die Welt kommen. Der Chefarzt und seine Frau, auch Ärztin, Hebamme und Lernschwestern sind vor Ort. Freds Anwesenheit tut Maria gut. Sie ist tapfer und alles nimmt ein gutes Ende. Um 18:15 Uhr wird das ersehnte Kind, ihr Sohn Stephan, gesund geboren. Maria und Fred empfinden ein unbeschreibliches Glücksgefühl. Sie sind dankbar, auch für die gute Arbeit des Teams.

„Die geborene Frau für 13 Kinder", scherzt der Arzt, als alles vorbei ist.

Während das Baby weiter versorgt wird, stärkt sich Maria mit leckeren belegten Broten. Fred sitzt auf ihrer Bettkante und lässt es sich ebenfalls schmecken.

Ein hellblau gestrichenes Kinderbett, mit seitlich herunter klappbaren Gitterteilen und frisch bezogenem Federbett, steht bereits zu Hause im Schlafzimmer, eine gute Armlänge von Marias Bett entfernt. Als sie ihren Säugling das erste Mal hineinlegt, kommt er ihr darin sehr klein vor, obwohl er bei der Geburt schon eine beachtliche Größe von 53 cm hatte; aber das Bett soll schließlich auch in den nächsten Jahren ausreichen. Nachts mahnt

Stephan pünktlich seine gewohnten Mahlzeiten an. Dann sitzt Maria mit ihm in der Kochküche, ihre Füße auf dem herausgezogenen Holzkasten des Ofens der Etagenheizung. Nicht selten muss sie sich dabei zwingen, nicht einzuschlafen. Tagsüber gefällt es ihrem Söhnchen nicht besonders gut, allein in dem Schlafzimmer zu schlafen. Das macht er lieber bei Mama in der Wohnküche. Hier wird vormittags auch gebadet und beiden macht die anschließende Spielstunde auf der weichen Unterlage auf dem Tisch großen Spaß. Eines Tages lernt Maria eine erst vor kurzem nach Wilgersdorf zugezogene junge Frau mit ihrer kleinen Tochter kennen, ungefähr so alt ist wie Stephan. Gemeinsam machen sie jetzt fast täglich nachmittags ihre Spaziergänge.

Auf einem der etwas seltener gewordenen Besuche bei ihren Schwiegereltern begegnet Maria Helena, einer Schwester ihres Schwiegervaters. Sie wohnt in ihrer Nähe und ist vor kurzem Witwe geworden. Das älteste ihrer fünf Kinder, die einzige Tochter, ist 19 Jahre alt. Maria und Helena sehen sich oft. Zwischen ihnen entwickelt sich eine ganz besondere Beziehung. Es wird „ihre Tante Helena“ - ihre Ersatzmutter. Maria kann nicht nur mit ihren Anliegen zu ihr kommen, sondern auch einfach nur so. Ihre Gesprächsthemen sind sehr vielseitig.

Im Frühjahr 1966 wird in Freds Haus die Erdgeschoßwohnung frei. Maria ist froh, dass ihre Eltern das Angebot angenommen haben, zu ihnen nach Wilgersdorf zu ziehen. Nachdem sie aus familiären Gründen ihr Arbeitsverhältnis beim Landkreis Siegen aufgegeben hatte, räumte man ihr die Möglichkeit ein, bei Bedarf zeitweise als Vertretung in verschiedenen Abteilungen tätig zu sein. Für ihre Eltern ist es selbstverständlich, in solchen Fällen für Stephan zu sorgen.

Vor der Übergabe muss die bisherige Wohnung in Erndtebrück neu gestellt werden. Also packt Maria eines Morgens ihr Söhnchen und das Nötigste seiner Sachen für einen Tag in den Sportwagen. Das weiße großmaschige Netz aus stabilem Garn an der Lenkstange ist vollgestopft mit Malerzubehör. Es hängt schwer nach unten. Die Fenster sollen gestrichen werden. So geht es los, mit dem Bus nach

Siegen und von dort mit der entsprechenden Linie weiter nach Erndtebrück. Es wird ein anstrengender Tag. Anna übernimmt die Versorgung ihres Enkels und Franz hilft seiner Tochter, wo er kann. So geht es gut voran. Als Fred nach seiner Arbeit abends eintrifft, hilft er schnell noch beim Aufräumen. Auf der Rückfahrt schläft Stephan tief und fest. Auch Anna ist auf dem Beifahrersitz eingenickt.

Ende Mai ist es dann soweit. Marias Eltern ziehen in ihr neues Zuhause ein. Jetzt haben sie wieder eines ihrer Kinder um sich. Zudem bringt ihr Enkelkind viel Abwechslung in ihr Leben und sie übernehmen oft und gern seine Betreuung. Maria weiß ihr Kind in ihrer Obhut gut aufgehoben. Stephan ist Anna sehr ans Herz gewachsen.

Es ist ein außergewöhnlicher Tag, der 20. Januar 1967, der erste Geburtstag von Vater Franz in Wilgersdorf. Er wird 69 Jahre alt und feiert im größeren Familienkreis. Gerda und ihr Mann Willi sind zu Besuch gekommen und auch Elfriede, die Patentante von Stephan, ist mit dem Zug aus Düsseldorf angereist. Franz aus Balde ist in Begleitung von Klaus eingetroffen, der ein paar Tage dort verbracht hat. Er und seine Familie waren nach dem Krieg ebenfalls von dem Bauern als Flüchtlinge aufgenommen worden. Seine Mutter verstarb damals in dem Bauernhaus. Klaus und sein Bruder leben jetzt mit ihrem Vater in Opladen. Die 67-jährige Mutter Anna und Maria haben für den heutigen Tag gut vorgesorgt; bei Kaffee und Kuchen ist es ein fröhlicher Nachmittag und der kleine Stephan wird von allen verwöhnt.

„Ich muss langsam los, damit ich pünktlich am Siegener Bahnhof bin. Mein Zug wartet nicht!“, sagt Elfriede zu gegebener Zeit. „Es war sehr schön bei euch.“

„Ich fahre in dieselbe Richtung. Ich könnte dich mitnehmen und dann auch nach Düsseldorf fahren, wenn du das möchtest“, mischt sich Klaus gleich ein.

„Ja, das wäre schön“, antwortet Elfriede nach kurzer Überlegung in ihrer fröhlichen und offenen Art.

Maria bleibt der geheimnisvolle Blick von Klaus nicht verborgen. Sie kennt ihn bereits aus ihrer Kinderzeit, als sie oft bei ihrem Bruder Franz in Balde war.

An die jetzige Wohnlage - an einer unübersichtlichen Stelle der Durchgangstrasse - haben sich Anna und Franz nur allmählich gewöhnen können. Die untere der vier Steinstufen direkt vor dem Hauseingang grenzt an den geschotterten äußerst schmalen Bürgersteig - eine große Gefahr nicht nur für Kinder. Nächtlicher Autoverkehr unterbricht oft ihren Schlaf; aber auch Passanten, die, besonders an den Wochenenden, zu später Stunde genau unter dem Schlafzimmerfenster stehen bleiben, sich lautstark unterhalten oder nur noch lallen, wenn sie auf dem Heimweg von einer Zechtour sind.

Neben den Gefahren, die von der Straße ausgehen, gibt es für Fred und Maria noch andere Gesichtspunkte, die sie zunehmend beschäftigen. Das spitzwinklige Grundstück ist sehr klein und grenzt an einen Bach, der zeitweise bedenklich ansteigt. Das kleine Wiesenstück bietet Kindern wenig Bewegungsfreiheit. So reift in kurzer Zeit der Plan, das Haus zu verkaufen und auf einem von Freds verstorbener Mutter hinterlassenen Grundstück, ein neues zu bauen. Es liegt sonnig, auf einer Höhe am Ortsrand des Dorfes und in Waldnähe. Bei der Verwirklichung des Bauplanes ist in den kommenden Monaten Eile angesagt. Fred hat sich für eine Fertigbauweise entschieden, die es möglich macht, dass beide Familien noch diesen Herbst in den Neubau einziehen können. Voraussetzung ist, dass die Erstellung des Kellergeschosses mit Einliegerwohnung frühzeitig beendet wird. Die Arbeiten hierfür werden in Eigenleistung erbracht, von Freds Vater und anderen Verwandten mit entsprechender Berufserfahrung. Danach steht der Aufstellung des Fertighauses nichts mehr im Wege.

Wie geplant ziehen Freds Familie und Marias Eltern in zwei Etappen, im September und Oktober 1971, in das neue Haus ein. In Bezug auf die Außenanlage wälzt Maria zahlreiche Prospekte und ist dabei sehr ideenreich. Die Größe des Grundstücks bietet sich förmlich für eine großzügige Planung an. Die Vorstellungen von ihr und ihrem Mann gehen allerdings zum Teil weit auseinander; aber letztendlich finden sie eine gemeinsame Basis, auf der sich - ihrer Meinung nach - Optik und praktische Nutzung harmonisch vereinen. Den „grünen Daumen“ hat Maria von ihrer Mutter Anna geerbt.

Die Straße aus dem Dorf hinauf zu dem Haus zu gehen, ist wegen der Steigung für Vater Franz nicht einfach. Wenn er im Tal unterwegs war und zu Hause ankommt, ist er nicht nur außer Atem und durch die Anstrengung nass geschwitzt, sondern sein Beinstumpf aufgrund der permanenten Reibung wundgescheuert. Es dauert dann Tage, bis er wieder problemlos in seiner Prothese laufen kann. Stephan, der auf Empfehlung der Schulleitung nach den Osterferien schon mit 5 ¾ Jahren eingeschult wurde, hat jetzt einen wesentlich längeren Schulweg als bisher. Auch er stöhnt, wenn er auf seinem Heimweg den Berg endlich hinter sich hat.

Freds Vater fällt zunehmend auf, dass sich Maria in letzter Zeit an Arbeiten im Außenbereich nur noch selten beteiligt, zumal sie doch während der Bauphase u. a. sogar an der Mischmaschine stand und Sand schaufelte. Ende November lüftet sie ihm gegenüber ihr Geheimnis.

„Ich bin im fünften Monat schwanger“, sagt sie und legt ihren Arm um seine Schultern.

„So, so; dachte ich mir das doch!“ Er strahlt und freut sich schon jetzt auf sein zweites Enkelkind.

Der Winter lässt nicht lange auf sich warten. Schon vor Weihnachten zeigt er sich mit viel Schnee und strengem Frost. Oben am Berg hat der Wind freie Bahn über die umliegenden Felder und Wiesen. Das Haus steht als letztes an der Straße, in freier Natur, und ist zum Tal hin durch einige unbebaute Grundstücke vom nächsten Nachbarn entfernt. Wenn alles tief verschneit ist, Bäume und Sträucher dicke Hauben tragen und die weißen Schneekristalle in der Sonne glitzern, sieht es aus, wie in einem Wintermärchen. An solchen Tagen schaut Mutter Anna spät abends manchmal zum Sternenhimmel hinauf. Sie hat immer noch Heimweh nach ihrer Heimat.

Anfang April begibt sich Maria zu einer Untersuchung in das Krankenhaus, in dem sie ihr Kind zur Welt bringen will. Die bereits gepackte Tasche wird vorsichtshalber mitgenommen. Die jetzige Qualität des Fruchtwassers lässt darauf schließen, dass es dem Kind in letzter Zeit irgendwann nicht ganz gut gegangen ist - für Maria eine beunruhigende Diagnose. Z. Zt. ist der Zustand des Ungeborenen jedoch völlig in Ordnung.

Am Montag, dem 10. April 1972 kündigt sich die Geburt an und Maria macht mit Fred die in solchen Situationen üblichen „Spaziergänge" auf den Fluren der Entbindungsstation, bis es Zeit wird für den Kreissaal. Hier ist alles viel enger, als sie es von der Klinik in Weidenau her kennt. Sie ist nicht die Einzige, die auf ein Baby wartet. Stellwände verwehren ihr den weiteren Blick. Arzt und Hebammen haben alle Hände voll zu tun. Die Wehen, die bei ihr so gut angefangen hatten, geraten nach einiger Zeit etwas ins Stocken. Die burschikose aber sehr sympathische Art ihrer Hebamme bringt ab und zu, wenn auch nur minimal, sogar etwas Humor in die ernste Angelegenheit.

„Jetzt muss es aber bald mal vorangehen!", sagt sie irgendwann und macht eine entsprechende Handbewegung.

Maria weiß nicht, wie spät es mittlerweile geworden ist.

„Ich habe um 23:00 Uhr Feierabend", fügt die Hebamme hinzu.

„Aber dieses Kind will ich noch holen!"

Ihr Tonfall lässt keinen Zweifel aufkommen. Sie setzt eine Spritze und entbindet tatsächlich gegen 23:00 Uhr Maria von einer gesunden Tochter, die gleich darauf lautstark beweist, dass sie auf der Welt mitmischen will. Da ist es wieder, das unbeschreibliche Glücksgefühl, das Maria und Fred empfinden, als sie jetzt ihr zweites Kind, eine kleine Patricia, in die Arme schließen. Zu Hause steht bereits das hellblaue Kinderbett von Stephan in dem zweiten Kinderzimmer - neben dem Schlafzimmer der Eltern - fein ausgestattet mit neuem diesmal rosafarbenem Zubehör.

Um sich weiter zu qualifizieren, hatte Fred nach zwei Jahren seiner insgesamt siebenjährigen Beschäftigungszeit in Haiger

Wochenendlehrgänge bei der Kölner Steuerfachschule besucht, mit dem Abschluss des IHK-Bilanzbuchhalters. Im vergangenen Jahr wechselte er zu einem Maschinenbau-Unternehmen im Siegerland und ist dort als Buchhaltungsleiter tätig. Z. Zt. absolviert er ein fast dreijähriges berufsbegleitendes Studium zum Staatlich geprüften Betriebswirt bei einem Institut in Stuttgart, mit Fernstudium und Blockseminaren. Oft ist Maria dann mit ihren beiden Kindern auf den Spazierwegen um Wilgersdorf unterwegs. Indessen bewältigt Fred an seinem Schreibtisch den Lernstoff, besucht in verschiedenen Städten Vorlesungen oder schreibt Klausuren. Nach erfolgreichem Abschluss ist die ganze Familie froh, wieder öfter etwas gemeinsam unternehmen zu können.

Der jetzt fast elf-jährige Stephan hat ganz in der Nähe zwei Freunde, Brüder, die aus der Stadt zugezogen sind. Der Ideenreichtum der Jungen in freier Natur ist scheinbar unerschöpflich. Patricia ist nicht zu bremsen, wenn sie in kurzer roter Lederhose mit einer gelben Kinderschubkarre unterwegs ist, um ihrem Vater im Garten zu helfen. Ist sie allein, so sitzt sie mit Vorliebe auf der Schaukel hinter dem Haus. Je höher sie „fliegt“ desto mehr Spaß macht es ihr - ihre hellblonden Locken fliegen mit.

Anna war in ihrem bisherigen Leben kaum krank, hat für sich nie ein Krankenhaus in Anspruch nehmen müssen und einen Arzt nur selten aufgesucht. Die Familie stand bei ihr immer an erster Stelle und sie verlor in schwierigen Situationen nie die Hoffnung auf ein gutes Ende. Im Frühjahr 1974 wird vieles anders. Aufgrund einer Krebserkrankung muss sie sich einer Unterleibsoperation unterziehen.

Heute, am Tage der OP, besucht Maria ihre Mutter im Krankenhaus mit einem großen Blumenstrauß, denn sie hat Geburtstag. Nur ein müdes Lächeln huscht - noch unter dem Einfluss der Narkose - als „Danke schön“ über ihr Gesicht.

Im Laufe der folgenden zwei Wochen erholt sich Anna relativ gut und die Ärzte sind mit ihrem Zustand zufrieden. Dann kommt der Tag, an dem sie vor einer schweren Entscheidung steht. Man verfüge jetzt über eine neuartige Bestrahlungsmethode - so die Erklärung ihres Arztes - und will diese prophylaktisch zur Nachbehandlung bei ihr und den beiden anderen Patientinnen in ihrem Zimmer einsetzen. Dafür ist allerdings ihre Einwilligung erforderlich. Am Nachmittag kommt Maria zu Besuch und Anna bittet ihre Tochter um Rat. Doch diese Entscheidung kann sie ihr, bei aller Liebe zu ihrer Mutter, nicht abnehmen. Am darauf folgenden Tag entscheidet sich Anna gegen die Strahlenbehandlung, trotz der ungehaltenen Stellungnahme des Chefarztes ihr gegenüber. Als Anna aus dem Krankenhaus entlassen wird, sucht Maria ein Gespräch mit dem diensthabenden Stationsarzt und kommt noch einmal auf die von ihrer Mutter abgelehnte Strahlentherapie zu sprechen.

„Es kann durchaus sein, dass diese Entscheidung die Lebenserwartung ihrer Mutter nicht beeinträchtigt“, sagt er. „In dem Alter wächst dieser Krebs, wenn überhaupt, erfahrungsgemäß sehr langsam.“ Nach dieser Auskunft ist Maria voller Zuversicht. Zu Hause kommt Anna allmählich wieder etwas zu Kräften und sechs Wochen später, am 12. Juli 1974, ist sie in der Lage, ihre Goldene Hochzeit mit ihrem Mann Franz im Kreise ihrer “Großfamilie“, Freds Eltern und einigen Nachbarn zu feiern, trotz sichtlicher noch vorhandener gesundheitlicher Beeinträchtigungen. Gerda ist allein anwesend. Willi ist ein Jahr zuvor an Lungenkrebs verstorben. Anna hatte damals ihrer ältesten Tochter sehr zur Seite gestanden, nachdem ihr Mann als austherapiert aus dem Krankenhaus entlassen worden war. Aufgrund häuslicher Gegebenheiten stand sein Bett im Wohnraum der unteren Etage. Es waren schreckliche Situationen für die beiden Frauen, wenn er in seiner „Ohnmacht“ nach seinem Gewehr schrie, das Gerda in äußerster Reichweite auf dem Dachboden versteckt hatte.

Anna schafft es jetzt körperlich wieder, ihren täglichen Anforderungen, mit einigen Ausnahmen, gerecht zu werden. Sie lebt förmlich auf, wenn ihre Verwandten aus der DDR und der Tschechoslowakei zu Besuch kommen. Dann kocht sie mit viel Liebe heimatliche Gerichte, wie Bauchspeck mit Kümmel und

Sauerkraut, das Lieblingsessen ihres Schwagers Seffla aus Vimperk, oder Pflaumen-Klöße mit zerlassener guter Butter und Zuckcr. Unermüdlich wird dann über die „gute alte“ oder auch die „neue Zeit“ geredet.

Im engsten Familienkreis ist es zunehmend aufgefallen, dass Anna sich seit ihrem Krankenhausaufenthalt verändert hat. Sie gibt sich im Alltag ihrem Mann gegenüber viel selbstbewusster, als man es von ihr vorher gewohnt war. Maria denkt oft darüber nach und versucht, die Ursache dafür zu ergründen. Liegt es an den Erfahrungen ihrer Mutter mit den beiden Frauen im Krankenzimmer, die sich freier gaben als sie? Oder hängt es mit ihrer alleinigen Entscheidung bezüglich der Strahlentherapie zusammen? Maria findet keine Erklärung. Tatsache ist, dass es nicht selten zu unbegründeten aber gravierenden Meinungsverschiedenheiten ihrer Eltern führt, und wenn es nur der Deckel auf einem Kochtopf ist, der nach Meinung ihres Vaters „nicht richtig aufliegt“. Franz aus Balde kommt nach Möglichkeit in regelmäßigen Abständen, meistens sonntags, zu Besuch. Auf beiden Seiten ist dann die Freude groß und es herrscht eitler Sonnenschein. Seine Eltern freuen sich über die Mitbringsel sehr; aber am meisten einfach darüber, dass ihr Sohn da ist. Anna hält dann oft einen Mohnkuchen für ihn bereit.

Mit vier Jahren geht Patricia vormittags in den Kindergarten. Hier begegnet sie Tanja. Sie wohnt eine Querstraße von ihr entfernt und ist erst vor kurzem mit ihrer Familie hierher gezogen. Die zwei Mädchen verbringen auch nachmittags oft ihre Zeit zusammen. So verschieden die beiden in ihrem Äußeren sind - Patricia kernig und pausbäckig, Tanja äußerst schlank und zart - so gleichen sie sich in ihren Interessen. Es entwickelt sich zwischen ihnen eine tiefe Freundschaft. Im letzten Jahr ihrer Kindergartenzeit besucht Patricia zusätzlich an einigen Tagen nachmittags die Vorschulgruppe. Jetzt bewältigt sie mit ihrer Mutter die einen Kilometer lange Wegstrecke viermal am Tag zu Fuß, ein ganz schönes Laufpensum, abgesehen von der Zeit. Ihre Freundin Tanja ist dieses Jahr eingeschult worden.

Nach einigen Überlegungen kommt Fred zu dem Entschluss, ein Zweitauto anzuschaffen, auch im Hinblick auf die Erleichterungen, die sich in anderen Bereichen daraus ergeben.

„Wir zwei müssen heute noch etwas erledigen“, sagt Fred eines Tages zu Maria. Es klingt sehr geheimnisvoll.

„Was hast du vor?“ Sie ist ganz neugierig.

„Das verrate ich nicht!“ Fred belacht sich.

Gemeinsam fahren sie los in Richtung Siegen. Bei einem Autoverkäufer in einem nahe gelegenen Ort steigen sie aus. Als Maria erfährt, dass Fred ihr ein Auto gekauft hat und sie jetzt darauf zugehen, weiß sie vor Freude nicht, was sie sagen soll. Sie hat bereits vor 10 Jahren ihren Führerschein gemacht und in der Zwischenzeit die Autos ihres Mannes gefahren. So setzt sie sich wie selbstverständlich in den türkisfarbenen Fiat 500, um ihn nach Hause zu bringen. Unterwegs geschieht jedoch etwas, womit keiner gerechnet hat: Der Keilriemen reißt. Zum Glück ist die nächste Werkstatt gleich in der Nähe und Fred in seinem Auto hinter ihr. In den Tagen danach geht die Reparatur zügig voran. Die Panne kann Marias Begeisterung über ihren fahrbaren Untersatz in keiner Weise schmälern. Als erste längere Tour steht ein Besuch bei ihrer Schwester Gerda an. Stolz setzt sich Maria in ihren Fiat 500 und fährt den größten Teil der Strecke über die Autobahn. Wenn auch die meisten hier schneller sind, so kommt sie doch für ihre Verhältnisse ganz gut voran. Etwas Respekt flößen ihr allerdings die großen Lastwagen ein, wenn diese sie ab und an überholen und sie aus geringem Abstand zu den mächtigen Rädern seitlich hinaufschaut. Die Anschaffung des Zweitwagens kommt der ganzen Familie zugute. Bei außergewöhnlichen Besorgungen und größeren auswärtigen Einkäufen ist Maria jetzt nicht mehr auf Freds Auto angewiesen. Die Kinder profitieren davon u. a. auf ihren Wegen zur Schule und zum Kindergarten, auch als Patricia ein Jahr später in die Grundschule Wilgersdorf kommt, die sich am anderen Ende des Dorfes befindet. Dic Entfernung dorthin ist noch größer als bisher zum Kindergarten. Stephan besucht die dritte Klasse der Realschule in Wilnsdorf. Er ist froh, dass „Mutters Taxi“ zur Verfügung steht, wenn es Busprobleme oder Ausfallstunden gibt. Manchmal überrascht Maria aber auch ihre Kinder, wenn der Himmel seine Schleusen öffnet.

Im Wechselbad der Gefühle

In der Zwischenzeit hat sich Annas Gesundheitszustand sehr verändert. Sie klagt häufig über Kopfschmerzen und nächtliche Unruhe. Auch tagsüber kann sie oft keine Ruhe finden. Dann ist sie in den direkt miteinander verbundenen Räumlichkeiten ihrer Wohnung ständig unterwegs; z B. wenn Stephan in seiner Freizeit außer Haus ist. Um das Wohl ihrer Enkelkinder ist Anna nach wie vor besonders besorgt. In ihrer Unruhe führt sie eine solche Situation in Angstzustände hinein, aus denen sie sich nicht eher befreien kann, bis er wieder wohlbehalten zurückgekehrt ist. Maria weiß noch nicht, dass derartige Angstzustände in unzähligen Lebenssituationen ihrer Familie geboren wurden, jeweils vor dem Hintergrund des Urvertrauens in Liebe und Frieden. Ein von ärztlicher Seite regelmäßig verschriebenes und auch wirksames Medikament trägt dazu bei, dass Anna nach dessen Einnahme Erleichterung und zumindest zeitweise Ruhe erfährt.

Es folgt eine schwere Zeit für alle Beteiligten. Maria stößt in ihrem Alltag tagsüber oft an die Grenze des Erträglichen, wenn sie mit dem gegenseitigen Unverständnis ihrer Eltern konfrontiert wird. Sie ist ihrem Bruder Franz besonders dankbar, dass sie in Notsituationen auf seine spontane Hilfe zurückgreifen kann, soweit es ihm möglich ist. Seine Anwesenheit wirkt wie eine ausgleichende und wohltuende Energie. Maria ihrerseits findet einen gewissen Ausgleich in ihrem Garten und der umliegenden

Natur, in der sie ihren Emotionen freien Lauf lassen, aber auch neue Kräfte sammeln kann.

In den frühen Morgenstunden des 12. Juni 1981 stirbt Anna plötzlich als Folge von Hirnbluten am vorhergehenden Tag. Maria hat die letzte Nacht am Bett ihrer Mutter verbracht, ohne dass deren Bewusstsein noch einmal zurückkehrte. Es fällt ihr äußerst schwer zu glauben, dass dieses Leben jetzt zu Ende gegangen sein soll. Sie wollte ihr doch noch so viel sagen! Vater Franz, der diese Nacht wortlos in seinem Sessel im Wohnzimmer verbrachte, hüllt sich ab sofort über den Tod seiner Frau in tiefes Schweigen. Maria findet erst viele Jahre später die Ursache dieser für sie unverständlichen Verhaltensweise, als sie erkennt, dass der weiche und liebevolle Kern ihres Vaters eine tragende Rolle spielt.

Um Abstand von den dramatischen Ereignissen der letzten Zeit zu gewinnen, nimmt Maria während der Sommerferien desselben Jahres die Einladung einer ehemaligen Kollegin ihres Mannes an. Sie fährt mit ihrer 9-jährigen Tochter Patricia im Auto nach Groß-Gmein im Berchtesgadener Land. Die Gastgeberin ist stets bemüht, den Besuchern den Aufenthalt so angenehm wie möglich zu machen. Bei Ausflügen in die herrliche Bergwelt, bis hinauf nach Bad Gastein, kann die Seele wieder auftanken. In der Zwischenzeit halten Marias Mann, der tagsüber seinem arbeitsintensiven Beruf nachgeht, und der fast 16-jähriger Sohn zusammen mit Vater Franz einen angemessenen Ablauf des Alltags zu Hause in Wilgersdorf aufrecht.

Ein Jahr später vollziehen sich innerhalb der Familie gravierende Veränderungen. Als Fred sich einer größeren Schilddrüsen-Operation unterziehen muss und nach schwierigen Wochen einer anfänglichen Genesung entlassen wird, begegnet er bei der Ankunft vor seinem Haus Schwiegervater Franz. Dieser wird gerade mit einem Krankenwagen in ein Siegener Krankenhaus eingeliefert. Eine Gallen-Operation wird notwendig. Das ist für den 84-jährigen Mann der Beginn einer Zeit mit vermehrten sowohl körperlichen als auch geistigen Beeinträchtigungen. Bci ihren

Besuchen findet Maria ihren Vater oft in wirren Situationen vor, die das Miteinander unter den Patienten im Krankenzimmer nicht gerade leicht machen; sei es die Armbanduhr, die angeblich beim Zimmernachbarn verschwunden ist, der ein anderes Mal im Schützengraben des Krieges für schuldig erklärt wird oder die äußerst klebrige Zinksalbe, mit der Franz in bester Absicht das Bettgitter schön gleichmäßig eingerieben hat und die auf dem Fußboden ihre Spuren hinterlässt. *„Was wird denn heute wieder sein?“,* denkt Maria oft auf dem Weg zu den zahlreichen Krankenbesuchen. Zu Hause kehren die körperlichen Kräfte von Vater Franz allmählich, wenigstens teilweise, wieder zurück, so dass er sich mit einem Rollstuhl in seiner Wohnung bewegen kann. Es stellt sich allerdings für ihn als ein Problem heraus, die körperlichen mit den geistigen Fähigkeiten zu koordinieren, so dass man ihn nicht mehr allein lassen kann. Um unliebsamen Situationen vorzubeugen, beschließen Fred und Maria, zusätzliche Hilfe von außen anzunehmen. Diese finden sie bei einer Wilgersdorferin, die Vater Franz zukünftig zweimal wöchentlich 2 bis 3 Stunden betreut. Die beiden verstehen sich prächtig, lachen gerne und trinken auch mal ein „Stonsdorfer Schnäpschen“ zusammen. Das sind die Stunden, die Maria frei hat und in denen sie ihren persönlichen Belangen nachgehen kann. Trotz alledem lassen die körperlichen Kräfte mit zunehmendem Alter bei Vater Franz immer mehr nach, so dass es für ihn von Tag zu Tag schwieriger wird, sein Krankenbett zu verlassen, trotz der zusätzlichen morgendlichen Versorgung durch den Pflegedienst, bis er ganz bettlägerig wird. Oft schläft er tagsüber, macht die Nacht zum Tag oder kämpft tagsüber mit vermeintlichen Bildern aus dem Ersten Weltkrieg, die sich in der gegenüberliegenden Zimmerecke seines Bettes vor seinen Augen abspielen. Maria ist ihrem Mann sehr dankbar, dass er ihr stets bei der Pflege und Betreuung ihres Vaters zur Seite steht, ganz gleich in welcher Situation oder zu welcher Zeit, auch nachts.

Es ist zwei Tage nach Weihnachten 1987, als Fred und Maria von einem Waldspaziergang zurückkehren. In der Zwischenzeit ist die Nachricht bei ihnen eingegangen, dass sich ihr Sohn Stephan auf der Intensivstation eines Siegener Krankenhauses befindet, wegen Beeinträchtigung seiner Lungenfunktion aufgrund geplatzter Lungenbläschen. Zum Zeitpunkt des Geschehens war er mit einer befreundeten Krankenschwester in seinem Auto unterwegs. Sie hatte spontan darauf bestanden, sofort wegen ersichtlicher Atemnot und starken Schmerzen ins nächste nahe gelegene Krankenhaus zu fahren. Es folgen schlimme Tage des Bangens und Hoffens. Maria stellt sich immer wieder die Frage „warum?“ und „wieso?“; aber findet keine Antwort. Immer wieder schickt sie ihre Bitten zum Himmel und vertraut darauf, dass alles gut wird.

„Gott sei Dank!“ Marias Gedanken kommen aus vollem Herzen, als sie und Fred ihren Sohn wieder nach Hause holen können. Stephans Genesung macht gute Fortschritte und so können Maria und Fred jetzt mit den geplanten Vorbereitungen für eine Rundreise in Kalifornien anlässlich ihrer Silberhochzeit im nächsten Jahr beginnen. Die tatkräftige Unterstützung durch Marias Schwester Gerda, bei der Versorgung ihres Vaters während dieser Zeit, scheint sich im Vorfeld wieder etwas schwierig zu gestalten; so wie jedes Jahr, wenn Maria und Fred eine 14-tägige „Out-Zeit“ nehmen wollen. Schließlich ist jedoch auch dieses Mal eine gemeinsame Lösung in Sicht.

Am 18. Oktober 1988 feiern Maria und Fred mit ihren Familien in einer kleinen Waldkapelle eine festliche Messe zu ihrer Silberhochzeit. Erst beim Hinausgehen stellen sie ganz erstaunt und gerührt fest, dass eine größere Anzahl fremder Besucher ebenfalls den Gottesdienst mitgefeiert hat. Bei dem anschließenden offiziellen Beisammensein mit Freunden, Nachbarn und Bekannten ist für das leibliche Wohl gut gesorgt. In fröhlicher Runde vergehen die Stunden dieses Tages wie im Fluge.

Zwei Tage später, am 20. Oktober, stehen Maria und Fred am Düsseldorfer Flughafen. Mit dreistündiger Verspätung, wegen eines Maschinenschadens an dem planmäßigen Flieger, rollt ein

Ersatzflugzeug um 13:30 Uhr bei dichtem Nebel über die Startbahn. Die beiden sind unterwegs zu ihrer Rundreise nach Kalifornien mit dem verheißungsvollen Titel „Naturwunder des Südwestens". Nach dem Aufstieg durch eine dicke Wolkendecke tut sich über ihnen ein strahlend blauer Himmel auf. Die Sicht nach unten bleibt ihnen jedoch bis Grönland verwehrt und davon ist auch nur kurz die Landspitze zu erkennen. Wetterbedingte Turbulenzen während des Fluges sorgen zeitweise für Unruhe. Eine Frau ruft: „Nein, ich will kein Luftloch!"

Wohlbehalten landet der Flieger in Los Angeles. Ein hoteleigener Transfer bringt Fred und Maria zu ihrer Unterkunft. Der Reiseverlauf führt sie nach San Diego, mit einem Abstecher über die internationale Grenze nach Mexiko, dann nach Phoenix, weiter zum Grand Canyon, ins Navaja-Indianerreservat, durch eine bunte Sand- und Felswüste, dem Monument-Valley mit seinen gewaltigen Felstürmen, und in den Mormonenstaat Utah bis zum Bryce Canyon. Die Fahrt geht weiter durch eine Wüste, aus der urplötzlich Las Vegas auftaucht, die Stadt der Spieler. Die Innenstadt ist eine Spielhölle unvorstellbaren Ausmaßes. Fred und Maria übernachten mit ihrer Reisegruppe im 26. Stock des Hilton-Hotels mit seinen 3200 Betten und hunderten von in allen Farben schillernden Spielautomaten, den einarmigen „Banditen". Nachdem die beiden in ihrem Zimmer angekommen sind, wird Maria kurz danach von starker Übelkeit, Durchfall und Fieber überfallen. Sie fühlt sich total elend. Der herrliche Blick bei Dunkelheit auf das Lichtermeer der Stadt ist für sie trotz allem ein Grund, ihren Mann dazu zu bewegen, allein hinunter zu gehen. Nach einigem Zögern aufgrund ihrer Situation macht er sich auf den Weg. Maria schöpft in der Zwischenzeit alle Möglichkeiten aus, die ihre Reiseapotheke bietet, um die Lage zu verbessern. Der Gedanke, dass morgen früh um 6:00 Uhr die Koffer vor der Tür stehen müssen und die Reise zwei Stunden später weitergeht, scheinen in ihr die Überlebenskräfte anzukurbeln. Sie hat wohl schon geschlafen, als Fred in der Nacht zurückkommt. Nur kurz kann sie seinen Worten folgen, dann fällt sie wieder in einen tiefen Schlaf. Nach dem

Aufstehen fühlt sie sich wesentlich besser. Sie nimmt ihre Medikamente ein, verzichtet jedoch vorsichtshalber auf das Frühstück.

Bei herrlichem Sonnenschein verlässt der Reisebus Las Vegas und sie kommen im weiteren Verlauf auch in den Yosemite-Nationalpark, ein Hochtal in den Bergen der Sierra Nevada. Hügeliges Weideland und riesige Felder schließen sich an, bevor sie San Francisco erreichen. Nach zweitägigem Aufenthalt in dieser „Stadt der 40 Hügel" geht es weiter nach Santa Barbara über die Aussichtsstraße „17-Mile Drive", die an allen landschaftlichen Höhepunkten der Monterey-Halbinsel vorbeiführt. Die Rundreise geht dort zu Ende, wo sie vor 15 Tagen begonnen hat, in Los Angeles. Hier mieten sich Fred und Maria jetzt ein Auto. Sie wollen vor dem Rückflug noch ein paar Tage allein etwas unternehmen und begeben sich in nördliche Richtung über Santa Monica und Malibu nach Oxnard. Hier buchen sie den Rest ihrer verbleibenden Zeit. Die Strände sind herrlich und fast leer und laden förmlich zu Strandwanderungen ein. Wellenreiter kämpfen mit extrem hohen Wellen.

Nach einem sehr beeindruckenden wenn auch anstrengenden Urlaub treffen Maria und Fred wieder am Düsseldorfer Flughafen ein. Stephan und Patricia warten schon auf sie - und alle vier strahlen.

Ein Jahr später, am Nachmittag des 8. Dezember 1989, 2 Tage nach Marias Geburtstag, schläft Vater Franz im Alter von 91 Jahren plötzlich und völlig unerwartet in aller Stille und in Frieden ein; erlöst von den schrecklichen Bildern seiner Vergangenheit, die ihn bis an sein Lebensende verfolgten. Die Frage nach der Ursache seines Schweigens anlässlich des Todes seiner Frau Anna ist immer noch offen.

Die bereits erwachsenen Kinder Stephan und Patricia gehen ihre persönlichen und beruflichen Wege. Stephan ist praktisch veranlagt. So hatte er zunächst nach dem Abschluss der Mittleren Reife an der Realschule Wilnsdorf in Siegen eine 3-jährige Lehre zum Elektriker gemacht, im Anschluss daran die Technische Fachhochschule in Siegen besucht und mit dem Fachabitur in Elektrotechnik abgeschlossen. Dann ging er an die Uni Siegen, um Informatik zu studieren. Da das jedoch nicht seinen Erwartungen entsprach, wechselte er nach einigen Semestern zur Staatlichen Technikerschule in Weilburg, wo er ein 2-jähriges Studium mit dem Abschluss als Elektrotechniker absolvierte.

Einige Monate sind seither vergangen.

„Es gibt eine Neuigkeit“, beginnt Stephan eines Tages etwas zögernd ein Gespräch mit seinen Eltern. Maria schaut ihren Sohn erwartungsvoll an. *„Was wird es denn dieses Mal sein“*, denkt sie, und das nicht ohne Grund, denn erfahrungsgemäß stellt er sie gerne vor vollendete Tatsachen.

„ Ich werde demnächst hier ausziehen“, berichtet er.

Damit hat Maria nun überhaupt nicht gerechnet; im Gegensatz zu ihrem Mann, für den das ganz normal ist, obwohl es ihn im Moment ebenfalls überrascht.

„Wo willst du denn hin?“, fragt sie neugierig.

„Ich habe bereits eine Wohnung. Ich werde in eine WG ziehen, in einen Vorort von Siegen“. Im Detail schildert er jetzt die allgemeinen Gepflogenheiten einer solchen Wohngemeinschaft und die dortigen Gegebenheiten.

Allmählich beruhigt sich Marias Besorgnis um das Wohl ihres Sohnes; aber vorstellen kann sie sich manches dennoch nicht so richtig. Als sie und Fred ihn das erste Mal besuchen, sind beide angenehm überrascht und sie gewöhnt sich, zwar langsam aber immer mehr, an den Gedanken, dass Stephan jetzt auf eigenen Füßen stehen und sein Leben nach eigenen Vorstellungen leben möchte. Ihren Mann kennt Maria zu gut, als dass sie nicht wüsste, dass auch ihm seine Zukunft am Herzen liegt, auch wenn er darüber weniger Worte macht.

Stephans um 7 Jahre jüngere Schwester Patricia war nach der 6. Klasse der Realschule an ein Siegener Gymnasium übergewechselt. Nach Abschluss ihres Abiturs beginnt sie 1991 eine Ausbildung zur Bankkauffrau bei einer Bank in Siegen.

Auf unbekannten Pfaden

Einladung in den Osten

Am 14. August 1992 ist Maria mit Fred im Auto unterwegs nach Balde, um ihren Bruder Franz und seine Frau Luise abzuholen. Als sie dort ankommen, sind die beiden schon fahrbereit, so dass der Koffer und die Mitbringsel schnell verstaut sind. Noch schnell ein paar kurze Anweisungen an die zu Hause Gebliebenen für die nächsten Tage. Dazu zählen in erster Linie Libeth und ihr Mann. Libeth ist 30 Jahre alt und eine der beiden Zwillingstöchter der Familie, zierlich, fröhlich, voller Tatendrang und Lebenslust. Sie ist es gewöhnt, neben ihrem Beruf in Haus-, Vieh- und Landwirtschaft mitzuhelfen. Er, fast gleichaltrig, ist von Beruf Lehrer - wie dafür geschaffen - und unterrichtet an einer Grundschule in einer weiter entfernten Gemeinde. Er ist aber auch Landwirt mit Leib und Seele. Die diesbezüglichen Erfahrungen seines Schwiegervaters Franz kommen ihm dabei sehr zugute. Wie in dem kleinen Ort Balde üblich, kann man sich in Notfällen auf eine große Bereitschaft zur Nachbarschaftshilfe verlassen. So können Franz und Luise jetzt in aller Ruhe mitfahren, Richtung Hessen nach Fauerbach zu Schwester Gerda. Sie steht bereits in der Haustür und wartet. Die Ankommenden vertreten sich erst einmal die Beine, denn die eigentliche Reise steht ihnen noch bevor. Nach kurzer Pause mahnt Fred zur Weiterfahrt.

„Ich muss aber vorne sitzen!“ Gerda erinnert an die bekannte Tatsache, dass ihr Magen rebelliert, wenn sie im Auto hinten sitzt. Bevor sie einsteigt macht sie erst noch schnell eine schwungvolle

Kehrtwendung, um sich zu vergewissern, dass sie die Haustür auch wirklich abgeschlossen hat. Dann kann es losgehen. Das Ziel ist Stiebnitz im Adlergebirge (jetzt Zdobnice v. Orlickich horach). Leopoldine, Marias Cousine aus Erfurt, und ihr Mann haben dorthin eingeladen. Sie hat heute Geburtstag und er in Kürze. Beide werden sechzig und wollen ihren großen Tag zusammen feiern. Heimatfreunde, mit denen sie schon öfter dort waren, werden ebenfalls dabei sein.

Für Maria ist es die erste Fahrt in ihren Geburtsort, und so sieht sie den Unternehmungen mit besonderer Spannung entgegen. Stiebnitz ist ihr aus den zahlreichen Schilderungen ihrer Eltern und Geschwister so bekannt, wie es mündliche Überlieferungen eben vermögen. Sie selbst kann sich nur an wenige Situationen erinnern. Sie vermutet allerdings, dass die unerklärlichen Ängste, die ihr Leben zeitweise beeinflussen, in irgendeiner Weise mit ihrer Kindheit im Zusammenhang stehen. In einzelne Details vertieft sie sich jetzt jedoch nicht.

Die Fahrt geht über die Autobahn Richtung Würzburg - Nürnberg zum Grenzübergang Waidhaus in die Tschechoslowakei - dann Pilsen - Prag - Königgrätz (heute Hradec Králove). Kurz vorher verlassen sie die Autobahn und fahren von dort aus über Reichenau (heute Rychnov nad Kněžnou) am Fuße des Adlergebirges. Nach einigen Kilometern befinden sie sich urplötzlich auf einer kurvenreichen engen Straße in einer dicht bewaldeten Gebirgslandschaft mit tiefen Tälern, deren hoher Baumbestand und altes dichtes Buschwerk von einem wilden Wachstum zeugen. Von menschlichen Ansiedlungen ist wenig zu sehen. Fred zweifelt schon daran, dass sie sich auf dem richtigen Weg befinden. Genauso plötzlich wie die Gebirgslandschaft vor ihnen erschienen ist, taucht jetzt das Ortsschild Zdobnice (früher Stiebnitz) vor ihnen auf. Hier kennen sich Marias Geschwister wieder aus.

An dem vereinbarten Treffpunkt nehmen sich diejenigen, die schon da sind, zur Begrüßung erst einmal in die Arme. Mancher kann seine Freudentränen kaum verbergen. Marietta aus Vimperk in der Tschechoslowakei - ebenfalls Marias Cousine - ist mit ihrem Mann Carel bereits eingetroffen. Sie wohnen mit ihren Kindern und Enkelkindern unweit der Grenze zum Nationalpark Bayerischer Wald. In den vergangenen Jahren haben sie mehrmals den mittlerweile verstorbenen Vater Franz und seine Familienangehörigen in der Bundesrepublik Deutschland besucht.

Nach der Unterbringung in der gebuchten Pension, der Gratulationszeremonie mit vielen Glückwünschen und Geschenken, dem Umtrunk auf die Jubilarin und einer Mahlzeit der tschechischen Küche schließt sich ein langer unterhaltsamer Abend an. Es gibt viel zu erzählen und Leopoldine, ein musikalisches Talent der Familie, spielt zwischendurch auf ihrer Ziehharmonika. Sie singt Lieder aus der alten Heimat, über Heimweh, Liebe und Fernweh, aber auch Humorvolles. Alle stimmen mehr oder weniger ein. Manchem versagt vor Rührung die Stimme.

Der Abend klingt aus mit ihrem Heimatlied in Stiebnitzer Dialekt:

„Tief eim Tole zweschra Borcha
leit mei liewe schiene Hämt,
griene Wiesa, griene Felder
vo grien Bescha eigesähmt ……….“

In Hochdeutsch würde es lauten:
„Tief im Tal zwischen den Bergen
liegt meine liebe schöne Heimat,
grüne Wiesen, grüne Felder
von grünen Wäldern eingesäumt ……….“

Zwischen Marias getuschten Wimpern quetschen sich ein paar dicke Tränen hervor. *„Nein“,* denkt sie, *„nicht jetzt!“* Sie kämpft krampfhaft dagegen an.

Am nächsten Tag stehen ein Spaziergang durch das Dorf und ein Besuch des ehemaligen Hauses Neumann oben am Berg, der Großeltern von Maria, auf dem Plan. Als alle auf dem hauseigenen

Parkplatz der Pension eingetroffen sind, geht es zusammen zu Fuß die schmale Straße hinunter, die an der ehemaligen Schule vorbeiführt. Ein paar Schritte weiter schaut man auf die kleine Dorfkirche auf der gegenüberliegenden Seite. Der heruntergekommene Zustand lässt darauf schließen, dass sie schon lange nicht mehr für Gottesdienste genutzt worden ist. Die mit Brettern provisorisch verrammelte Tür lässt sich mit einigen festen Handgriffen öffnen. Ein Bild der Verwüstung bietet sich den Betrachtern. Durch die zerbrochenen Dachpfannen hat es durchgeregnet. Der innere Anstrich lässt sich nur noch erahnen. Eine dicke Staub- und Dreckschicht bedeckt die zerschlagenen Holzbänke. Entsetzen steht in den Gesichtern derer geschrieben, die diesen Zustand das erste Mal sehen. Beim Verschließen des Eingangs knarren die Bretter gespenstisch an der Kirchentür. Franz hält sich meistens in der Nähe von Maria auf, um ihr möglichst viel davon zu vermitteln, was in seinem Gedächtnis haften geblieben ist. Über manche Begebenheiten aus der Zeit der Vertreibung spricht er nur andeutungsweise, weil sie einfach zu schrecklich waren und bei ihm auch heute noch starke Emotionen auslösen. Als sie im Ort an einem langen Gebäude vorbeigehen, befällt Maria ein eigenartiges Gefühl. Ihr Magen krampft sich zusammen und ihr wird ganz schlecht. Sie macht bewusst ein paar tiefe Atemzüge und atmet dann die frische Luft und den Geruch des saftigen Grüns und der blühenden Kräuter ein, die der angrenzenden Wiesenfläche entströmen. Nach kurzer Zeit fühlt sie sich wieder besser. Eine Erklärung für diese Situation erhält sie erst später, als sie erfährt, dass in dem besagten Gebäude, damals vor der Vertreibung, viele Männer des Ortes grausam misshandelt wurden und der größte Teil von ihnen diese Taten nicht überlebte. Nach der nächsten Straßenbiegung zupft Franz Maria leicht am Ärmel, beugt sich etwas näher an ihr Ohr, als ob das, was er ihr jetzt sagen will, nur sie beide etwas angeht.

„Dort bin ich geboren." Bei diesen Worten zeigt er mit seiner rechten Hand auf ein kleines Holzhaus rechts vor ihnen, umgeben von grünen Wiesen. Auf Fotos hat sie es schon oft betrachtet. Jetzt davor zu stehen, das berührt sie sehr.

„Das ist unser Häuschen, in dem wir zusammen gelebt haben; unser Vater, die Mutter, deine Schwester und ich."

„Und, kurz bevor wir von hier weg mussten, auch du", fügt er hinzu.

„Kleines." So nennt er heute noch seine jüngste Schwester.

„Wer das nicht mitgemacht hat, kann sich nicht vorstellen, wie das damals war!" Wehmut spricht aus seinen Worten.

Maria legt ihren Arm um seine Schultern und beide schweigen.

„Das sieht aber alles sehr ordentlich aus", meint Maria, als sie ihre Sprache wieder gefunden hat. Sie meint damit auch die in einem warmen Dunkelrot gestrichene Holzverkleidung des Hauses. Die weißen Fensterrahmen geben dem Haus ein freundliches Aussehen.

„Ja, es gehört jetzt einer tschechischen Familie. Sie hält sich nur im Sommer zeitweise oder an Wochenenden hier auf. Die Winter verbringt sie lieber wegen des Schneereichtums und den oft schlecht geräumten Straßen in ihrem Hauptwohnsitz in der Tschechoslowakei. Heute ist niemand da. Aber für morgen hat man uns zugesagt, dass wir sie besuchen können", erzählt Franz weiter.

„Hört mal her!" Leopoldines Stimme versucht, möglichst alle Anwesenden zu erreichen. Sie wartet noch einen Augenblick, bis die letzten der Gruppe, die etwas langsamer gehen, sich auch eingefunden haben.

„Wie ihr wisst gehen wir gleich hinauf zu dem ehemaligen Neumann-Haus. Das hat Marietta bereits mit der Bewohnerin abgesprochen. Wer schon weiß, wie es heutzutage dort oben aussieht oder wem der Weg dorthin zu anstrengend ist, kann sich in der Zwischenzeit hier unten etwas umsehen oder auf uns warten." Aber alle wollen mit.

Fred macht von den drei Geschwistern Gerda, Franz und Maria vor dem kleinen Haus noch schnell ein Foto. Schließlich hatten sie hier zusammen mit ihren Eltern die letzten Jahre ihrer Zeit in Stiebnitz verbracht. Dann geht es weiter. Ein Verkehrszeichen neben dem Haus warnt vor engen Kurven. Wie die erste endet ist nicht zu erkennen, denn ein einzeln stehendes Gebäude, ca. 100 m entfernt, versperrt die Sicht. Es ist das Geburtshaus von Maria und das elterliche Haus von Vater Franz. Von dem landwirtschaftlichen Anwesen ist scheinbar wenig übrig geblieben. Nur ein paar Hühner picken neben einer Schüssel mit Wasser in den ausgestreuten Körnern. Ein gelangweilt dreinschauender Hund mit struppigem Fell erhebt sich von dem staubigen Platz vor dem Hauseingang. Ein Auto älteren Datums steht nebenan. Ob es noch fahrbereit ist, könnte man bezweifeln. Vorsichtig schaut ein Mann aus der offen stehenden Haustür, ein zweiter macht sich draußen zwischen nicht gerade geordneten angesammelten Utensilien etwas zu schaffen. Es ist wohl nicht alltäglich und somit auch verwunderlich, dass so viele fremde Menschen - Deutsche - so interessiert an ihrem Haus vorbeigehen wie heute. Franz lässt es sich nicht nehmen, Maria aus der Zeit zu erzählen, nachdem Vater Franz dieses landwirtschaftliche Anwesen nach der Einberufung seines Bruders Heinrich zur Grenzpolizei übernommen hatte.

„Das war für unsere Eltern und Gerda sehr hart. 1941 bist du dann hier in diesem Haus geboren. Ich war damals in der Nähe von Neutitschein auf dem landwirtschaftlichen Lehrbetrieb“, schließt er seine Schilderungen.

„Jetzt geht es den Berg hinauf!“, ruft Leopoldine lautstark und bestimmend. Sie lacht dabei, denn sie weiß was auf sie zukommt. Rechts von der Dorfstraße aus nehmen sie nach einem leichten Anstieg den steilen Fußweg, den Maria schon als Kleinkind mit ihrer Mutter gegangen ist, um ihre Großeltern Anna und Josef Neumann zu besuchen. Heute kann sie nachempfinden, welche Anstrengungen nötig waren, um auf den Berg zu gelangen.

„Bleibt auf dem etwas flachgetretenen Pfad und schaut schon mal auf den Boden, wegen den Kreuzottern. Ihr wisst ja, mit denen ist nicht zu spaßen“, ermahnt Leopoldine ihre Gefolgschaft.

„Hier, in der Wildnis auf der linken Seite, ist auch irgendwo der aufgeschüttete Steinwall, wo sie sich im Sommer immer sonnen.“

Langsam gehen alle nach oben, während sich die Blicke vermehrt auf den Boden richten.

„Kommt, wir machen mal eine Pause zum Durchatmen in dieser herrlich frischen Bergluft“, schlägt Leopoldine etwas später vor. Sie haben die Hälfte des Anstieges schon hinter sich, doch die Schritte sind mittlerweile kleiner geworden.

„Wo früher landwirtschaftlich bearbeitete Feld- und Wiesenflächen den Blick, sowohl hinauf auf den Berg als auch hinab ins Dorf, freigaben, versperren heute riesige Bäume und Sträucher in wildem Durcheinander die Sicht.“ Mit ihrem rechten ausgestreckten Arm beschreibt sie einen entsprechend großen Bogen.

„Nur Wildnis.“ Ihr Gesichtsausdruck sagt alles und sie wischt kurz mit ihrem Taschentuch über die Augen.

Das ehemalige Haus der Familie Neumann ist spät auszumachen. Erst als das Gelände wieder ebener wird und die Besucher näher kommen, sehen sie von der knappen rechten Hälfte des Hauses den oberen Teil. Die linke Seite wird von einer mächtigen Fichte vollkommen verdeckt. Die Gruppe bahnt sich einen Weg durch Gestrüpp und verwachsenes Geäst, bis sie schließlich, etwas aus der Puste, ihr Ziel erreichen. Jetzt wohnt hier eine tschechische Oma mit ihren beiden Enkelkindern. Marietta hat der Frau schon gestern ihr Anliegen vorgetragen. Sie war zwar nicht in Jubeltöne ausgebrochen aber bereit, Leopoldine und ihre Verwandten heute ins Haus zu lassen. Welch ein Segen, dass Marietta dolmetschen kann.

Ein spannender Zeitpunkt ist gekommen. Leopoldine und Marietta stehen vor der Haustür und die anderen ein paar Schritte abseits. Leopoldine klopft. Es dauert etwas bis die Tür geöffnet wird und die besagte Oma erscheint. In der Zwischenzeit hat Maria an der rechten Seite des Gebäudes das Wasserhäuschen entdeckt, wo sich ihre Großmutter Anna früher morgens gewaschen und anschließend ihre Gymnastik gemacht hatte. Nachdem Leopoldine die Frau freundlich begrüßt hat, stellt Marietta die Verwandtschaft vor und erläutert noch einmal kurz die Situation. Die Frau wirkt etwas nervös und angespannt. Es ginge ihr heute nicht gut, sagt sie. Als Leopoldine ihr aber über Marietta zu verstehen gibt, das sie nicht lange bleiben wollen, nur einen Blick in das Haus werfen, in dem sie mit ihren Eltern und Großeltern gelebt habe, tritt die Frau etwas zurück und winkt sie herein. Nicht alle der Anwesenden folgen ihr. Ein bauchiger beiger Kinderwagen, der aussieht als ob in ihm schon viele Kinder gefahren wurden und jetzt mit diversen Dingen überhäuft ist, steht in dem schmalen Flur. Die Tschechin führt die Besucher in einige Räumlichkeiten des Hauses. Das Bett, in dem Leopoldine als Kind hier geschlafen hat, ist noch vorhanden. Von den Regeln einer gewissen Grundordnung ist jedoch nichts mehr zu erkennen. Auch scheint die Frau aufgrund ihres fortgeschrittenen Alters den Gegebenheiten ihres Umfeldes nicht gewachsen zu sein.

Während der Unterhaltung in der Wohnstube löst sich allmählich die Spannung. Die Frau zeigt ihre gastfreundliche Seite und bietet den Besuchern einen Kaffee an, den diese allerdings mit einem Blick auf die Uhr dankend ablehnen. Leopoldine bedankt sich auch für das Angebot, bei ihrem nächsten Besuch in Stiebnitz in diesem Haus übernachten zu können. Ein Händedruck, ein Dankeschön - und die frische Luft des Waldes füllt draußen wieder die Lungen. Zum Besuch der „Freiluft-Toilette" neben dem Haus hätte man im Bedarfsfall jetzt noch die Möglichkeit.

Der Höhepunkt des zweiten Tages in Stiebnitz ist der Besuch bei der tschechischen Familie Neumann. Leopoldine und Marietta waren mit ihren Männern vor einiger Zeit schon einmal bei ihr. Auch heute werden die Gäste sehr freundlich empfangen und die Hausfrau bietet leckeren selbst gebackenen Kuchen, Kaffee und Tee an. Maria ist von den ausführlichen Erzählungen ihres Bruders über die früheren Gegebenheiten sehr beeindruckt.

„Der Mörser dort auf dem oberen Sims des Kachelofens ist noch von uns", sagt Franz leise zu seiner Schwester. Der Hausherr hat es trotzdem gehört. Vehement erklärt er daraufhin, dass dieser schon immer in seinem Besitz war. Franz nickt leicht mit dem Kopf und lächelt.

Marietta ist als Dolmetscherin weiterhin sehr gefragt und so wird es ein unterhaltsamer Nachmittag; auch für Gerda und Leopoldine, die aus ihren Erinnerungen viel dazu beitragen.

„Komm, wir gehen mal nach draußen“, meint Franz zu Maria und erhebt sich, vom Sitzen etwas steif geworden, von seinem Platz. Langsamen Schrittes gehen sie an einem Blumenbeet hinter dem hölzernen Zaun entlang. Er wurde scheinbar nach alter ursprünglicher Art und Weise von Zeit zu Zeit immer wieder instand gesetzt. Auf dem frisch gemähten Rasen neben dem Haus bleiben sie stehen. Beide schweigen. Als Marias Blicke umherschweifen, fließen dicke Tränen über ihre Wangen. Eine „Schublade“ des Unterbewusstseins geht auf und meldet sich. Fred, der ihnen, aus willkommenem Anlass sich zu bewegen, gefolgt ist, drückt sie gerührt und liebevoll an sich. Auch die Augen von Franz sind feucht. Gemeinsam gehen sie hinunter an den Bach. Durch das kristallklare Wasser ist jede Einzelheit auf dem Grund des Bachbettes zu erkennen. Gesteinsstücke in unterschiedlicher Größe und Form wecken Marias Interesse.

„So einen Stein oder zwei könnten wir uns doch mitnehmen, vielleicht als Ständer unter die Gartenlampe und für die Hausnummer“, schlägt sie Fred vor.

„Weißt du wie schwer die sind?“, gibt er zu bedenken.

„Aber besondere Steine sind es schon. Einige glitzern als hätten sie ein Innenleben.“ Maria gibt nicht auf. Für sie sind es nicht nur Steine, sondern Erinnerungsstücke. Ihr wird plötzlich das Ausmaß der erforderlichen Anstrengungen erst richtig bewusst, denen ihre Familie damals ausgesetzt war, um den Lebensunterhalt zu bestreiten; hier an diesem Ort, nach dem Anna bis an ihr Lebensende Heimweh hatte. Als sie sich jetzt selbst vor ihrem inneren Auge als kleines Mädchen barfuß über die Wiese laufen sieht, kann sie ihre Mutter verstehen.

„Die Steine müssen im Kofferraum unten rein, bevor wir morgen das Gepäck einladen“, sagt Fred etwas später ganz nebenbei. Maria weiß auch schon welche und ihre Wehmut verwandelt sich in Freude. Nur mit vereinten Kräften gelingt es, die

Gesteinsstücke aus dem Wasser zu holen, denn sie liegen nicht gerade an den günstigsten Stellen des Baches mit seinen Strömungen und den sprudelnden Stromschnellen.

„Herr Neumann möchte allen, die noch nicht hier waren, die Übernachtungsmöglichkeiten zeigen“, sagt Marietta, als alle wieder versammelt sind. Er geht voraus, die schmale steile hölzerne Treppe hinauf ins Dachgeschoss. Frische Luft weht ihnen durch die beiden Doppelfenster entgegen. Jetzt tut sich ihnen etwas auf, was keiner vermutet hat; 6 selbst gefertigte Holzbetten, mit frisch bezogenem Zubehör im Landhausstil, sind in 2 gemütlich eingerichteten Räumlichkeiten des umgebauten Dachgeschosses untergebracht und laden förmlich zum Schlafen ein. Maria denkt an das frische Heu von damals auf dem Dachboden, von dem ihr Bruder Franz ihr erzählt hat. Herr Neumann ist Schreiner von Beruf und hat das kleine Haus liebevoll ausgebaut.

Es wird Zeit, sich zu verabschieden. Maria nimmt unvergessliche Eindrücke mit und ist allen dankbar, die das möglich gemacht haben. Der Aufenthalt im Osten neigt sich dem Ende zu und morgen geht es wieder in Richtung Westen.

Im darauf folgenden Jahr stirbt Freds allein erziehende Stiefschwester Theodora nach langem Kampf mit einer Krebserkrankung und hinterlässt eine 13-jährige Tochter. Dieses Ereignis ist für alle schwer zu verkraften. Das Mädchen wächst jetzt in der Obhut ihrer Großeltern auf. Ihr Patenonkel Fred ist bestrebt, ihnen mit Rat und Tat zur Seite zu stehen.

„Zufall"-Ereignisse

Es ist Ende Februar 1995. Maria und Fred sind auf dem Flughafen Dalaman in der Türkei gelandet und nun unterwegs mit einem Transfer in Richtung Halbinsel Bodrum. Es ist bereits dunkel geworden, als die Reiseleiterin einen Zwischenstopp ankündigt. Das Abendessen in einem Restaurant ist ein Vorgeschmack auf die türkische Küche und eine angenehme Unterbrechung während dieser ca. 3 ½-stündigen Busfahrt zu ihrem Urlaubsort.

Die großzügige Ferienanlage, ca. 20 km südöstlich der Stadt Bodrum gelegen, ist z. Zt. die erste ihrer Art in der Umgebung; mit zahlreichen Angeboten sowohl in sportlicher Hinsicht als auch entspannenden Bereichen. Sie schmiegt sich an die Hänge zu beiden Seiten eines Hügels zwischen zwei sich gegenüberliegenden Buchten mit z. T. feinsandigen Stränden. Die nur zweigeschossige und besondere Bauweise, die eingefügt ist in ursprünglichen Baumbestand, lässt nirgendwo, auch nicht von der höchsten Erhebung der Anlage aus, das gesamte Ausmaß der 350 Appartements dieses Feriendorfes erkennen. Jedes Haus vermittelt eine angenehme Wohnlage in einer insgesamt harmonischen Landschaft mit mildem Klima und mehr oder weniger bewachsenen Pinienwäldern, wie es scheint in unberührter Natur.

Empfangshalle und Information befinden sich im Zentrum, auch ein Restaurant und ein kleiner Supermarkt. Die Ladenstraße „Mini-Bodrum" am Rande der Anlage lädt zum Schlendern ein. Hier bieten türkische Geschäftsleute diverse landestypische Waren an; in Leder, Gold und Silber, Teppiche, aber auch internationale Zeitungen und Zeitschriften und natürlich Souvenirs. Eine Arztpraxis mit medizinischer Versorgung ist ebenso vorhanden.

Traditionsbewusst gekleidete einheimische Frauen informieren alle 14 Tage durch ihre praktischen Darbietungen über die türkische Esskultur und deren Gepflogenheiten. Gleich an Ort und Stelle kann man sich dabei durch eine Kostprobe von dieser kulinarischen Küche überzeugen.

Aufgrund des großen Ausmaßes der Anlage und der Steigungen des Geländes stehen offene Transportfahrzeuge mit Fahrer zur Verfügung. In ein solches Gefährt, mit Elektromotor betrieben, steigen Maria und Fred an einem der ersten Tage ihres Urlaubs ein. Vier Fahrgäste befinden sich bereits darin, scheinbar zwei Ehepaare. Ein Mann fällt Maria sofort auf. Er ist groß, braungebrannt, hat dunkles kurzgeschnittenes lockiges Haar, das sich wahrscheinlich schwer bändigen lässt, und eine durchtrainierte sportliche Figur. Er könnte in ihrem Alter und Türke sein.

„Ich bin der Horst“, sagt er nach einer kurzweiligen Unterhaltung. *„Aha, ein deutscher Name“,* denkt Maria. Sie kommt aber erst gar nicht dazu, sich gedanklich weiter damit zu befassen.

„Und ich die Irma.“ Die Worte seiner Frau haben einen unverwechselbaren baden-württembergischen Akzent. Vor einigen Jahren sind sie von Deutschland in das Elsass nach Frankreich gezogen. Sie ist ebenfalls gut gebräunt und ihr Lachen macht sie ausgesprochen sympathisch.

Das zweite Paar macht einen ganz anderen Eindruck.

„Helga“, stellt sie sich vor, freundlich und interessiert; ein kerniger sportlicher Typ mit gesunder Bräune und Pagenschnitt, ganz das Gegenteil ihres Mannes.

„Jürgen - ich gehöre zu ihr“, meint dieser trocken. Blonde Haare schauen seitlich unter einer Schildmütze hervor, die sein Gesicht vor zu starker Sonneneinstrahlung schützt. Der helle exakt gestutzte Oberlippenbart passt vorzüglich zu ihm. Es sind zwei gebürtige Rheinländer mit ihrer besonderen Art des Humors. Er stammt aus Köln und sie aus Düsseldorf, wo sie ihren Wohnsitz haben. Im Laufe der Unterhaltung stellt sich heraus, dass die beiden, ebenso wie Maria und Fred, gern wandern und bereits zu dem Bekanntenkreis von Horst und Irma gehören.

„Hier gibt es wunderschöne Wanderwege mit herrlichen Aussichten und lohnenswerten Ortschaften im Inneren des Landes“, sagt Horst.

„Wenn ihr Lust habt, könnten wir zusammen etwas unternehmen.“ Er kennt sich mittlerweile gut aus, denn er und seine Frau haben während ihres jetzigen Urlaubs schon eine Zeit lang in der Türkei verbracht. Die Anreise von Frankreich erfolgte mit dem Auto und dauerte mit 3 Übernachtungen 4 Tage. Sie überwintern hier.

Maria und Fred nehmen das Angebot gern an. Es ergibt sich jedoch, dass sie zunächst nur mit den Rheinländern zu ihrer ersten Tour starten. Die Sonne strahlt vom wolkenlosen Himmel, als sie sich aus dem Feriendorf hinaus auf die wenig befahrene Straße begeben, die in zahlreichen Kurven entlang des Küstenstreifens führt. Kiefern wachsen auf der linken Seite an dem steinigen und steilen Abhang. Sie geben immer wieder durch größere Lücken den Blick auf das tiefblaue offene Meer und die umliegenden Inseln frei und verführen zum Verweilen.

„Ich bin gespannt, was er heute für uns hat“, sagt Helga und meint damit einen bestimmten Türken mit einem für ungeübte deutsche Zungen kaum aussprechbaren Namen.

„Sein Restaurant ist schon etwas Besonderes; aber eine Speisekarte gibt es dort nicht“, fährt sie mit einem vielsagenden Lachen fort.

„Du nimmst eben das, was er gerade hat.“ Jürgen hat damit kein Problem und Fred auch nicht.

„Da vorne an der Kreuzung biegen wir ab. Dann ist es nicht mehr allzu weit“, erklärt Helga.

Das Ortsschild „Çiftlik“ ist in Sicht und gleich danach auch das angekündigte Restaurant. Ein Mann erscheint und ist emsig darum bemüht, dass die Gäste auch wirklich an einem der hölzernen Tische Platz nehmen. Man entscheidet sich für den Halbschatten auf der Terrasse, unter die bereits etwas lückenhafte Überdachung aus Bambus, durch die teilweise dürres Geäst älterer Kletterpflanzen herab hängt. Die üppigen Gewächse an der

Bruchsteinmauer neben dem Eingang wetteifern dagegen mit Farbe und Blütenreichtum. Nach der Kleidung des Mannes zu urteilen, hat er scheinbar bei ihrem Eintreffen abrupt seine Gartenarbeit unterbrochen. Maria mag sich nicht vorstellen, wie er so in der Küche eine Mahlzeit zubereitet. Nach einigen Verständigungsschwierigkeiten weiß jeder was er anbietet, löscht zunächst den größten Durst und nimmt alles gelassen hin, wie der Wirt, der sein eigener guter Kunde bei dem Genuss nachwirkender Getränke zu sein scheint. Dabei kommt heitere Stimmung auf.

Erstaunlich ist schließlich die Vielfalt der Speisen - gebratener Fisch, mediterranes Gemüse, verschiedene Soßen, dazu frisches Weißbrot und Oliven. Als Fred nach Salat fragt, eilt der Gastgeber mit einer Schüssel in den angrenzenden Garten, rupft ein paar Hände voll und stellt ihn auf den Tisch. Die erforderlichen Zutaten sind bereits vorhanden. Dann lässt auch er sich in der Runde nieder und gönnt sich noch ein Glas Wein aus einer der auf dem Tisch befindlichen Flaschen. Auch langt er schon mal bei seinen Gästen auf den Teller und in die Salatschüssel. Fred gibt ihm daher später den Namen „Mitesser“, was sich auch besser aussprechen lässt als sein türkischer.

„Ein Schnaps zum desinfizieren, am besten ein doppelter, ist hier nach jeder Mahlzeit ein Muss!“, sagt Helga mit Nachdruck und der Wirt stimmt in das Gelächter mit ein, einfach nur so. Nach diesem ausgedehnten Aufenthalt legt keiner mehr Wert auf die eigentlich noch geplante Strecke zu Fuß. Daher verschieben sie diese auf einen späteren Zeitpunkt.

Heute sind auch Horst und Irma dabei. Es ist zunächst dieselb Strecke bis zum „Mitesser“. Dann verlassen sie nach einiger Zeit die Straße und begeben sich auf einen Fußweg, der durch ein fruchtbares Tal führt. Um diese Jahreszeit gedeihen hier schon Tomaten, Gurken, Zucchini und dicke Bohnen. Zwischen diesen Mischkulturen weiden auf Grünflächen mit saftigem Gras und blühenden Wiesenkräutern ab und zu ein oder zwei Kühe; angebunden an einen hölzernen Pfahl. Die abzuweidende Fläche wird von der Länge des dicken Strickes bestimmt. Die Tiere gehören zu den in einiger Entfernung stehenden eingeschossigen landestypischen Gebäuden am Rande der Ortschaft. Manchmal befinden sich einige Schafe oder Ziegen eingezäunt in der Nähe der Häuser. Nur wenige Bewohner dieser ländlichen Gegend sind im Besitz solcher Reichtümer. Gewöhnlich bleibt es bei ein paar glücklichen Hühnern und Gänsen, die im Grünen ihr Futter suchen. Oft macht ein wachsamer Hund auf sich aufmerksam, der sich zwischen Holzschuppen und Unterständen oder in der näheren Umgebung der Anwesen aufhält. Überwiegend ist es die ältere Generation, die hier bei sengender Sonne den Acker bearbeitet.

„Wir nehmen am besten diese Abkürzung", empfiehlt Horst und zeigt den Berg hinauf.

„Dann sparen wir uns den weiten Bogen durch den Ort, um wieder zu unserem Ausgangspunkt zu gelangen."

Der Weg steigt stetig an. Während Horst und Irma von ihren bisherigen Erlebnissen berichten, kommen sie an ein einzeln stehendes Haus inmitten hoher Bäume. Große weiße Laken auf einer Wäscheleine, die parallel des Weges gespannt ist, flattern ihnen entgegen. Auf einer niedrigen weiß gestrichenen Mauer vor dem Hof stehen Wasserkannen und Schüsseln. Eine Frau sitzt mit verschränkten Armen daneben, während eine zweite bei der Arbeit innehält. Beide erwidern erstaunt den Gruß. Eine selbstgebastelte Holzleiter, an deren Stabilität man zweifeln könnte, lehnt schief an dem knorrigen Stamm von einem der Olivenbäume, die das Haus umgeben. Ein schwarzes Schaf mit seinem Lamm hält sich im Schatten des daneben stehenden Baumes auf; unbeeindruckt von den Fremden. Als diese stehen bleiben und ihr Interesse zum Ausdruck bringen, ist ein gewisser Stolz in den Gesichtern der beiden Frauen zu erkennen. Sie winken freundlich herüber und später auch der Gruppe nach.

Etwas weiter oben sind plötzlich Stimmen zu hören. Ein zweites Haus taucht auf, in dem es allem Anschein nach lebhaft zugeht. Von der großen Terrasse schaut ihnen eine pausbackige und lächelnde Türkin entgegen. Ihr Alter lässt sich schwer schätzen. Sie sitzt unter einer Art Pergola an ihrem Arbeitsplatz und webt an einem Teppich. Mustertücke verschiedener Größen in harmonischen Farben und kunstvollen Mustern liegen zum Verkauf aus. Nach einem gegenseitigen Gruß erscheint der Mann des Hauses. Mit seiner unüberhörbaren Stimme und einer umfangreichen Umarmung begrüßt er Horst wie einen alten Bekannten und die anderen mit einem kräftigen Händedruck. Gleich darauf eilt er ins Haus, um kurze Zeit später seinen Tee in speziellen henkellosen Gläsern anzubieten, die man beim Trinken am oberen Rand zwischen Daumen und Zeigefinger hält.

„Wenn man ihn ablehnt, ist das für sie eine Beleidigung“, gibt Horst den Neulingen Fred und Maria leise zu verstehen.

Die beiden schließen sich selbstverständlich der Teezeremonie an, empfinden den Geschmack dieses Getränkes jedoch als sehr kräftig. Durch Körpersprache und etwas Deutsch des Türken kann man sich zwar nur einigermaßen aber dennoch belustigend verständigen. Dabei preist der geschäftstüchtige Mann immer wieder die bewundernswerten Teppiche seiner Frau an; alles geschieht in einer natürlichen Herzlichkeit, unabhängig davon, ob seine Bemühungen letztendlich zum Erfolg führen oder nicht.

Auf dem letzten Stück des steilen Anstieges lohnt es sich, noch einmal zurückzuschauen über das weite Tal und die gegenüberliegenden Berge, die durch schmale dünn besiedelte Täler voneinander getrennt sind und deren Vegetation nach oben zu immer weniger wird. Auch das Plateau, auf dem die Wanderer jetzt ankommen, hat nur spärlichen hohen Baumbestand; dafür aber eine wunderbare niedrige Bewachsung. Junge Triebe sprießen aus knorrigen Stämmen Jahrhunderte alter verjüngter Olivenbäume und setzen mit ihrem silberfarbenen Laub besondere Akzente in der grünen Umgebung. Die weitausladenden gelb blühenden Zweige der Mimosen schwingen im Wind und kurz vor der Blüte stehende Zistrosen, deren Farben rosa, weiß oder violett erst an einzelnen geöffneten Blüten zu erkennen sind, bedecken große Teile des Bodens. Aus einem solchen Strauchwerk erhebt sich plötzlich ein weißer langhaariger Ziegenbock mit weit zur Seite gedrehten Hörnern. Er ist genauso erschrocken wie die Menschen, die vor ihm stehen und verschwindet schleunigst in den Büschen. Vielleicht gehört er zu der Herde des Hirten, der hier zeitweise unterwegs ist.

„Jetzt haben wir uns aber eine ausgedehnte Pause verdient“, sagt Helga und ist bereits auf der Suche nach einem entsprechend großen Gesteinsbrocken, auf dem sie mit ihrem Mann Platz hat.

„Jürgen, hier auf den passen wir beide“, ruft sie ihm zu. Er hat sich allerdings noch nicht entschieden, wo er sich niederlassen will.

„Du kannst ruhig etwas näher an mich rücken - wenn wir auch getrennte Schlafzimmer haben“, ergänzt sie mit trockener Miene. Ihr anschließendes Lachen, dass in solchen Situationen typisch für sie ist, macht sie besonders liebenswert.

„Er schnarcht nämlich.“ Die Grübchen in ihren Wangen sind einfach herrlich.

„Die Düsseldorfer schnarchen auch“, erwidert Jürgen kurz und bündig ohne besondere Reaktion. Nur sein Oberlippenbart verrät ein leichtes Grinsen.

Jeder hat noch einen spaßigen Kommentar zu diesem Thema auf Lager, wobei belegtes Weißbrot, Obst und Getränke aus den Rucksäcken wieder für frische Energie sorgen.

Als sie wieder aufbrechen, geht es auf dem breiten festgefahrenen Weg zunächst an der Kuppe des Berges entlang. Aufgeschichtete Gesteinsbrocken geben die Begrenzung des jeweiligen Grundbesitzes an. Hier weidet gerade der besagte Hirte seine Ziegenherde. Die Tiere, von kurz- bis langhaarig und von verschiedenen Brauntönen bis tief schwarz, bevorzugen die üppig wachsenden Kräuter zwischen Steinen und den Olivenbäumen, die generell das Landschaftsbild prägen. Der Ziegenbock aus den Zistrosen ist jedoch nirgends zu sehen.

Der Abstieg zur Küste ist nicht so steil wie der vorherige Aufstieg aus dem Tal. Hier an der Südseite ist die Blüte schon fortgeschritten. Weiße Zistrosen bilden einen herrlichen Kontrast zu den roten Mittagsblumen, die großflächig den Boden bedecken.

„Schau mal dort drüben vor dem großen hellen Stein.“ Irma, die sich in der Pflanzenwelt auskennt und ein Händchen dafür hat, hält Maria am Arm fest.

„Ist das leuchtende Violett des Lavendels nicht herrlich? Sein Duft ist wesentlich stärker als bei uns zu Hause. Hier wachsen fast alle Gewürzkräuter für die Küche; wie z. B. Thymian, Salbei und Rosmarin. An feuchten Stellen, versteckt im Schatten hoher Gräser, kann man auch etliche Arten wilder Orchideen finden."

Unterdessen geht es etwas steiler bergab zu einer Bucht, als Fischerbucht bekannt. Ein Boot ist dort an einem Anlegesteg festgemacht und schaukelt ruhig im Rhythmus der auslaufenden Wellen. Über einen klippenreichen Pfad geht es jetzt in Richtung Ferienanlage.

Diesen Pfad gehen Maria und Fred mit Helga und Jürgen nach einigen Tagen noch einmal, jetzt in entgegengesetzter Richtung. Stellenweise ist er sehr schmal und führt knapp am Abgrund zum Meer vorbei. Über vom Wind zerzauste Kiefern hinweg ist die Gischt der Brandung auf der Haut zu spüren. Manchmal geht es etwas mühsam voran und volle Konzentration ist angesagt, nämlich dann, wenn große Gesteinsbrocken den Pfad blockieren oder gut situierte Anwohner das letzte Fleckchen Grund und Boden bis fast an den Abgrund privat nutzen. Mit gegenseitiger Unterstützung werden die Hürden jedoch gut überwunden. Die Mühe lohnt sich, denn die Aussicht, die sich den vier Wanderern immer wieder bietet, ist bewundernswert; dabei Sonne pur von einem wolkenlosen Himmel, die das Meer glitzern lässt. Aus ihm erheben sich, ihnen gegenüber in einigen hundert Metern Entfernung, zwei grün bewaldete langgezogene Inseln. Nur ein hellerFleck auf der ersten ist als Unterbrechung zu erkennen. Es ist das Anwesen des Besitzers dieser Insel, das dem ganzen etwas Geheimnisvolles verleiht.

Der Weg zur Fischerbucht wird breiter und lässt sich jetzt besser gehen.

„Ich bin gespannt, ob Mehmet heute da ist." Helga meint damit den Fischer, der hier an manchen Tagen fangfrischen Fisch anbietet.

„Bestimmte Wochentage hat er nicht, aber vielleicht haben wir heute Glück." Sie ist ganz zuversichtlich.

„Sein Fisch - ausgezeichnet.“ Jürgen tut seine Vorfreude durch einen schmatzenden Laut kund.

Der Weg verzweigt sich plötzlich in mehrere Trampelpfade, die sich zwischen kniehohen Büschen den Hang hinunter winden zur Bucht. Am Anlegesteg ist von weitem ein Fischkutter zu sehen. Unten angekommen werden die Vier von Mehmet, einem gut aussehenden Türken mittleren Alters, freudig begrüßt. Seine Kleidung erscheint Maria etwas ungewöhnlich in dem steinigen urigen Umfeld; dunkelgraue Hose mit Bügelfalte, weißes etwas hochgekrempeltes langärmeliges Oberhemd, weiße Socken und schwarze Halbschuhe. Es versteht zwar keiner, was er nach der Begrüßung sagt, außer dem Wort „Fisch“, doch ahnt jeder was er meint, als er zum Strand zeigt. Sein Vater, noch in warmer Oberbekleidung und Strickmütze, auf den Steinen am Strand sitzend, schaut zu ihnen herüber. In seiner erhobenen Hand hält er einen durchsichtigen Plastikbeutel voller Fische, vom heutigen Fischfang in den frühen Morgenstunden, und seine Gebetskette, deren Perlen seither schon einige Male durch seine Finger geglitten sind.

Man sieht Mehmet an, dass er stolz auf seinen Vater und den ausgiebigen Fang ist. Lachend präsentiert er den Gästen die Fische zunächst zur Begutachtung, bevor er sich damit an die Feuerstelle begibt. Sie liegt in einer Vertiefung des Bodens. Die in einem Halbkreis errichtete Mauer aus aufeinander gesetzten Steinen schützt vor zu starkem Wind. Eine große seitlich liegende hölzerne leere Kabelrolle, von der Sonne ausgebleicht, dient als Tisch, an dem alle Platz finden. Der Unterbau aus Gitterziegeln sorgt für einen festen und ebenmäßigen Stand. Die ausgebreiteten Blätter einer Zeitung ersetzen die Tischdecke. Ohne große Umschweife werden die Wanderjacken auf den Sitzgelegenheiten ausgebreitet; Maria und Fred auf einer Art Bank mit dicker Holzbohle und Helga und Jürgen auf einem länglichen flachen dicken Stein.

Während die Wanderer ihren Durst stillen, den Blick aufs Meer genießen und das ganze Drumherum auf sich wirken lassen, wäscht Mehmets Frau Fatima auf einem etwas abseits liegenden umfunktionierten Fischerboot den Salat und bereitet ihn zu. Das weiße Kopftuch, gebördelt mit dickem blauem Seidengarn, lässt ihr freundliches liebevoll dreinschauendes Gesicht soeben frei. Eine dicke weiße Strickjacke, die Ärmel jetzt hochgeschoben bis an die Ellbogen, und ihre weite weißgeblümte dunkelblaue leichte Stoffhose fügen sich optisch harmonisch ein in den blauen und weißen Anstrich des Bootes.

Ein Essen mit besonderer Note bei besonderen Gastgebern; hervorragender gegrillter Fisch, gemischter Salat mit Paprika und Oliven in köstlichem Olivenöl und Balsam-Essig, mit schmackhaften Kräutern und Gewürzen, dazu frisch gebackenes Fladenbrot. Ein guter Wein gehört auch dazu.

In bester Laune begeben sich die Wanderer erst am späten Nachmittag auf den Rückweg zur Ferienanlage.

„So einfach ist es, ein gutes Essen zuzubereiten“, sagt Fred und lacht. Dabei denkt er an so manchen Aufwand zu Hause in Deutschland.

Das Unterhaltungs- und Ausflugsprogramm der Ferienanlage ist vielfältig und wechselt 14-tägig. Für dieses Wochenende haben sich Fred und Maria zu einer zweitägigen Tour angemeldet.

Der Bus startet schon früh am Morgen und ist voll belegt. Das erste Ziel ist Pamukkale, berühmt u. a. für seine großflächigen Kalksteinterrassen, auf denen warmes Quellenwasser zum Wassertreten oder einem erholsamen Bad einlädt. Fred krempelt seine lange Jeans bis zu den Knien hoch und los geht es. Anschließend steht genügend Zeit zur Verfügung, die historischen Stätten der Stadt zu besichtigen. Übernachtet wird in dem komfortablen Richmond-Hotel, das keine Wünsche offen lässt und von wo aus man einen herrlichen Blick auf das weite türkische Land hat.

Am nächsten Morgen geht es weiter nach Ephesus. Nach einer ausgedehnten und höchst beeindruckenden Führung durch die Ausgrabungsstätten der antiken Stadt und angemessener Zeit zur eigenen Verfügung tritt der Reisebus die Rückfahrt an. Es ist Nachmittag, als er in einer ruhigen ländlichen Gegend ein landestypisches Restaurant anfährt, scheinbar ein kleiner Familienbetrieb, bestehend aus drei Generationen. Unkompliziert und betont freundlich werden die Gäste empfangen. Auf der Rückseite des Hauses, mit Blick auf die Landschaft, steht alles bereit. In der Nähe noch kahler Feigenbäume ist eine lange zusammenhängende hölzerne Tischreihe bereits mit kleingemusterten hellblau-weiß karierten Tischdecken und Geschirr eingedeckt. Alle finden Platz und machen es sich bequem. Als aufgetischt wird, stellt sich die landestypische Mahlzeit aus der Herstellung eigener Produkte als ein echter Gaumenschmaus heraus. Dem schließt sich eine angenehme Atmosphäre an, bei gutem Wein und froher Stimmung. Die Sonne steht schon etwas tiefer, scheint aber immer noch vom wolkenlosen Himmel, so dass sich Fred seine weiße Schildmütze noch etwas weiter in die Stirn zieht. Vor einem Kopfende des langen Tisches steht ein Olivenbaum, dessen Zweige ein wenig Schatten spenden. Hier lässt sich unvermittelt der Gastgeber nieder, ein Einheimischer mittleren Alters, im Arm ein leuchtend gelbes Instrument ähnlich einer Gitarre, aber kleiner. Die ersten Töne erklingen. Bescheiden sitzt der Mann da, auf seinem Holzstuhl, unter den herab hängenden bewegungslosen Zweigen, als wollten auch sie seinen gefühlsbetonten Liedern lauschen. Fred und Maria können die Worte zwar nicht verstehen, doch die gefühlsmäßigen Weisen seiner Lieder nachempfinden, so wie scheinbar alle anderen der Reisegruppe auch. Unbeirrt davon scharren glückliche Hühner direkt daneben auf dem Seitenhof des Gebäudes nach ihren Körnern, während der Hahn von dem entfernteren Mauersims alles im Blick hat. Allen fällt es schwer nach diesem angenehmen Aufenthalt aufzubrechen, doch der Bus hat noch eine längere Rückfahrt vor sich.

Mit ihren neuen Bekannten erleben Fred und Maria in den kommenden Tagen noch viele glückliche Momente auf ihren Wanderungen, wenn sie gemeinsam mit dem Rucksack über Berg und Tal unterwegs sind. Doch manchmal werden sie auch unerwartet überrascht. So, als sie eines Tages mit Helga und Jürgen wieder zur Fischerbucht gehen. Sie haben die Strecke fast hinter sich, als sie von weitem schon bemerken, dass heute irgendetwas anders ist als sonst. Als sie näher kommen, erscheint Mehmet und gibt ihnen zu verstehen, dass es keinen Fisch gibt und er auch nicht mehr allein mit seiner Frau und seinem Vater hier wie gewohnt Fisch anbietet. Sein Bruder sei in das Geschäft am Strand eingestiegen. Dessen Sohn steht drüben, etwas abseits, mit einem Esel. Oberhalb davon hat man zwischen zwei Bäumen ein Brett angebracht, auf dem verschiedene Getränke zum Verkauf angeboten werden Die Gepflogenheiten haben sich also geändert. Mehmet sieht nicht gerade glücklich aus. Die Wanderer bedauern diese Wende sehr, auch in Bezug auf ihn.

Ein Jahr später.

Es ist Anfang März 1996. Maria und ihr Mann packen erneut die Koffer. In der Natur ist noch nicht viel vom nahenden Frühling zu spüren. Frostige Temperaturen und Schneeschauer sind öfter an der Tagesordnung.

„In der Türkei ist es schon Frühling. Da nehme ich keine dicken Sachen zum Anziehen mit“, meint Maria und legt ihre sommerlichen Kleidungsstücke, die sie mitnehmen will, im Schlafzimmer auf den Betten zurecht.

„Wenn es so wird wie letztes Jahr, scheint den ganzen Tag die Sonne. Ich freue mich richtig darauf, nach dieser Kälte hier; aber eine Garnitur für kühlere Tage kann nichts schaden“, sagt Fred halblaut vor sich hin.

„Die Gassen in der Anlage sind zwar sehr idyllisch; doch abends pfeift dort ein frischer Wind“, ergänzt er nach einer Weile. Dabei steht er etwas unschlüssig vor dem geöffneten sechstürigen Kleiderschrank.

„Wichtig sind die Wandersachen“, betont Maria.

„Sicher werden wir wieder überwiegend mit dem Rucksack unterwegs sein und über die Berge und durch die Täler der umliegenden türkischen Landschaft streifen.“ Ein vielsagendes Lächeln erscheint auf ihrem Gesicht.

„Ja, eine herrliche Gegend“, kommentiert ihr Mann in seiner knappen aber herzlichen Art. Beide lassen sich wie auf ein Zeichen spontan auf dem Fußende ihrer Betten nieder und amüsieren sich über so manche Situation im ersten Türkei-Urlaub. Sie freuen sich schon auf Irma und Horst aus dem Elsass, die dieses Jahr wieder dort überwintern, und auf Helga und Jürgen aus dem Rheinland.

„Die 14 Tage werden wieder viel zu schnell um sein“, bedauert Maria.

„Ich könnte es auch noch länger dort aushalten.“ Fred ist ganz ihrer Meinung.

Allmählich füllen sich die Koffer, stehen ein paar Mal auf der Waage, die immer wieder unmissverständlich anzeigt, dass das Gewicht über das erlaubte Maß hinaus geht und das Verstauen der noch mitzunehmenden Dinge immer schwieriger wird.

„So bleibt es!“ Mit diesen Worten und in der Hoffnung, dass ein paar Kilo mehr als vorgeschrieben kein Problem beim Einchecken am Flughafen sein werden, klappt Fred schließlich seinen Koffer zu und stellt ihn mitnahmebereit in den Flur.

„Was jetzt noch mit muss kommt in den Rucksack.“ Damit ist das Kofferpacken für ihn fast erledigt, wenn da nicht noch die Überlegung wäre, welche Schuhe er mitnimmt. Ihm wäre am liebsten ein Paar für alle Zwecke.

„Die Wanderschuhe ziehe ich am besten auf den Flug an. Die wiegen am meisten“, entscheidet er sich.

„Die anderen brauchen weniger Platz.“ Dabei schaut er zu Maria hinüber, die wie immer etwas länger für die Aktion braucht - wegen der vielen Kleinigkeiten, wie er sagt. *„Typisch Frau“,* denkt Fred, und damit wendet er sich seinen zahlreichen kleinen Dingen zu, die bei ihm obligatorisch vor jedem Urlaub anfallen. Endlich ist es soweit. Alles ist verstaut und die beiden sind ganz glücklich mit dem Gedanken, dass ihnen morgen Abend die klare Luft des Mittelmeeres um die Nase wehen wird.

Ohne Zwischenfälle erreichen sie am nächsten Tag die ihnen bereits vom Vorjahr bekannte Ferienanlage. Ihre Wohnung liegt auf der ruhigeren Seite, oberhalb einer kleinen Bucht, mit herrlichem

Blick auf das Meer. Die Wiedersehensfreude mit ihren Freunden ist groß.

Gleich an ihrem zweiten Urlaubstag unternehmen Fred und Maria mit ihnen eine Wanderung. Die Rucksäcke sind gefüllt mit ausreichend Proviant und Getränken.

„Unser Weg führt zunächst über die Fischerbucht“, sagt Horst. Er kennt sich am besten hier aus.

„Und dann geht es hinauf in die Berge. Dort gibt es noch schöne kleine Ortschaften. Mal sehen wie weit wir kommen.“

Der Pfad entlang der Klippen lädt auch dieses Jahr wieder öfter zum Verweilen ein. Sei es wegen der Aussicht auf das Meer und die Inseln oder auf die Vielfalt der Pflanzen und Sträucher zur Hangseite hin, die unmittelbar an den Fußweg anschließen. Ihr naturbelassener Wuchs und eigenwillige Blütenkraft kämpfen um das Dasein. Aus den Teppichen von Moos und Gräsern, aus denen bereits wilde Orchideen in aller Bescheidenheit blühen - hervor gelockt von den wärmenden Strahlen der Sonne am wolkenlosen Himmel - strömt der Geruch von feuchtem Erdboden. Die Wanderer überqueren die Fischerbucht, in der noch lautlose Stille herrscht, bis auf das leise Auslaufen der Wellen und den Schrei einer Möwe, die sich gestört fühlt. Dann geht es einige Meter den Hang hinauf.

„Dieser Weg führt an der Küste entlang zur Weißen Villa“, erklärt Horst.

„Dort kann man auf Anmeldung wunderbar essen. Das machen wir ein anderes Mal. Aber jetzt geht`s hier hinauf!“ Und schon begibt er sich in die entsprechende Richtung.

„Nehmt euch Zeit“, empfiehlt er.

„Es wird noch ganz schön steil.“ Er weiß nämlich wovon er spricht.

Das Gelände steigt stetig an. Felsformationen und dichtes Gebüsch machen häufig Umwege erforderlich. Freie Flächen sorgen für Abwechslung und ab und zu stößt man auch auf ein Gebäude. An tiefen Einschnitten geht es hinab und wieder hinauf zum nächsten Bergrücken. Auf einer von hohem wildem Bewuchs freigehaltenen Schneise unter einer Hochspannungsleitung legen sie eine längere Pause ein. Die flachen Felsstücke sind ideale Sitzgelegenheiten, von der Sonne mittlerweile aufgeheizt. Marias Blicke schweifen ganz unauffällig umher. Sie überzeugt sich erst einmal davon, dass nicht irgendwelche Schlangen, die es in dieser Gegend zahlreich gibt, in nächster Nähe gerade ein Sonnenbad nehmen. Dabei fallen ihr die Kreuzottern in Stiebnitz ein, von denen ihre Mutter Anna immer erzählte. Als alle einen bequemen Platz gefunden haben, werden Hunger und Durst gestillt und frisches Obst bringt zusätzlich neue Energie. Der freie Blick in die Weite über das Meer trägt noch seinen Teil dazu bei, sich rundum wohl zu fühlen.

„Na, wollen wir wieder?“ Horsts Worte klingen mehr wie eine Aufforderung als eine Frage.

Jeder reckt und streckt sich, schüttelt Ameisen und sonstiges kleines Getier von sich und den Rucksäcken - und auf geht es, weiter nach oben. Plötzlich taucht vor ihnen ein Haus auf. Es ist scheinbar bewohnt. Außer einem alten Mann, der teilnahmslos mitten auf dem ausgetrockneten staubigen Hof vor dem Gebäude sitzt, ist niemand zu sehen. Ohne Kopfbedeckung sitzt er da. Sein haarloser gebräunter Kopf glänzt in der Sonne. Ob er den türkischen Gruß der Wanderer wahrnimmt, kann keiner sagen. - ein Mitleid erregender Anblick.

Nach einer längeren Wegstrecke wird das Gelände etwas freier. Auf der linken Seite unterhalb eines schrägen Kiesweges, über den sie jetzt gehen, hat sich ein Bauer ein Feld zur Bearbeitung hergerichtet. Ein pflugähnliches Gebilde, das nur aus ausgebleichten alten Holzstangen besteht, wartet auf seinen Einsatz. Fred und Maria sind die ersten, die daran vorbei gehen.

„Seht mal, was das für ein alter…“ Maria kommt gar nicht mehr dazu, das Wort „Pflug“ auszusprechen. Die glatten kleinen Kieselsteine unter dem linken Fuß kommen ins Rollen und reißen seitlich das Bein nach unten. Sie schreit auf. Ein noch nie empfundener stechender Schmerz schießt durch ihr Knie. In diesem Moment weiß sie, dass irgendetwas Gravierendes passiert sein muss. Fred ist sofort zur Stelle, um ihr aufzuhelfen. Ganz langsam und unter starken Schmerzen kommt Maria wieder auf die Füße. Alle sind zunächst ratlos, wie man es anstellen könnte, sie wieder hinunter an die Küste zu bringen. Die erste Anlaufstelle wäre die weiße Villa. Bis dorthin ist es jedoch ein langer und beschwerlicher Abstieg.

„Wir sind doch starke Männer. Wenn wir eine Tragevorrichtung herstellen könnten, wäre das die beste Lösung." Horst versucht, die anderen von seinem Vorschlag zu überzeugen.

„Äste gibt es hier genug. Wir suchen uns dafür einen besonders dicken und geraden, an den sie sich oben festhalten kann und transportieren sie dann so nach unten."

„Ist ihm das wirklich ernst?" Maria kann diesen Mann immer noch nicht so richtig einschätzen. Manchmal erscheint er ihr schon etwas geheimnisvoll. In ihrer jetzigen Situation ist ihr jedoch nicht danach, weiter darüber nachzudenken. Sie weiß nur, dass sie das nicht zulassen will.

„Wenn ich mich bei Fred unterhake, wird es auch so gehen!", meint sie und beißt die Zähne zusammen.

Es ist ein langer und schwieriger Abstieg, trotz der Bemühungen von Horst, möglichst den günstigsten Pfad zu finden. Als alle endlich unten an der Küste ankommen, hat Maria nur ein Ziel, ihr schmerzendes Knie mit einem Taschentuch am Wasser zu kühlen. Außer Fred begeben sich die anderen zur weißen Villa, die sich in unmittelbarer Nähe befindet. Da Horst und Irma dort schon gut bekannt sind, können sich alle draußen auf der Terrasse über dem Meer bei kühlen Getränken von den Strapazen der letzten Stunden etwas erholen. Als Maria mit ihrem Mann ebenfalls dort eintrifft, versucht sie eine möglichst günstige Sitzhaltung zu finden, in der Hoffnung, dass ihre Schmerzen etwas erträglicher werden

Birdal, der türkische Eigentümer dieser Villa, ein sehr sympathischer und aufgeschlossener Mensch, hatte einige Jahre in Deutschland gelebt und in der Gastronomie gearbeitet. Horst verbrachte hier bereits einige Male mit Bekannten etliche schöne Stunden. Auch heute führt er, etwas abseits stehend, ein persönliches Gespräch mit ihm. Als er wieder zur Tischrunde zurückkehrt, gibt er Maria kurz ein Zeichen, mit ihm zu kommen. Ihm ist es nicht entgangen, in welchem Schmerzzustand sie sich in Wirklichkeit befindet.

„Wir zwei gehen jetzt in Birdals privaten Wohnbereich“, sagt Horst unterwegs zu ihr.

„Das habe ich mit ihm gerade abgesprochen.“ Maria ist sehr überrascht.

„Wenn du damit einverstanden bist, werde ich versuchen, deine Schmerzen etwas zu lindern“, erklärt er weiter.

„Du brauchst dabei nichts zu machen. Schließe deine Augen und entspanne dich. Ich werde meine Hände auf dein Knie legen. Vielleicht spürst du eine Wärme oder ein Kribbeln. Das ist normal. Wenn etwas sein sollte, was dir unangenehm ist, sag mir Bescheid.“

„Ja, einverstanden“, sagt Maria. Sie verlässt sich dabei ganz auf ihr Bauchgefühl.

In dem Wohnraum setzt sich Maria auf einen Stuhl, Horst ihr gegenüber. Dann begibt sie sich, auch vom Kopf her, vertrauensvoll unter seine Hände. Es dauert nicht lange, bis sie genau das spürt, was er vorausgesagt hat und fühlt sich dabei rundum wohl. Sie weiß nicht, wie lange die Behandlung gedauert hat, als sie die Stimme von Horst wahrnimmt.

„Jetzt kannst du die Augen langsam aufmachen“, hört sie ihn sagen.

„Wie fühlst du dich?“, fragt er.

„Gut“, antwortet sie. „Danke.“

„Ich hab nichts gemacht“, lacht er und sieht dabei ganz zufrieden aus.

„Dann kannst du jetzt aufstehen. Geh ein paar Mal hin und her.“

Maria kann es zuerst nicht glauben. Sie kann sich wieder schmerzfrei bewegen, wenn auch nur langsam.

Als sie nach dem Weg über die Fischerbucht und den Klippenpfad in der Ferienanlage angekommen sind, sucht sie als erstes mit Fred die Arztpraxis in der Ladenstrasse „Mini Bodrum“ auf. Trotz Schmerzfreiheit ist der Bewegungsablauf im Knie bei jedem Schritt noch insofern blockiert, als dass die Beugung des Gelenkes nur dann funktioniert, wenn sie den Unterschenkel des Beines vor dem Auftreten erst mit einem leichten Schwung nach vorn bewegt. Das erinnert sie immer an die Beinprothese ihres Vaters beim Gehen. Die anfängliche Vermutung des Arztes, dass es sich bei ihrem Knie um ein Meniskus-Problem handelt, kann er nach der Untersuchung nicht bestätigen. Maria will in Deutschland erst die Diagnose ihres Chiropraktikers im Sauerland abwarten, bevor sie weitere Schritte unternimmt. So empfiehlt der Arzt ihr jetzt Umschläge und sich zu schonen. Am nächsten Tag macht sie von der Türkei aus telefonisch einen Termin für den ersten Tag nach ihrer Rückreise mit ihrem Chiropraktiker.

Da die gemeinsamen Unternehmungen jetzt sehr eingeschränkt sind, ist Maria darauf bedacht, dass Fred mit den anderen vier unterwegs sein kann. Sie sitzt dann meistens mit einem Buch in der kleinen Meeresbucht unterhalb ihrer Wohnung. Allein lässt sie ihren Mann nicht gern ziehen, denn hier in diesen z. T. unwegsamen und schlecht beschilderten Gegenden vertraut sie dann doch nicht 100%ig auf seinen angeborenen Orientierungssinn.

„Wir wollten doch mal in der Weißen Villa essen“, sagt Horst eines Tages.

„Wie wäre es morgen? Ich würde Birdal Bescheid geben, dass er uns etwas Schönes kocht.“

Alle sind natürlich einverstanden.

„Dann rufe ich ihn heute noch an, damit er morgen früh frische Waren besorgen kann.“

„Wie kriegen wir Maria denn dort hin?“, überlegt Helga.

„Das ist kein Problem“, erwidert Horst.

„Birdal würde sie mit einem Boot holen lassen.“

„Prima“, sagt Maria und denkt dabei an die zutreffende türkische Bedeutung seines Namens: *„hilfsbereit“*.

„Dann fahre ich eben mit dem Boot dorthin.“

Jetzt wundert sich Fred doch etwas über seine in dieser Beziehung ängstliche Frau.

Pünktlich zur verabredeten Zeit steht Maria einen Tag später am Bootssteg der großen Bucht. Das Boot, das sie zur Weißen Villa bringen soll, lässt nicht lange auf sich warten. Ein freundlicher hübscher junger Mann hilft ihr beim Einsteigen. Sie lässt sich auf einer der seitlichen Sitzgelegenheiten nieder und nur wenige Augenblicke später wird der Motor wieder angelassen. Das Boot wendet in einem schnittigen Bogen und steuert auf das offene Meer hinaus. Nur einen Moment denkt Maria an die Wassertiefe unter ihnen. Der Blick zurück, auf das große Ausmaß der Ferienanlage und auf die Schönheit des Küstenstreifens, zieht jedoch ihre ganze Aufmerksamkeit auf sich. Die weiße Villa ist schon von weitem zu sehen. Sie ist weit und breit das einzige sichtbare Gebäude und hebt sich von den besonders in der Sonne rötlich schimmernden Felsen und dem grünbewachsenen Hintergrund deutlich ab.

Das Boot legt in der dazu gehörenden kleinen sandigen Bucht an. Von der Terrasse her schallen Maria laute Begrüßungsrufe entgegen und Fred rückt ihr sogleich den Stuhl neben sich zurecht. Der üblichen Wandergruppe hat sich heute noch ein bekanntes Ehepaar von Horst und Irma angeschlossen. Alle sind in bester Stimmung.

Birdal ist, was die Speisen angeht, immer für eine Überraschung gut. Und so ist ein begeistertes A und O von den Gästen zu hören, als er mit einer riesigen dampfenden rechteckigen Pfanne erscheint. Schon der Anblick des Inhaltes verwöhnt den Gaumen. In einer Sauce, die, wie sich später herausstellt, ihres Gleichen sucht, liegen gebratene Fleischstücke; dazwischen geschmorte Paprikaschoten und Tomaten, ganze Zwiebeln, Pilze, in Stücke geschnittene Kartoffeln und nicht zu vergessen, Knoblauch. Es wird geschlemmt bis zum *„Geht-nicht-mehr"*. Das alles bei gutem Wein und Bier, natürlich auch Wasser, auf einer Terrasse oberhalb der Sandbucht. Bei herrlichem Sonnenschein spiegelt sich der tiefblaue Himmel im Meer - einfach traumhaft. Es wird ein langer unvergesslicher Nachmittag.

Auf dem Rückweg geht nicht nur Maria besonders langsam über die Klippen. Alle sind ruhiger geworden, denn Konzentration ist jetzt angesagt und mittlerweile hat sich auch die Müdigkeit eingeschlichen.

„Ihr kennt doch den Spruch: *Kinder haben besondere Schutzengel*“, unterbricht Horst plötzlich die Stille.

„Alkoholiker vielleicht auch“, fügt er vielsagend hinzu.

„Ein verschobenes Kniegelenk, eine gerissene Sehne und ein angerissenes Kreuzband“, lautet die Diagnose des Chiropraktikers im Sauerland.

Ersteres bringt er in die richtige Lage.

Das andere muss von selbst heilen, d. h. also nicht belasten.

Bei nächster Gelegenheit sucht Maria einen namhaften Orthopäden im Siegerland auf und berichtet ihm von der vorhergehenden Behandlung.

„Gute Arbeit“, bestätigt dieser.

„Doch für eine Operation der Sehne und des Kreuzbandes ist es bereits zu spät.“

Es dauert Monate bis alles überstanden ist.

Loslassen

Wieder zu zweit

Nach ihrer Ausbildung zur Bankkauffrau in einer Siegener Bank und einem berufsbegleitenden Studium zur Bankfachwirtin arbeitete Tochter Patricia bisher als Finanzberaterin und stellvertretende Leiterin des Kundencenters in demselben Bankinstitut.

Aus persönlichen und beruflichen Gründen hat sie sich nun entschlossen, ihren Wohnsitz in den Rheingau zu verlegen, zumal sie nahtlos in eine Filiale ihrer bisherigen Bank nach Wiesbaden übernommen werden kann. Maria fällt es bereits im Vorfeld schwer, sich an den Gedanken zu gewöhnen, dass sie und Fred demnächst allein in ihrem Haus wohnen werden und ihre Tochter so weit weg sein wird.

„Ach Mutti, dann kommst du öfter mal schnell auf ein *Käffchen* vorbei“, sagt Patricia tröstend, nimmt ihre Mutter in den Arm und beide lachen. Sie schwärmt von der Gegend des Rheingaues, seinem Klima und dem besonderen Menschenschlag. Maria gönnt es ihr und gemeinsam treffen sie die erforderlichen Vorbereitungen für den Wohnungswechsel.

Dass Patricia umgezogen ist, bedeutet auch für Fred eine Umstellung, obwohl er darüber, wie immer, wenig Worte macht. Er kann die Begeisterung seiner Tochter verstehen, denn auch er hatte in jungen Jahren Ähnliches erwogen, nur eine andere Gegend. Ihn zog es damals in den Stuttgarter Raum.

Krankheit als Weg?

In den ersten Wochen des Alleinseins wollen Fred und Maria 14 Tage in St. Michael im Lungau/Österreich verbringen. Auf der Hinfahrt nehmen sie die Gelegenheit wahr, einen Abstecher zu Marias Verwandten in Vimperk in der Tchechoslowakei zu machen. Aufgrund der großen Entfernung sehen sie sich nur selten. Der anschließende Wanderurlaub verläuft nicht so, wie man es aus den vorhergehenden letzten Jahren gewohnt war; ausgiebige Wandertouren mit wunderbaren Erlebnissen und herrlichen Ausblicken in die wunderbare Bergwelt. Aus zunächst unklaren gesundheitlichen Gründen kann Maria im Laufe dieses Urlaubes in zunehmendem Maße ihren Mann nicht mehr auf größeren Unternehmungen begleiten. Ihr fehlt dazu einfach die Kraft. So ist er mit der 10-jährigen Hündin Senta, die stets dabei ist, allein unterwegs. Unterdessen beschäftigt sich seine Frau mit ihren Hobbys Lesen und Malen.

Wieder zu Hause, wird Maria mit der ärztlichen Diagnose einer mittlerweile großflächigen Gürtelrose konfrontiert, die ihr in den darauffolgenden Monaten sehr zu schaffen macht.

Es ist Herbst geworden. Heute, an einem Sonntag, unternehmen Maria und Fred, wie so oft, einen Spaziergang in der waldreichen Umgebung von Wilgersdorf.

In der vergangenen Woche hat es viel geregnet. Es riecht auffallend nach dem Harz frisch geschlagener Tannen, feuchtem Waldboden und Moos. Die beiden genießen die Luft und ihr Tempo hat sich auf einen guten Wanderschritt eingependelt.

„Das ist eigentlich das richtige Wetter für die Pilze“, meint Fred, als er feststellt, dass Marias Blicke schon suchend den Waldrändern folgen. Dabei gehen sie automatisch jetzt etwas langsamer.

„Die Steinpilze, die hier stehen, sind schon zu alt. Deswegen hat sie auch keiner mitgenommen. Und unter kleinen Fichten und im

Geäst wollen wir doch nicht suchen“, bemerkt Fred nach einiger Zeit, in der Hoffnung, dass es bald wieder etwas schneller vorangeht.

„Hier im halbhohen Gras und dem Moos stehen Moos- und Butterpilze. Komm, die nehmen wir mit“, ruft Maria ihm plötzlich nach. Schon zieht sie eine Tüte aus ihrer Jacke und verstaut den Fund. Irgendein Behältnis nimmt sie immer mit. Man könnte ja schließlich unterwegs ganz nebenbei etwas finden, was zu gebrauchen ist.

Die Füße sind müde, als sie sich nach dem gut zweistündigen Spaziergang auf der Bank hinter ihrem Haus niederlassen.

„Die Pilze braten wir heute Abend in der Pfanne und essen sie zum Brot.“ Maria freut sich bereits darauf.

„Na, das hat sich ja gar nicht gelohnt“, meint Fred, als es soweit ist. „Die drei Löffel voll schaffst du doch alleine.“

„Probieren kannst du wenigstens“, protestiert Maria und gibt ihm einen davon auf seinen Teller.

Fred macht sich nicht viel aus Pilzen. Daher isst er danach noch sein gewohntes Abendbrot. Sie lassen den Abend gemütlich ausklingen und gehen beizeiten zu Bett.

In der zweiten Nachthälfte wird Maria plötzlich wach. Ihr ist ganz eigenartig zumute. Sie kann ihren Zustand gar nicht einordnen. Ihr Herz schlägt anders als sonst und zunehmender Schwindel macht sich bemerkbar. Ihr fallen die Tropfen ein, die sie auf Empfehlung ihres Homöopathen in der Vergangenheit schon mit Erfolg eingenommen hat. Er betreut sie schon seit vielen Jahren bei gesundheitlichen Problemen. So auch bei ihrem niedrigen Blutdruck. Aufgrund ihrer Erfahrungen hat sie volles Vertrauen in seine therapeutischen Fähigkeiten. Sie ist nicht in der Lage aufzustehen und weckt ihren Mann.

„Kannst du mir meine Kreislauftropfen holen?“, bittet sie ihn und sagt, wo sie zu finden sind. Als sie ihm ihren Zustand schildert, ist er ganz betroffen.

„Von den gebratenen Pilzen kann das nicht kommen. Ich habe doch auch welche gegessen“, meint er.

Nach Einnahme des Medikamentes tritt nur kurzfristig eine leichte Besserung ein. Auch eine zweite Gabe bringt auf Dauer keine grundlegende positive Veränderung. Maria fühlt sich immer schwächer. Ihr Körper ist mittlerweile von kaltem Schweiß bedeckt und sie fällt zeitweise in einen ihr bisher unbekannten Zustand von Gleichgültigkeit. Man überlegt, einen Notarzt zu rufen. Doch das „Bauchgefühl" von Maria sagt „*nein*". Sie entscheidet sich dafür, in den frühen Morgenstunden ihren Hausarzt um einen Besuch zu bitten. Zu diesem Zeitpunkt ahnt sie noch nicht, dass mit der heutigen Nacht ein neuer Beginn ihrer persönlichen Entwicklung eingeleitet wird, der ihr Leben in vielen Dingen verändern sollte.

Wie vorgesehen kommt ihr Hausarzt vor seiner Sprechstunde zum Hausbesuch. Er diagnostiziert eine akute Bauchspeicheldrüsenentzündung; verordnet, in den ersten drei Tagen keine Nahrung zu sich zu nehmen und viel zu trinken. Nach Möglichkeit soll Maria am nächsten Tag zur Blutabnahme in seine Praxis kommen. Das darauf folgende Ergebnis bestätigt die Vermutung des Arztes.

Nachdem leichte Besserung eingetreten ist, sucht sie ihren Homöopathen auf, denn sie kann kaum etwas essen, was keine Probleme macht. Er stellt eine mangelhafte Bauchspeicheldrüsentätigkeit fest, zu der die in sehr ausgeprägter Form durchgemachte Gürtelrose ihren Teil dazu beigetragen habe. Die gebratenen schwerverdaulichen Pilze zu Hause sollen nur das Tüpfelchen auf dem „*i*" gewesen sein. Er verschreibt ein Medikament zur Unterstützung der Bauchspeicheldrüse und gibt ihr gute Ratschläge zu Verhaltensweisen und Essgewohnheiten mit auf den Weg. Außerdem empfiehlt er ihr, sich vom Hausarzt entsprechende Enzyme verschreiben zu lassen. Das hält dieser allerdings noch nicht für erforderlich. Marias Möglichkeiten, ihren Speiseplan entsprechend zu gestalten, sind sehr begrenzt. So bleibt eine permanente Gewichtsabnahme nicht aus.

Beim nächsten Termin weist ihr Homöopath sie ausdrücklich daraufhin, über ihren Hausarzt durch eine Stuhlganguntersuchung feststellen zu lassen, was an Nährstoffen vom Körper überhaupt noch aufgenommen wird, denn der Gewichtsverlust von 25 Pfund bei der schon von Natur aus sehr schlanken Frau ist offensichtlich.

Als Maria bei ihrem nächsten Arztbesuch ihr Anliegen vorträgt, auch die wiederholte Bitte um entsprechende Enzyme, kommt es zu einer kontroversen Aussprache. Letztendlich wird jedoch die gewünschte Untersuchung vorgenommen. Der darauffolgende Laborbericht weist beängstigend niedrige Werte aus. Ab sofort erhält Maria die erforderlichen Enzyme verschrieben. Die Gewichtsabnahme kommt zum Stillstand. Was sich allerdings als sehr schwierig erweist, ist die Gewichtszunahme. Dabei geht es nicht um Pfunde sondern um Gramm.

Für Maria ist es eine äußerst schwierige Zeit. Sie merkt, wie bei der kleinsten Anstrengung ihre Kräfte schwinden und sieht gleichzeitig die umfangreichen Arbeiten, die anstehen. An Spaziergänge ist gar nicht zu denken. Eines Morgens steht sie am Gartenzaun und ihre Blicke gleiten traurig über den Gemüsegarten und das umfangreiche Grundstück. *„Wer wird das wohl hier im nächstes Jahr machen?“,* denkt sie für einige Augenblicke, verwirft aber abrupt die negativen Gedankengänge, die versuchen, sich ihrer zu bemächtigen. Im Grunde verliert sie nie das Vertrauen darauf, dass alles irgendwie wieder gut werden wird.

Die Herbstwinde haben bereits die meisten Blätter von den Bäumen gefegt und die Tage sind merklich kürzer geworden. Manchmal stellt sich Maria im Stillen mit einem fröstelnden Gefühl den langen Winter vor und Fred die Zeit, wenn *„einem die Decke auf den Kopf fällt“,* wie er sich immer äußert.

„Wo werden wohl Irma und Horst dieses Mal überwintern?“, fragt sich Fred eines Tages mehr zu sich selbst, aber so, dass Maria es hören kann.

„Als wir letzten Sommer telefonisch zusammen gesprochen haben sagten sie, dass sie während der Wintermonate in Portugal sein würden, und dass es schön wäre, wenn wir uns wieder einmal treffen könnten“, erinnert sich Maria.

„Was hältst du davon, wenn wir unseren Urlaub im zeitigen Frühjahr auch dort verbringen?“ Fred schaut sie erwartungsvoll an.

„Ich weiß nicht, ob ich mir das schon zumuten kann.“ Die Antwort kommt zögernd.

„Im März ist es da bereits schön warm. Die Blüte der Mandelbäume wird zwar schon vorbei sein; aber man sagt, dass dann Sträucher und Blumen in herrlichen Farben blühen“, schwärmt Fred.

„Außerdem würde dir die Luft des Atlantiks sicher gut tun. Und wenn du Bedenken wegen der Ernährung hast - das kriegen wir schon hin!“, ergänzt er seine Bemühungen, sie von dem Gesagten zu überzeugen.

„Wir sprechen kein Portugiesisch“, gibt Maria zu bedenken.

„Ach, mit Händen und Füssen geht es immer.“ Freds Hand macht bei diesen Worten eine entsprechende Bewegung und beide müssen lachen. „Außerdem spricht man bestimmt auch Englisch.“

„In Kürze habe ich sowieso einen Termin bei meinem Homöopathen. Ihn werde ich fragen, was er dazu meint“, geht es Maria durch den Kopf.

„Vielleicht haben wir Glück und in der Ferienanlage, wo die beiden überwintern, ist noch eine Wohnung frei.“ Fred erscheint bereits mit dem Katalog und damit ist auch Marias Interesse an Portugal geweckt. In Gedanken sitzt sie bereits im Sand einer Bucht zwischen den Klippen.

„Falls Patricia Lust hat, könnte sie mit. Dann würden wir eine entsprechende Wohnung buchen. Heute Abend rufen wir an.“ Fred hat sich im Grunde schon entschieden.

„Das wäre schön. Wir sollten Gudrun und Herbert aus Hannover über unser Vorhaben informieren und hören, was sie vorhaben“, schlägt Maria vor. „Seit unserem gemeinsamen Urlaub auf Mallorca sind schon ein paar Jahre vergangen.“

Einige Tage später ist alles perfekt. Der Urlaub ist gebucht mit Tochter und Freunden.

„Die Energie der Algarve wird Ihnen gut tun“, sagt der Homöopath bei ihrem nächsten Besuch und bestärkt sie in ihrem Vorhaben, nach Portugal zu reisen.

„Alles wird gut“, denkt sie.

Körper, Geist und Seele

Ungeahnte Energien

Maria und Fred haben ihre mit Spannung erwartete Reise angetreten. Ein Fensterplatz in dem gewünschten Bereich des Fliegers nach Portugal war beim Einchecken nicht mehr frei. So sitzt Maria in der Mitte einer Dreierreihe; links neben ihr Fred, wegen der nötigen Beinfreiheit am Mittelgang, und rechts ein schlanker sehr ruhiger und in sich gekehrter Vertreter des männlichen Geschlechts. Schätzungsweise ist er etliche Jahre jünger als sie und scheinbar tief versunken in seine Gedanken, während er anhaltend zum Fenster hinausschaut; im Gegensatz zu ihrem Mann, der schon nach kurzer Zeit eingeschlafen ist. Maria hat gleich nach dem Start um göttlichen Schutz für den Flug gebeten.

Da es den Anschein hat, dass in Kürze keine Unterhaltung mit einem der beiden Männer neben ihr zustande kommen wird, greift sie zu dem Buch, das sie als Lektüre mitgenommen hat. Es war ihr irgendwann im vergangenen Jahr in einer Buchhandlung aufgefallen und stand seither in der Reihe ungelesener Bücher zu Hause im Regal. Bevor sie es aufschlägt, schaut sie noch einmal zu dem unbekannten Nachbarn. Dabei gleitet ihr Blick über das Netz mit den üblichen Flug-Informationen an der Rückseite des Sitzes vor ihm. Sie stutzt und schaut ein zweites Mal hin. Darin steckt nämlich u. a. auch ein Buch. Zu ihrer Überraschung ist es das gleiche wie das, welches sie in ihren Händen hält, mit dem Titel: *„Der Himmel ist nur einen Schritt entfernt"*. Maria beginnt zu lesen. Mit den Schilderungen des Autors Paul Meek über seine angeborenen medialen Fähigkeiten von Kindheit an und seine Erfahrungen im späteren Leben als Medium zwischen Verstorbenen und Hinterbliebenen kann sie nichts anfangen. Sie wird mit einem Thema konfrontiert, das ihr völlig neu ist, von dem sie noch nie etwas gehört hat. Gerne würde sie sich jetzt darüber mit ihrem stillen Nachbarn unterhalten. Doch sie entschließt sich, alles dabei zu belassen und ihr Buch zu Hause wieder an seinen Platz zu stellen.

Der Flug und die Landung auf dem Flughafen Faro verlaufen gut. Schon beim Verlassen des Fliegers wird den beiden ihre viel zu warme Kleidung bewusst, denn hier ist der Frühling schon eingezogen. Obwohl es bereits später Nachmittag ist, scheint die Sonne noch herrlich warm vom blauen Himmel.

Die Suche nach dem Mietwagen, den Fred von zu Hause aus gebucht hat, gestaltet sich nicht ganz einfach; aber dann steht der Fahrt zu der Ferienanlage nichts mehr im Wege. Sie nehmen die Landstraße, die sich als etwas gewöhnungsbedürftig herausstellt, im Vergleich zu den gut ausgebauten Straßen in Deutschland. Ihr Ziel ist der kleine Ort Sesmarias. Nach 50 Kilometern biegen sie vor Albufeira ab und kommen nach weiteren 6 Kilometern zu ihrer Ferienanlage. Sie befindet sich direkt am Meer. Eine dazu gehörende 200 Meter breite Naturschutzzone trennt sie von zwei angrenzenden Badebuchten.

Herbert und Gudrun aus Hannover sind etwas früher angekommen und haben schon ausgepackt. Sie wohnen am Rande der Anlage am Zugang zum Meer. Fred und Maria ziehen in das zweite der jeweils um Wohnungsbreite versetzten Appartements neben ihnen. Tochter Patricia aus dem Rheingau ist noch nicht da. Sie wird mit dem hauseigenen Flughafen-Transfer eintreffen und bei ihnen wohnen. Allerdings hat sie nur eine Woche Urlaub.

In dieser Zeit sind sie zu dritt viel unterwegs und genießen gemeinsam die wunderbare Natur der Algarve; z. B. wenn man von den Fußpfaden oberhalb der Steilküste auf zahlreiche kleine Buchten mit feinsandigen Stränden schaut, die für die Algarve so typisch sind. Bei Flut brechen sich die Wellen des Atlantiks mit

Getöse an den angrenzenden Felsen und suchen sich einen Weg durch Höhlen und Felsspalten. Bei Ebbe finden dort Sonnenhungrige ideale Plätze für ungestörte Badefreuden. Dazwischen bedecken entlang des Küstenstreifens großflächige Blütenteppiche in allen Farben weite Teile der Dünen vor dem bebauten Hinterland. Strandcafés mit mehr oder weniger windgeschützten Terrassen laden zum Verweilen ein.

Auf den Tennisplätzen der Ferienanlage herrscht, aufgrund der steigenden Temperaturen während des Tages, vormittags und gegen Abend reger Betrieb. Einige Male tragen sich daher Fred und seine Tochter rechtzeitig zu einem Einzel oder mit Herbert und Gudrun zu einem Doppel ein. Alle sind Mannschaftsspieler; wobei es Fred eher hobbymäßig macht, *“aus Spaß an der Freud“,* wie er es nennt. Patricia hat im Siegerland bei ihrem belgischen Trainer einen harten Schlag gelernt und kann es mit den Männern gut aufnehmen. Hier lernt sie auch Horst und Irma aus dem Elsass kennen, die bereits seit einigen Monaten in dieser Anlage überwintern. Maria muss mit ihren Kräften haushalten. Sie braucht diese für andere gemeinsame Aktivitäten während des Urlaubs.

Einen Tag vor Patricias Abreise treffen sich alle noch einmal in einem Fischrestaurant in Sesmerias, wo sie einen gemütlichen Abend in fröhlicher Runde verbringen. Der Fisch schmeckt hervorragend.

Am nächsten Tag stehen Maria und Fred mit ihrer Tochter auf dem Vorplatz der Ferienanlage und warten auf den Flughafen-Transfer. Maria ist die Sorge um Patricias bevorstehende Rückreise etwas auf den Magen geschlagen, zumal sie allein unterwegs ist. Doch als sie sich verabschieden und das Auto ihren Blicken entschwindet, siegt ihr Vertrauen darauf, dass alles gut gehen wird. Fred kennt seine Frau sehr gut und weiß ihr anschließendes Schweigen zu deuten.

„Du brauchst dir wirklich keine Gedanken zu machen. Sie wird schließlich im April 28 und ist doch schon öfter geflogen.“ Mit diesen Worten legt er tröstend seinen Arm um sie. Aber nur Maria weiß, das loslassen für sie zu einem Thema geworden ist. Oder war es vielleicht schon immer eines?

In der darauffolgenden Woche unternehmen Fred und Maria mit Herbert und Gudrun im Auto u. a. einen Ausflug an das Cabo de Sao de Vincente (das Kap Sankt Vinzenz, benannt nach dem Heiligen Vinzenz von Saragossa, einem Schutzpatron der Seefahrer). Es bildet zusammen mit der Landzunge Ponta de Sagres die Südwestspitze des europäischen Festlandes.

Unterwegs machen sie einen Abstecher in Portomao, einem touristischen Zentrum; sehen dem Treiben im Hafen zu und bummeln durch die Stadt. Nach zahlreichen abwechslungsreichen Eindrücken und grandiosen Ausblicken erreichen sie die ihnen nun etwas eintönig erscheinende Gegend um Sagres. Außerhalb der Stadt nutzen geschäftstüchtige Portugiesen einen Vorteil des Tourismus; nämlich in Handarbeit gefertigte Strickwaren und andere warme Kleidung, auf die man hier an der Küste zeitweise nicht verzichten kann, an den Mann zu bringen. Das kommt den beiden Frauen gerade recht. Gudrun entschließt sich für einen dicken langärmeligen grünen Pullover mit Zopfmuster und Maria für eine dunkelblaue Strickjacke aus Schurwolle mit weißem Norwegermuster und hölzernen Knöpfen.

„Letzte Bratwurst vor Amerika“, steht auf der gegenüberliegenden Straßenseite in großen Buchstaben als Blickfang über einem Bratwurststand geschrieben; darunter: „Exklusiv am Ende der Welt“ - Welch ein Gaumenschmaus!

Das Cabo de Sao Vicente mit seinem Leuchtturm ist in Sicht, dessen Lichtkegel knapp 60 km über den Atlantik reicht. Er gilt als der lichtstärkste Europas. Bei ihrer Ankunft ist für die vier Vorsicht geboten. Die Algarve endet hier in einer bis zu 70 Meter hohen Steilküste mit karger baumloser Vegetation. Maria stockt fast der Atem, als sie die Angler sieht, die in schwindelnder Höhe an diesen Felsformationen hängen. Es ist kein Geheimnis, dass dieses Wagnis jährlich etliche mit ihrem Leben bezahlen. Schiffe dagegen halten zum Kap einen großen Sicherheitsabstand.

Es ist der dritte Tag vor der Abreise. Fred und Horst kämpfen auf dem Tennisplatz in einem Doppel gegen Herbert und Gudrun. Dabei wird Fred abrupt außer Gefecht gesetzt. Durch eine ungünstige Bewegung zieht er sich eine Rückenverletzung zu, die dazu führt, dass er fortan nicht mehr spielen kann. Er wendet sich an die deutsche Heilpraktikerin in der Ferienanlage und kann noch am selben Tag dort vorstellig werden.

„Das hat gut getan", sagt er in einem ausführlichen Gespräch anschließend zu Maria.

„Sie behandelt energetisch, hat sie mir erklärt."

„Auch Bauchspeicheldrüse und Gürtelrose", fügt er kurz danach hinzu. Dabei denkt er an die beiden Krankheiten, deren Nachwehen immer noch Marias Befinden beeinträchtigen.

„Willst du nicht auch zu ihr gehen bevor wir abreisen?" Fred schaut seine Frau erwartungsvoll an.

„Ich weiß nicht so recht, was ich davon halten soll", antwortet sie zögernd, denkt aber weiter darüber nach.

„Eigentlich könnte ich mal hören, was sie dazu sagt", meint sie dann etwas gedehnt.

„Ich muss ja nicht machen lassen, was ich nicht will", fügt sie noch hinzu. Und damit steht ihr Entschluss fest.

Mit Spannung sieht Maria am nächsten Tag ihrem Termin entgegen. Beim Betreten der kleinen Praxis wird sie von einer jungen Frau freundlich begrüßt. Als Marias Blick umher schweift, zieht eine an der Wand hängende Urkunde über *Reiki* kurz ihre Aufmerksamkeit auf sich. Gleich zu Beginn der Unterhaltung schildert sie ihre Situation und gibt Auskunft über die mittlerweile nicht mehr sichtbaren aber zeitweise immer noch schmerzenden Bereiche der Gürtelrose. Die Heilpraktikerin bittet sie, sich ganz bequem auf die Behandlungsliege zu legen. Dann schildert sie die Art der beabsichtigten Behandlung durch auflegen der Hände, von der Fred berichtet hat. Maria ist damit einverstanden. Schon nach kurzer Zeit spürt sie ein in ihren Körper einströmendes angenehmes Wärmegefühl und wohltuende Entspannung. Außerdem stellen sich in den Bereichen unter den Händen spürbare Reaktionen ein. Die diesbezüglichen beiderseitigen Erfahrungen kommen in einem ausführlichen Abschlussgespräch zur Sprache.

„Normalerweise sollten noch einige Behandlungen folgen. Schade, dass Sie morgen schon abreisen“, bedauert die Heilpraktikerin.

„Die Schmerzen werden sich zeitweise noch bemerkbar machen“, fährt sie nach einer kurzen Pause fort.

„Verfallen Sie dann bitte nicht in Angst, dass es wieder schlimmer wird; sondern stellen Sie sich vor, alles fließt hinunter durch die Füße, weg in die Erde. Das erfordert zwar einiges an Übung; aber unsere Gedanken haben eine große Kraft.“ Ihre Aussage klingt sehr überzeugt.

Maria kennt das Gefühl der schmerzenden Stellen zur Genüge aus der wochenlang andauernden akuten Phase ihrer Krankheit, besonders dann, wenn es durch Einwirkung von außen in diesen Bereichen warm wird und schon die leichteste Berührung mit der Bekleidung brennende Schmerzen verursacht. So versucht sie auch während des Rückfluges, sich in ihrem Sitz möglichst nicht anzulehnen. Es ist ein anstrengendes Unterfangen; aber letztendlich kommt sie mit Freds Unterstützung gut zu Hause an, wenn auch müde und erschöpft.

„Was für eine Wohltat“, denkt Maria, als sie sich am Abend auf ihrer gewohnten Matratze ausstreckt. Doch dieses Gefühl ist nicht von langer Dauer. Trotz der Müdigkeit kann sie so schnell keine Ruhe finden, wie sie sich das vorgestellt hat. So lässt sie den vergangenen Urlaub noch einmal Revue passieren. Während dessen steigert sich die Wärme in den bekannten Bereichen bis zu brennenden Schmerzen. Urplötzlich fällt ihr die Empfehlung der Heilpraktikerin ein. Deren Vorname Rebecca ist Maria geläufiger als der etwas außergewöhnlich klingende Nachname. Maria gelingt es zu entspannen, verlässt sich auf ihre Vorstellungskraft und denkt an ihre Füße, dass alles hinaus fließt; immer und immer wieder. Sie kann es kaum glauben, als ihr nach einer halben Stunde bewusst wird, dass sie schmerzfrei ist.

„Fred“, ruft sic und rüttelt ihren Mann wach.

„Stell dir vor, die Schmerzen sind weg.“ Nach dieser erstaunlichen Erfahrung finden beide endlich die nötige Nachtruhe.

In den darauf folgenden Wochen geht es mit Marias Gesundheitszustand aufwärts. Sie denkt oft daran, dass ihr Heilpraktiker sie darin bestärkt hatte, den Urlaub an der Algarve zu verbringen, da ihr die Energie des Atlantiks gut tun würde. Auch geht ihr die Urkunde über Reiki bei Rebecca nicht aus dem Kopf. Als sie dann auch noch in einer Buchhandlung vor einem entsprechenden Buch steht, kann sie aus ihrem Bauchgefühl heraus einem Kauf nicht widerstehen. Sie entschließt sich, sich näher damit zu befassen. Bisher hat sie das verdrängt. Sie befürchtet, dass diese so unwahrscheinlich erscheinende Methode nicht im Einklang mit ihrem christlichen Glauben steht. Sie macht es sich daher nicht leicht und setzt sich gründlich mit dem Inhalt des Buches auseinander, findet jedoch keinen Grund für ihre Besorgnis. Umso mehr erstaunt es sie, dass sich nach einiger Zeit eines Tages, während sie sich in ihrem Buch intensiv in die Methode vertieft, in ihrem Körper ein Gefühl einstellt, als ob etwas zu fließen beginnt. Daraufhin entschließt sie sich, diese Technik zu lernen.

Bei nächster Gelegenheit berichtet Maria ihrem Heilpraktiker von ihrer Behandlung bei Rebecca und erfährt während des Gesprächs, dass auch er Reiki praktiziert. Er empfiehlt ihr den Reiki-Lehrer seines Vertrauens.

„Er hat ein Fortbildungs- und Gesundheitszentrum“, bemerkt er beiläufig.

Fast ein Jahr ist seit ihrem Urlaub in Portugal vergangen, als Maria eines Tages erwartungsvoll in der oberen Etage des besagten Gebäudes auf den Klingelknopf drückt. Ihr Herz schlägt etwas schneller als gewöhnlich. In der Tür erscheint ein Mann mittleren Alters.

„Anselm“, stellt er sich vor und bittet sie höflich herein.

Maria fällt die Ruhe auf, mit der er sich bewegt, und die besondere Ausstrahlung, die von ihm ausgeht. Es wird ein langes Gespräch mit vielen Fragen und Antworten. Seine Informationen sind Maria überwiegend bekannt. Aufgrund ihrer gründlichen

Vorbereitung und ihres ausdrücklichen Wunsches vereinbaren sie einen Tag im Mai zur Einweihung in den Ersten Reiki-Grad. Fred ist erstaunt, als er das erfährt, freut sich aber mit ihr.

„Ich würde mich verändern, hat Anselm mir angekündigt", sagt Maria lachend zu ihrem Mann, während sie sich über Einzelheiten des Gesprächs unterhalten.

„Ich möchte aber, dass du so bleibst wie du bist.", ist seine spontane Reaktion. Er hat keine Vorstellung davon, wie diese Veränderung aussehen könnte.

Am 30. Mai 2000 wird Maria in den Ersten Reiki-Grad eingeweiht, der sie befähigt, Kanal sein zu können für Reiki (gesprochen: *Reeki,* übersetzt: *Universelle Lebensenergie),* die Energie des Lichtes und der Liebe.

„Diesem Ritual folgt zunächst eine 3-wöchige ganzheitliche Reinigungsphase auf allen drei Ebenen Körper, Geist und Seele, die ja den Menschen ausmachen", sagt Anselm zu ihr.

„Schreibe während dieser Zeit deine Träume auf. Sie sind für dich von großer Bedeutung."

Maria zieht sich zu Hause täglich einmal zurück, macht es sich in einem dafür vorgesehenen Raum in der unteren Etage gemütlich, zündet eine Kerze an, legt sich auf der Couch unter eine Decke und macht ihre energetische Übung. Danach fühlt sie sich einfach nur wohl. Sie besucht die Reiki-Treffs bei Anselm, lernt dort eine Reihe von Menschen kennen, die zum größten Teil bereits längere Zeit mit dieser energetischen Methode arbeiten und gegenseitig ihre Erfahrungen austauschen. Hier lernt Maria auch Marlies kennen, ca. 10 Jahre jünger als sie und beruflich in der Altenpflege tätig. Beide verstehen sich sofort und so kommen sie sich privat schnell näher.

Maria hat nach der Einweihung 2 Wochen lang vergebens auf die angekündigten Träume gewartet. In den darauf folgenden Tagen wird sie allerdings mit Traumerlebnissen konfrontiert, die noch nach dem Erwachen vor ihrem inneren Auge stehen:

Sie befindet sich als Kind in einem Raum. Nur wenig Licht fällt durch ein kleines Fenster. Die Holzdielen sind alt und abgetreten. In einer Ecke steht ein Puppenwagen. Sie läuft darauf zu. Ihr abgegriffener hellbrauner Teddybär liegt darin. Freudig streckt sie die Arme nach ihm aus, hebt ihn heraus, hoch über sich - und erwacht. Es ist Morgen. Dicke Tränen rollen über ihre Wangen. Sie greift zu Papier und Bleistift und schreibt es auf.

Ein großer Hof. In dem lehmigen Boden viele und breite Reifenspuren. Im Hintergrund ein Gebäude, nur undeutlich zu erkennen. Davor ein Lastwagen mit offener seitlich durch Holzplanken begrenzter Ladefläche. Darauf kreuz und quer zahlreiche herumliegende leblose Menschenkörper. Uniformierte Männer in hohen Stiefeln sind dabei, noch einige Tote dazu zu werfen. - Maria wird schreiend wach und schreibt.

Ein Fluss. Seine Ufer gehen zu beiden Seiten in Böschungen über. Sie sind steil, hoch und steinig. In halber Höhe sitzt die kleine Maria mit ihrer Mutter Anna, schaut ängstlich hinunter auf das Wasser und hält sich krampfhaft an ihr fest. Sie müssen hinunter auf die andere Seite des Flusses. Anna nimmt sie in ihre Arme und lächelt sie vertrauensvoll an. - Maria erwacht und schreibt auch diesen Traum auf. Noch lange sieht sie das Gesicht ihrer Mutter vor sich.

Wie allgemein üblich, begleitet Anselm Maria nach der Einweihung ein Stück auf ihrem Reiki-Weg.

„Dein Unterbewusstsein hat sich gemeldet. Diese Träume stehen im Zusammenhang mit den Erlebnissen deiner Kindheit", erklärt er ihr nach der Reinigungsphase in einem Einzelgespräch.

„Nur an dem, was einem bewusst ist, kann man arbeiten. Und da Reiki ein Bewusstwerdungsprozess ist, wirst du es eines Tages auch verstehen."

Wundersame Überraschungen

Für Maria gehört Reiki mittlerweile zu den täglichen Ritualen. Eine zunehmende Verbesserung ihres Gesundheitszustandes ist deutlich zu erkennen. Eines Tages wird ein Kurs in einer für sie neuen energetischen Methode angeboten: Qi Gong, wobei angeblich Qi für *Energie* und Gong für *in Bewegung, fließen lassen* stehen soll. Maria und Marlies melden sich an. Die täglichen Übungen zu Hause erfordern zwar ein hohes Maß an Selbstdisziplin, doch die beiden können, wie die meisten Teilnehmer, die das schaffen, am Ende des Kurses von eigenen positiven Erfahrungen berichten.

Es ist ihr Qi-Gong Lehrer Adalbert, von dem Maria eines Tages erfährt, dass in Kürze in Berlin eine Ausbildung in den Grundlagen der Traditionellen Chinesischen Medizin stattfindet, mit dem Schwerpunkt Medizinisches Qi Gong.

„Wenn du willst, kann ich versuchen, dass du noch daran teilnehmen kannst“, sagt er zu ihr.

„Eigentlich sind die Anmeldungen schon abgeschlossen. Du müsstest dich also in den nächsten Tagen entscheiden.“

Als erstes hält Maria Rücksprache mit Fred. Dieser gibt grünes Licht und überlässt ihr voll und ganz die Entscheidung. Sie überlegt hin und her. Sie als Landei mit ihren 60 Jahren in Berlin, das will gut überlegt sein; aber verlockend ist es doch. Sie will erst eine Nacht darüber schlafen. Das tut sie dann auch, ohne jedoch am anderen Morgen ihrer Entscheidung auch nur einen Schritt näher gekommen zu sein. Heute steht u. a. ein größerer Einkauf an. So setzt sie sich vormittags in ihr Auto, stellt allerdings vor der Garage den Motor wieder ab. Bevor sie endgültig losfährt, wendet sie sich in ihrer Hilflosigkeit mit lauten Worten an ihren Schöpfer:

„Lieber Gott hilf mir, die richtige Entscheidung zu treffen, ob ich zur Ausbildung nach Berlin soll oder nicht.“

Nach diesem Hilferuf lässt sie den Gedanken los und macht ihre Besorgungen. Es ist kurz vor Mittag, als sie wieder zurück ist. Nachdem die Einkäufe untergebracht sind, begibt sie sich hinter das Haus auf die Terrasse zum Garten hin.

„Hast du einen Moment Zeit?“ Es ist Evelyn, eine gute Bekannte von ihr, die sie schon von weitem anspricht.

„Na klar, komm wir trinken etwas zusammen“, entgegnet Maria, nichts Böses ahnend.

„Ich komme gerade vom Arzt. Ich habe Krebs“, bringt es Evelyn ohne Umschweife auf den Punkt.

Maria ist geschockt. Betroffenes Schweigen, dann geht alles für Maria so unfassbar schnell.

„Du gehst nach Berlin.“ Eine innere Stimme, unbeschreiblich, aber klar und deutlich, ist plötzlich in ihrem Kopf. Und ab sofort steht für Maria fest, dass sie nach Berlin geht.

„Lass uns auf die Terrasse gehen“, sagt sie.

„Was möchtest du trinken?“

„Nur Wasser“, antwortet Evelyn.

Sie schildert ihre Situation und berichtet von den vorgesehenen medizinischen Maßnahmen, die auf sie zukommen werden. Maria bewahrt über ihre gerade getroffene Entscheidung vorerst Stillschweigen. Noch am gleichen Tag teilt sie allerdings Adalbert ihren Entschluss mit.

Maria hat Glück. Einige Tage später erhält sie die schriftliche Bestätigung und nähere Informationen zu den Ausbildungsinhalten: Grundlagen der Traditionellen Chinesischen Medizin (TCM), theoretische und praktische Grundlagen des Medizinischen Qi-Gong. Um das Mitbringen eines Audio-Aufnahmegerätes wird gebeten.

Außer Maria werden noch zwei weitere Frauen aus dem Siegerland dabei sein.

Jetzt geht alles seinen Gang, vom Einholen der Auskünfte bei der Deutschen Bundesbahn über die günstigste Strecke, Fahrpläne und Anschlüsse, Vorbestellung der Gruppenfahrkarte ab 3 Personen, bis zur Buchung einer Unterkunft, möglichst in Nähe des Ausbildungsortes, der von Seminar zu Seminar unterschiedlich sein kann. Letzteres erweist sich als besonders schwierig, ist aber letztendlich erfolgreich.

Als Fred seine Frau zum Siegener Bahnhof bringt, treffen sie dort absprachegemäß Sandra, die Jüngste der Dreier-Gruppe. Klara, in Marias Alter, wird an einer der nächsten Stationen zusteigen. Morgen beginnt ihr erstes Seminar in Berlin.

Nach anfänglicher 1½-stündiger Fahrt mit dem Bummelzug bis Hagen und einem längeren Aufenthalt im dortigen Bahnhofsgebäude, das viel zu wünschen offen lässt, ist es sogar auf dem zugigen Bahnsteig angenehmer. Sie sind froh, als endlich ihr ICE einfährt. Die Fahrt geht zunächst bis Dortmund, wo sie in einen anderen umsteigen müssen, sehr beeindruckend durch schnittige Stromlinienform und wesentlich länger als der vorherige. Wie gut, dass sie Sitzplätze gebucht haben. Das ist jetzt von Vorteil. Es sind nur wenige Stationen bis Berlin-Zoo. Dort angekommen, trennen sich ihre Wege. Klara kann bei Bekannten unterkommen und hält sogleich Ausschau nach der entsprechenden U-Bahn. Maria und Sandra erreichen ohne Probleme ihre Pension in Charlottenburg. Es kostet schon etwas Anstrengung, um sich bei ihrer Ankunft bemerkbar zu machen. Dann erscheint schließlich ein etwas struwweliger und extrem salopp gekleideter junger Mann, der sie über ausgetretene knarrende Holzstufen nach oben bringt. Nun merken die beiden Frauen erst, wie schwer ihre Koffer sind. In einem der obersten Stockwerke werden sie durch eine breite zweiflügelige Tür in einen großen hohen Raum mit schweren samtartigen Gardinen geführt. Mehrere Teppiche dämpfen die Tritte auf den Holzdielen.“ *Das gibt es hier in Berlin gewiss öfter“,* denkt Maria. Dabei fällt ihr der Besuch bei Hans in Wien ein, damals mit ihrem Vater Franz.

„Das ist der Frühstücksraum. Ab 7:30 Uhr gibt es Frühstück.“ Der junge Mann zeigt etwas wortkarg auf einige Tische, die vor den

Fenstern in einer Art Erker stehen, bereits für morgen früh ordentlich gedeckt mit Kerzen und Blumen.

„Hier sind ihre Schlüssel. Ab 22:00 Uhr müssen sie den Eingang um die Ecke benutzen.“ Er weist noch in die besagte Richtung und beschreibt den Weg zu ihrem Zimmer. Dann ist er verschwunden. Der Schlüssel knarrt im Schloss, Maria drückt die Tür auf.

„Was ist denn das?“ Bei diesen Worten brechen die beiden erst einmal in ein schallendes Gelächter aus. Das Doppelzimmer ist gerade so groß, dass Koffer und wenige andere Utensilien soeben noch Platz finden. Schon die Tür zum angrenzenden Bad sieht nicht gerade einladend aus. Die Überraschung ist perfekt, als sie beim Eintritt in den kleinen Raum mit Dusche und WC einen mehr als 5 cm breiten offenen Spalt zwischen dem hohen schmalen Badezimmerfenster und dem versetzten Mauerwerk entdecken. Er ist scheinbar die Folge von irgendwelchen gut gemeinten Baumaßnahmen und sorgt zwangsläufig dauerhaft für eine gute Belüftung.

„Hier wird es wohl keiner übermäßig lange aushalten“, meint Sandra.

„Aber es ist ja schon Frühling.“ Beide müssen wieder lachen; beide lieben die Wärme.

„Geh` du zuerst“, meint Maria, in der Hoffnung, dass es im Bad anschließend von der Temperatur her etwas angenehmer sein wird.

In Bezug auf die Verpflegung, das Frühstück ausgenommen, sind sie während der gesamten Ausbildung Selbstversorger. Erfrischt aber hungrig begeben sie sich jetzt auf die Suche nach einem Lokal. An der Auswahl der internationalen Küche mangelt es nicht. Allerdings ist es schwierig, einen freien Platz zu finden. Als in einer indischen Lokalität gerade ein Tisch in einer Ecke frei wird, erweist dieser sich als ideal, was den Überblick und die Rückenfreiheit angeht. Junge und junggebliebene Leute verbringen hier die Abendstunden, wobei nicht nur das Essen, sondern auch die Unterhaltung eine große Rolle spielt. So ist der Geräuschpegel entsprechend laut. Zum großen Teil sind es Studenten, auch älterer Semester. Künstler und solche, die es noch werden wollen, sind ebenfalls vertreten genauso wie ganz normale Bürger. Hier schaut keiner zu seinem Nachbarn, ob er groß oder klein, dick oder dünn ist, lange oder kurze Haare hat. Die beiden vom Land bekommen hier den ersten Eindruck von dem quirligen und scheinbar unkomplizierten Leben in Berlin.

„Guten Appetit." Die köstliche indische Spezialität, mit ungewohnten aber wohlschmeckenden und vor allen Dingen wärmenden Gewürzen, ist genau das, was sie sich vorgestellt haben.

Pünktlich um 7:30 Uhr betreten Maria und Sandra am nächsten Morgen den Frühstücksraum. Heute ist die Chefin der Pension persönlich anwesend. Auffallend freundlich und adrett gekleidet verweist sie auf das reichhaltige Frühstücksbüfett und bietet Kaffee und Tee an. Beide sind Teetrinker. Sandra ist kein großer Esser. Maria dagegen braucht eine gute Grundlage für den Start in den Tag, immer unter Berücksichtigung auf die Verträglichkeit ihrer Bauchspeicheldrüse. Heute, zu Beginn des Seminars um 9:00 Uhr, wollen die beiden Frauen besonders früh vor Ort sein. Mit Rucksack auf dem Rücken und dem Stadtplan in der Hand ziehen sie los. Obwohl die Bürgersteige ausgesprochen breit sind, muss man auf der Hut sein. Radfahrer tauchen hier überall auf, nicht nur auf den farblich besonders gepflasterten Radwegen, und behindern den Wettlauf mit der Zeit. Wenn da nicht auch noch die zahlreichen Ampeln wären. Jetzt macht sich ihr Schuhwerk positiv bemerkbar, das eine flotte Gangart zulässt. Als sie das gesuchte Gebäude erreichen, weist ein bescheidenes Schild am Eingang auf die Ausbildungsräume hin. Zahlreiche Teilnehmer unterschiedlichsten Alters sind bereits anwesend. Laut Teilnehmerliste beläuft sich die Teilnehmerzahl auf 30 Personen. Sie kommen aus ganz Deutschland, vereinzelt auch aus dem angrenzenden deutschsprachigen Raum und den unterschiedlichsten Berufen: Von im Beruf stehenden Ärzten und Therapeuten - auch für alternative Methoden - über den Chefarzt einer Kinderklinik, der bereits Medizinisches Qi Gong mit Erfolg praktiziert hat, bis hin zu Menschen wie Maria, aus Interesse an einer Möglichkeit zur

Verbesserung ihrer eigenen gesundheitlichen Situation. Einige von ihnen kennen sich bereits.

Eine Frau - ihr Alter lässt sich schwer schätzen - sitzt etwas abseits auf dem Fußboden. Ihr langes gewelltes Haar ist leicht grau und locker am Hinterkopf zusammengesteckt. Ihre angewinkelten Knie hat sie mit beiden Armen umschlungen. Der Gesichtsausdruck ist wie versteinert. Die Augen blicken teilnahmslos ins Leere. Der offene Reißverschluss der Stofftasche neben ihr lässt einige Kleidungstücke erkennen. Proviant und Schreibutensilien liegen auf einem Leinenbeutel. Die Frau kommt aus dem ehemaligen Jugoslawien, wo bei kriegerischen Auseinandersetzungen fürchterliche Gräueltaten begangen wurden. Sie leidet an einem diesbezüglichen Trauma.

Eine chinesische Ärztin und Qi-Gong-Lehrerin, leitet die Ausbildung. Man sagt, den Namen gibt es in China mindestens so häufig wie Schneider und Schmidt in Deutschland. Der Unterricht findet ganztägig statt, d. h. offiziell bis 18:00 Uhr. Daran schließen sich jedoch meistens noch in kleineren Gruppen Gespräche über die Tagesthemen oder ein Erfahrungsaustausch an.

Maria, bisher ein ausgesprochener Computer-Muffel, muss sich jetzt wohl oder übel doch mit dieser Technik befassen. Denn der gesamte theoretische Unterricht wird jeweils mit dem Aufnahmegerät aufgenommen und muss zwischen den Seminaren zu Hause niedergeschrieben und bearbeitet bzw. verarbeitet werden. Hinzu kommen die praktischen Übungen des Qi Gong. Eine gute Portion Selbstdisziplin ist hier von Vorteil.

Bei den Teilnehmern gibt es während der Ausbildung viele erstaunliche Erfahrungen und Veränderungen. So hat die höchst traumatisierte Frau ihr Lachen wieder lernen können und nimmt jetzt regen Anteil an ihrer Umwelt.

Die Einheit von Körper, Geist und Seele des Menschen hat in der TCM einen hohen Stellenwert. Maria erfährt, was das auch für eine Bedeutung für ihren ganz persönlichen Gesundheitszustand in ihrer Vergangenheit hatte, wie sich bestimmte Emotionen auf bestimmte Organe auswirken und welche Kraft die Gedanken besitzen, sowohl positiver als auch negativer Art.

Ein großes Thema ist die Informations-Krankheit, die Beeinflussung durch fremde Energien, sogenannter erdgebundener Seelen. Maria hat bereits öfter über deren Anwesenheit gelesen und gehört. Sie ist äußerst skeptisch und sträubt sich gegen diese Theorie. Doch geschilderte Tatsachen einiger Seminar-Teilnehmer und deren sichtbare Situationen und Veränderungen vor Ort wirken überzeugend. Beizeiten gelingt es ihr, Informations-Krankheiten von „normalen“ zu unterscheiden. Ihre dafür von Natur aus vorhandene Sensibilität spielt dabei sicherlich eine tragende Rolle.

Nach erfolgreichem Abschluss ihrer Ausbildung erhält Maria im Herbst 2002 das Zertifikat der Internationalen Medizinischen Qi Gong-Gesellschaft. Im darauf folgenden Jahr nimmt sie an einer zusätzlichen Ausbildung in Guolin Qi Gong, einer speziellen Form für an Krebs Erkrankte, teil. Diese Geh-Übungen, die in freier Natur gemacht werden müssen, praktizieren die Schüler in einem nahe gelegenen Berliner Stadtwald, z. T. wie in einem Gänsemarsch hintereinander gehend. Kaum einer der zahlreichen Passanten ist sichtlich erstaunt darüber. Scheinbar gehört Qi Gong bereits zum Stadtbild Berlins.

Unterdessen hat Marias Bekannte Evelyn die notwendigen medizinischen Maßnahmen nach ihrer Krebserkrankung zum größten Teil hinter sich gebracht. Maria empfiehlt ihr, begleitend zu der medizinischen Verordnung ihres Arztes einen Kurs in Guolin Qi Gong bei ihrem ehemaligen Qi Gong-Lehrer Adalbert zu machen. Evelyn zieht die täglichen Übungen zu Hause in freier Natur konsequent durch und merkt, wie gut sie ihr tun.

Marias zweite Ausbildung in Berlin ist Ende 2003 nach erfolgreichem Abschluss beendet. Sie ist dankbar für das Wissen und die Erfahrungen, die sie in den letzten Jahren erlangen durfte.

Gleichzeitig hatte sich vor drei Jahren ihr Reiki-Weg wie ganz zufällig fortgesetzt. Sie bekam eines Tages eine Einladung zu einem Reiki-Abend in Wilnsdorf. Dort trafen sich Bewohner des Ortes und aus der näheren Umgebung, die schon länger Reiki praktizierten - mit Mira, einer Reiki-Lehrerin aus Norddeutschland. Für Maria war diese Begegnung der Beginn einer sehr bedeutungsvollen und spannenden Zeit, mit einer bemerkenswerten, starken und kompetenten Frau. Daher ließ sie sich von ihr in Norddeutschland im Zweiten und Dritten Reiki-Grad ausbilden und einweihen.

Ursprünglich hatte Maria die Absicht, das ihr zur Verfügung stehende Wissen und die energetischen Möglichkeiten in erster Linie für sich und ihre Familie zu nutzen. Nach reiflicher Überlegung entschließt sie sich jedoch, es auch der Allgemeinheit anzubieten und richtet sich eine Praxis für Reiki und Qi Gong ein. Erstaunt ist sie, als sie erfährt, dass es in ihrem Wohnort Menschen gibt, die seit 10 Jahren Reiki anwenden, allerdings nur bei Gleichgesinnten und im Verborgenen. Über die Geheimhaltung wundert sich Maria nicht, bei der ihrer Meinung nach konservativen Einstellung vieler Siegerländer. Sie hofft, dass die bestehenden Vorbehalte im Laufe der Zeit abgebaut werden können, da diese Energie des Lichtes und der Liebe, die Universelle Lebensenergie, ihren Ursprung in der Schöpferkraft hat und religiöse Ängste unbegründet sind.

Manche Personen können mit Marias neuer Tätigkeit nur schwer oder gar nicht umgehen. So, wie es z. B. während ihrer Ausbildungszeit in Berlin geschah, als sie bei einem Aufenthalt zu Hause Freunde im selben Wohnort anrief, um sich nach deren Befinden zu erkundigen.

„Wie geht es euch? Ich habe gehört, dass ihr schon so lange mit Grippe zu tun habt. Ich bin vor ein paar Tagen erst von Berlin zurück gekommen. Sonst hätte ich schon früher angerufen“.

„Was machst du denn in Berlin?“, war die Gegenfrage ihrer langjährigen Freundin.

„Ich habe dir doch davon erzählt. Ich mache Qi Gong“, antwortete Maria.

„Lass uns damit in Ruhe!“ Es war die Stimme des Mannes ihrer Freundin, des Jugendfreundes von Fred, die jetzt polternd an ihr Ohr drang. Dann kündigte er ihnen die Freundschaft.

„Ich wünsche euch für die Zukunft alles Gute“, hatte Maria damals nur erwidert.

Das meinte sie ehrlich und ihre Stimme klang ganz ruhig. Als sie aufgelegt hatte, wunderte sie sich über sich selbst. Sie verspürte weder Ärger noch Zorn *„Ist es das, was mein Reiki-Lehrer damals meinte, als er sagte: du wirst dich verändern?“* An diesem Tag dachte sie noch lange darüber nach. Sie war einfach nur enttäuscht. Ihr fielen zahlreiche gemeinsame Aktivitäten aus den letzten vergangenen 38 Jahren ein. Nach einer Woche hatte sie losgelassen, ohne Bewertung der Personen.

Dass ihr einige Menschen aus ihrem Wohnort nicht mehr so unbefangen begegnen wie früher - zwar freundlich, doch eher etwas distanziert - akzeptiert sie ebenfalls ohne diese zu bewerten.

Bei einem Heimat-Treffen in Stiebnitz begegnet Franz Paula, einer Frau, die in Schwerin sesshaft geworden ist. Als er davon nach seiner Rückkehr Maria berichtet, wird die Idee geboren, gemeinsam nach Mecklenburg zu fahren. Auf Anfrage erklärt sich Paula gerne bereit, mit ihnen das ehemalige Quarantänelager Ventschow aufzusuchen, wo Maria mit ihrer Mutter Anna, Gerda und Elfriede nach der Vertreibung untergebracht war. Für Fred ist es selbstverständlich, sie ebenfalls zu begleiten. Nach einer problemlosen Autofahrt erreichen die drei mit der Hündin Senta Schwerin. Ihre Unterkunft liegt etwas außerhalb, ist jedoch leicht zu finden. Es ist Nachmittag, als sie anschließend in Paulas Wohnung. eintreffen. Sie werden von ihr und ihrem Mann schon erwartet und freudig begrüßt. Paula war Lehrerin und ist zu Zeiten der DDR scheinbar gut zu Recht gekommen, wie die Wohnungseinrichtung zeigt. Das Abendessen in einem Lokal um die Ecke ist für Fred ein reiner Gaumenschmaus: Sülzfleisch mit Bratkartoffeln.

Am Vormittag des nächsten Tages zeigt Paula den Besuchern zahlreiche Sehenswürdigkeiten der Stadt, die in den Jahren nach dem Mauerfall zu neuem Ansehen gelangt sind; allen voran das Schweriner Schloss. Hier in den freien Lagen um den Schweriner

See pfeift trotz Sonnenschein ein eiskalter Ostwind, typisch für diese Jahreszeit. Es ist Anfang März.

Für den Nachmittag ist der Hauptteil ihrer Reise geplant, das damalige Quarantänelager Ventschow. Nicht nur Maria sieht diesem Vorhaben mit gemischten Gefühlen entgegen; auch Franz, dem seine Mutter sehr viel davon erzählt hat. Von Paula wissen sie bereits, dass diese Gegend schon viele Jahre ein großflächiges Vogelschutzgebiet ist. Sie ist jetzt mit ihrem Mann im Auto unterwegs dorthin und die Besucher fahren hinter ihnen her. Von Schwerin über Flessenow sind es ca. 30 km. Ab dem Parkplatz an einem See für Erholungssuchende geht es zu Fuß weiter, teilweise durch hohen Tannenwald und lichten verjüngten Baumbestand eines Mischwaldes. Je weiter sie hinein kommen, desto unebener und ausgefahrener wird der Weg. Sie erreichen eine Stelle, von der aus schon von weitem einige einzeln stehende Hütten sichtbar werden, von einer dicken Schicht des restlichen immer noch in Farben schimmernden Herbstlaubes des vergangenen Jahres umgeben. Jeweils gegenüber, auf der anderen Seite des Fußweges, steht ein kleiner runder Tisch mit einer Sitzgelegenheit. Von Annas Schilderungen ist nicht mehr viel zu sehen, außer den dicken Baumstämmen der damals noch fensterlosen Hütten, die jetzt gegen Wind und Nässe abgedichtet sind. Die geschlossenen grün gestrichenen Fensterläden und Türen, die wasserdichte grüne Pappe auf den Dächern und exakt gemauerte Schornsteine aus roten Ziegeln lassen nichts von dem vermuten, wie es damals war und wie die Menschen darin leiden mussten. Die Hütten werden jetzt als Behausungen für Vögel und irgendwelche Aktivitäten genutzt, die dem Vogelschutz dienen. Während Franz und Paula in Gespräche vertieft sind, fragt sich Maria, ob darunter auch die ist, in der ihre Mutter, wie viele andere, mit ihr, Gerda und Elfriede untergebracht war. Bei einem Rundblick in den lichten Mischwald sieht sie plötzlich vor ihrem inneren Auge das vage Bild des damaligen schrecklichen Donnerbalkens, ein Überbleibsel ihrer kindlichen Erinnerungen.

Am nächsten Tag starten Maria, Franz und Fred von Schwerin aus zu der zweiten Etappe ihrer Erkundungstour in Mecklenburg. Ihr Ziel ist Groß Krams, ca. 45 km südlich von Schwerin. Auf der Anfahrt wechseln sich vereinzelt liegende kleine Ansiedlungen mit weiten brachliegenden Flächen ehemaliger Kolchosen ab. Schnurgerade führt die Straße durch das flache Land, gesäumt von mächtigen alten Laubbäumen, deren ausladende Kronen sich zu einem endlos erscheinenden Tunnel schließen. In Groß Krams verläuft die Straße in einer leichten Biegung durch den Ort. Die schmale Fahrbahnbreite ist nur in der Mitte geteert, die Seiten sind naturbelassen aber sauber. Was für diese Gegend typisch ist, zeigt sich auch hier in Ziegelhäusern - meist weiße Fensterrahmen. Aufgrund von Schilderungen und Informationen von Paula über vergangene und derzeitige Gegebenheiten ist der einst größte Bauer des Ortes schnell gefunden.

Hier haben Marias Mutter und Gerda zeitweise gearbeitet und zuletzt auch gewohnt. Z. Zt. soll nur noch die Schwiegertochter des damaligen Bauern mit ihrer Familie da sein. Als Maria den seitlichen Hofeingang auf einem Foto festhält, löst dies in dem Garten des gegenüberliegenden Hauses alarmierende Reaktionen aus. Ohne sich auf ein Gespräch einzulassen, setzen die drei ihren Gang durch den Ort fort. Nur ein paar Leute neben einem Misthaufen in ihrem großen Garten unterbrechen die Arbeit und wundern sich über die Fremden.

Jetzt möchte Maria mit ihrer Begleitung noch eine Frau in Belsch besuchen, einer Gemeinde im Landkreis Ludwigslust, unweit von Groß Krams.

Sie sind zwar nicht angemeldet; aber als sie dort eintreffen, werden sie sehr freundlich empfangen. Die Frau ist sehr überrascht und erzählt bereitwillig viele Einzelheiten.

Sie sei damals 12 Jahre alt gewesen, als sie mit ihrer Familie auch in Groß Krams untergebracht war. Sie kann sich noch genau daran erinnern, dass sie oft eine Familie mit einem ebenfalls 12 Jahre alten Mädchen im Haus des besagten Großbauern besuchten und Maria mit ihrer Mutter nebenan im Eckzimmer des

Obergeschosses wohnte. Über diese bestätigende Aussage ist Maria sehr erleichtert.

Nach einer ausschleichenden Phase geht Fred 2003 endgültig in den Ruhestand. Trotz gewisser Vorbereitungen der letzten zwei Jahre bringt die neue Situation für ihn eine große Umstellung mit sich. Aus dem arbeitsreichen Berufsalltag mit großer Verantwortung in eine Zeit der Ruhe zu wechseln, ist sehr gewöhnungsbedürftig, manchmal auch problematisch. Maria ihrerseits kann es nur schwer akzeptieren, dass ihr Mann - seiner Meinung nach aus gut gemeinter Absicht - ihre Arbeitspläne neu regelt. Dazu zählen z. B. umfangreichere Gartenarbeiten und im Winter an Wochentagen das Schneeschieben. Sie vertritt insgeheim vehement den Standpunkt, dass frische Luft und Sauerstoff doch so gesund sind. Auch beschäftigen materielle Fragen der Zukunft ihn mehr als sie. Beide sind nicht besonders glücklich über diese Situation.

„Heute ist wieder einer der herrlichen Tage, die man einfach genießen muss", denkt Maria. Sie unterbricht ihre Hausarbeit. Die Sonne schickt ihre wärmenden Strahlen in das Wohnzimmer. Nur vereinzelt sorgen weiße Federwolken für Abwechslung am blauen Himmel. Der Frühling ist längst eingekehrt. Die Vogelwelt tummelt sich übermütig in dem Blätterdach des Apfelbaumes hinter dem Haus und in den Büschen des Gartens.

„Da bist du ja wieder", sagt Maria vor sich hin und geht auf das Fenster zu. Es fällt ihr zum wiederholten Male auf - das Rotkehlchen, welches draußen auf der Fensterbank sitzt und eifrig mit dem Schnabel an die Scheibe klopft. Dabei hüpft es aufgeregt hin und her.

„Was willst *du* mir denn sagen?", setzt Maria die seltsame Kommunikation fort. Es stört den gefiederten Freund in keiner Weise, dass sie in unmittelbarer Nähe vor ihm steht. Plötzlich erhebt er sich in die Luft und entschwindet über das Dach. Indessen sitzt Fred in seinem Arbeitszimmer vor dem Computer; seinem Gesichtsausdruck nach in einer schwierigen Angelegenheit. *„Das* *muss ich ihm erzählen"*, denkt Maria. Doch als sie sein Zimmer betritt, kommt sie erst gar nicht dazu. Draußen auf der Fensterbank sitzt ihr Rotkehlchen, schaut herein und hüpft erneut aufgeregt hin und her. *„Ich säe nicht und ernte nicht; mir ist alles gegeben und ich freue mich des Lebens."* Ist das seine Botschaft? Maria behält ihre Gedanken für sich, denn ihr Mann ist jetzt zu vertieft in seine Gedankenwelt.

Fred ist ein Jahr im Ruhestand, als sich die bereits schon etliche Jahre bestehenden gesundheitlichen Probleme seines Vaters rasant verschlechtern. Seine körperlichen und geistigen Fähigkeiten lassen nun rapide nach, so dass der ärztliche Dienst in immer kürzeren Abständen in Anspruch genommen werden muss. Eines Tages sitzt Maria nach einem Arztbesuch am Bett ihres Schwiegervaters. Sie bemerkt, dass er ihr etwas mitteilen möchte. Doch ist er nicht in der Lage, seine Gedanken in Worte zu fassen. Es hat den Anschein, als sei es von großer Wichtigkeit. Nach mehreren Anläufen übermannt ihn die Müdigkeit. Maria rückt sich leise einen Stuhl vor das Fußende seines Bettes, damit sie ihm gegenüber sitzt. Obwohl er schläft, sagt sie ihm nun das, was sie ihm noch ganz persönlich sagen möchte und ist davon überzeugt, dass es bei seiner Seele auch ankommt. Am gleichen Tag schläft er im Beisein von Fred still und in Frieden in ihrem Arm für immer ein; fünf Tage vor Weihnachten 2004, im gesegneten Alter von 95 Jahren.

Patricia hat sich in der neuen Wahlheimat Rheingau gut eingelebt. Mittlerweile sind einige Jahre vergangen, seitdem sie ihren Wohnsitz von Wilgersdorf nach Erbach bei Eltville verlegte. Ihre führende Stellung in dem Bankunternehmen in Wiesbaden erfordert ihren ganzen Einsatz. Lange Arbeitstage sind keine Seltenheit, eher an der Tagesordnung, so dass für private Dinge wenig Zeit bleibt.

In einer ähnlichen Lage befindet sich auch Eva, ihre mütterliche Freundin, wie Maria sie später insgeheim bezeichnet. Sie ist eine waschechte Berlinerin, etliche Jahre älter und wohnt in demselben Haus wie Patricia. Beruflich ist sie in einem großen

Handelsunternehmen im In- und Ausland sehr eingebunden. Die beiden Frauen liegen in so manchen Dingen auf einer Wellenlänge. So entwickelt sich im Laufe der Zeit auch zwischen ihnen eine engere Freundschaft, die u. a. zu einem unvergesslichen Urlaub in Übersee führt.

Eines Tages parkt Patricia wie üblich abends ihr Auto in der zu ihrem Wohnhaus gehörenden Tiefgarage. Wieder begegnet ihr der junge Mann, der ihr hier schon öfter über den Weg gelaufen ist. Seltsamerweise verwickelt er sie heute in ein Gespräch. Sie unterbricht ihren gewohnten forschen Schritt, mit dem sie üblicherweise zielstrebig auf den Treppenaufgang zueilt. Sie erfährt, dass er auf der anderen Seite desselben Hauses im Untergeschoss wohnt.

„Ach, das Kellerkind", meint Eva scherzhaft, als sie davon hört.

„Sven heißt er", erwähnt Patricia beiläufig.

Beide ahnen nicht, was für weitreichende Folgen diese Begegnung haben wird.

Der Rosengarten im Schlosspark in Eltville steht in voller Blüte. Auch Oleander und Lavendel wetteifern um die schönste Blütenpracht. Es ist ein herrlicher Tag im Juli 2006 mit strahlendem Sonnenschein und für diese Gegend typischen hochsommerlichen Temperaturen, als sich Patricia und Sven vor der Standesbeamtin in Eltville ihr Ja-Wort zu einem gemeinsamen Leben geben. In den Räumlichkeiten streikt aufgrund der gegenwärtigen Hitze zeitweise die Kamera des Fotografen. Diesbezüglich ist der anschließende Fototermin des Brautpaares im Rosengarten des Schlossparks eine Wohltat. Patricias lachsfarbenes Kleid, lang und Figur betont, fügt sich wunderbar in das Farbenspiel der Blütenpracht. Auch Sven, in traditionellem Anzug, stellt seinen ganzen Charme unter Beweis. Inzwischen nutzen die Gäste die Gelegenheit zu einem Spaziergang in nächster Umgebung des Schlosses. Altersbedingte schiefgetretene Natursteinstufen sind für die meisten Besucher etwas gewöhnungsbedürftig. Für Svens Mutter werden sie urplötzlich zur Ursache eines umgeknickten schmerzhaften Fußes, der augenblicklich anschwillt. Auftreten ist ohne Unterstützung nicht mehr möglich. Maria bietet spontan energetische Hilfe an, legt dann ihre Hände um die Verletzung und lässt Energie fließen. Bei dem anschließenden Arztbesuch wird Schonung verordnet. Krücken seien unumgänglich.

Zum Essen trifft man sich auf der Terrasse eines Restaurants unweit des Rheinufers mit herrlicher Aussicht. Von hier aus genießt Maria den Blick über den Rhein und noch weit darüber hinaus. Sie kann den Entschluss, den ihre Tochter vor 8 Jahren fasste, nämlich im Rheingau sesshaft zu werden, absolut verstehen.

Die kirchliche Trauung ist am darauf folgenden Tag in Hattenheim, in der Nähe ihres Wohnortes.

Sven legt großen Wert darauf, seine Braut Patricia selbst zu fahren und hat sich dafür ein Cabriolet, einen Oldtimer, ausgesucht. Maria hält etwas die Luft an, als sie die beiden nach ihrer Ankunft unterhalb der Kirche an der hohen Steinmauer des Kirchengrundstücks entlang eilen sieht; ihre Tochter, wie immer im Sturmschritt, mit wehendem am Hinterkopf festgesteckten kurzen Schleier und - Eva im Schlepptau. Diese ist eifrig bemüht, die lange Schleppe des traumhaften schulterfreien Kleides ohne Schaden bis zum Eingang zu bringen, auch über die breiten Steinstufen zur Kirche hinauf.

Verwandte, Freunde und Bekannte haben bereits in den geschmückten Kirchenbänken Platz genommen. Svens Mutter kann erstaunlicherweise heute wieder ohne Krücken und Hilfe Anderer beschwerdefrei gehen. Für Maria ist diese Veränderung erfahrungsgemäß nichts Neues.

Die zweiflügelige Eingangstür wird geöffnet und bei den Klängen der Orgel betritt das Brautpaar die Kirche. Alle Blicke richten sich ihm entgegen, als es an den Bankreihen vorbei zum Altar schreitet. Die feierlichen Zeremonien der kirchlichen Trauung sind für die Familienangehörigen bewegende Momente. Maria weiß auch, dass ihr eigener persönlicher Weg des Loslassens kein einfacher sein wird, doch wünscht sie den beiden, genau wie Fred, von ganzem Herzen ein glückliches gemeinsames Leben.

Die anschließenden zahlreichen z. T. amüsanten Einlagen bei den Glückwunsch-Bekundungen nehmen eine geraume Zeit in Anspruch. Nach dem unverzichtbaren Fototermin treffen sich schließlich alle im Bistro „Altes Rathaus“, nicht weit von Hattenheim, wieder. Dieses weitläufige Anwesen lässt innerhalb und außerhalb der Räumlichkeiten die Hochzeitsfeier in angenehmer Atmosphäre mit Musik und Tanz und vielen Überraschungen zu einem unvergesslichen Erlebnis werden.

Marias Bruder Franz ist allein mit seinen Kindern anwesend. Seine Frau Luise verstarb im Frühjahr nach 14-tägiger Bewusstlosigkeit in einem Siegener Krankenhaus.

Leider kann Freds Stiefmutter aufgrund eines fortgeschrittenen Krebsleidens ebenfalls nicht an den Feierlichkeiten teilnehmen.

Unbeirrt, aus Überzeugung und Begeisterung, unterrichtet Maria seit Jahren regelmäßig Qi Gong; zuerst bei der Volkshochschule (VHS) des Kreises Siegen-Wittgenstein in verschiedenen Ortschaften und später bei der VHS im benachbarten Bundesland Hessen in den Städten Dillenburg und Herborn.

Nach entsprechender Ausbildung erhält sie 2005 von Mira in Norddeutschland die Einweihung in den Vierten Reiki-Grad; später von ihr auch die Urkunde, und damit die Befähigung und Zulassung, als Reiki-Lehrerin. Mit diesem Tag endet zwischen ihnen das besondere Lehrer-Schüler-Verhältnis. Maria ist Mira von ganzem Herzen dankbar, dass sie ihre Schülerin sein durfte; dankbar für das von ihr vermittelte Wissen, die Erfahrungen auf ihrem gemeinsamen Reiki-Weg und nicht zuletzt auch dankbar für das Vertrauen und die tiefe Freundschaft, die während dieser Zeit entstanden ist.

Aufgrund intuitiver Erfahrungen und Erkenntnisse sieht Maria diese Entwicklung als eine ihrer Lebensaufgaben, in der sie in Zusammenarbeit mit Schülern und Klienten voll aufgeht.

Eines Tages steht ihr an einem Wochenende im Kreis Olpe ein zweitägiger Intensiv-Kurs in Qi Gong bevor. Gut und speziell vorbereitet, auch energetisch gestärkt, vertraut sie auf einen guten Verlauf und gute Zusammenarbeit.

Die Schlüsselübergabe soll durch eine Kurs-Teilnehmerin erfolgen. Als Maria ankommt, steht vor der Eingangstür des öffentlichen Gebäudes eine Frau, jünger als Maria. Schon kommt sie ihr zur Begrüßung lachend entgegen.

„Ich bin die Gabriele", sagt sie, schließt auf, hilft beim Hineintragen der mitgebrachten Gegenstände und zeigt ihr die Räumlichkeiten. *„Woher kenne ich denn diese Frau. Irgendwo bin ich ihr schon mal begegnet"*, denkt Maria. Erst lange nach dem Kurs erfährt sie, dass es Gabriele ähnlich ergangen ist.

Nach und nach treffen die Teilnehmer ein, bunt gemischt in Alter, Geschlecht und Beruf. Der intensive Kurs in Theorie und Praxis wird für sie eine Herausforderung, erweist sich jedoch als interessant, spannend und erfahrungsreich.

Eines Tages erhält Maria einen Anruf von Gabriele. Deren darauf folgenden Besuche als Klientin in Marias Praxis sind richtungsweisend auf den künftigen spirituellen Weg der beiden Frauen, auf dem sie voneinander lernen und zusammen energetisch arbeiten. Dabei stellt sich heraus, dass zwischen ihnen ein enges Verhältnis innerhalb einer Seelenfamilie besteht. Beide erinnern sich an ihre erste Begegnung, einer Begegnung auch auf seelischer Ebene; ein Thema das sie noch oft beschäftigen sollte. Auf ihrem Weg der spirituellen Entwicklung ist Gabriele auch so weit fortgeschritten, dass sie als Medium mit Verstorbenen kommunizieren kann.

Es ist ein Tag fast wie jeder andere. Während Maria in ihrer Praxis arbeitet, wartet Gabriele entspannt in einem separaten Raum, hört eine CD und blättert in einem Buch über Edelsteine. Plötzlich spürt sie eine Energie in sich, die sie zunächst erschreckt. Doch dann wird sie auf der seelischen Ebene als Medium von Freds verstorbener Mutter um Hilfe gebeten, für eine Nachricht an ihren Sohn, um dann befreit ins Licht zu gehen. Sie habe nicht die Freiheit besessen, ihr Wesen auszuleben. Es liege ihr am Herzen, ihm mitzuteilen, dass sie ihn liebe, die ganze Zeit begleitet und ihre Hände schützend über ihn gehalten habe. Dann bittet sie, dieses an Maria weiterzugeben mit dem Zusatz: „Sei gut zu ihm, er ist ein lieber Mensch!“ Für beide, Fred und Maria, ist es ein sehr bewegender Moment, als wenig später Maria ihrem Mann diese Nachricht übermittelt.

Über Gabriele als Medium meldet sich zu einem anderen Zeitpunkt auch Marias verstorbene Mutter Anna. Aufgrund der plötzlichen Todesursache war den beiden Frauen damals ein letzter abschließender Wortaustausch nicht mehr möglich gewesen. Jetzt können sie das, was sie bewegt und ihre gegenseitige Liebe in Worte fassen. Anna bringt auch zum Ausdruck, dass ihr Enkel Stephan für sie immer eine Herzensangelegenheit und auf seelischer Ebene sie ihm oft nahe gewesen sei; z. B. auch bei dem Erlebnis mit dem Inneren Kind. „Jetzt kann ich auf den Weg ins Licht gehen.“, sind ihre letzten Worte. Im Nachhinein erinnert sich Maria an ein diesbezügliches Gespräch mit ihrem Sohn vor etlichen Jahren. Sie ist davon überzeugt, dass Lebende und Verstorbene auf einer anderen Ebene miteinander verbunden sein können.

Im Laufe der Zeit geschehen für Maria ungeahnte wunderbare Dinge. Sie ist für die Zusammenarbeit mit Gabriele in energetischer und spiritueller Hinsicht sehr dankbar. So auch in Bezug auf ihren Vater Franz. Seine schrecklichen Erlebnisse im Ersten Weltkrieg, die Konfrontation mit Leid und Tod konnten von ihm bisher nicht aufgearbeitet und somit nicht bereinigt werden. Durch seine damalige Empfindsamkeit war sein Energiekörper sehr empfänglich für Seelen Verstorbener, die sich von ihm nicht lösten. Aufgrund dieser Verbindungen sah er oft vor seinem geistigen Auge seine damaligen Situationen im Schützengraben in der gegenüberliegenden Ecke seines Krankenbettes. Maria erfährt über die Eigenschaft als Medium von Gabriele durch die Begegnung mit ihrem Vater jetzt Antworten auf viele Fragen, die sie sich in der Vergangenheit immer und immer wieder gestellt hat. So kommt Licht in dunkle Schattenseiten seines Lebens. Z. B. in sein unverständliches beharrliches Schweigen nach dem Tod ihrer

Mutter Anna. Ihr wird bewusst, dass er gefangen war in seiner eigenen autoritären Erziehung, auch nach dem Motto: Ein Mann zeigt keine Schwäche. So war es ihm nicht möglich, das Wahre, Weiche und Liebevolle seines Wesens zu zeigen. Ein besonders bewegender Moment für Maria ist die letzte Aussage ihres Vaters: „Ich geh jetzt ins Licht zu meiner Annla." – Eine sehr liebevolle Bezeichnung für seine Frau.

Während einer medialen Arbeit mit Gabriele meldet sich plötzlich auch Marias Schwiegermutter, die 2007 verstorben ist. Manchmal hatte sich Maria in der Vergangenheit an sie und die damaligen Situationen erinnert. Doch war sie soweit fortgeschritten, dass sie das Verhältnis ohne Bewertung neutral betrachten konnte. Jetzt bittet ihre Schwiegermutter Maria um Verzeihung für ihr Verhalten ihr gegenüber. Als Maria diese annimmt, geht auch ihre Seele in Frieden ins Licht.

Suche nach den Wurzeln

Emotionale Begegnungen

Zu Marias Geburtstag im Dezember 2005 hatten sich ihre Familienangehörigen wie gewöhnlich wieder um sie versammelt. Sohn Stephan aus Siegen und Tochter Patricia aus dem Rheingau mit ihrem Freund Sven waren gekommen, ebenso Bruder Franz aus Balde mit seiner ältesten Tochter. Bei diesem Zusammensein brachte Maria das Gespräch auf ein Thema, das sie schon längere Zeit beschäftigte; ihr Anliegen, ihren erwachsenen Kindern nahezubringen, wo deren Wurzeln mütterlicherseits zu finden sind, in Stiebnitz im Adlergebirge. Ohne Umschweife einigten sie sich auf den August nächsten Jahres. Auch Patricias Freund Sven wollte gerne dabei sein.

Nun ist es soweit, die Reise steht ihnen bevor. Franz ist jedoch wegen dem Tod seiner Frau untröstlich. Maria freut sich sehr, dass er sich trotz seiner schwierigen persönlichen Situation bereit erklärt hat, sie und Fred mit ihren Kindern und Schwiegersohn Sven zu begleiten. Also starten sie am Freitag, den 25. August 2006 morgens um 6:00 Uhr. Franz ist bereits mehr als pünktlich in Wilgersdorf eingetroffen, mit ausreichendem Gepäck bis fast unter das Autodach, für kalte und warme Tage. Auch gute Verpflegung fehlt nicht. Stephan hilft beim Umpacken in den Wagen seines Vaters und dann geht es los.

Absprachegemäß treffen sie sich mit Patricia und ihrem Mann an der Autobahnraststätte Steigerwald. Nach freudiger Begrüßung, einer Pause mit den üblichen Tätigkeiten an einer Raststätte - etwas essen und trinken und noch Nötiges wegbringen - wird die Fahrt fortgesetzt. Stephan steigt zu seiner Schwester Patricia und Sven um. Sie fahren über den Grenzübergang Waidhaus, Pilsen, Prag.

Fred, Maria und Franz nehmen die Strecke Phillippsreuth - Vimperk/CSSR, um Cousine Marietta und ihren Mann Carel abzuholen. Die beiden haben sich sofort bereit erklärt, sie bei den geplanten zahlreichen Unternehmungen zu begleiten und als Dolmetscher behilflich zu sein. In Vimperk wird zügig ihr Gepäck verstaut. Auch das obligatorische Mitbringsel „Pilsener Bier" findet irgendwo einen Platz. Trotz der langen Fahrt kommt keine Langeweile auf. Es gibt viel zu erzählen. Nur Carel, der vorne neben Fred sitzt, hüllt sich meistens in Schweigen. Dafür ist er ein guter Zuhörer. Ab und zu kommt von ihm eine meist humorvolle Bemerkung.

„Soll ich euch erst das Haus zeigen, in dem Gerda in der Mühle gearbeitet hat?" Es ist nicht mehr weit bis zu ihrem endgültigen Ziel, als Marietta diese Frage stellt.

Ihr Angebot wird gerne angenommen. Nach einigen Kilometern stehen sie vor einem großen Grundstück. An dem geschlossenen fünftürigen Metalltor weist ein unübersehbares Schild auf einen vierbeinigen Wächter hin. Tatsächlich erscheinen zwei gelangweilt aussehende Hunde, ein großer und ein kleiner. Sie nehmen von den Ankömmlingen kaum Notiz. Laubbäume in beachtlicher Größe stehen entlang des Zaunes und gehen im weiteren Verlauf in ein hohes dichtes Strauchwerk über. Im Hintergrund steht ein gepflegtes mehrstöckiges Haus. Vor den oberen Fenstern befinden sich stabile Eisengitter. Im Moment ist nicht zu erkennen, ob jemand anwesend ist. Franz und Maria beschließen, an die seitliche Grundstückseinzäunung zu gehen, in der Hoffnung, wenigstens noch Reste der ehemaligen Mühle zu finden. Dass diese nicht mehr vorhanden ist, wissen sie bereits. Tatsächlich ist außer einem größeren Bach mit einem Wehr nichts zu entdecken. Plötzlich macht sich der kleinere der beiden Hunde in einer Lücke zwischen dem dichten Strauchwerk lautstark bemerkbar; ein Grund für die Suchenden, schnell wieder den Rückzug anzutreten.

Marietta begibt sich in die entgegengesetzte Richtung, von wo aus man wohl hinter das Haus sehen kann. Maria folgt ihr spontan. Doch ist der Zugang durch einen eingezäunten Bolzplatz, auf dem sich einige Jugendliche tummeln, versperrt. Marietta unterhält sich kurz mit einem von ihnen. Er verweist sie an das Nachbarhaus. Scheinbar neugierig geworden erscheint eine Frau, Mitte vierzig und dunkelhaarig. Sie macht zunächst den Anschein, eher distanziert als aufgeschlossen zu sein. Als sie jedoch erfährt, dass die Schwester von Maria in der ehemaligen Mühle gearbeitet hat, gibt sie bereitwillig Auskunft. Es wird tschechisch gesprochen. Sie erzählt, dass ihr Vater ein guter Freund von dem Nachbar gewesen sei und über die Vergangenheit gut informiert war, aber leider vor einem Jahr verstorben sei. Er hätte jetzt sicher mehr berichten können, auch über den Sohn der Familie, der vor einigen Jahren ebenfalls verstorben ist. Er sei ein bekannter Maler gewesen, hätte in München gelernt, einige Jahre in Frankreich gelebt und auch dort seine Kunstwerke ausgestellt.

Maria geht schnell noch einmal in Richtung Bach, um ein Foto zu machen. Als sie an der besagten Strauchlücke vorbeikommt, sieht sie dort hindurch eine weibliche Gestalt mit offenen langen schwarzen Haaren, hohen gelben Gummistiefeln und Wetterjacke. Die Frau versucht mit aller Kraft, dem gewucherten Strauchwerk im Hintergrund Herr zu werden.

Mit neuen Eindrücken setzen die fünf nun die restliche Fahrt zu ihrem Ziel fort. Unterwegs vereinbart Marietta noch mit der tschechischen Familie Neumann in Stiebnitz die Uhrzeit bezüglich des geplanten Besuches am nächsten Tag.

Die gebuchte Unterkunft liegt etwas außerhalb von Stiebnitz. In zahlreichen Kurven windet sich die schmale Straße, gesäumt von gemischtem Baumbestand, mal sehr dicht, mal etwas lichter, durch das Gelände; im Hintergrund immer das gleiche Bild, Wald soweit das Auge reicht. Es ist nur schwer vorstellbar, wie es vor 60 Jahren hier ausgesehen hat. Nach einigen Biegungen der immer schmäler werdenden Straße tauchen alleinstehende Gebäude an einem Berghang auf, vermutlich Hotels oder Pensionen. Diese Gegend ist in den letzten Jahren ein Tummelplatz für Wintersportler geworden. Die Steifheit der Glieder nach der langen Reise ist schnell vergessen, als man endlich ankommt. Ein paar tiefe Atemzüge in der frischen klaren Bergluft und dann - was für eine herrliche Aussicht. Als sie den Vorplatz des Hotels überqueren, sehen sie hinter einem der Fenster drei bekannte Gesichter und winkende Hände. Stephan, Patricia und Sven sind schon vor einer halben Stunde eingetroffen.

Nun sitzen sie schon wieder, jetzt gemütlich in fröhlicher Runde, und wollen ihrem Magen etwas Gutes gönnen.

„Die hiesige Saison geht in diesen Tagen zu Ende“, meint der auffallend gut deutsch sprechende Inhaber, als sie nach der Speisekarte fragen.

„Es ist zwar nicht mehr alles vorrätig; aber ich glaube, dass noch etwas für Sie da ist“, fügt er schmunzelnd hinzu.

Nach dieser Überraschung stellen seine Gäste bereits heute Abend und auch in den nächsten Tagen fest, dass er es versteht, mit wenig Aufwand und den Raffinessen eines guten Kochs ihre Gaumen mit schmackhaften Speisen zu verwöhnen.

„Ich habe 5 Jahre in Deutschland gearbeitet und vertrete im Moment unseren Koch“, erwähnt er bescheiden während eines Gespräches.

Das Haus ist vorbildlich sauber, die Zimmer sind zufriedenstellend und die Betten fast wie zu Hause. Alles in allem ist es ein Ort zum Wohlfühlen. Maria und Fred sind in dem privaten Bereich des Dachgeschosses untergebracht. Sie schaut am Morgen als erstes durch das schräge Fenster nach oben. Ihr Blick gilt dem Wetter, denn mit ihm stehen oder fallen die geplanten Unternehmungen. *„Es sieht aus, als ob der große Chef meine Bitte erfüllt hat“,* denkt sie zufrieden und schickt ein *„Danke“* hinauf. *„Die Voraussagen waren ja nicht allzu gut.“* Ihr zweiter Blick gleitet über die idyllische Landschaft, Täler und Höhen, überwiegend bedeckt mit Wald. Selten sind dazwischen Grünflächen und Gebäude zu sehen. *„Eine bildliche Darstellung des Schweigens über Begebenheiten einer vergangenen Zeit, die* *mir meine Familie vermittelt hat"*, denkt Maria. *„Oder lässt mein Unterbewusstsein mich das empfinden?"*, fragt sie sich. Dann lässt sie diese Gedanken los.

Nach einem guten Frühstück bricht die Gruppe auf, um den am Vorabend besprochenen Plan zu verwirklichen. Franz erweist sich als wunderbarer Reiseführer. Für ihn persönlich sind viele gemeinsame Vorhaben wieder eine Reise in die Vergangenheit, so wie die vielen einzelnen Details seiner Erzählungen. Der jungen Generation bieten sich dadurch Einblicke in eine ihnen noch unbekannte Welt der Gegenwart und der Vergangenheit, in einer Gegend, wo die Wurzeln von Stephan und Patricia zu finden sind.

Zunächst geht es in Richtung Rokitnitz (heute Rokytnice). Bedingt durch drei Baustellen müssen sie einige Umwege in Kauf nehmen. Sie kommen aber durch herrliche schnurgerade Baumalleen, die ihren besonderen Reiz haben. Noch verhindert jedoch das etwas nebelige Wetter einen längeren Weitblick. Kurz vor Julienthal (heute Julinčino Svenli) fahren sie über eine riesige Steinbrücke, die einen der zahlreichen großen Bäche des Adlergebirges, den Klausebach, überspannt. Wie viele andere kann auch dieser, je nach Jahreszeit, zu einem reißenden Wasserlauf werden. Z. Zt. führt er wenig Wasser. Der Zustand des Bachbettes lässt jedoch die möglichen Naturgewalten erahnen. Die Straße führt sie weiter nach Himmlisch Rybnai (heute Nebeská Rybná), eine der ehemaligen großen Bauerngemeinden, dann nach Saufloß (heute Souvlasni) und anschließend durch Kunzendorf (heute Kunčina Ves), letzteres damals ebenfalls ein von Feldern umgebenes Bauerndorf.

Inzwischen ist die Sonne herausgekommen. Man ist gerade wieder durch dichte Bewaldung unterwegs.

„Da vorne hinter der Kurve halten wir mal an", sagt Franz völlig unerwartet.

Gesagt - getan. Alle steigen aus. Hier kreuzen sich viele Pfade und Wege. Zahlreiche Wegweiser, an einem dicken senkrecht stehenden Balken befestigt und unter einem spitzen Holzdach vor

Niederschlägen etwas geschützt, sind nicht nur für Stephan ein willkommenes Fotomotiv.

Unterhalb der gegenüber liegenden Straßenseite stehen in einiger Entfernung zwei Häuser im Wald, in deren Richtung sich jetzt die Gruppe begibt. Das erste Gebäude deutet unübersehbar auf Sorgfalt und Liebe zur Natur hin. Maria stellt sich trotzdem erneut die Frage, wie man in einer solchen Einsamkeit leben kann.

„Diesen Ort nannte man früher *Im Brettgraben*“, erklärt Franz, während sie über einen schmalen Zugang vorsichtig das Grundstück des zweiten Hauses betreten.

„Dieses hier war früher im Besitz der Familie Schediwy. Die Schwester unseres Großvaters hat damals hier gelebt“, fährt er in einem etwas verhaltenen Ton fort.

„Das Haus stammt aus dem Jahre 1816“, ergänzt er noch schnell.

Ein Mann kommt um die Ecke, in Begleitung eines ausgewachsenen Schäferhundes, der sich sofort vor die Füße seines Herrchens legt. Beide machen einen etwas urigen Eindruck. Den friedlich dreinschauenden tierischen Bewacher möchte vorsichtshalber wohl keiner der Besucher umarmen, zumal man auch nicht weiß, was sich alles in seinem struppigen Fell verbirgt. Der Hauseigentümer spricht nur tschechisch. Er ist sehr gesprächig.

„Er wohnt schon 22 Jahre hier“, übersetzt Marietta. „In dieser Zeit wurde 21 Mal eingebrochen.“

Die Frage, wie es denn im Winter hier sei, erstaunt den Mann nicht im Geringsten.

„Im letzten Winter hatten wir 3 Meter Schnee; aber 2 Meter sind normal“, erzählt er.

„Da ist man oft auf Vorräte angewiesen“, fügt er nach einer Pause hinzu.

Mit einer entsprechenden Armbewegung lädt er zu einem Rundgang ein. Er zeigt auf einen schmalen Wasserlauf, seitlich fein säuberlich mit einem Spaten glatt abgestochen.

„Seine Quelle befindet sich oben im Wald“, erklärt er.

„Das Wasser wird für alles verwendet wofür man Wasser braucht, auch für die Küche. Es ist glasklar."

Als Franz und Maria um das Haus herumgehen, gewährt ihnen eine offen stehende Tür Einblick in das Hausinnere. Die Frau des Hauses erscheint sichtlich erfreut und bittet hereinzukommen. Dem ursprünglich blauen Kachelofen sieht man an, dass er schon viele Jahre Dienst getan hat. Sein Alter lässt sich schwer schätzen, denn die Seitenwände sind mittlerweile mit gebrauchten Kacheln in verschiedenen Farbtönen ausgebessert worden. Auf zahlreichen Regalen befinden sich Gebrauchsgegenstände und in verglasten Vitrinen kunterbunte verschiedenartige Sammlerstücke, die jetzt stolz gezeigt werden. Beim Hinausgehen blickt Maria noch in einige Winkel irgendwelcher Kammern. Jetzt ist ihre Vorstellung dieser Art des Wohnens endgültig zu Ende. Sie bewundert allerdings die Zufriedenheit und Ausdauer dieser Menschen.

Die Fahrt geht weiter über Deschnei (jetzt Deštná) zur Masaryk-Baude (jetzt Masarykova Chata), einem Berghotel, dem eine lange Geschichte zugrunde liegt, auch mit politischem Hintergrund. Hier oben ist es sehr kalt und ein warmes Essen würde allen gut tun. Die Gaststätte ist jedoch vollbelegt, zudem stark eingeräuchert. So steigen sie wieder hinab zum Parkplatz und nehmen dabei noch einmal die Eindrücke der Weite dieser wunderschönen Gegend wahr. Franz schlägt vor, die ehemalige Gaststätte Schierlichmühle anzufahren. Sven will jedoch zuvor noch die Wipp-Schaukel nebenan ausprobieren. Patricia findet sie allerdings nur schrecklich. So entscheiden sich beide für die normale, zu zweit auf einem Brett, an besonders langen Seilen, in luftiger Höhe, auf dem höchsten Punkt des Berges. Sie wissen noch nicht, dass Patricia zu diesem Zeitpunkt schon schwanger ist.

Die Gebirgsstraße führt über Luisental (heute Luisino Svenli). Hier machen alle einen kurzen Abstecher zu dem Forsthaus, wo früher Großvater Schediwy gearbeitet hat. Als sie schließlich in der Gaststätte ankommen, sind sie die einzigen Gäste. Türkischer Kaffee wärmt sie auf und sie lassen sich Palatschinken und Buchteln schmecken. Es wird ein ausgedehnter Aufenthalt, zumal man gut und warm sitzt und eigentlich gar nicht viel Lust hat aufzustehen. Bevor sie in die Autos steigen, gehen sie dann doch noch ein paar Schritte in den angrenzenden lichten Baumbestand und staunen über die gute Ernte der Pilzsammler, die ihnen aus dem Wald entgegenkommen.

Wieder in Stiebnitz, fällt ihnen sogleich das in einem warmen Rot gestrichene Häuschen mit den schneeweißen Fensterrahmen auf. Die weißen Stämme der beiden Birken am Straßenrand vor dem Nachbargrundstück heben sich optisch wunderbar davon ab; für Maria ein wunderbares Fotomotiv.

Die Frau des Hauses wartet schon vor dem Eingang auf die Gäste. Auch ihre Tochter ist heute anwesend. Sie überrascht mit einer selbst gebackenen Biskuitrolle, sehr süß aber lecker. Stephan und sie haben direkt etwas zu kichern. Patricia fällt die große Ordnung und Sauberkeit in diesem Hause auf.

Der dunkelbraune Kachelofen scheint neueren Datums zu sein. Sven hat immer noch seine mollige Sweatshirt-Jacke an. Er sitzt auf der Ofenbank und wundert sich über das Loch in der Zimmerdecke über dem Ofen. Als ihm schon nach kurzer Zeit mehr als warm wird, weiß er warum diese Öffnung vorhanden ist. Die Wärme kann so auch in die oberen Räumlichkeiten entweichen. Maria hält vergeblich Ausschau nach dem Mörser ihrer Familie, der bei ihrem ersten Besuch vor 14 Jahren auf dem Sims des Kachelofens stand und dem Hauseigentümer, der inzwischen verstorben ist, auch sehr gut gefiel.

Im Laufe des Nachmittags entsteht eine angeregte Unterhaltung. Marietta dolmetscht eifrig zwischen Franz und der Gastgeberin, während Carel sich mit deren Tochter unterhält, an dem Holztisch aus der Zeit vor der Aussiedlung.

„Hier haben wir schon als Kinder gesessen“, sagt Franz zwischendurch und schaut vielsagend zu Maria hinüber. Im Garten werden noch Erinnerungsfotos gemacht und Maria legt besonderen Wert auf eines mit ihren erwachsenen Kindern Stephan und Patricia. Nach dem ersten eindrucksvollen Tag ihrer Reise zaubert am Abend wieder ihr toller Koch und sorgt für das leibliche Wohl. Schließlich freuen sich alle auf ein bequemes Bett.

Der nächste Tag beginnt etwas trübe. In der Nacht hat es geregnet und auf den Dachfenstern stehen noch Wassertropfen. Heute steht u. a. ein Rundgang durch Stiebnitz bevor. Man fährt bis in die Nähe der Kirche und parkt unterhalb der bekannten Gaststätte.

Zu Fuß geht es nun, zunächst stetig ansteigend, über die schmale Bergstraße den Berg hinauf auf den Weißenberg. Klein, einfach aber ordentlich sehen sie aus, die wenigen einzeln stehenden Häuser am Straßenrand. Davor fallen immer wieder die großen Mengen von Brennholz auf; frisch aufgeschüttet oder bereits durch fleißige Kleinarbeit zu Kegeln oder geraden Stapeln korrekt aufgeschichtet.

Fred und Carel sind wieder mal die ersten, die dem Ziel zustreben. Sprachschwierigkeiten gibt es bei den beiden nicht. Schließlich weiß jeder was der andere meint. So auch als Carel zum Horizont zeigt.

„Dort oben ist der Himmel, dann haben wir es geschafft", meint er. Tatsächlich steht vor dem letzten Haus eine Bank. Beide lassen sich darauf nieder und schauen den langsam Nachkommenden mit einem breiten Grinsen entgegen.

Als sich alle wieder eingefunden haben, geht es weiter durch einen Wald - die *„Fünffinger"* und die *„Kroppastreicher"*. Im Stiebnitzer Dialekt bedeuten *„Kroppa"* alte ausgetretene derbe Schuhe und *„Streicher"* steht für Sträucher. Es dauert nicht lange und Franz zeigt an, den nächsten Weg links in den Baumbestand zu nehmen. Dann kommen sie an eine Lichtung. Das Gras ist hoch und noch nass. Doch ab und zu blinzelt schon mal die Sonne durch die Wolken. Ein paar Schritte durch den Fichtenwald - und Franz zeigt auf ein Gebäude.

„Das ist das Neumann-Haus", verkündet er. Maria und Fred haben schon einmal vor 14 Jahren hier gestanden. Jetzt können sie nur staunen, denn von damals ist nichts wiederzuerkennen. Der Besitzer hat in der Zwischenzeit gewechselt und ein Haus schaffen lassen, dem man in jeder Hinsicht den gehobenen Standard ansieht, in dieser Gegend etwas ganz Besonderes.

„Das ist das ehemalige Haus meiner Großeltern mütterlicherseits, jetzt“, sagt Maria zu ihren erwachsenen Kindern.

Gemeinsam gönnen sie sich auf dem weitläufig angelegten Vorplatz eine größere Pause und betrachten mit Anerkennung die vielen Einzelheiten, z. B. Holzverkleidungen in verschiedenen Farbtönen, wunderbare Bruchsteinwände in geschmacklicher Zusammenstellung und natürlich eine Alarmanlage. Entsprechend ausgewählte Gardinen sind nur vage durch die zahlreichen Fenster zu erkennen. Ausgebaute Gauben in dem tief herabgezogenen Schieferdach gewähren wahrscheinlich einen herrlichen Blick über die Landschaft. Ein angelegter Grillplatz neben dem Haus lässt gemütliche Sommerabende erahnen.

Stephan nutzt erneut die Gelegenheit, zahlreiche Motive mit seiner Kamera festzuhalten. *„Das alles hoch oben am Berg, als Sommerhaus, das ist traumhaft“*, denkt Maria und verdrängt schnell die spärlichen bewussten Erinnerungen an ihre Kindheit.

Nach einem ausgedehnten Aufenthalt kommt die Gruppe an dem luftigen „Häuschen mit Herz“ vorbei, dem der Eigentümer einen neuen Platz zwischen den ersten Fichten seines Grundstückes gegeben hat, vielleicht als Souvenir.

Nun geht es nach links, schräg den Berg hinunter, durch eine ausgedehnte typische Bergwiese, einen schmalen Trampelpfad entlang. Und wieder weiß Franz viele Begebenheiten der Vergangenheit zu berichten, mal freudige und lustige, aber auch viele dramatische. Maria bleiben die emotionalen Reaktionen ihres Bruders nicht verborgen. Obwohl inzwischen viele Jahrzehnte ins Land gegangen sind, brechen sie immer wieder auf.

Im Tal an der Durchgangsstraße angekommen, halten sie sich links. Gleich zu Beginn kommen sie an Marias Geburtshaus, dem Elternhaus Schediwy väterlicherseits, vorbei. Es macht einen ziemlich verwahrlosten Eindruck und niemand lässt sich blicken. So kann Franz ungestört über Gegebenheiten der damaligen Zeit berichten. Inzwischen haben sich Fred, Stephan und Carel schon auf der Bank vor dem roten Häuschen niedergelassen und warten auf den Rest der Gruppe. Die kurze Unterbrechung der Wegstrecke kommt ihnen nicht ungelegen. Neumanns sind schon wieder in ihren Hauptwohnsitz abgereist.

Dann geht es weiter. Ein junger Jagdhund gesellt sich zu ihnen, der zu dem Forsthaus des Ortes gehören könnte und dem die Abwechslung auf seinen Streifzügen sichtlich Spaß macht. Eine lange Treppe führt als Abkürzung den Hang hinauf. Jetzt ist es nicht mehr weit zum Parkplatz, dem Ausgangspunkt. In der Zwischenzeit hat sich bei allen ein Hungergefühl eingestellt. Für die nahe gelegene Gaststätte kann sich nicht jeder spontan entscheiden. Marietta und Carel ergreifen jedoch die Initiative zur Einkehr. Es gibt Einheitsessen: Hefeklöße mit undefinierbarer Soße und geheimnisvollem Hackbraten. Dementsprechend sind zum Teil dann auch die anschließenden Empfindungen in der Magengegend. *„Was einen nicht umbringt, macht uns stark“,* sagt der Volksmund.

Die Fahrt über die Kammstrasse nach Tetschkadorf (heute Trčkov) und Kronstadt (heute Orlické Záhořį) führt sie zur polnischen Grenze. Als sie dort ankommen, mustern die Grenzbeamten mit eiserner Miene zunächst die beiden Fahrzeuge, dann die Insassen, sammeln die Papiere ein und verschwinden damit in ihrer Amtsstube. Sie scheinen von der Wichtigkeit ihrer Aufgabe sehr überzeugt zu sein. Marietta muss aussteigen. Sie darf nicht mit über die Grenze. Sie hat die erforderlichen Papiere nicht bei sich. Nachdem die Grenzposten die Ausweise der anderen hinter verschlossener Tür gründlich überprüft haben, wird die Einreise über eine Brücke, welche die Wilde Adler, den Grenzfluss, überquert, in das Nachbarland Polen freigegeben. Der erste Ort hieß früher Langenbrück (heute Mostovice).

Nicht weit entfernt entlang der Grenze befindet sich der Ort Kaiserswalde (heute Lasówka). Franz bittet anzuhalten und auszusteigen. Dann schildert er, was sich zugetragen hat, als sich seine Familie hier auf dramatische Weise trennen musste und seine Mutter mit der kleinen Maria über den Grenzbach nach Hause wollte. Dies ist auch ein Teil von Marias kindlicher Vergangenheit, der noch der Bewusstwerdung und Bearbeitung bedarf. Jetzt brechen bei ihr entsprechende Emotionen auf und sie friert bis auf die Knochen. Daran ist sicher nicht der kalte Wind schuld, der ihnen entgegen bläst. eher die beängstigende Erfahrung, die das Unterbewusstsein bis zu diesem Zeitpunkt festgehalten hat und sie nun viel Energie kostet. Alle Anwesenden sind sichtlich bewegt und bei Franz spiegeln sich im Gesicht die Gefühle wider, denen er damals ausgesetzt war.

Auf der Rückfahrt zum Grenzübergang hängt jeder noch eine Zeit lang wortlos seinen Gedanken nach. Maria wird in aller Deutlichkeit bewusst, dass sie heute auch die Stelle aufgesucht hat, an der sie und ihre Mutter beim Überqueren des Grenzflusses „Wilde Adler“ von zwei polnischen jungen Männern vor dem Ertrinken gerettet wurden. Die Kontrolle an der Grenzstation ist genau die gleiche wie bei der Hinfahrt. Marietta hat die Grenzposten in der Zwischenzeit scheinbar gut unterhalten. Der Heimweg führt nun über Schwarzwasser (heute Černá Voda) und den Mückenberg (heute Komáří hůrka), auf dessen Höhe sie nur einen Blick auf eine Bunkeranlage werfen können. Lohnenswerter würden sicher die Aussichten auf die weitere Umgebung sein, wenn die Landschaft nicht in einen dicken Grauschleier gehüllt wäre.

Als letzte Station des heutigen Tages wollen Franz und Marietta mit Maria und Fred noch einen Abstecher zur „Bäcka-Rosla“ machen. Sie war die Inhaberin der örtlichen Bäckerei in Stiebnitz vor der Vertreibung und wohnt heute noch in demselben Haus. Es ist sehr groß und unbewohnt, außer den Räumlichkeiten, die ihr z. Zt. als Wohnung dienen. Weil sie mit einem Tschechen verheiratet war, durfte sie in ihrer Heimat bleiben. Der Besuch kommt für sie völlig überraschend. Sie hat gerade ein Schläfchen gemacht und sieht die Gäste mit ihren auffallend hellblauen Augen überrascht aber höchst erfreut an, als sie die Tür öffnet. Das Alter von 86 Jahren sieht man ihr in keinster Weise an. Flink sind ihre Bewegungen und bemerkenswert ist ihre Redegewandtheit. Sie lebt bescheiden aber in einem höchst ordentlichen Umfeld.

„Das mache ich jeden Tag, so ein Nickerchen." Mit diesen Worten wird im Nu die Schlafdecke auf dem Sofa in Ordnung gebracht.

„Auf dieses Wiedersehen müssen wir erst mal einen Eierlikör trinken", fügt sie hinzu und ist dabei schon bei den nötigen Handgriffen. Fragen und Erinnerungen sprudeln nur so aus ihr heraus. Fred, der im Auto geblieben ist, wird jetzt auch herein dirigiert. Es folgt eine angeregte Unterhaltung mit einer bewundernswerten Frau. Ihre positive Ausstrahlung macht auf Maria großen Eindruck.

Wieder geht ein erlebnisreicher Tag mit vielen neuen Eindrücken am Abend im Hotel zu Ende, wo der Koch erneut die Gaumen verwöhnt und man noch länger gemütlich zusammen sitzt als geplant.

Heute ist der Tag der Abreise. Stephan, Patricia und Sven werden wieder getrennt von den anderen fahren und wollen erst etwas später starten. Fred, Maria und Franz müssen Marietta und Carel wieder zurück nach Vimperk bringen.

„Maria, was meinst du dazu, wenn wir vor der Heimreise noch einmal zu dem Haus fahren, wo Gerda gearbeitet hat, nach Reichenau?", fragt Marietta.

Heute heißt es Rychnov nad Kněžnou.

„Ja, das machen wir. Vielleicht treffen wir heute jemanden an", antwortet Maria.

Bei ihrer Ankunft bietet sich dort ein anderes Bild als vor drei Tagen. Das große Tor steht weit offen und vor dem Hauseingang parkt ein kleiner Lieferwagen. Von Menschen ist weit und breit nichts zu sehen. Maria und ihre Cousine beschließen, sich die Sache einmal näher anzusehen. So gehen sie den schmalen gepflasterten Fußweg entlang, der durch die Grünfläche vor dem Haus bis vor den Eingang führt. Die zweiflügelige Haustür steht weit offen. Die beiden schauen hinein, treten dann aber gleich wieder zurück, als sie dort niemanden erblicken. Plötzlich erscheint von der Seite des Hauses her das weibliche Wesen, das Maria am Freitag von weitem durch die Büsche in einem Gewirr von Sträuchern gesehen hat. Die

Frau trägt dieselbe Aufmachung; lange schwarze offene Haare, große gelbe Gummistiefel und Wetterjacke. Nach der Begrüßung stellt Marietta ihre Cousine aus Deutschland vor, erkundigt sich nach dem Maler, der wohl in diesem Hause gelebt habe und äußert den Wunsch, ein Bild von ihm zu bekommen. Es stellt sich heraus, dass die Frau gut deutsch spricht, sie jedoch ein Gemälde meint und nicht wie Marietta, ein Foto von ihm selbst. In diesem Moment weiß Maria, dass jetzt der richtige Augenblick für ein klärendes Gespräch gekommen ist.

„Ich habe eine Schwester", beginnt sie. „Sie ist alt und krank. In den Kriegsjahren hat sie hier in diesem ehemaligen Mühlenbetrieb gearbeitet und wurde während dieser Zeit schwanger. Von meiner Mutter weiß ich, dass der Sohn des Müllers der Vater des Kindes, einer Tochter, war."

„Sie erzählte mir auch, dass der Müller öfter zu meinen Eltern nach Stiebnitz gekommen sei, um Mehl zu bringen", ergänzt sie abschließend ihre Schilderung.

„Davon habe ich nie etwas gehört." Bei diesen Worten blickt die Frau Maria erstaunt aber ruhig an. Sie ist sehr aufgeschlossen und berichtet weiter, dass sie Ärztin ist und in Prag lebt.

„Z. Zt. habe ich Urlaub. Ich komme nur hierher, um das Haus in Ordnung zu halten. Es ist mein Elternhaus. Meine Mutter ist verstorben und auch ihr Bruder, der Sohn des damaligen Müllers." Dann erzählt sie von ihm, was auch ihre Nachbarin am Anreisetag zu Marietta gesagt hat; auch dass er 1997 verstorben ist. Dann führt sie Maria und ihre Cousine in das Haus. Sie betreten einen hohen Raum mit altem Natursteinboden. Geradeaus führt eine lange breite Steintreppe hinauf in die darüber liegende Etage. Noch einmal kommen die Frauen auf das Foto zu sprechen. Maria begründet ihr Anliegen damit, dass die Tochter ihrer Schwester Gerda dann ihren Vater wenigstens einmal auf einem Foto sehen könnte.

„Schade, dass Sie schon abreisen. Ich will sehen, ob ich so schnell ein passendes finde." Mit diesen Worten begibt sich die Ärztin über die steinerne Treppe nach oben.

Die Zurückgebliebenen haben jetzt Gelegenheit, sich umzuschauen. Rechts geht es in einen Raum, in dem einige Gemälde des Künstlers an den Wänden hängen. Staffelei und Malzubehör zeugen noch von seiner Arbeit. Hier sind aber auch Bündel von dicken und dünnen Ästen gestapelt. Gerätschaften, die zur Gartenarbeit benutzt werden, sind ebenfalls hier abgelegt. Im Hintergrund eines anschließenden dunklen Raumes ist ein großer Backofen zu erkennen, der früher wahrscheinlich benutzt worden war. Marietta begibt sich noch weiter in die Räumlichkeiten, was Marias Herz etwas schneller schlagen lässt, und berichtet dann von weiteren Gemälden an den Wänden. Nach ca. zehn Minuten kommt die Frau zurück und bedauert, dass sie so schnell kein Foto gefunden hat.

„Ich möchte nicht gerne eins abgeben, das nur einmal vorhanden ist. Ich werde noch mal in Ruhe suchen. Sollte ich welche in doppelter Ausführung finden, schicke ich davon einige“, verspricht sie. Marietta schreibt ihr die Adresse von Vimperk auf und Maria gibt ihr ihre Visitenkarte. Als die Ärztin die beiden Frauen aus dem Haus geleitet, fragt Maria noch nach dem Standort der Mühle.

„Die Mühle hinter dem Haus gibt es nicht mehr“, lautet die Antwort. „Man hat alles plattgewalzt, so dass auch der Wasserlauf nicht mehr zu sehen ist.“

Die beiden Besucher verabschieden sich von der sympathischen Frau und sind dankbar für deren Offenheit und Hilfsbereitschaft. Draußen im Auto warten schon etwas ungeduldig Fred, Franz und Carel. Doch auch sie sind überrascht von dem, was sie jetzt über das geheimnisvoll wirkende Gebäude und ihre ehemaligen Bewohner erfahren.

Nun geht die Fahrt weiter wieder in Richtung Vimperk, wo sie sich zusammen mit Carel jun. in einem Restaurant noch einmal die tschechische Küche schmecken lassen. Dann naht die Stunde des Abschieds. Begleitet von Traurigkeit und gegenseitiger Dankbarkeit folgen Händedruck, Umarmungen und gute Wünsche.

Auf der Rückreise nach Deutschland geht das schlimmste Unwetter mit Sturm nieder, das Fred und Maria bisher erlebt haben;

aber alles geht gut. Stephan, Patricia und Sven warten schon auf der vereinbarten Raststätte „Steigerwald“. Nach einer entsprechenden Pause steigt Stephan zu seinem Vater ins Auto und ist auf der letzten Etappe der Rückfahrt ein guter Chauffeur. Gegen 22:00 Uhr kommen sie wohlbehalten aber sehr müde wieder in Wilgersdorf an. Stephan macht sich gleich weiter auf den Weg nach Siegen und auch Franz will mit seinem Auto jetzt noch nach Balde.

Für Maria waren diese Unternehmungen ein ganz besonderes Erlebnis. Und da das Verhältnis zu ihrem Bruder auch ein ganz besonderes ist, setzt sie sich an ihren Schreibtisch und schreibt ihm Folgendes:

Lieber Franz!

Vor vielen Jahren haben wir - Du und ich - am selben Ort die gleiche Luft geatmet, sind dieselben Wege gegangen und hatten einige Jahre dasselbe Dach über dem Kopf. Das war damals, als wir mit unseren Eltern und unserer Schwester noch in Stiebnitz, unserem Geburtsort, lebten. Deine Erinnerungen an diese Zeit sind sehr vielseitig, wogegen man meine nur als sehr spärlich bezeichnen kann - bedingt durch unseren Altersunterschied. Aufgrund von Erzählungen, Erlebnisberichten und Fotografien konnte ich mir später jedoch im Groben schon eine gewisse Vorstellung von unserer Heimat machen.

Jeder von uns beiden ist seinen Weg gegangen, der nicht immer eben und sonnig, aber letztendlich ein guter war.

Nachdem wir aufgrund politischer Ereignisse in unserem Land die gewohnte Umgebung verlassen mussten, fanden wir nach vielen Umwegen wieder einen neuen Platz, auf dem wir uns heute noch tummeln und uns den entsprechenden Anforderungen stellen können.

In der Zwischenzeit haben wir - Du öfter als ich - unseren Geburtsort aufgesucht. Als ich das erste Mal mit Dir dorthin kam, war es für mich ein sehr einschneidendes Erlebnis, da in meinen unbewussten „Schubladen“ vieles verborgen war, was plötzlich einen Weg nach außen suchte. Deine damaligen Schilderungen der

Vergangenheit und Erklärungen von Ereignissen und Örtlichkeiten waren mir eine große Hilfe, um zu den nötigen Erkenntnissen zu gelangen.

Im Laufe der Zeit wurde der Wunsch in mir immer größer, den inzwischen erwachsenen Kindern meiner Familie einmal nahe zu bringen, wo ihre Wurzeln mütterlicherseits zu finden sind. Bei einer Familienfeier stellte sich heraus, dass man so etwas gerne mal machen wolle, und auch unser Schwiegersohn dabei sein möchte Wir einigten uns auf den August 2006.

Als ich an Dich, lieber Franz, mit der Bitte heran trat, Dich unseren Unternehmungen anzuschließen, hast Du, trotz Deiner damaligen persönlich schwierigen Situation nach dem Tode Deiner Frau Luise, zugesagt. Darüber haben wir uns sehr gefreut. Im Nachhinein sind wir alle einer Meinung, dass Du ein geduldiger und hervorragender Reiseführer für uns warst.

Unseren Kindern hast Du Einblicke vermittelt, die in diesem Maße ohne Dich niemals möglich gewesen wären und dafür möchte ich Dir von Herzen danken.

In Liebe
Deine Schwester S. Maria

Sie ahnt nicht, dass ihr nicht mehr viel Zeit bleibt, sich mit ihrem Bruder über die Vergangenheit zu unterhalten.

Vier Wochen später sitzen Maria und Fred mit Gerda auf einer Bank in der Parkanlage des Kurhauses in Bad Salzhausen, wo sie sich auch bei den Kurkonzerten gerne aufhält - nicht weit von ihrem Wohnort entfernt. Sie wollen über die Erlebnisse während der Stiebnitz-Reise berichten und haben davon einige Bilder mitgebracht. Als Maria ihrer Schwester das Wohnhaus neben dem Standort der ehemaligen Mühle in Reichenau zeigt, macht sie ein sehr erstauntes Gesicht. Doch dann erzählt sie, frei von der Leber weg, über ihre Arbeit in der Mühle. Sie sagt auch, dass sie es dort gut gehabt hätte. Unter großem Kraftaufwand habe sie den Brotteig hergestellt. Zwanzig 8-Pfund-Brote seien in einem Backvorgang gebacken worden. Als sie in der Mühle angekommen sei, habe diese Arbeit ein Mann verrichtet, wohl nicht immer zur Zufriedenheit des Müllers. So habe Gerda dann diese Tätigkeit durchgeführt. Was den Sohn des Müllers angeht, hüllt sie sich weiterhin in Schweigen.

Ende April des darauffolgenden Jahres kommt Post aus Prag, Bilder auf einer CD. Was dann sichtbar wird, ist ein imposanter Mann – Elfriedes Vater. Sie bedauert es zutiefst, ihn zu seinen Lebzeiten nicht kennengelernt zu haben. Marietta aus Vimperk will erfahren habe, dass er zwei Jahre vor seinem Tod nach Gerda und ihrem Kind gesucht hat.

Die Einladung eines Bruders der tschechischen Ärztin, der als Arzt mit seiner Familie in Süd-Deutschland lebt, ist der Beginn einer guten, wenn auch weitläufigen, verwandtschaftlichen Beziehung.

Aktiv im Alter

Andere Lebensaufgaben

Es folgt eine ereignisreiche Zeit. Im April 2007, 8 Monate nach der Stiebnitz-Fahrt, wird in einer Wiesbadener Klinik Lena geboren; ein gesundes Mädchen, für das es nicht einfach war, das Licht der Welt zu erblicken. Die Eltern Patricia und Sven sind überglücklich, jetzt ihre kleine Tochter in den Armen halten zu können. Als Maria und Fred noch am selben Tag bei 30 Grad Hitze dort ankommen, empfinden sie große Freude und Dankbarkeit für das Geschenk ihres ersten Enkelkindes. In kurzer Zeit entwickelt es sich zu einem ausgesprochen munteren und fröhlichen Wesen und unterstreicht mit dem Blick ihrer großen blauen Kulleraugen das rege Interesse an ihrem Umfeld.

In der jetzigen Wohnung wird es für die junge Familie allmählich zu eng. So beschließen Patricia und Sven, ein Haus käuflich zu erwerben. Sie finden es in einer herrlichen Gegend - in Marienthal, oberhalb von Geisenheim, mit weitem Blick auf den Rheingau. Nach umfangreichen Renovierungsarbeiten in dem 3-geschossigen Haus und völliger Neugestaltung des Gartens fühlen sie sich in den lichtdurchfluteten farbenfrohen Räumen und draußen sehr wohl. Für den handwerklich geschickten Sven und die naturliebende Patricia befindet sich allerdings noch Einiges in der Planung. Lena ist mittlerweile flott auf den Füßen. Mit vollem Elan ist sie dabei, wenn gegraben, gepflanzt oder irgendetwas gewerkelt wird.

Es ist Pfingsten 2009. Die junge Familie ist bei Patricias Eltern in Wilgersdorf zu Besuch. Im Garten stehen die zahlreichen

Rhododendron in voller Blüte und das Wetter lädt in diesen Tagen förmlich zum Aufenthalt im Freien ein.

„Wenn ich nach Hause komme, muss ich wieder zur Untersuchung in die Klinik“, berichtet Patricia.

„Ich bin gespannt, wie sich das alles entwickelt hat.“

Sie ist das zweite Mal schwanger, im 6. Monat. Der Befund ihres betreuenden Arztes kommt für alle völlig überraschend. Aufgrund der Lage der eineiigen Zwillinge muss sie ab sofort bis zur Geburt dort bleiben, liegend unter ärztlicher Aufsicht, um das Leben der beiden Embryos nicht zu gefährden. Sven ist im 24-Stunden-Rhythmus bei der beruflichen Feuerwehr und Lena wurde vor einem Monat 2 Jahre alt. So packen Maria und Fred ihre Sachen und stellen sich auf eine längere Zeit in Marienthal ein. Sie verbringen viele schöne Stunden mit ihrer Enkelin, die regelmäßig mit zu ihrer Mutter in die Klinik nach Wiesbaden fährt. Auch hier während der Fahrt übt sie sich fleißig im Singen. Marias Repertoire an Kinderliedern ist fast unerschöpflich.

Unterdessen ist für Patricia alles sehr beschwerlich geworden. Mit dem Gedanken des Arztes, zu gegebener Zeit einen Kaiserschnitt vorzunehmen, kann sie sich nicht so wirklich anfreunden und sich deshalb auch noch nicht dazu entschließen.

Es ist am 31. Juli, als ihre Eltern mit Lena wie üblich zu Besuch kommen. Die Kleine kuschelt sich neben ihre Mutter und streicht zärtlich über deren Bauch. Als es ihr zu langweilig wird, beschließt Fred, sich mit ihr bei diesen sommerlichen Temperaturen in den Außenanlagen der Klinik aufzuhalten. Der Springbrunnen, bei dem das Wasser über dicke aufgetürmte Steine plätschert, ist höchst interessant. Während dessen setzen bei Patricia starke Wehen ein. Im Eilschritt wird sie zur Entbindung gefahren. Maria kann mit den Utensilien ihrer Tochter kaum folgen.

„Sag Sven Bescheid!“, ruft diese ihr noch zu.

Bei der Untersuchung kann Maria dabei sein. Dann dauert es nicht mehr lange bis Sven erscheint. Die Situation ist bereits so weit fortgeschritten, dass ein Kaiserschnitt nicht mehr infrage kommt.

Auf Umwegen trifft Maria schließlich ihren Mann und Lena, die von all dem nichts ahnen. Zusammen begeben sie sich dann zum Parkplatz und auf die Heimfahrt. In Gedanken bittet Maria um göttlichen Beistand und vertraut darauf, dass alles gut wird. Sie sind noch nicht lange in Marienthal, als der erlösende Anruf kommt: zwei Mädchen, Hannah und Lisa, haben innerhalb von 20 Minuten auf natürlichem Wege das Licht der Welt erblickt. Allerdings sind sie ein paar Wochen zu früh geboren und müssen weiterhin in der Kinderklinik im Wärmebettchen bzw. Brutkasten bleiben. Nachdem Patricia entlassen worden ist, fährt sie täglich zu ihren Zwillingen. Eines Tages kann auch Lena mit. Sie macht große Augen und hat viele Fragen, als sie ihre kleinen Geschwisterchen das erste Mal sieht. Beide schlafen. Lisa kann schon aus dem Wärmebettchen herausgenommen werden, wenn auch noch verkabelt. Lena streichelt sie ganz liebevoll. Hannah hat ebenfalls Fortschritte gemacht, wird aber noch im Brutkasten versorgt. Zu gegebener Zeit werden beide munter und gesund entlassen, außer, dass die Verdauungsorgane der Säuglinge noch sehr empfindlich auf deren Nahrungsaufnahme reagieren, was unruhige Nächte zur Folge hat. Maria und Fred sind sich einig, die junge Familie auch weiterhin zu unterstützen, auch nachts. Ist Sven im Dienst, wechseln sich Maria und ihre Tochter bei den Nachtschichten ab. Unterdessen hält Fred zunächst zu Hause in Wilgersdorf Haus und Garten in Ordnung. In unregelmäßigem Turnus fährt Maria zwischendurch nach Hause, jeweils nur kurz. Die Abstände werden im Laufe der Zeit allmählich etwas größer. Die Kurse bei der Volkshochschule und ihre Praxis zu Hause hat sie aufgegeben. Ihre jetzige Situation sieht sie als eine neue Lebensaufgabe an. Sie ist unendlich dankbar dafür, dass sie ihre Enkelkinder so hautnah aufwachsen sehen und in einer wunderbaren Beziehung zu ihnen erleben kann. „Oma Siggi“, wie sie in der kindlichen Sprache genannt wird, gehört aus deren Sicht einfach zur Familie.

Fred, „Opa Winni“, ist mittlerweile sehr begehrt. Die Zwillinge sind inzwischen gut zu Fuß und beschäftigen ihn am laufenden

Band. Lena stromert mit ihm - besonders gerne mit Rucksäckchen und Wanderstock - durch die nähere Natur; in die umliegenden Wälder, zur Antonius-Kapelle oder an den großen Offermanns-Weiher mit Kaulquappen, großen und kleinen Fischen, herrlichen Seerosen und zwei Wasserschildkröten. Opa weiß viel zu erzählen über Bäume, Tiere und den Gesang der Vögel.

Normalerweise fahren Maria und Fred jetzt jeweils gemeinsam nach Marienthal - zu bestimmten Anlässen oder wenn Situationen es erfordern. Die Kinder sind öfter, mit ihren Eltern oder mit Patricia allein, einige Tage in Wilgersdorf. Dann genießen sie bei „Oma Siggi“ und „Opa Winni“ - je nach Jahreszeit - Sandkasten, Schaukeln, Planschbecken und den Schnee.

Es sind gerade Kindergarten-Ferien, als sie wieder einmal „Urlaub“ bei ihren Großeltern machen. Ein Picknick an einer Hütte für Wanderer, an einem großen freien Platz mitten im Wald gelegen, klingt eines Tages sehr verlockend. Auf dem Weg dorthin, der für die kurzen Beine manchmal etwas anstrengend ist, kommen sie an einen riesigen Haufen roter Waldameisen. Opa führt ihnen vor, wie diese dort arbeiten - für die Kinder sehr spannend. Ein Waldlehrpfad mit Unterständen und bewachsene Hütten im Erdreich, kurz vor ihrem Ziel, machen beim Verstecken unheimlich viel Spaß. Die von Patricia und Maria vorbereiteten und jetzt verdienten Köstlichkeiten aus den Rucksäcken wecken schließlich bei allen Beteiligten die Lebensgeister. Trotzdem zieht sich der Heimweg am späten Nachmittag etwas schleppend hin. Es bedarf einer großen Portion Redekunst der Erwachsenen, die kleinen Wanderer bei Laune zu halten.

Abschied von Gerda

In Gerdas Leben trat vor einigen Jahren eine schwerwiegende Veränderung ein. Eine von ihrem Hausarzt nicht erkannte und damit nicht behandelte Demenz führte schließlich dazu, dass es ihr nicht mehr möglich war, für sich und ihr häusliches Umfeld ordnungsgemäß zu sorgen. Vehement lehnte sie jegliche Hilfe sowohl von Seiten ihrer Tochter als auch von Maria ab - von einem Ortswechsel ganz zu schweigen. Aufgrund eines Gutachtens des zuständigen Medizinischen Dienstes und der Gefahr für Leib und Leben gelang es schließlich, Gerda im Frühjahr 2008 unter diplomatischem Vorwand zu ihrer Tochter nach Opladen zu bringen. Durch einen für sie glücklichen Zufall ergab es sich, dass in einem nahe gelegenen Pflegeheim ein Platz frei wurde, ein helles geräumiges Zimmer mit Bad und einem kleinen Balkon. Vertraute Bilder und Gegenstände fanden einen neuen Platz und für das nötige fehlende Mobiliar sorgten Elfriede und Klaus, auch für einen Fernseher. Zeitweise saß Gerda an ihrer Handarbeit vor dem großen Fenster und stickte Muster in ein auf einem Holzrahmen aufgespanntes selbst genetztes Teil für eine Decke oder Gardine - wie früher. In ihrer veränderten innerlichen Welt griff sie manches Mal, wenn Besuch kam, zu ihrer geliebten Ziehharmonika und spielte - Stücke von Liedern aus alter Zeit. Zu den besonderen Tagen zählten ihre Geburtstage. Dann fuhr Maria mit Fred und ihrem Bruder Franz aus Balde nach Opladen. Elfriede und Klaus hatten dann schon alles zum Mitnehmen vorbereitet. Kaffee, Tee, selbst gebackener Kuchen und was sonst noch zu ein paar gemütlichen Stunden beiträgt, ist für Gerda jedes Mal zunächst eine große Überraschung, zaubert dann aber strahlende Augen in ihr erstauntes Gesicht.

Man schreibt das Jahr 2011. Maria und Fred beabsichtigen, Mitte Mai ihren Urlaub in der Toskana zu verbringen und haben bereits entsprechend bei ihrem sehr vertrauten schweizerischen Ferienunternehmen gebucht. Sie möchten Freds siebzigsten Geburtstag dort verbringen.

Der Gesundheitszustand von Gerda hat sich in den letzten Wochen zunehmend verschlechtert. Ihre Tochter Elfriede ist jedoch der Meinung, dass die beiden trotzdem nicht auf ihren Urlaub verzichten brauchen, da es mit ihrer Mutter schon längere Zeit auf und ab geht und man sowieso nichts voraussehen kann. Maria entschließt sich, zusammen mit ihrem Mann ihre Schwester vor der Abreise noch einmal zu besuchen. Bis vor einem Jahr hatte Gerda in dem Pflegeheim viele Möglichkeiten, von den Angeboten des Hauses Gebrauch zu machen, um somit für etwas Abwechslung zu sorgen. Das Interesse daran ließ allerdings im Laufe der Zeit aufgrund ihrer gesundheitlichen Situation immer mehr nach. Wie gut, dass Elfriede nicht weit von ihr entfernt wohnt, so dass sie ihre Mutter oft besuchen kann - eine Wegstrecke mit dem Fahrrad in wenigen Minuten.

Als Maria und Fred bei Gerda ankommen, sind die beiden von ihrem jetzigen Zustand sehr ergriffen. Sie liegt in ihrem Krankenbett auf der linken Körperseite, mit dem Gesicht zum Zimmer, und zeigt bei der Begrüßung keinerlei Reaktion. Ihr Blick geht ins Leere. Mit Worten kann man sie scheinbar nicht mehr erreichen. So bleibt sie außerhalb der Unterhaltung, die sich auf ihre jüngste Vergangenheit und die evtl. zukünftigen erforderlichen Maßnahmen bezieht.

„So bleibt sie jetzt liegen, bis das Pflegepersonal sie auf die andere Seite dreht“, sagt Elfriede zwischendurch. „Das schafft sie nicht mehr allein.“

„Auch ihre Nahrungsaufnahme ist kaum noch nennenswert“, fügt sie nach einer Weile hinzu.

So wie es der Wille ihrer Mutter war, sind sich auch Elfriede und Maria darüber einig, den natürlichen Lebensverlauf zu akzeptieren.

„Viele Stunden habe ich schon bei ihr gesessen, um ihr wenigstens ab und an etwas Joghurt und tropfenweise Flüssigkeit einzuflößen". Elfriedes Worte klingen etwas ratlos.

Plötzlich dreht sich Gerda ohne Hilfe auf die andere Seite, mit dem Gesicht zur Wand, und umklammert krampfhaft mit einer Hand den oberen Gitterrand ihres Bettes. In dieser Stellung verharrt sie, bis sich Maria schweren Herzens von ihr verabschiedet. Als ihre Hand auf der Schulter ihrer Schwester liegt, wendet diese sich ihr plötzlich zu, schaut ihr in die Augen und sagt ein einziges deutliches Wort: „Ja". Maria glaubt, in ihrem Blick die Bitte um Verzeihung und Verständnis zu erkennen. Oder hat sie die vorhergehende Unterhaltung doch noch mitbekommen? In ihrem Innersten weiß Maria, dass sie ihre Schwester nicht mehr lebend wiedersehen wird. Dieses Erlebnis steht ihr noch lange vor Augen. Sie bedauert es, dass sie mit ihrer Schwester nicht die geschwisterliche Beziehung erleben konnte, die sie sich früher immer gewünscht hat. Maria hat schon oft darum gebeten, dass Engel eines Tages die Seele ihrer Schwester auf dem Weg ins Licht begleiten mögen, damit sie in Ruhe und Frieden gehen kann. So gibt sie auch jetzt alles in die Hände der Höheren Macht und vertraut darauf, dass alles gut wird. Sie denkt dabei an ihre verstorbene Mutter Anna, die im Vertrauen auf Gottes Hilfe viele Dinge in ihrem Leben gemeistert hat. Schweren Herzens verlässt Maria mit ihrem Mann das Pflegeheim in Opladen.

Reizvolle Toskana

In der darauf folgenden Woche stehen die üblichen Vorbereitungen für den bevorstehenden Urlaub an.

„Die Wetteraussichten sind ja nicht gerade erfreulich", meint Maria am Tag vor ihrer Abreise und legt die entsprechende Kleidung zurecht.

„Abwarten bis wir dort sind." Fred nimmt es ganz gelassen. Am nächsten Morgen, als sie schon früh ins Auto steigen, hat es den Anschein, als wolle es in Kürze regnen. Trotzdem sehen sie in bester Laune ihrem ersten Ziel, dem Comer See, entgegen.

Einige Kilometer vor dem Julierpass bietet sich ihnen zwar ein wunderbares Panorama für einen Fotostopp, aber Marias Kamera streikt.

„Meine Ersatzkamera für alle Fälle liegt im Handschuhfach." Fred hat alles im Griff.

Von der Passhöhe aus geht es dann hinunter, vorbei an zahlreichen abwechslungsreichen Landschaften. Allerdings zeigt sich der Comer See bei ihrer Ankunft in Dunst gehüllt.

Das Hotel in Santa Maria, in dem Maria und Fred absteigen, hat eine sehr gute Küche und einen ausgezeichneten Wein. Sie genießen die laue Luft und angenehme Atmosphäre bis spät in den Abend hinein. Nach dieser Einstimmung in den Urlaub und einem erholsamen Schlaf werden sie am nächsten Morgen von einem strahlend blauen Himmel begrüßt. Der Blick auf den See, dessen Wasseroberfläche noch ein leichter durchsichtiger Nebel überzieht, und die angrenzenden Ortschaften sind einfach herrlich. Häuser mit ihren rotgedeckten Dächern, in vielfältiger Bauweise und pastellfarbenen Anstrichen, schmiegen sich im Anschluss des eigentlichen Ortskerns an die plötzlich steil ansteigenden Berghänge. Eine herrliche Aussicht aus dem geöffneten Fenster ihres Zimmers in einem der oberen Stockwerke. Sie atmen die frische Luft ein, die nach irgendwelchen Baumblüten duftet und zu ihnen herein getragen wird.

Gleich nach dem Frühstück wollen Maria und Fred die Umgebung erkunden. Auf der Fahrt mit ihrem Touran entdecken sie im Laufe des Tages herrliche Orte zum Verweilen. Fast alles, was Räder und Füße hat, zwängt sich über die einzige enge Durchgangsstraße in den Ortschaften um den Comer See. Autofahren ist Maßarbeit; an manchen Stellen ist bei Gegenverkehr gar nicht oder nur knapp an scharfen Betonmauern und Hausecken vorbeizukommen. So geht es nur langsam voran, auch in den Ort Menaggio.

„Ich glaube, es ist besser, wenn wir das Auto auf einen Parkplatz stellen und uns den Ort zu Fuß ansehen“, empfiehlt Fred.

Aber auch das ist ein schwieriges Unterfangen, denn freie Parkplätze sind Mangelware. Mittlerweile scheint die Sonne von einem wolkenlosen Himmel. Bei annähernd 30° können sie richtig auftanken. Sie schlendern über die gepflegte Uferpromenade und erfreuen sich an der üppigen Vegetation und Blütenpracht. Mit dem Auto kommen sie anschließend durch etliche sehenswerte Orte. In Tremezzo, auf einem Landvorsprung gelegen, hat man die Möglichkeit, den Comer See per Schiff zu erkunden. Sie begeben sich jedoch zu einem etwas außerhalb gelegenen Straßen-Café. Die Stühle sind zwar nicht besonders bequem und der Cappuccino lässt auch zu wünschen übrig; aber man hat von hier aus einen herrlichen Blick über den kleinen idyllischen Ort am Seeufer und in die Ferne. Die am Ende des Sees auftauchende hohe Berglandschaft schimmert in einem milchigen Blau und weiße sich auftürmende Quellwolken zeigen sich über den Bergspitzen. Ein schöner Tag neigt sich langsam seinem Ende zu.

Am darauf folgenden Morgen schauen sie vor ihrer Abreise zum Abschied noch einmal vom Fenster aus auf die beeindruckende Umgebung. Sie stellen fest, dass sie dieses Fleckchen Erde gerne ein zweites Mal zusammen aufsuchen würden. Dann starten sie mit dem Ziel „Tonda“ in der Toskana. Ursprünglich war es ein altes Dorf; im Kulturdreieck zwischen Florenz, Pisa und Siena gelegen und 1974 zu einem idyllischen Feriendorf umgebaut. Inzwischen wurden die Wohnungen1999 bis 2001 vollständig renoviert und neu eingerichtet. Gegen 16:00 Uhr erreichen Maria und Fred ihr Ziel. Das geräumige gut ausgestattete Ein-Zimmer-Apartment befindet sich in einem Haus am Rande des Dorfes, auf dem höchsten Punkt der Anlage. Von dem nach 3 Seiten offenen Balkon, teilweise mit Bambusmatten überdacht, hat man einen wunderbaren Blick auf die weitläufige faszinierende Landschaft der Toscana; ein verlockendes Wandergebiet, jedoch voller Tücken was Höhen und Tiefen des Geländes angeht - wie sich später herausstellt.

Heute ist der 15. Mai 2011, - ein besonderer Tag, denn Fred feiert seinen siebzigsten Geburtstag Das Personal der Anlage überrascht ihn am Vormittag nach einem Spaziergang mit Glückwünschen und einer Flasche Wein. Für den Abend wird ein Tisch in dem gemütlichen Restaurant der Anlage reserviert. Jetzt schlendern die beiden erst einmal durch die Gassen von Tonda und bewundern die vielseitig gestalteten Außenanlagen, die sich harmonisch zwischen die urigen Gebäude des Dorfes einfügen.

In der darauf folgenden Nacht regnet es. Der letzte Ausläufer eines Regengebietes, der über die Toskana zieht, öffnet noch einmal seine Schleusen.

„Was meinst du, wollen wir heute erst einmal die nähere Umgebung erkunden?“, fragt Fred am Morgen, während er überlegt, was man heute am besten anzieht. Die Bewölkung ist lichter geworden und ab und an kommt die Sonne zum Vorschein.

„Ja, das ist gut. Dann brauchen wir auch nicht viel mitzunehmen“, entgegnet ihm Maria. „Wir lassen es heute einfach langsam angehen.“

Laut einer Wegbeschreibung gibt es eine kurze Strecke, die in einem Bogen um das Dorf herumführt.

„Die nehmen wir“, entschließen sie sich spontan.

Tatsächlich finden sie das entsprechende Hinweisschild. Zunächst geht es in nicht allzu weiter Entfernung vom Dorf einen Berg hinunter. Unten angekommen, führt sie ein ausgefahrener Weg in schlammige Tiefen. Jetzt wieder zurück, den Berg hinauf, das wollen sie sich nicht antun. So springen sie von einer Bodenerhebung auf die andere, um nicht im Schlamm zu versinken. Allmählich wird es wieder trockener unter den Schuhen. Der Weg entfernt sich allerdings immer weiter von der Ferienanlage. Sie überqueren einen Wasserlauf und holen ein Ehepaar in Begleitung ihres Hundes ein. Während eines kurzen Gesprächs stellt sich heraus, dass sie schon das achte Mal hier sind. Auf die Frage nach einer Einkehrmöglichkeit verweisen sie auf den kleinen Ort Castelfalfi oberhalb des nächsten steilen ziemlich verwachsenen Anstiegs. Bei Maria und Fred machen sich mittlerweile Hunger und Durst bemerkbar.

„Ich gehe erst einmal auskundschaften. Warte hier bis ich wiederkomme“, sagt Fred und schon bahnt er sich einen Weg durch das hohe wild wachsende Gestrüpp. Maria wartet zunächst geduldig. Als ihr Mann längst ihren Blicken entschwunden ist und ihr die Zeit wie eine halbe Ewigkeit erscheint, beginnt auch sie hinauf zu klettern. Zwischendurch bleibt sie einige Male stehen und ruft nach ihm; aber alles bleibt still.

„Es gibt dort oben nichts mehr, alles ist zu.“, ertönt plötzlich die Stimme ihres Mannes. Maria fällt ein Stein vom Herzen.

„Es gibt den ganzen Ort nicht mehr, bis auf einzelnes Gemäuer“, ergänzt Fred als er sie erreicht. „Also müssen wir wieder hier hinunter!“

Nach weiteren zahlreichen kleineren Umwegen und insgesamt vier Stunden kommen sie fast am Ende ihrer Kräfte hungrig, durstig und mit qualmenden Füßen wieder in Tondra an.

Über das beheizbare Freibad weht z. Zt. noch ein etwas frischer Wind. Aber erfahrungsgemäß zieht es mit zunehmenden Temperaturen Sonnenhungrige immer häufiger in das feuchte Element. Eine gute Alternative dazu bietet sich für Maria und Fred auf ihrem Balkon an. Hier kann man seine Seele einfach baumeln und den Gedanken freien Lauf lassen, in einem Buch schmökern, schlafen oder beim Blick in die Wolken die Gelegenheit zum Träumen nutzen. Abends genießen sie hier oft die Ergebnisse ihrer

Kochkunst nach italienischem Vorbild, wobei der Rotwein einfach dazu gehört.

Maria macht mit ihrem Mann noch einmal einen Abstecher nach San Gimignano. Die Stadt ist berühmt für seine Skyline. Von den Türmen des Mittelalters gab es ursprünglich 72. Heute stehen davon noch 14. Die Ursache dieser gigantischen Bauten war das Machtstreben verfeindeter Adelsfamilien, nach dem Motto je höher desto mächtiger. Die Stadt ist ihnen schon von ihrem ersten Toskana-Urlaub in Pentolina bekannt. Daher parken sie heute etwas außerhalb und suchen sich in einer der Nebengassen ein schattiges Plätzchen vor einem der Straßen-Cafés. Es ist Mittagszeit und die Sonne brennt auf die Stadt hernieder. So lassen sie es sich bei kühlem Bier und Cappuchino gut gehen, staunen über so manche betuchten Italiener und amüsieren sich über interessante internationale Touristen.

In ihrer Wohnung wieder angekommen, beschließen sie, den restlichen Nachmittag auf ihrem luftigen Balkon zu verbringen. Maria nennt ihn gerne ihr „zweites Wohnzimmer“. Fred macht jedoch zunächst in der Kühle des Wohnraumes noch ein Schläfchen. Maria entspannt sich unterdessen auf dem Balkon auf ihrer Liege. Einzelne Wolken ziehen am blauen Himmel vorüber. Dabei lässt sie ihren Gedanken freien Lauf. Ihr kommt plötzlich, wie so oft, das Thema „Engel“ in den Sinn. Aufgrund eigener diesbezüglicher Erfahrungen ist sie von deren Existenz überzeugt. Während sie sich jetzt gedanklich damit beschäftigt, entsteht in ihr der Wunsch nach einem dafür sichtbaren Zeichen. Dann schließt sie die Augen und lässt alles los. Sie will gerade nach dem Buch greifen, das sie sich zurechtgelegt hat, als in der Ferne große dunkle Wolken ihre Aufmerksamkeit auf sich ziehen. Doch ihr Blick bleibt seltsamerweise an dem hellen Wolkengebilde schräg über ihr haften, das sich deutlich zu einem Engelbild mit ausgebreiteten Flügeln formt. Die Kamera, Marias ständiger Begleiter, hält dieses ausdrucksstarke und für sie bedeutungsvolle Bild zur richtigen Zeit und am richtigen Ort fest. Fred schiebt die cremefarbige Schiebetür auf, die die gesamte Breite des Wohnraumes einnimmt. Sie hat es ihnen besonders angetan, wenn abends bei einsetzender Dunkelheit durch eingearbeitete durchbrochene Muster zartgrüne Beleuchtung schimmert und dem Innenraum eine besondere Note verleiht. An diesem Nachmittag zeigt sie allerdings unerwartet auch ihre Tücken. Fred sorgt jetzt für Getränke, Knabbereien und Lesestoff.

„Die Tür machen wir lieber zu", meint er. „Sonst ist es nachher drin zu warm." Und damit schiebt er dieses Mal die Tür von außen nicht wie üblich nur halb zu, sondern bis zum Anschlag. Als er sie noch einmal öffnen will, gibt es ein Problem. Sie geht nicht mehr auf. In der Umgebung kein Mensch weit und breit zu sehen.

„Irgendwann wird sich schon jemand blicken lassen." Maria lacht. Fred ist schon dabei, nach Möglichkeiten zu suchen, ohne fremde Hilfe nach unten zu gelangen.

„Hier über das Balkongeländer auf die vorstehenden Dachpfannen der Wohnung unter uns. Dann erwische ich die Zypresse, die dicht an der Hauswand steht", erklärt er und zeigt nach unten.

„Na ja, ganz schön hoch", protestiert Maria. Aber ihr Mann lässt sich so schnell nicht beirren. Die beiden diskutieren eine Weile. *„Er wird doch wohl nicht..."* Für Maria ist es unvorstellbar. Im selben Moment sieht sie jemanden auf dem Balkon des einige Meter entfernten tiefer liegenden Hauses. Es ist der scheue Holländer. Sein Auto, rundherum mit aussagekräftigen Schrammen und Beulen, steht auf dem Parkstreifen immer unmittelbar neben dem Touran.

„Können Sie uns helfen?", ruft Maria jetzt hinüber und schildert kurz ihre Situation.

Nach einem unverständlichen leisen Gemurmel verschwindet der Mann im Haus.

„Was war denn das?" Maria schüttelt den Kopf.

„Der versteht dich nicht." Fred sucht immer noch nach einer Absteigemöglichkeit.

„Da kommt seine Frau." Maria winkt ihr zu. Wie sich herausstellt, kann sie nur ein paar Worte Deutsch. Trotz einiger Sprachschwierigkeiten kommt schließlich eine Verständigung zustande und die Nachbarn zeigen sich hilfsbereit. Wenige Minuten später befreit ein grinsender Angestellter der Anlage Maria und Fred aus dem luftigen Gefängnis. Nach dessen Reaktion ist es für ihn wohl nicht das erste Mal, dass er hier Hilfestellung leistet.

Am nächsten Tag nach dem Aufstehen blicken sie erneut in einen wolkenlosen Himmel. Die großzügige Ferienanlage „Il Pocchio“, die vom Balkon aus zu sehen ist, erstrahlt in hellem Licht der Morgensonne und lädt förmlich zum Wandern ein. Maria und Fred wollen heute nicht besonders viel steigen, daher kommt ihnen dieses Ziel gerade recht, obwohl sie zunächst durch ein tiefes Tal zwischen ihnen und der Anlage müssen und ein entsprechender Anstieg bewältigt werden muss. Hier treffen sie auf eine der vielen Gabelungen im Gelände. U.a. hat ein Bauer mit schwerem Gerät einen breiten Weg geschoben, der hinter einer Biegung verschwindet.

„Welchen Weg nehmen wir denn jetzt?“, fragt Fred.

„Heute mal den bequemeren; hier, den breiten“, antwortet Maria.

Als dieser jedoch irgendwo in der Landschaft endet, beginnt die Suche von neuem. Nach einigen Orientierungsversuchen ist ihr Ziel in Sicht. Sie nähern sich allerdings von der hinteren Seite her, durch das Privatgelände des Besitzers. Dieser empfängt sie trotzdem sehr freundlich. Er spricht kein Deutsch aber Englisch und erzählt von seiner Familie, dem Anwesen und dessen Werdegang. Es ist eine italienische Anlage und daher um diese Jahreszeit noch nicht belegt. Zum Schluss zeigt er ihnen noch den Weg für die Touristen. Die beiden Wanderer schlendern die angrenzende Zypressenallee entlang zum nächsten Ort. Dort lassen sie sich selbst gebackenen Kuchen und Cappuccino schmecken und machen sich dann mit frischer Energie auf den Heimweg. Ein gut begehbarer Pfad führt sie in einem weiten Bogen zurück nach Tonda, durch Weinberge und Olivenhaine und bietet immer wieder neue und herrliche Ausblicke. Ein schöner Tag geht zu Ende. Es ist jedoch nicht sicher, ob das Wetter hält, denn am Abend frischt der Wind kräftig auf und bringt einiges an Wolken mit.

Am nächsten Morgen gilt der erste Blick aus dem Fenster dem Himmel. Er ist strahlend blau; keine Wolke ist zu sehen, alles ist verflogen.

„Welch ein Glück!“, ruft Maria aus.

Sie ist schon früh aufgestanden, denn heute steht die Stadt Lucca auf dem Programm. Fred sorgt obligatorisch für das Frühstück, damit sie beizeiten in die Spur kommen, zumal es so aussieht, als ob es heute wieder sehr warm werden würde.

Lucca wurde einst auf einer Flussinsel im Serchio gegründet. Heute ist der Stadtkern umgeben von einer 4200 m langen und 12 m hohen Mauer. Durch zahlreiche Tore gelangt man in das Innere. Der Bau der Mauer dauerte von 1504 bis 1645. Sie bewahrte die Stadt 1805 vor einer Überschwemmung.

Als erstes stoßen Maria und Fred auf die Kirche San Michele am gleichnamigen Platz. Leider ist sie z. Zt. verschlossen. Die übereinander gelagerten vier Loggien-Reihen zeugen von großem künstlerischem Können. Die Gestaltung der äußeren Fassade durch naturalistische Motive stammt von Künstlern aus Lucca. Beeindruckend ist auch die Bronzestatue des Erzengels Michael auf der Spitze der Kirche, die in einer Bauzeit von mehr als einem Jahrhundert entstanden sein soll.

Die Bauweise des Domes von Lucca erscheint etwas ungewöhnlich. Auffällig ist die asymmetrische Vorhalle am ältesten Teil des heutigen Domes. Merkmale der Gotik sind in den darüber befindlichen Arkaden aus weißem und grünem Marmor zu erkennen, und die lombardischen Muster der Säulen zeugen von einem ausgesprochen großen Ideenreichtum.

Auf dem Rückweg schlendern Maria und Fred noch kurz über einen Markt, genießen dann erneut den Schatten der riesigen Bäume innerhalb der Stadtmauer und begeben sich durch das nächstliegende Stadttor zu ihrem Auto. Sie sind noch nicht lange unterwegs nach Tonda, als Fred eine ausgeschilderte Abkürzung über die Landstraße einschlägt. Es stellt sich heraus, dass die Beschilderung hier teilweise etwas konfus ist. Nach den Weisungen freundlicher Polizisten und einer 2½-stündigen Fahrt endet die heutige Tour. Maria und Fred beschließen, morgen einen Ruhetag einzulegen.

Ohne große Planung starten sie nach einem späten Frühstück und dem schon geübten Blick auf den Touran am nächsten Tag dann doch wieder. Sie wollen noch mal nach Montaione fahren, einem Kleinstädtchen mit typisch italienischem Treiben. Touristen gibt es hier wenige und Deutsche trifft man selten. Sie bummeln durch die kleinen Gassen mit ihren zahlreichen Lädchen und gönnen sich anschließend wieder einen Eiskaffee mit Schokolade und Sahne. Hier im Zentrum trifft sich fast alles, auch viele Radler, die im Schweiße ihres Angesichtes den steilen Berg nach Montaione hinter sich gebracht haben. Maria und Fred sehen dem quirligen Treiben des Städtchens noch eine Weile zu und fahren dann auf einem der zahlreichen Sträßchen wieder nach Tonda. Heute Abend gibt es Spaghetti in Öl und Knoblauch, mediterranes Gemüse und Rotwein, und das auf dem Balkon bei einem herrlichen Sonnenuntergang.

Die beiden haben sich vorgenommen, am vorletzten Tag vor ihrer Abreise noch einmal die 70 km entfernte Stadt Florenz aufzusuchen. Diese kennen sie schon von ihrem ersten Toskana-Urlaub und wissen, dass man dorthin am besten mit dem Zug fährt, d. h. also früh aufstehen. Mit dem Auto geht es zunächst 20 km bis zum Bahnhof Castelflorentino. Dort steigen sie in einen Zug nach Florenz - Siena.

Mit dem Stadtplan in der Hand machen sie sich bei 34 Grad im Schatten auf die Suche nach den Straßenschildern, die nicht selten in Miniaturausführung, zudem ungewöhnlich hoch, an den Häusern angebracht sind. Die schier endlos erscheinenden Warteschlangen vor fast allen Kulturstätten in den aufgeheizten Straßen geben Anlass, dieses Mal die prächtigen Bauten nur von außen zu bewundern.

„Ich möchte ja gerne noch hinunter an den Arno“, äußert Fred, als die Gassen immer enger werden.

„Er müsste in dieser Richtung sein.“ Er streckt seinen Arm entsprechend aus.

„Ja, dann komm.“ Maria kennt den Orientierungssinn ihres Mannes und weiß, dass man sich meistens darauf verlassen kann.

„Ich nehme die Karte und du suchst die Schilder, die es hoffentlich auch gibt“, schlägt sie vor.

Erst nach etlichen Irrwegen stehen sie plötzlich vor ihm. Mit ca. 250 km ist er der längste Fluss der Toskana. Alle toskanischen Flüsse können im Laufe eines Jahres extrem unterschiedliche Wassermengen führen. Der Arno trat 1966 über die Ufer, wodurch die Innenstadt von Florenz 6 Meter unter Wasser stand und viele Kunstwerke zerstört wurden. Auf der hochgelegenen Uferpromenade lassen Maria und Fred die Eindrücke auf sich wirken, wobei ihre Schritte allmählich etwas schneller werden, denn die aneinander gereihten Häuser entlang der Uferstraße und das Pflaster unter ihren Füßen sind von der Hitze ordentlich aufgeheizt. Ponte Vecchio ist die älteste Brücke, die über den Arno führt. Kleine pastellfarbene Läden der Juweliere „kleben“ an den Seiten. In der Mitte gibt eine Loggia den Blick durch drei Bögen auf den Flussverlauf frei; schwer und träge erscheinen die Wassermassen. Als Maria und Fred nach diesen Unternehmungen schließlich im Zug sitzen, strecken sie ihre müden Glieder aus und lassen die Bilder der Landschaft einfach vorbeifliegen.

Einen Tag später. Nach den gestrigen Anstrengungen ist man heute, am letzten Urlaubstag, nicht so früh auf den Beinen wie sonst. Fred ist allerdings noch auf der Suche nach ein paar Flaschen guten italienischen Weines. Durch einen Geheimtyp an der Rezeption erfährt er von einem Weingut unweit von Tonda. Schon der Vater des Besitzers soll einen der besten Weine der Umgebung angebaut haben. *„Das ist die Gelegenheit“*, denkt Fred und Maria hätte gerne ein gutes Olivenöl, auch als Mitbringsel. So machen sie sich im Auto auf den Weg und verlassen, wie es ihnen beschrieben wurde, nach einigen hundert Metern, hinter dem Ortsausgang Tonda die Hauptstraße. Jetzt heißt es, sich zu konzentrieren, denn die Fahrt geht unerwartet einen steilen Hang hinauf. Die unbefestigte steinige Fahrbahn hat ausgefahrene Rinnen und unzählige tiefe Schlaglöcher. Fred hält schon Ausschau nach einer

Wendemöglichkeit, als ein befestigter gut befahrbarer Weg sichtbar wird. Er führt durch Weinberge und Olivenhaine und nach einigen Kilometern auf den Hof des besagten Weingutes. Ein kleiner freundlicher Italiener empfängt sie, Mitte 40, in der deutschen Sprache nicht besonders bewandert. Und so verständigen sie sich auf Englisch/Deutsch. Er sei auch Lehrer und Maler und habe Kunst studiert, betont er. Anschließend führt er die Besucher in sein Atelier. Er ist sehr stolz auf seine gemalten Werke, auf die Ferienwohnungen seines Weingutes und auch darauf, dass er in der Kirche des alten Dorfes Tonda getauft wurde und zur Kommunion gegangen ist. Dann lädt der Winzer zu einem Rundgang in die Außenanlagen ein, auf dem Maria und Fred dessen Phantasie und Geschicklichkeit anerkennen müssen. Manches ist zwar etwas gewöhnungsbedürftig, aber der Wein und das Olivenöl sind hervorragend.

Als Maria und Fred am nächsten Morgen ihre Heimreise nach Deutschland antreten, schlägt das Wetter um. Oben auf den Bergen ist es bereits trübe und neblig, doch unten in den Tälern leuchten ihnen noch einmal die großen Flächen rot blühenden Mohns entgegen. Fred hat für die Rückfahrt eine andere Strecke ausgesucht. Sie ist etwas länger aber vielversprechend. So fahren sie oberhalb des ligurischen Meeres, mit immer wieder herrlichen Ausblicken auf die Küste, dann weiter über Genua und Mailand, vorbei am Luganer See über den San Bernardino Pass. Dabei passieren sie auch die Abfahrt zum Splügen-Pass, auf den sie schon auf der Hinfahrt verzichtet haben, weil er ihnen aufgrund seiner extrem engen Kurven und Tunnel zu risikoreich erschien. Bei einem Zwischenstopp am Bodensee übernachten sie in Wasserburg und fahren nach einem kurzen Spaziergang dann zügig in Richtung Heimat.

Wieder in Wilgersdorf, greift Maria zum Telefon, um sich bei Elfriede nach Gerda zu erkundigen.

„Ich wollte Euch im Urlaub nicht anrufen.“ Die Worte der Nichte klingen betont ruhig.

Maria weiß in diesem Moment, dass in der Zwischenzeit das geschehen ist, was sie eigentlich schon vor dem Urlaub geahnt hat.

„Die Mutter ist schon vor einer Woche gestorben und wird am 31. Mai beerdigt“, berichtet Elfriede weiter.

„Kurz bevor sie eingeschlafen ist, sagte sie zwei Worte: „*Achtundzwanzigster Mai.*“ Wir haben lange daran gerätselt, was das zu bedeuten haben könnte, bis es uns einfiel - das Datum Eurer Rückkehr aus der Toskana.“

Maria rinnen die Tränen über die Wangen und Fred nimmt sie liebevoll und mitfühlend in seine Arme.

„Wir haben daher mit der Beerdigung gewartet bis ihr wieder zu Hause seid.“ Dafür ist Maria ihrer Nichte sehr dankbar. Jetzt taucht in ihr erneut die Frage auf, warum es nicht möglich war, sich mit Gerda über gewisse Dinge der Vergangenheit auszutauschen, was sie sich bis zu deren Tod immer gewünscht hat. Sie weiß jedoch, dass die Härte ihres Lebens sie geprägt hatte und sie dadurch fähig war, vieles in sich bis zuletzt als Geheimnis zu bewahren. Sie ist 88 Jahre alt geworden.

Glück einer Freundschaft

Wie fast jedes Jahr dauert Fred der Winter 2013 viel zu lange.

„Gut, dass wir bald ins Warme fahren“, meint er zum wiederholten Mal mit einem Blick auf das Thermometer vor dem Küchenfenster.

„Hoffentlich fällt hier nicht mehr viel Schnee, wenn wir in der Türkei sind.“

„Horst und Irma überwintern ja wieder dort. Ich freue mich schon auf sie“, sagt Maria ohne auf Freds Worte weiter einzugehen. „Wenn wir nur nicht in Istanbul zwischenlanden müssten. Du weißt, das gefällt mir gar nicht“, fährt sie fort.

„Nach Istanbul wollte ich nie!“, bekräftigt sie dann ihre Aussage.

„Aber in den Wintermonaten gibt es eben keinen Direktflug nach Bodrum.“ Fred hat mit dieser Tatsache kein Problem.

„Ich bin gespannt, wie es heutzutage so aussieht. Vor 17 Jahren waren wir das letzte Mal dort. Sicher hat sich seither sehr viel verändert.“ Er ist mit seinen Gedanken schon ganz vor Ort.

„Gut, dass es sich so ergeben hat, wechselt Maria das Thema.

„Und wir mit Horst und Irma noch eine Woche verbringen können, bevor sie ihre Rückfahrt nach Frankreich antreten.“ Nach diesen Worten fällt ihr ein, was ihre Freunde dann womöglich wieder alles mitnehmen.

Es ist der 1. März 2013, als die beiden am frühen Morgen, wie üblich mit vollen nicht gerade kleinen Koffern, Rucksack und Handgepäck, in Wilgersdorf losfahren. Bei Verwandten in Rösrath können sie während ihres Urlaubs das Auto abstellen. Ein Taxi bringt sie dann in gut 10 Minuten zum Flughafen Köln-Bonn. Nach dem Einchecken suchen sie sich einen ruhigen Platz, bestellen einen Cappuccino und vertilgen die gut belegten Brote von zu Hause. Gegen Mittag startet ihre Turkish-Airlines in Richtung Istanbul. Der Flieger ist bis auf den letzten Platz belegt. Fred hat einige Schwierigkeiten mit der knapp bemessenen Beinfreiheit in Bezug auf sein Knieproblem. Als er sein gesamtes Handgepäck in dem Fach über sich verstaut hat, findet er schließlich eine einigermaßen annehmbare Lösung beim Sitzen. Dichter Nebel hat sich über dem Flughafen und seinem Umfeld ausgebreitet. Als der Flieger seine Flughöhe erreicht hat und dicke sich übereinander türmende Wolkenschichten unter ihnen liegen, genießen sie die vom Himmel strahlende Sonne und den Blick in das Blau über den Wolken. Die Monitore über den Köpfen der Passagiere tun ihnen allerdings nicht den Gefallen, die Flugstrecke anzuzeigen.

Getränke werden angeboten und eine Speisekarte kündigt die bevorstehende Mahlzeit an: Nudelauflauf mit Geflügelfleisch, Tomaten und überbackenem Parmesan-Käse, Auberginen in Öl eingelegt, knuspriges Weißbrot mit Butter und Frischkäse und eine

Schokoladenspeise. Nach diesem Essen kann man gut ein Schläfchen machen, seinen Gedanken nachgehen oder einfach vor sich hin träumen, denn der Flieger gleitet ruhig über den Wolken.

„Wir überfliegen wahrscheinlich gerade den südlichen Teil der Karpaten", meint Fred, als die Wolkendecke unter ihnen aufreißt.

Sein außerordentlich guter Orientierungssinn ist ihm angeboren. Ganz deutlich sind die sehr unterschiedlichen Formen dieser schneebedeckten Bergwelt zu erkennen. Maria sitzt am Fenster und hat somit freien Blick auf die faszinierende Landschaft unter ihnen. Beim Anflug auf Istanbul lassen enge Flugschleifen einige Male den Erdboden neben ihnen erscheinen. Nach einer sanften Landung tut sich ihnen ein Flughafen riesigen Ausmaßes auf. Als sie in den Innenbereich kommen, reihen sie sich in die endlos erscheinende Warteschlange der Transitreisenden ein. Wider Erwarten werden sie zur Passkontrolle geschleust.

Vor den Durchgängen stehen plötzlich ihre Freunde Herbert und Gudrun; lachende Gesichter, eine herzliche Umarmung, und es ist wie immer, einfach schön. Die zwei kommen aus Hannover und mussten ebenfalls in Istanbul zwischenlanden. Gemeinsam wollen die vier ihren Urlaub in der ihnen bereits bekannten Ferienanlage, ca. 25 km südöstlich der Stadt Bodrum, verbringen. Herbert und Gudrun wundern sich ebenfalls, dass sie jetzt durch die besagte Kontrolle müssen. Also die gleiche Prozedur wie in Köln; Mäntel, Jacken, z. T. auch Schuhe, alle Gegenstände, die man mit sich führt, und das Handgepäck müssen auf das Fließband zum Durchleuchten, auch der Hosengürtel. Während Maria den Dingen nachschaut, wie sie hinter den schwarzen Gummilaschen verschwinden, bewegt sie sich gleichzeitig, in Gedanken verloren, parallel in die gleiche Richtung, jedoch nicht wie vorgesehen durch die Personenkontrolle sondern daran vorbei. Schon ist eine Bedienstete mit strenger Miene zur Stelle und verweist sie mit Nachdruck zu dem Kontrolldurchgang. Was geschieht? Nichts Besonderes. Amüsiert und mit lustigen Kommentaren nehmen die vier wieder ihr Handgepäck und die abgelegten Dinge in Empfang und verstauen alles wie gehabt. Langsam schlendern sie zum Gate für den

Weiterflug nach Bodrum und lassen sich in der ersten Sitzreihe nieder, um den Einlass abzuwarten. Ihnen gegenüber nimmt ein türkisches Ehepaar mit Tochter in jugendlichem Alter und deren Freundin Platz. Schon nach kurzer Zeit entwickelt sich ein z. T. recht lebhafter Dialog zwischen diesen scheinbar gut situierten Reisenden. Die Mutter trägt ein etwas in die Stirn gelegtes, dann beiderseits nach unten gefaltetes und unter dem Kinn nach hinten gebundenes Kopftuch in geschmackvollem Muster und aus feinem Stoff gearbeitet. Bei bestimmten lebhaften Bewegungen ist unter ihrer langen locker fallenden Kleidung eine etwas kernige aber gute Figur andeutungsweise zu erkennen. Der Vater in dunkelgrauem Anzug, modisch nach türkischer Art, und einer ebenso typisch türkischen Kopfbedeckung, eine Art Kapka, hat seine Gebetskette um die vier Finger seiner linken Hand geschlungen und verrichtet seine Gebete. Sowohl das Erscheinungsbild der Frau als auch das des Mannes zeugen von Gepflogenheiten alter Traditionen ihrer Kultur. Ihr auffallend freundlicher Blick und ihre Körpersprache weisen auf ein starkes aber liebevolles Selbstbewusstsein hin. Die beiden jungen Frauen sind modern gekleidet, tragen keine langen Röcke und kein Kopftuch und haben scheinbar viel Spaß. Ihrer Unterhaltung in deutscher Sprache und nicht gerade leiser Lautstärke ist zu entnehmen, dass der Tochter des Ehepaares wohl etwas sehr Spannendes bevorsteht und ihre deutschstämmige Freundin sich scheinbar köstlich darüber amüsiert. Die hübsche junge Türkin holt aus ihrem Koffer modische hellbraune Stiefelchen mit extrem hohen und spitzen Absätzen heraus und tauscht sie gegen die sportlichen Winterstiefel ein, die sie, sicher wegen dem kalten Wetter in Deutschland, bisher getragen hat. Das Make-up und die Haarfrisur werden schnell noch korrigiert bis alles perfekt ist.

„Ich bin so aufgeregt!“, hört man sie zwischendurch immer wieder sagen. Dabei rutscht sie unruhig auf dem grauen metallenen Stuhlgitter hin und her. Die Mutter begleitet das Ganze mit einem vielsagenden Lächeln und zeigt scheinbar Verständnis für die Situation ihrer Tochter. Man könnte meinen, dass irgendein männliches Wesen mit im Spiel ist. Der Vater unterbricht nur selten mit wenigen Worten seine Gebete. Dann rückt auch schon seine rechte Hand eine Perle der Gebetskette weiter.

Nach 2 ½-stündigem Aufenthalt in Istanbul startet die nächste Türkish-Airline zum Weiterflug nach Bodrum, einer an der Südwest-Küste der Türkei gelegenen Halbinsel. Es dauert nur eine Stunde bis zu dem Flughafen in der Nähe von Milas, ca. 35 km von der Stadt Bodrum entfernt. Der Anflug ist besonders beeindruckend. Ein riesiges buntes Lichtermeer leuchtet durch die mittlerweile einsetzende Dunkelheit zu ihnen herauf, unterbrochen von den fast schwarz erscheinenden Wasserflächen der Meeresbuchten. Genauso ruhig wie die Landung ist auch der Betrieb auf dem Flughafen. Es sieht so aus, als wäre ihr Flieger der letzte für heute. Am Förderband der Gepäckausgabe warten Maria und Gudrun mit ihren Männern vergeblich auf ihre Koffer. Sie sind jetzt die letzten Passagiere weit und breit. Während sie noch unschlüssig herumstehen, erscheint eine Bedienstete des Flughafenpersonals und weist sie darauf hin, dass hier nur Gepäck von Inlandflügen ankomme. Sie deutet an, ihr zu folgen. Mit schnellen Schritten eilt sie voraus. Am Ausgang ist gerade noch Zeit für einen flüchtigen Grußwechsel mit der türkischen Familie, bevor es in unterschiedlichen Richtungen weitergeht.

Mittlerweile kommen auch auf dem Förderband für internationale Flüge nur noch in größeren Abständen wenige Gepäckstücke an. Schon von weitem erkennen Maria und Fred jetzt ihre Koffer mit den bunten Gurten und den orangefarbenen Bändern an den Griffen. Auch die von Herbert und Gudrun sind dabei. Draußen wartet schon der Transfer der Ferienanlage. Das Gepäck wird in den Laderaum verstaut und alle nehmen in dem geräumigen Kleinbus Platz. Schon nach kurzer Fahrzeit stellen sie die Veränderungen fest, die sich hier vollzogen haben, vom Bau einer Autobahn bis hin zu dem ausgesprochen guten Zustand eines ausgebauten Verkehrsnetzes. Als sie auf die Landstraße zur Ferienanlage einbiegen, geht es nicht mehr so schnell vorwärts. Aufgrund der Dunkelheit sind die Unebenheiten der Fahrbahn und die Schlaglöcher an den Fahrbahnrändern, auch die unübersichtlichen engen Kurven ohne besondere Seitenbegrenzung, erst spät und nur andeutungsweise zu erkennen; dafür aber umso deutlicher spürbar. Die Fahrweise des Fahrers lässt darauf schließen, dass er sich hier gut auskennt. Trotz der komfortablen Ausstattung des Wagens neueren Datums mit gepolsterten Ledersitzen werden die Insassen ganz ordentlich durchgeschüttelt. Auf einer Geraden ist plötzlich ein Feuerwehreinsatz in Sicht. Eine Straßenseite wurde bereits wegen Überschwemmung aufgrund eines Wasserrohrbruchs gesperrt. Nur äußerst langsam ist eine Weiterfahrt auf der anderen Spur möglich. Herbert sitzt in entgegengesetzter Fahrtrichtung. Er ist immer stiller geworden und sieht etwas blass um die Nase aus. Sein Magen rebelliert. Am Ziel angekommen atmen alle erst einmal tief durch. Gut 12 Stunden waren sie heute unterwegs. Sie sind müde und hungrig. So begeben sie sich nach den notwendigen Formalitäten und der Zuteilung der Wohnungen in den Speiseraum. Die Küche bietet jetzt gegen 22:00 Uhr nicht mehr das meiste, aber jeder kann noch seinen Durst löschen und den Hunger stillen. Dann erst mal schlafen!

Noch etwas schlaftrunken zieht Maria am Morgen die Vorhänge vor den Fenstern des Wohnraumes zurück. Ihre Wohnung befindet sich im ersten Obergeschoß und zufälligerweise in derselben Häuserreihe oberhalb des Meeres wie vor 17 Jahren. Das hatten sie schon gestern Abend bei ihrer Ankunft trotz der Dunkelheit festgestellt. Damals waren sie begeistert von der herrlichen Aussicht über die kleine Bucht unter ihnen, die beidseitig angrenzenden Erhebungen und das weite Meer. Heute jedoch sieht alles anders aus. Zwei Nadelbäume in stattlicher Größe breiten ihre ausladenden Äste unweit des Balkons aus und behindern somit zum großen Teil den Blick auf die Landschaft und, wie sich später herausstellt, auch die Sonneneinstrahlung. Außerdem ist es die letzte Wohnung am Ende der Häuserreihe, neben einem Aufgang, der durch die Anlage nach oben führt.

„Das habe ich mir nicht so vorgestellt“, sagt Maria ärgerlich. „Hier kann man ja noch nicht mal auf dem Balkon sitzen.“

Fred ist noch nicht ganz wach und reibt sich die Augen.

„Heute ist sowieso kein Wetter dafür. Außerdem sind wir wahrscheinlich die meiste Zeit unterwegs.“

„Wir gehen gleich erst frühstücken und versuchen dann herauszufinden, wo Horst und Irma wohnen“, fügt er beschwichtigend hinzu.

Auf dem Weg zum Restaurant treffen sie Herbert und Gudrun. Deren Gesichter sprechen Bände. Ihre Wohnung liegt im Erdgeschoß, ist sehr dunkel und die Terrasse grenzt direkt an den besagten Gehweg.

„Wir halten schon mal Ausschau nach einer Ersatzwohnung“, sagt Gudrun.

Maria trägt sich mit dem gleichen Gedanken. Nach dem Frühstück trennen sich ihre Wege. Als Maria wieder ihre Wohnung betritt, muss sie zugeben, dass diese ihr ja eigentlich ganz gut gefällt. Mit einem zusätzlichen Schlafzimmer und Gäste-WC ist sie sehr geräumig und gut ausgestattet. Ohne künstliche Beleuchtung ist es in dem großen Wohnraum mit der integrierten Küche jedoch auch tagsüber etwas dunkel. Als Maria auf den Balkon hinaustritt, erscheint gleichzeitig in der Balkontür des Nebenhauses eine ältere Dame, die interessiert herüberschaut. Die beiden kommen ins Gespräch.

„Wir überwintern hier. Leider kann mein Mann schlecht laufen, nur mit Krücken; aber die Luft hier tut ihm sehr gut“, erzählt die Nachbarin.

Maria nutzt sofort die Gelegenheit und fragt, ob sie Horst und Irma kennen.

„Ja, das freundliche Ehepaar“, antwortet die Frau. „Sie haben 2 Häuser weiter gewohnt und sind vor 2 Tagen abgereist. Ihre Tochter hat zu Hause in Frankreich einen Schlaganfall bekommen.“

Maria und Fred sind entsetzt.

„Hoffentlich geht während der Fahrt alles gut“, meint Fred, als sie wieder allein sind.

Beide sorgen sich sehr, denn ihre Freunde waren wieder mit dem Auto hier. Normalerweise sind sie bei drei Übernachtungen vier

Tage unterwegs. Während sie sich darüber noch weiter unterhalten, bummeln sie über die geteerten Wege, die sich, gesäumt von Bruchsteinmauern, durch die stufenförmig angelegte Ferienanlage schlängeln. Die versetzten archetektonisch geschmackvollen Reihenhäuser in landestypischem Stil fügen sich harmonisch in das Landschaftsbild ein, sowohl auf der einen Seite den Hang hinauf als auch auf der anderen zur großen Bucht hinunter. Diese bietet in der Hauptsaison am Strand und im Wasser zahlreiche sportliche Aktivitäten, aber auch viele Möglichkeiten zum Faulenzen und Wohlfühlen.

Z.Zt. sind kaum Urlauber unterwegs. Dafür herrscht reges Treiben ganz anderer Art im Umfeld des feinen Sandstrandes. Umbauarbeiten in großem Ausmaß sind in vollem Gange. U.a. wird das große beheizbare Schwimmbecken vergrößert und eine Möglichkeit zur beweglichen Überdachung geschaffen. Große Flächen im Umkreis des Badebereiches werden neu angelegt und müssen noch gefliest werden. In zwei Wochen ist Saisoneröffnung. Die erweiterte Bootsanlegestelle ist fast fertig. Abgedeckte Motorboote für jeden Geschmack warten auf ihren Einsatz. Der Anlegesteg, von dem aus Maria damals nach ihrem Unfall auf einem Boot über das Meer startete, ist noch unverändert. Sporttaucher haben von hier aus Gelegenheit, in andere Buchten zu fahren, um dort in entsprechenden Tiefen zu tauchen. Maria geht jetzt mit ihrem Mann ein paar Schritte auf dem Bootssteg entlang.

„Das Wasser ist immer noch so herrlich klar“, stellt Fred etwas erstaunt fest.

„Man kann die Tiefe gar nicht richtig ausmachen.“, pflichtet Maria ihm bei.

Beide betrachten die durch das Meer glatt geriebenen Kiesel der verschiedenen Gesteinsarten in unterschiedlichen Farben und Mustern.

„Sie erscheinen einem viel näher als sie es in Wirklichkeit sind.“

„Komm, lass uns zurückgehen“, meint Fred nach einigen Minuten. Er legt seinen Arm um Marias Schultern. Beide ziehen sich die Jackenkragen bis an die Ohren hoch, denn sie müssen jetzt gegen den Wind angehen.

„Ach, sieh mal an. Den gibt's auch noch." Fred bleibt plötzlich stehen und zeigt auf das flache Gebäude am Ende der Bucht.

„Den haben wir vorhin gar nicht gesehen, den Grill-Garden."

„Der Schornstein raucht. Es ist bestimmt jemand da." Mit diesen Worten hängt sich Maria bei ihrem Mann ein.

„Etwas Warmes würde uns jetzt gut tun. Der Wind hat uns ganz schön ausgeblasen." Sie schüttelt sich und beschleunigt den Schritt.

Eine große aufgestellte Holztafel weist auf die Öffnungszeiten hin und das, was es heute zu essen gibt. Als sie die Tür öffnen, schlägt ihnen eine wohlige Wärme entgegen. Ein auffallend gut aussehender Kellner der Ferienanlage begrüßt sie freundlich. Sie setzen sich an einen der freien rustikalen Holztische, wobei Fred erst einmal etwas unsanft die Härte des Untergestells zu spüren bekommt. An einem der Nebentische spielen einige türkische Männer irgendwelche Brettspiele und machen dabei ihrer Freude oder ihrem Ärger unüberhörbar Luft. An dem anderen sitzt ein deutsches Ehepaar, Wanderer, die scheinbar eine lange Tour hinter sich haben. Maria und Fred entscheiden sich schnell. Der Kellner spricht gut Deutsch und gibt die Bestellung an seinen Kollegen weiter, der für die kleine Küche zuständig ist. Ein Cappuccino weckt die Lebensgeister und knuspriges Toastbrot mit Käse und Tomaten lässt das Knurren im Magen verstummen.

„Hier kann man's aushalten." Mit einem tiefen Atemzug streckt Fred seine Beine unter dem Tisch aus und lauscht dann Marias Plänen für den morgigen Tag. Dabei beobachten beide durch das gegenüberliegende Fenster, wie die Wellen immer höher an die angrenzenden Felsen schlagen. Irgendwann machen sie sich wieder auf den Weg zu ihrer Wohnung, über die zahlreichen Treppenstufen den Hang hinauf.

„Ein gutes Training", sagt Fred.

Er lacht, hat aber nichts dagegen, dass es auf der anderen Seite wieder bergab geht. Kaum jemand begegnet ihnen. Nur 50 der insgesamt über 300 Wohnungen sind aufgrund der umfangreichen

Baumaßnahmen belegt. Ihre Freunde können in eine zufriedenstellende Wohnung umziehen.

Heftiger Regen mit Gewitter und Sturm setzt 2 Tage später ein. Erst am Morgen ist das ganze Ausmaß zu erkennen. Die Wege sind übersät mit Laub und Ästen. In den offenen Innenhöfen der hinteren Eingangsbereiche steht das Wasser. Alles ist auf den Beinen, um der Lage Herr zu werden. Doch am Vormittag klart es auf und die Sonne kommt zum Vorschein. Während dessen wird in der Küche und auf den seitlichen Terrassen fleißig vorbereitet. Um 11:00 Uhr ist brunchen angesagt. Nur mit wenig Verspätung ruft ein Gong mit lautem Nachhall zur Eröffnung. Die schmackhafte türkische Küche bietet hier nahezu alles, was das Herz begehrt. Draußen ist es wieder abgetrocknet und der Duft der blühenden Bäume und Sträucher erfüllt die Luft.

Herbert und Fred sitzen mit ihren Frauen an einem der weiß eingedeckten Tische auf der Terrasse. Sie haben sich schon bei einem Rundgang einen Überblick verschafft, welche kulinarischen Genüsse sie in den nächsten Stunden bevorzugen werden. Jetzt lassen sie sich erst einmal Rührei mit Schinken schmecken. Die Frauen dagegen gehen es leichter an, mit kleinen Brötchen, Marmelade, Honig, Käse und diversen Früchten. Maria schaut über den Rand ihrer Sonnenbrille, denn es ist schattig geworden. In diesem Moment öffnet der Himmel auch schon seine Schleusen. Ein Platzregen geht nieder. In Windeseile packen alle ihre Sachen zusammen und flüchten ans Trockene. Die vier finden einen idealen Tisch, etwas abseits vor einem der Fenster, an denen die Niederschläge wie aus Eimern herunter strömen. Es wird ein langer aber keineswegs langweiliger Nachmittag. Immer wieder gibt es etwas Neues und Interessantes zu sehen. Und schon ist man wieder mit einem Teller unterwegs. Die Verlockungen sind groß, alles zu probieren; aber die Möglichkeiten begrenzt. Allgemein betrachtet ist es auch hier wieder erstaunlich, welches Fassungsvermögen der menschliche Magen haben kann. Am Nachmittag gesellt sich eine türkische Großfamilie von außerhalb hinzu, die die Aufmerksamkeit der Gäste auf sich zieht. Der Kinderwagen findet in nächster Nähe eines reservierten Tisches seinen Platz und quirlige Kinder von klein bis groß, mit schwarzen lockigen Haaren und dunklen Kulleraugen, folgen den Anweisungen der Erwachsenen nach einer scheinbar gewohnten Sitzordnung. Maria wundert sich etwas über den lockeren Umgang miteinander. Ohne Bewertung denkt sie dabei kurz an ihre eigene Kindheit.

„Ich glaube, wir machen uns langsam wieder auf", schlägt Fred vor.

„Ja, jetzt müssen wir uns erst wieder erholen." Herberts Humor ist manchmal umwerfend.

Es nieselt noch etwas, als sie, steif und träge geworden, den Rückweg antreten.

„Morgen müssen wir unbedingt in den großen Supermarkt, den es nicht weit von hier in einem der Dörfer an der Straße nach Bodrum geben soll", kündigt Gudrun an. „Kommt ihr mit?"

„Ja", erwidert Fred. „Unser Kühlschrank ist auch leer."

Alle sind sich einig.

Es ist Montag. Dem jungen Mann in Uniform im Kontrollhäuschen am Ausgang der Ferienanlage sind die vier Personen noch nicht bekannt. Daher müssen sie sich erst ausweisen. Nur ein paar Meter sind es bis zur Haltestelle der öffentlichen Verkehrsmittel auf der anderen Straßenseite.

„Wir sind wohl nicht die einzigen, die einkaufen wollen. Hoffentlich passen wir alle rein." Maria meint den Dolmuş, einen der kleinen Busse des türkischen Nahverkehrs mit 14 bis 24 Sitzplätzen. Ihr sind die abenteuerlichen Fahrten vor vielen Jahren noch in Erinnerung. Nach wie vor sind die Abfahrtszeiten auf den ausgehängten Fahrplänen festgelegt. Es gibt jedoch nur wenige extra ausgewiesene Haltestellen.

Der Bus hält. Nur die hinterste Reihe ist besetzt. Maria beeilt sich, ihrem Mann zu folgen. Zwei Finger seiner rechten Hand zeigen dem Fahrer an, wie viele Fahrscheine er lösen will. Dann schlägt die mit Gummi bezogene Metallsperre hinter ihnen zu.

„Der wollte wohl kein Geld", sagt Gudrun lachend.

„Spätestens beim Aussteigen“, meint Fred. „Und möglichst passend.“

Sie sind noch nicht lange unterwegs, als die überwiegende Anzahl der Fahrgäste sich plötzlich zum Aussteigen erhebt.

„Ist das da vorne etwa der Supermarkt?“, wundert sich Gudrun lachend.

Der Bus hält direkt davor. Jetzt heißt es zahlen. Sie stellt sich, wie die anderen auch, bei den Wartenden an und kramt nach dem passenden Geld für ihre Fahrstrecke. Für die Finanzen ist Gudrun zuständig.

„Herbert, hast du noch was klein?“

„Mein Portmonee ist ganz unten im Rucksack“, erwidert er. Fred rettet die Situation.

„Das nächste Mal bin ich dran“, meint Gudrun kichernd.

Schon direkt an der Straße hat man Gelegenheit, sich mit Obst und Gemüse zu versorgen. Außerdem findet man hier fast alles, was ein Tourist im Urlaub gebrauchen kann. Die Verkaufsflächen im Inneren sind unübersehbar. Jetzt wären ein Kompass und ein Dolmetscher von Vorteil. So aber nimmt der Einkauf eine längere Zeit in Anspruch als gedacht. Zum Schluss sucht Maria noch einen bestimmten Käse. Darin ist Fred sehr wählerische. Schafskäse darf es schon gar nicht sein. Die Schwierigkeit besteht darin, dass nicht auf jedem Milchprodukt das jeweilige liebe Tierchen abgebildet ist.

„Der, der könnte aus Kuhmilch sein“ vermutet Fred.

Zielstrebig nimmt er eine Packung aus dem Regal, ist sich aber doch nicht ganz sicher. Da kommt ihm eine Verkäuferin gerade recht. Er zeigt auf den Käse und ein nicht zu überhörendes *„Muuh oder Määh“? tönt* aus seiner Kehle. Die junge Frau weiß im ersten Moment nicht wie ihr geschieht. Doch dann amüsieren sich beide. So kommt Fred doch noch zu seinem Kuhmilchkäse.

Die Rucksäcke sind voll und der Rest der Einkäufe ist in Plastiktüten untergebracht.

Laut Fahrplan soll der nächste Dolmuş in zehn Minuten zurückfahren. Doch nach einer halben Stunde ist immer noch keiner in Sicht. Inzwischen ist es heiß geworden. Nur der Dachüberstand des Gebäudes spendet etwas Schatten. Sie kommen mit einem Ehepaar neben ihnen ins Gespräch.

„Manchmal kommt er gar nicht. Dann fährt man eben mit dem nächsten.“ Die Frau ist ganz gelassen.

„Hier hat man Zeit“, ergänzt ihr Mann.

Ihn kann das scheinbar auch nicht aus der Ruhe bringen. Ein Bus kommt dann doch noch, wenn auch erst nach einer Stunde. Oder ist es schon der nächste? Ihnen ist es jetzt egal, Hauptsache zurück.

Eines Tages steht Bodrum auf dem Plan.

Es ist noch kühl, als Fred, Maria, Herbert und Gudrun am Vormittag unter hohen Palmen unweit des Hafens in Bodrum ankommen. Ihnen fallen sofort die zahlreichen Segelboote und Schiffe ins Auge, die sich am Kai dicht gedrängt aneinander reihen und noch den Anschein nächtlicher Stille vermitteln. Die Bänke an der breiten sonnigen Uferpromenade sind noch leer. In einiger Entfernung leuchtet eine Moschee durch einen lichten Baumbestand.

„Die möchten wir uns gerne ansehen“, sagt Gudrun.

Die anderen auch. Auf dem Weg dorthin gesellt sich ein Hund zu ihnen, der versucht, seinem eigenen Schatten nachzulaufen.

„Seht mal.“ Maria zeigt auf die Reiseandenken, die vor einer niedrigen Mauer, seitlich neben dem Durchgang zur Moschee, angeboten werden. Sofort ist eine Frau zur Stelle, gekleidet traditionsgemäß ihrer Kultur. Mit strengem Blick verfolgt sie jede Bewegung der 4 Touristen. Dagegen teilnahmslos sitzt ein junger Mann auf der Mauer. Die Flasche in seiner Hand ist leer. Sein Äußeres lässt darauf schließen, dass er zu denen zählt, die ohne festen Wohnsitz irgendwie zurechtkommen müssen.

„Der Arme!“, denkt Maria. Er tut ihr leid.

Sie betreten die Moschee nur soweit, wie es mit Schuhen gestattet ist. Die Türkin von draußen ist plötzlich neben ihnen, weist mit unmissverständlichen Gesten darauf hin und lässt sie nicht mehr aus den Augen. Ein beeindruckender Ort, ungewohnte Atmosphäre und handwerkliche Kunst in Form und Farbe!

Von einem Hügel in der Umgebung aus hat man eine herrliche Sicht auf einen Teil der „weißen Stadt“, wie Bodrum oft genannt wird. Herbert und Gudrun begeben sich von hier aus auf einen Kultur-Tripp - Skulpturen und Denkmäler vergangener Zeit, die z. T. aufgrund ihres Alters und durch Witterungseinflüsse stark gelitten haben.

Maria und Fred genießen indessen an der Uferpromenade die Sonne und beobachten das jetzt lebhafte Treiben im Hafen. So vergeht die Zeit schnell, bis man sich an einem verabredeten Ort zu einem Drink trifft. Als sie anschließend gemeinsam in eine der zahlreichen Nebenstraßen schlendern, stehen sie unverhofft vor einem Markt - nichts Besonderes auf den ersten Blick. Dann tut sich ihnen allerdings ein großer Marktstand auf, u. a. mit einer riesigen Auswahl an Trockenfrüchten und Gewürzen. Da kann man nicht widerstehen. Der Bedarf für den restlichen Urlaub ist somit gesichert. Die Haltestelle für öffentliche Verkehrsmittel ist ganz in der Nähe.

Es hat sich herumgesprochen, dass es in der Ortsmitte von Çiftlik eine besondere kleine Gaststätte gibt, Erkennungszeichen grüne Markise. Fred und Herbert mit ihren Frauen haben sich vorgenommen, die heutige Wanderung mit einer dortigen Mittagsmahlzeit zu verbinden. Sie wollen über die Fischerbucht laufen und dann den Weg über den Berg nehmen, den sie aus dieser Richtung noch nicht kennen. Die Sonne scheint wieder vom blauen Himmel und alle sind in fröhlicher Wanderstimmung. Schon der Klippenpfad bis zur Fischerbucht ist besonders für Herbert und Gudrun ein Erlebnis, denn sie gehen diesen das erste Mal. Dort angekommen, geht es zunächst seitlich hinauf und dann weiter bei nur zeitweise leichter Steigung. Zum Teil bilden zu beiden Seiten des Weges exakt aufgeschichtete Steinwälle die jeweiligen Grundstücksbegrenzungen. Oft sind die sich darin befindlichen Grünflächen großflächig bedeckt mit einem Schleier von kleinen weißen Blüten - ein herrlicher Anblick - und immer wieder das silbrig schimmernde Blattwerk der Olivenbäume. An einem idyllischen Platz im Halbschatten einer solchen Baumgruppe - vor einem halbrunden höheren Steinwall, auf einer steinernen Bank - machen die Wanderer eine längere Pause und freuen sich ihres Daseins.

Mit jetzt leichteren Rucksäcken und aufgetankt durch frische Energie geht es mit neuem Elan voran. Der befahrbare breite Weg lässt einen flotten Wanderschritt zu. So sehen sie nach einer guten Wegstrecke unten schon den Ort Çiftlik liegen und auch ungefähr die Stelle, wo sie ihr empfohlenes Ziel vermuten, die Gaststätte mit der grünen Markise. Nun geht es den Berg hinunter auf einer neu ausgebauten Straße. Dabei kommen sie an einigen umgebauten Häusern vorbei. Ein Huhn schaut ihnen erstaunt entgegen und ein Truthahn sucht vor Schreck das Weite. Nach einer unübersichtlichen Kurve sehen sie etwas abseits einen Mann auf einer blühenden Wiese. Er pflückt roten Mohn. Als er die Wanderer erblickt, eilt er rufend auf sie zu und überreicht Maria und Gudrun mit ehrfurchtsvoller Geste und vielen unverständlichen Worten einige seiner gepflückten Blumen. Die beiden nehmen sie überrascht und dankend an. Viel Zeit zum Staunen bleibt ihnen nicht, denn ein Stück weiter unten kommt ihnen ein alter Mann entgegen. Das Gehen fällt ihm schwer - trotz des Stockes - und scheinbar auch das Atmen. Seine Jacke aus dickem Wollstoff, die ihm sicherlich schon einmal besser gepasst hat, hängt weit über die schmalen Schultern herab. Die dunklen Pantoffeln aus Filz - um einige Nummern zu groß - sind wahrscheinlich mitverantwortlich für den schlurfenden Gang. Die Stoffmütze mit den Ohrenklappen ist ihm etwas ins Gesicht gerutscht. Auf die Frage, ob diese Straße hinunter in den Ort führt, bleibt er stehen. Er ist sichtlich froh, etwas verschnaufen zu können und bejaht es.

„Dann war hier der steinige steile Pfad, den wir damals mit Horst und Irma aus dem Elsass und Jürgen und Helga aus Düsseldorf in entgegengesetzter Richtung gegangen sind - an dem Haus vorbei, wo Tee getrunken und Teppiche gewebt wurden“, stellt Fred fest.

„Das ist nicht mehr wiederzuerkennen“, staunt auch Maria.

Nach einigen extrem steilen Kurven, bei denen es angebracht ist, aufgrund des steilen Geländes im Zickzack zu gehen, sehen sie im Tal die gesuchte Gaststätte. Endlich! Von dem Minarett der Moschee im rechten Ortsteil schallt der Gebetsruf herauf und fast zeitgleich auch von einer anderen - wie ein Echo. Es ist Mittagszeit.

Bei ihrer Ankunft ist von Gästen nichts zu sehen. Die angewehten Blätter von umstehenden Bäumen liegen scheinbar schon etwas länger auf den hölzernen Tischen des Balkons. Eine Frau erscheint in der Tür. Sie spricht Deutsch. Mit wenigen Handgriffen ist die Ordnung hergestellt. Man lässt sich an einem der jetzt gedeckten Tische nieder - welche Wohltat! Als es um die Wahl der Speisen geht, bittet die freundliche Frau ins Haus, zeigt ihnen die Räumlichkeiten, nimmt sie mit an die Kochstelle und hebt die Deckel ihrer Kochtöpfe. Was für Düfte! Letztendlich wird es ein ausgedehntes Mahl mit vielen Köstlichkeiten, die dem Ruf dieser Gaststätte alle Ehre machen. Als es Zeit wird aufzubrechen, hat keiner mehr Lust auf einen langen Fußmarsch. Also schlendern sie bis zur nächsten Haltestelle für öffentliche Verkehrsmittel, u. a. vorbei an einer Zisterne, einem riesigen Behälter für Regenwasser. Nicht gerade pünktlich erscheint ein Dolmuş. Ob der Fahrer verstanden hat, wo die vier hin wollen, weiß man nicht. Jedenfalls fährt er los. An der Abfahrt zur Küste in Richtung Ferienanlage erfahren sie, dass er nicht dorthin fährt. Er telefoniert über sein Handy und kurz danach ist ein entgegenkommender Kollege in Sicht. Zunächst gibt es eine längere Diskussion vom Fahrersitz aus. Dann heißt es schließlich doch umzusteigen in Richtung Ferienanlage.

An einem der nächsten Tage schlagen Fred und Herbert vor, an der engen kurvenreichen Küstenstraße einmal zu Fuß entlang zu gehen.

„Im Auto geht das immer viel zu schnell, um die herrliche Aussicht über das Meer zu genießen“, sagt Gudrun daraufhin.

„Dann haben wir auch mehr Möglichkeiten zu fotografieren.“ Maria ist der gleichen Meinung.

Das Wetter ist heute etwas kühler und es weht ein frischer Wind.

„Beim Laufen wird uns schon warm werden“, sagt Fred.

Unterwegs machen sie einen Abstecher zu einer Bucht, die von weitem ganz einladend aussieht. Erst als sie unten ankommen, offenbart sich die ganze Realität. Zwischen einzeln stehenden Olivenbäumen ist der Sand teilweise bedeckt mit angeschwemmtem Strandgut jeglicher Art. Der überwiegend stillgelegte Hafen nebenan, wo ausgediente und restaurierte Boote und Schiffe liegen, ist allerdings für Fred und Herbert höchst interessant.

Jetzt ist es nicht mehr weit bis zur Abzweigung nach Çiftlik. Dort biegen sie ein. Wenn man guten Fisch essen will, bietet sich dafür am Ortsrand ein ganz bestimmtes Restaurant an, haben sie gehört. Tatsächlich - nicht zu übersehen: Çiftlik-Garden, Restaurant. Ein Tisch an der Hauswand ist gerade das Richtige, etwas geschützt vor dem kühlen Wind. Eine strahlende Frau - in weiter luftiger weiß/rosa karierter Pluderhose, selbst gestrickten Wollsocken und Sandalen, eine rosa Blüte im blonden Haar - empfängt ihre Gäste. Hier lässt es sich gut sitzen und besonders gut essen: Gegrillter Fisch, bunter Salat, gebackene Kartoffelscheiben und natürlich Stangen-Weißbrot. Es mag wohl an beidem liegen, dass dieses Lokal so bekannt ist - an dem Essen und der Gastgeberin.

Für ein Foto muss jetzt auch ihr Mann herbei, dunkle Haare, in gestreiftem Wollpullover und Jeans - etwas zurückhaltend aber freundlich. Wie natürlich und offenherzig doch Menschen sein können!

Fred und Maria haben einen Tag länger Urlaub als Herbert und Gudrun. Sie wollen daher noch einmal eine Wanderung zur weißen Villa machen. Es ist ein sehr stürmischer Tag. Als sie dort ankommen, müssen sie feststellen, dass es diese nicht mehr so gibt wie früher. Sie wissen bereits, dass der Besitzer gewechselt hat und sie jetzt nicht mehr ohne weiteres für jeden zu erreichen ist. Die beiden setzen sich also hoch oben auf einen Felsen, packen ihren Wanderproviant aus und wundern sich. Sie erinnern sich an die Erlebnisse von damals, mit Horst und Irma - und Birdahl. Jetzt ist hier alles auf äußerste Sicherheit ausgerichtet.

Der Weg zurück ist sehr anstrengend. Der Sturm peitscht mittlerweile die Gischt bis hoch über die Klippen, so dass es oft schwierig ist, sich auf den Beinen zu halten. Aber alles geht gut. Vor der Ferienanlage kreuzt eine große Schildkröte ganz gelassen ihren Weg und stört sich an nichts.

Es gab viele gemeinsame beglückende Unternehmungen und Begebenheiten während dieses wunderbaren Urlaubs bei einem ausgewogenen Verhältnis von Ruhe und Aktivität. Auch Erstaunliches, so z. B. als eines Tages ein Angestellter einen Teller in die Ferienwohnung brachte, auf dem sich 2 Gebäck-Herzen mit rosafarbener Zuckerglasur eng aneinander schmiegten - und eine Karte mit der Aufschrift:

Happy Womens Day
Herzlichen Glückwunsch zum Weltfrauentag

Tage des Glücks

Gran Canaria und mehr

7 Monate später sitzen Fred und Maria wieder am Köln-Bonner Flughafen und warten darauf, dass die geplante *„Germanwings"* mit dem Ziel Las Palmas/Gran Canaria zum Flug freigegeben wird. Nach fast 3 Stunden Verspätung endlich der ersehnte Aufruf! Allerdings übernimmt eine Ersatzmaschine der *„Air Europa",* die aus London gekommen ist, den Flug. Alles entpuppt sich als sehr spannend - mangelnde Kommunikation mit dem Flugpersonal, Unstimmigkeiten bei der Platzierung, keinerlei Informationen während des Fluges vom Cockpit aus.

Ab Las Palmas geht es mit einem Bus-Transfer, der noch ¾ Stunden auf Fluggäste anderer Maschinen wartet, an den endgültigen Ort San Agustin. Nach Ankunft der beiden Urlauber sind die Unannehmlichkeiten der Reise schnell vergessen. Aus dem 5. Stock ihres Apartmenthauses bietet sich ihnen eine herrliche Aussicht auf das Meer und die Umgebung; auch auf die nahe gelegene Steilküste nach Osten hin, mit begehrten Eigentumswohnungen und zahlreichen Fischrestaurants. Über einen hauseigenen Zugang sind es nur wenige Meter zum breiten kilometerlangen feinsandigen Strand nach Maspalomas. Er bietet viele Möglichkeiten für Liebhaber unterschiedlicher Körperkulturen, aber auch bewundernswerte Kreativität mit Sand. Das Thermometer zeigt 30 Grad im Schatten an.

Fred und Maria entschließen sich zu einer Inselrundfahrt. Ein Bus bringt sie in den Hafen von Mogán, der von 3 Seiten von der umliegenden Bergwelt umgeben ist. Jetzt, am Morgen, herrscht hier noch eine auffallende Stille und angenehme Kühle macht sich bemerkbar. Allmählich treffen die Teilnehmer ein. Während man auf die angekündigten 8-sitzigen Minibusse wartet, schauen sich Fred und Maria noch etwas im Hafenbereich um. Gegen 10:00 Uhr ist es dann soweit. Alle werden auf die ankommenden Fahrzeuge verteilt, die über Funk miteinander verbunden sind. Die beiden haben das Glück, in den Wagen der Reiseleiterin, einer Deutschen, einsteigen zu können.

Vom Hafen aus geht es über die alte Landstraße hinauf in das Dorf Mogán und weiter in Richtung San Nicolas. Wenige Kilometer vor diesem Ort erreichen und besichtigen sie den Park Cactualdea mit seinen grandiosen Gewächsen von Kakteen und der Pflanzenwelt. Die Tour führt weiter über die Straße der Stauseen hinauf bis zum Zentrum der Insel, durch eine bizarre Felsenlandschaft. Von weitem sind die Öffnungen nicht mehr bewohnter Höhlenwohnungen aus alter Zeit zu erkennen. Spannend wird es, als sie im Verlauf des stetigen Ansteigens der Strecke auf einem engen und spektakulären Sträßchen unterwegs sind. Vor und in zahlreichen unübersichtlichen Kurven ist ein frühzeitiges lautes Hupen unverzichtbar. So kommen sie in das winzige Dörfchen Carrizal de Tejeda in den zentralen Gipfellagen Gran Canarias. Es soll zu den schönsten der Insel zählen. Die mit roten Ziegeln gedeckten Häuser scheinen an den Felsen zu kleben und besitzen einen natürlichen Charme. Aufgrund der phantastischen Wetterlage ist im Hintergrund die Insel Teneriffa zu erkennen, mit dem höchsten Berg Spaniens (3718m), dem Pico Teide.

Unermüdlich versorgt die Reiseleiterin die Reisenden mit Hintergrundwissen und hat immer einen Scherz auf den Lippen. Im weiteren Verlauf der Tour fahren sie unweit des Roque Nublo vorbei, dem Wahrzeichen von Gran Canaria. Er ist wohl durch seinen 70m hohen fingerförmigen Basaltmonolithen (das Überbleibsel eines Vulkans) der auffälligste Berg. Über eine Kuppe kommen sie in die nördliche Hälfte der Insel. In San Mateo wird die Reisegruppe mit einem 3-Gang Menü verwöhnt, aus Bio-Produkten der „Canarischen Schweiz“. Dann geht es zurück, über die Autobahn nach San Agustin.

Fred und Maria verbringen diesen Urlaub in erster Linie anlässlich ihrer Goldenen Hochzeit. Für den Tag haben sie sich eine spezielle Rundreise ausgesucht. Es ist der 18. Oktober. Wieder sitzen sie in einem Minibus, allerdings eines anderen Reiseunternehmens, und fahren zunächst eine verkürzte Strecke über Mogán bis kurz vor San Nicolas. Hier befinden sich direkt an der Straße an einigen Stellen am Eingang zur Schlucht Venegueta, in überwiegendem braunen Fels, Einschlüsse von auffälligem Farbenspiel: Vulkangestein aus vielen übereinander liegenden in Farben schillernden Schichten. Und auch dieses Mal besuchen sie einen Kakteen-Park mit riesigen bewundernswerten Fruchtstauden und genießen deren köstliche Vitaminsäfte auf einer Terrasse.

Es ist früher Nachmittag, als sie Artenara erreichen - ein kleines Bergdorf im nordwestlichen Zentrum und der höchstgelegenste Ort von Gran Canaria, bekannt durch seine Höhlenwohnungen und die Höhlenkapelle. Da die Zeit zur freien Verfügung steht, wollen Fred und Maria zunächst die Höhlenkapelle aufsuchen. Sie ist ihr Hauptziel des heutigen Tages. Ein etwas gut beleibter Mann mit schwarzem Hut kommt ihnen entgegen und begrüßt sie freudig. Ob es der Pastor oder der Bürgermeister ist? Den beiden ist es rätselhaft, denn spanisch verstehen sie nicht. Er weist ihnen den Weg zur Fatima-Kapelle. Durch ein schmiedeeisernes Tor betreten sie den Raum. Im Hintergrund die Statue der hl. Maria, die im 14. Jahrhundert durch Missionare von Mallorca hierher gebracht worden sein soll. Außer dem Hauptaltar zahlreiche Kerzen, Blumen und andere Lichtquellen an kleineren Nebenaltären - insgesamt ein ergreifender Anblick. Fred und Maria verweilen eine Weile in aller Stille, sind dankbar für die 50 gemeinsamen Jahre und einfach nur glücklich. Für sie ist es an diesem Tag, dem Tag ihrer Goldenen Hochzeit, ein besonderes emotionales Ereignis. Draußen wartet er - der Pastor. Die beiden werden von ihm jetzt ebenfalls, im wahrsten Sinne des Wortes, „behütet". Dann bittet er einen Passanten, sie zusammen auf der Bank vor der Kapelle mit Marias Kamera festzuhalten - als Erinnerungsfoto und Dank für die Spende.

Im älteren Teil des Ortes gibt es noch zahlreiche Höhlenwohnungen. Viele sind noch bewohnt oder werden als Ferienwohnung vermietet. Ihr Äußeres ist erstaunlicherweise modern restauriert und vergrößert. Anschließend werfen die beiden Urlauber auch einen Blick in eine als Museum eingerichtete Höhlenwohnung. Dann geht es nach einem ausgedehnten Rundgang weiter in Richtung Moya. Die bekannteste Sehenswürdigkeit dieser Stadt ist die Kirche Nuestra Senora de Candelaria, hoch oben dicht an steil abfallenden Felsen eines Bergrückens errichtet. Leider ist sie im Moment verschlossen. Es folgt ein Bummel durch die Straße mit kunstvoll holzgeschnitzten Balkonen und äußerst gepflegtem Baumbestand. Danach geht es ohne Unterbrechung über Las Palmas wieder in Richtung Süden. Es ist Abend, als sie in San Agustin ankommen.

Nach ihrer Tour zur Fatima-Kapelle halten sie am darauf folgenden Vormittag diesen denkwürdigen Tag auf einem Foto fest - im Sand geschrieben vor einem Felsvorsprung.

Einige Tage später sitzen die beiden bei schweißtreibenden Temperaturen in einem der öffentlichen Verkehrsmittel, um Las Palmas zu erkunden. Die Stadt mit ihren blühenden Bäumen und dem pulsierenden Leben wäre sicher interessant. Bei 36 Grad kann man es jedoch am besten am Strand aushalten. Also beschränken sie sich auf die Strandpromenade mit weitem Blick über die heran rauschenden Wellen.

Welch ein Genuss zum Ausklang ihres wunderschönen Urlaubs in ihrem oft besuchten Restaurant in San Agustin. Die Koffer sind weitgehend gepackt.

Nach Ankunft mit dem hauseigenen Transfer auf dem Flughafen Las Palmas, 18 km von der Stadt entfernt, geht ein heftiges Gewitter nieder. Doch gegen 20:00 Uhr startet ihre „Germanwings“ bei hellem Sonnenschein Richtung Heimat.

Bis zum 6. Dezember 2013 gibt es kaum Anzeichen auf einen schneereichen Winter. An diesem Tag will Patricia mit ihren drei Kindern über das Wochenende zu Omas Geburtstag und der

Nachfeier zur Goldenen Hochzeit ihrer Eltern fahren. Doch bereits am frühen Morgen gibt es einen Temperatursturz mit plötzlich einsetzendem starkem Schneefall. Also muss diese Fahrt nach Wilgersdorf wetterbedingt ausfallen, was alle sehr bedauern. Für Opa Fred ist dieser Tag kein Zuckerschlecken. 4½ Stunden kämpft er mit den Schneemassen, damit die Besucher aus der näheren Umgebung, auch Elfriede und Klaus aus Opladen, für ihre Autos einen Platz finden. In den nächsten Wochen gibt es jedoch nur selten tiefe Temperaturen und schon vor Weihnachten ist von der weißen Pracht nichts mehr zu sehen. So fahren Maria und Fred am 2. Feiertag zum üblichen Familientreffen nach Marienthal dieses Mal ins Grüne.

Lena besucht mittlerweile die erste Klasse der Grundschule. Nachdem sie die Ringelröteln, die in Marienthal die Runde machten, glücklich überstanden hat, kommen Patricia und ihre drei Kinder Anfang Januar für ein paar Tage nach Wilgersdorf. Nun wartet Lena täglich mit ihren beiden Schwestern Hanna und Lisa auf den lang ersehnten Schnee. Aber es ist einfach zu mild, so dass die dicken Schneeanzüge gar nicht erst ausgepackt werden. Spazierengehen ist trotz der flinken kleinen Füße nicht besonders gefragt. Denn die Möglichkeit, in allen Räumlichkeiten des Hauses ihre „Zelte“ aufzuschlagen, die von der Obrigkeit genehmigt werden, ist einfach zu verlockend. Der Ideenreichtum und die kindliche Fantasie scheinen dann nicht enden zu wollen.

Eines Tages kommt Fred nach einem verspäteten Frühstück auf eine glorreiche Idee.

„Draußen in dem Schrank auf dem Balkon gibt es noch Nüsse. Die könnten wir für die Vögel verfüttern. Wollt ihr mit?“ Seine Worte zünden wie Feuer. Am liebsten würden sie gleich losrennen.

„Zieht euch erst mal richtig an. Heute Nacht hat es gefroren.“ Er begibt sich ins Freie und verschwindet um die Hausecke.

Jacke an, Mütze auf, Schal um den Hals, Schuhe an die Füße; alles in Windeseile, und schon ist Lena weg. Bei den Zwillingen geht es nicht ganz so schnell; aber Mama hilft mit, zieht die dicken Mützen noch etwas weiter über die Ohren und schnürt die Schuhe.

Während dessen schreien die beiden schon nach ihrer großen Schwester. Gleich darauf erscheint sie mit strahlendem Gesicht, in den Armen eine Tüte Sonnenblumenkerne. Opa ist auch schon zur Stelle.

„Die Nüsse drüben im Schrank müsst ihr erst einmal knacken.“ Für alle vernehmbar gibt er jetzt die erforderlichen Anweisungen.

Die drei kennen sich aus und fördern vieles zu Tage, auch das, wonach nicht gesucht werden soll.

„Wir brauchen doch nur die Hasel- und Walnüsse. Legt sie dort, wo die Wiese anfängt, auf den Stapel Steinplatten. Da könnt ihr sie gleich aufklopfen. Außerdem muss auch eine kleine Tüte mit Paranüssen da sein. Die habe ich für die Vögel verwahrt.“

„Für mich sind sie zu hart“, ergänzt Opa halblaut, mehr zu sich selbst gesprochen.

Die kleinen Hände finden alles, auch die Erdnüsse, die verstreut in dem Schrank herumliegen. Die dicken Kieselsteine an der Hauswand kommen den Kindern anschließend zum Knacken der Nüsse gerade recht.

„Passt auf eure Finger auf!“, mahnt Opa. „Nur auf die Nüsse klopfen.“

Das ist gar nicht so einfach. Manchmal laufen die Nüsse einfach weg.

„Versucht es doch hiermit. Das geht sicher besser und die Nusstücke werden kleiner.“ Opa legt ihnen 2 kleine Hämmer auf die Platten.

„Einer von euch kann ja in der Zeit schon anfangen, die geknackten Nüsse zu mischen. Wechselt euch dabei aber ab.“ Alles klappt wunderbar, ohne blaue Finger.

Als Sonnenblumenkerne und Nüsse gemischt und die Vogelhäuschen damit gefüllt sind, stromern die Kinder noch eine Zeit lang mit roten Wangen und voller Elan auf dem Grundstück umher. Auch Opa macht sich während dessen draußen noch etwas zu schaffen. Mittlerweile ist es Mittag geworden.

„Hallo, wir können gleich essen. Putzt euch die Schuhe richtig ab, bevor ihr ins Haus kommt. Die sind bestimmt voller Schlamm.“

Mamas Stimme ist unüberhörbar. Danach wendet sie sich wieder den Vorbereitungen in der Küche zu, bis es klingelt.

Lisa steht auf der Fußmatte vor der Haustür, einen Fuß etwas schräg auf die äußere Kante gestellt. Ihr Gesicht verheißt nichts Gutes.

„Ich habe in einen Hundehaufen getreten", jammert sie.

Gleich darauf hört man Opas Stimme.

„Der einzige Hundeschiss weit und breit auf unserer Wiese. Ausgerechnet da hat sie rein getreten und ihn auch noch verschleppt."

„Ich dachte es wäre Lehm", fügt er nach kurzer Pause hinzu." Dabei schrubbt er emsig mit Wasser und Bürste die Matte neben dem Haus.

„Das meiste habe ich unter ihren Schuhen schon weggemacht", ruft er noch nach.

„Lisa, das ist nicht schlimm. Komm wir ziehen die Schuhe aus", tröstet Mama ihre kleine Tochter.

Lisa wollte doch mit sauberen Schuhen herein kommen und sich vorher noch gründlich auf der Fußmatte die Schuhe säubern! Der innere Eingangsbereich bleibt jedoch nicht ganz verschont. Trotzdem müssen Mama und Oma noch ein paar Mal richtig lachen, während Mama den Tisch deckt und Oma bei einer gründlichen Reinigungsaktion die letzten Spuren des Vierbeiners verschwinden lässt.

Am 12. Januar fahren Patricia und ihre Kinder wieder nach Hause, denn Lena muss am nächsten Tag zur Schule; die Weihnachtsferien sind zu Ende.

Obwohl Maria und Fred, wie gewohnt, ihre Zeit öfter in Patricias Familie verbringen, warten die Enkelkinder sehnsüchtig auf die Gelegenheiten, wieder nach Wilgersdorf fahren zu können. Mit zunehmendem Alter verändert sich ihre Freizeit-Gestaltung. Das hat zur Folge, dass es in dem geräumigen Auto im Laufe der Zeit immer enger wird, wenn Laufrad, Roller bzw. Fahrräder zusätzlich mitgenommen werden sollen. Zum Glück gibt es Anhänger. Beim Verstauen erweist sich besonders Sven als wahrer

Meister. Die Dinge wiederzufinden, ist dann manchmal allerdings auch eine Kunst.

Nach Ansicht der Mädels könnte der Aufenthalt nicht lange genug dauern, denn Opa Winni hat immer etwas vor. Zeitweise fordert das allerdings seine ganze Mobilität heraus - und das auf Schusters Rappen. Dieses Mal hat er jedoch für die Enkelkinder u. a. bei einer guten Bekannten der Familie bereits die Weichen für eine Reitstunde zu dritt gestellt. Das Gefühl auf dem Rücken eines Pferdes kennenzulernen, bei seiner Pflege mitzuhelfen und zuzuschauen, wenn ein anderes zahnärztlich versorgt wird - das wird alles in allem zu einem besonderen Highlight.

Nach den täglichen Aktivitäten fliegt man dann gerne noch auf den Schaukeln - mittlerweile sind es vier an der Zahl - bei Maria hinter dem Haus durch die Luft; an der Teppichstange, wie früher Patricia als Kind, und an dem dicken Ast des Apfelbaumes.

Je nach Jahreszeit und wenn die Witterung es erlaubt, halten sich die Kinder am liebsten draußen in freier Natur auf. Ob es ein Blumenstrauß von den angrenzenden Wiesen ist oder der Blätter-Salat zu der Lehm-Pampe mit dem Wasser des nahen Baches - alles geschieht mit großer Begeisterung. Der Nutzgarten hat täglich eine starke Anziehungskraft. Es könnten ja noch vereinzelt Beeren an den bereits abgeernteten Sträuchern nachgereift sein. Die verschiedenen Beerensorten in einer Quarkspeise schmecken einfach zu köstlich; die Erdbeeren allerdings am besten. Im Herbst kommen alle vorhandenen Laubrechen zum Einsatz, wenn es darum geht die bunte Blätterpracht auf einer dafür vorgesehenen Stelle unter Fichten und hohen Sträuchern am Ende des Grundstücks unterzubringen. Dabei wird auch an den Igel gedacht, der dort sein Winterquartier bekommt. Für ihr Alter kennen sich die Kinder schon ganz gut im Backen und Kochen aus und sind bei den entsprechenden Vorbereitungen gleich zur Stelle. Kritisch wird es, wenn alle drei dasselbe machen wollen. Dann ist Opa oft der Retter in der Not - mit Gesellschaftsspielen. Aber auch da hat jeder seinen Favoriten. Lena ist bei Mikado fast unschlagbar. Es gibt aber auch viele ruhige Phasen, nämlich dann, wenn die Kinder sich in Omas

Zimmer zurückziehen und ihren kreativen Neigungen folgen, jedes auf seine Art. In Marias Schränken befinden sich zahlreiche Utensilien zum Schreiben, Malen und Basteln. Erstaunliche Dinge entstehen, wenn die Kinder ihren Fantasien freien Lauf lassen. Maria unterstützt deren großes Interesse an kreativen Beschäftigungen wo sie kann. Beim Betrachten der entstandenen Werke fallen ihr dann oft die bemerkenswerten Zusammenhänge liebevoller Darstellungen auf. Dabei spielen Familie und Natur eine große Rolle - und Farben. Hell und leuchtend müssen sie sein. Außerdem: Welch ein Segen, dass es Bücher gibt, zum Schauen, Lesen und Vorlesen, auch für Maria.

Die Zeit, die ihre Enkelkinder bei ihr und Fred in Wilgersdorf verbringen, sieht sie auch als einen Teil ihrer eigenen Lebensaufgabe an; dazu beizutragen, die mitgebrachten Gaben und Fähigkeiten ihrer Enkel zu fördern und ihnen das „Wesentliche des Lebens" zu vermitteln. Zudem sind sie für die Großeltern eine Bereicherung ihres Daseins. Nach jeder Abreise wird es wieder sehr still im Haus bei Oma und Opa in Wilgersdorf; nach Omas Meinung manchmal zu still!

Auch im Haus von Marias Bruder Franz ist es still geworden. Über den Tod seiner Frau Luise vor 7 Jahren war er lange Zeit untröstlich, bis sich seine geistige und körperliche Verfassung gravierend veränderte. Ärztliche Diagnose: Demenz. Aufgrund dieser Erkrankung ließ die Erinnerung an Luise, wie an vieles Andere auch, immer mehr nach. Auch seine körperlichen Kräfte nahmen ab, so dass er schließlich jetzt nicht mehr in der Lage ist, sein Bett zu verlassen. Von hier aus, inmitten seines familiären Umfeldes, hat er aus dem großen Fenster seines sonnigen Zimmers einen weiten Blick über einen großen Teil der vertrauten Umgebung. Obwohl sich bei ihm im Laufe der Zeit zusätzliche krankhafte Begleiterscheinungen einstellen, jammert oder klagt er nicht. Man merkt ihm an, dass er die liebevolle Pflege auf seine Art zu schätzen weiß. Wenn Maria ihn besucht, ist sie manchmal trotz der Wiedersehensfreude von seinem Zustand besonders betroffen, da er sie bei ihrer Ankunft nicht immer erkennt. Gelingt es ihr, ihn durch ein Fenster seiner jetzigen Welt, in vergangenen guten Zeiten zu erreichen, können sie manchmal bei seinen kurzen und oft humorvollen Kommentaren sogar zusammen lachen.

Eines Tages sitzt Maria an seinem Bett, ohne dass er sie wahrgenommen hat. Seine Schlafphasen sind mittlerweile sehr lang geworden. Als sie sich von ihm verabschiedet, schaut er sie an.

„Kleines, bleib nicht zu lange!“, sagt er mit gedehnten Worten und winkt ihr dann andeutungsweise nach. Ein Lächeln huscht über sein Gesicht. Für seine Schwester ist das ein besonders ergreifender Abschied! Es sollte der letzte sein. Am 6. März 2015, 2 Tage vor seinem 88. Geburtstag, schläft er ruhig und in Frieden für immer ein; auch für Maria ein großer Verlust. Aber sie ist dankbar für die Zeit, die sie in ihrem Leben mit ihm verbracht hat und das gute Verhältnis, das sie miteinander haben durften - ein besonderes.

Große Dankbarkeit empfindet sie auch gegenüber der Familie ihres Bruders für deren große Einsatzbereitschaft und für die liebevolle Pflege in seinem Haus. Marias zusätzlicherDank gilt seiner Zwillingstochter Libeth. Sie und ihr Mann bestreiten weiterhin gemeinsam die zum Hof gehörende Landwirtschaft. Libeth gab ihren Beruf auf, um sich voll und ganz mit ihrem Mann der Pflege ihres Vaters widmen zu können. Er ist weiterhin als Lehrer tätig. Bewundernswert war auch sein humorvoller und einfühlsamer Umgang mit seinem Schwiegervater Franz. Das alles trug dazu bei, dass Maria nach ihren Besuchen bei ihrem Bruder jeweils getröstet nach Hause fuhr.

Frühlingserwachen

Es ist Mitte April. Maria erwacht und reibt sich noch ganz verschlafen die Augen. „*Wie spät mag es wohl sein*“, denkt sie. Die Rollläden vor dem Schlafzimmerfenster und der Balkontür haben sich schon automatisch aufgerollt. Ein schräger Blick zu ihrem

Wecker überzeugt sie, dass sie heute Morgen später aufgewacht ist, als sie es eigentlich vorhatte. Die Zeiger rücken bereits auf 8:30 Uhr.

Fast im gleichen Moment geht die Tür auf und ihr Mann schaut herein, in der einen Hand die Tasche mit seinem Computer und unter dem anderen Arm einen Ordner. Der Kleidung nach ist es heute Nacht wohl ziemlich kalt gewesen, denn er ist warm angezogen, mit Mütze und Schal, und das soll was heißen.

„Tschüss, bis heute Mittag“, ruft er Maria zu.

„Ja, tschüss, mach´s gut“, erwidert sie.

Heute ist einer der Wochentage, die er halbtags im *„senec@fé“* verbringt (einem Internetcafé für Senioren, benannt nach dem Philosophen Seneca) - bei seinen „Leutchen“, wie Maria es im Stillen nennt. Er ist ehrenamtlich in dem Verein „ALTERAktiv“ tätig, wo Senioren in ihrem eigenen Lerntempo an die Arbeit mit PC und Internet herangeführt werden.

Maria dreht sich zur anderen Seite, kuschelt sich wieder bis zum Kinn unter die warme Bettdecke und schaut aus dem Fenster. Die beiseite gezogene Gardine gibt normalerweise den Blick in die Weite frei. Doch von den Wiesen und Hecken auf dem schrägen Gelände oberhalb des Hauses, auch von dem in ca. 400 m entfernten Mischwald und den dahinter befindlichen hohen Tannen ist jetzt absolut nichts zu sehen. Dicker Nebel hüllt alles ein. Man schaut nur gegen eine weiße Wand. *„Das ist allemal besser, als jetzt draußen riesige Mengen Schnee zu schaufeln“,* denkt sie zufrieden. Und während ihr der heutige Tagesplan in den Kopf kommt, fällt ihr plötzlich der große Apfelbaum auf dem Wiesenstück hinter der Terrasse auf, dessen Äste sich jetzt schwarz und gespenstisch von der weißen Nebelwand abheben. Er hätte eigentlich einmal richtig zurückgeschnitten werden müssen; aber die mittlerweile weitreichende Baumkrone spendet in sommerlicher Belaubung an heißen Tagen wunderbaren Schatten. Außerdem liebt ihn die Vogelwelt. Z. Zt. hat sich in dem oberen Teil des dicken Stammes in einem Astloch wieder das Starenpärchen vom letzten Jahr eingenistet und verteidigt vehement seine Wohnung. Sogar die

Eichhörnchen wissen, dass sie dort nichts zu suchen haben. In den Jahren, wenn die Apfelernte reichlich ausfällt, dürfen sich Maria und Fred bereits im Frühjahr über die herrliche Pracht der Blüten freuen. Dann erscheint die Krone des Baumes wie ein einziges Blütenmeer. So kommen Menschen und Tiere auf ihre Kosten, und der Baum wächst wie er will.

Während Maria so darüber nachdenkt, lichtet sich der Hintergrund. Die Tannenspitzen werden allmählich als Umrisse sichtbar und die weißen Stämme der davor stehenden Birken heben sich von ihrem dunklen Geäst immer mehr ab. Oberhalb davon wird der Himmel zusehends heller. Die entstehenden Nebelschwaden reißen immer weiter auf. Es dauert nicht lange, bis die Sonne ihre Strahlen herüberschickt. Sie blinzeln durch die herunter hängenden Zweige der großen Birke am Rande des Grundstückes und lassen die unzähligen Wassertropfen an Bäumen und Sträuchern nach und nach wie bunte Kristalle erscheinen. Selbst die von Feuchtigkeit gesättigten noch etwas spärlichen Wiesengräser scheinen davon übersät zu sein. Maria ist noch vertieft in diesen herrlichen Anblick, als auch an der Wand neben ihrem Bett das Sonnenlicht sichtbar wird. *„Jetzt wird's aber Zeit"*, schießt es ihr durch den Kopf. In ihrem Morgengebet, das heute etwas kürzer ausfällt als gewöhnlich, dankt sie auch für die wunderbare Natur. Nach dem Frühstück bei ihrem morgendlichen Rundgang um das Haus und durch den Garten atmet sie die frische Luft bis in ihre Lungenspitzen ein. Dabei muss sie immer wieder über die Schneeglöckchen und Winterlinge staunen, die schon seit einigen Wochen beharrlich das Frühjahr ankündigen, obwohl von Zeit zu Zeit kurze Hagel- und Schneeschauer für Abwechslung sorgten. Als das Wetter seine Kapriolen beendet hat, geht es in den folgenden Tagen plötzlich mit den Temperaturen rapide aufwärts. Die Natur erwacht zu neuem Leben. Frühlingsblüher in den Gärten eifern um die Wette und auch Sträucher und Bäume beginnen zu grünen und zu blühen.

„Soll ich schon die Gartengarnitur drüben aufstellen? Das Wetter soll schön bleiben und es sind noch höhere Temperaturen angesagt“, ruft Fred von der offen stehenden Tür der Gartenhütte aus.

„Das ist eine gute Idee“, antwortet Maria und bietet ihm ihre Hilfe an.

Aber so etwas macht er sich lieber allein. *„Dabei kann er wenigstens ungestört darüber nachdenken, wohin er seine erste Fahrradtour für dieses Frühjahr macht“,* denkt Maria und amüsiert sich im Stillen. Sie entfernt den Staub und das kleine Getier, das gerne in der Hütte überwintert, von Tisch und Stühlen und legt die gelb-orange-rot gestreiften Stuhlauflagen auf. Den Tisch schmückt das silberfarbene längliche aus Ruten geflochtene Körbchen vom letzten Jahr. Sie hat es bereits vor einigen Wochen mit leuchtend gelben und blauen Primeln bepflanzt. Maria schiebt einen Gartenstuhl auf der Terrasse jetzt so, wie sie es am liebsten hat, mit Blick in die Natur und den Himmel. *„Morgen, am Sonntag, nehme ich mir ein Buch und stehe dann so schnell nicht wieder auf“,* denkt sie und grinst zufrieden in sich hinein. Ab und zu weht allerdings noch ein frischer Wind. Und so rückt Maria noch etwas näher an den hölzernen Sicht- und Windschutz, der seit einigen Jahren die zu hoch und dicht gewordene Thuja-Hecke ersetzt. Hier genießt sie die wärmenden Sonnenstrahlen und die Ruhe um sich herum. Sie schaut einzelnen Wolken nach, die das Blau des Himmels unterbrechen und deren Größe und Formen sich in kurzer Zeit immer wieder verändern und zum Träumen einladen. Unterdessen beschäftigt sich Fred mit seinen beiden Fahrrädern, um sie startklar zu machen. Sie haben ebenfalls in der Hütte überwintert. Er weiß noch nicht so recht, mit welchem von beiden er morgen fahren wird. Das richtet sich danach, ob er sich für den Wald oder die umliegenden Dörfer entscheidet.

Am nächsten Tag ist Bilderbuchwetter; kein Wölkchen am Himmel und fast windstill. Fred entscheidet sich für das offene Gelände entlang der Dörfer und schwingt sich auf sein Fahrrad. Er ist nicht der Einzige, der mit dem „Drahtesel“ unterwegs ist. So machen viele andere auch, genau wie er, gerne einen Abstecher in die Orte, um eine Pause einzulegen. Fred hält Ausschau nach einem

Café. *„Dort gibt es sicher Eis“,* denkt er und freut sich schon auf seine Lieblingssorte, Schokoladeneis. Endlich! Die Buchstaben auf der Fahne vor einem Café in Sichtweite springen ihm förmlich ins Auge. Aber bis dorthin geht es nur sehr schleppend voran. Seine Geduld wird auf eine harte Probe gestellt. Ihm bleibt nichts Anderes übrig, als sich in die lange Schlange der Wartenden einzureihen oder auf das Eis zu verzichten. Fred entschließt sich für das Erstere und gönnt sich, als er endlich an der Reihe ist, eine doppelte Portion.

Inzwischen hat es sich Maria auf der Terrasse gemütlich gemacht. Zunächst überprüft sie noch einmal ihren Gartenplan. Wenn das Wetter es zulässt, ist in der kommenden Woche nämlich säen angesagt, so empfiehlt es der Mondkalender. Sie schreibt noch einige Kräuterpflanzen und Samen auf, die zu besorgen sind und widmet sich dann einem ihrer zahlreichen Bücher, die in ihren Regalen darauf warten, gelesen zu werden. Sie ist darin noch ganz vertieft, als sie ein ihr bekanntes Klingelgeräusch hört. So kündigt sich Fred immer an, wenn er mit seinem Fahrrad zurück kommt und sie auf der Terrasse erblickt. Langsam schiebt er es die Steigung zur Hütte hoch und stellt es ab. Die Wasserflasche bringt er mit, als er zu ihr herüber über die Wiese kommt.

„Heute war alles unterwegs, was Beine hat“, sind seine ersten Worte.

Dabei schüttelt er mit dem Kopf und atmet noch ein paar Mal tief durch, während er sich des Helmes und der Handschuhe entledigt. Dann lässt er sich ihr gegenüber auf dem Stuhl nieder und trinkt den Rest aus seiner Flasche.

„Erzähle! Wie war´s denn?“, erkundigt sich Maria, während sie das Buch zur Seite legt.

„Schön war´s“, strahlt er sie an und Maria freut sich.

„Gewöhnungsbedürftig ist es schon, wieder das erste Mal, fügt er nach einer kurzen Pause hinzu.

Dann berichtet er, was er gesehen und wen er getroffen hat und von manchen lustigen Begebenheiten unterwegs. Maria beneidet ihn oft um seine Unternehmungen mit dem Fahrrad und bedauert, dass es ihr in „diesem Leben“, wie sie gern sagt. nicht vergönnt ist, daran teil zu haben. Aufgrund einer bleibenden Folge ihrer früheren Erkrankung ist es ihr nicht möglich, ihn dabei zu begleiten, was beide sehr bedauern.

Rückblicke

„Alles im Leben hat einen Sinn“. So lautet eine Lebensweisheit. Darüber denkt Maria oft nach. Es gab Zeiten, in denen sie, je nach Situation, diese Aussage mit niemandem teilen konnte. Mittlerweile ist sie jedoch zu der Erkenntnis gekommen, dass alles in irgendeiner Art und Weise zu ihrer persönlichen Bewusstwerdung und spirituellen Entwicklung beigetragen hat. Manchmal kann sie es allerdings immer noch nicht fassen, dass in ihrem bisherigen Leben für so vieles Platz war - auch für Träume. Einer ist für sie von ganz großer Bedeutung:

Maria ist wieder einmal unterwegs - in einer Ortschaft eines Tales Richtung Ortsausgang. Nach einer längeren flachen Strecke biegt sie jedoch links ab und begibt sich auf einen Weg, der sich in vielen Kurven einen Berg hinauf schlängelt. Sie ist nicht allein. Menschen einzeln oder in Gruppen - Männer, Frauen und Kinder - haben scheinbar dasselbe Ziel. Der Weg ist mal eben, mal mit Kieseln und Steinen durchsetzt. Auf den angrenzenden kargen Wiesen blühen spärlich einige Blumen. Maria wundert sich darüber, dass am Wegesrand ab und zu ein Haufen Steine liegt, in allen Größen, ordentlich aufgeschichtet. Die bereits zurückgelegte Strecke kommt ihr mittlerweile schon sehr lang vor. Als sie die Bergkuppe fast erreicht hat, sieht sie plötzlich, nicht weit von ihr entfernt, ein Haus. So ein ungewöhnliches hat sie noch nie gesehen - ganz aus Glas. Zielstrebig, ohne lange zu überlegen, geht sie hinein, auch in die zweite Etage. Sie ist ganz allein. Ihr Blick schweift hinunter ins Tal. Dabei bemerkt sie eine Gruppe Frauen und Männer, die auf den letzten Haufen Steine zueilen. Sie scheinen ganz außer sich zu sein; heben große kantige Brocken auf, die sie gegen die Glaswände schleudern. Maria stockt der Atem. Doch merkwürdig - die Steine prallen ab, ohne Schaden angerichtet zu haben. Sie wundert sich auch darüber, dass das Haus wohl jetzt verschlossen ist, denn es gewährt den aufgebrachten Menschen keinen Einlass. Und während sie noch beobachtet, was sich draußen abspielt - wacht sie auf.

Als Maria später in einer stillen Stunde diesen Traum noch einmal Revue passieren lässt, fällt es ihr wie Schuppen von den Augen. Ihr wird in diesem Moment bewusst, dass er im übertragenen Sinne eine bildliche Darstellung aus ihrem bisherigen Leben ist. Ihr Weg war in der Tat abwechselnd eben und steinig. Sie denkt an die zahlreichen Höhen und Tiefen, die sie erfahren hatte; auch an Menschen, die kein Geheimnis aus deren kontroversen Ansichten über energetische Arbeit mit Reiki oder Qi Gong gemacht hatten. Aus Unwissenheit aufgrund mangelnder Informationen vertraten sie öffentlich vehement ihre Meinung - aus unbegründeten religiösen Ängsten. Maria denkt auch an Einflüsse von außen, die versucht hatten, ihr das Leben schwer zu machen. Ihr kommt das große Gottvertrauen ihrer Mutter Anna in den Sinn, das diese ihr vorgelebt und vermittelt hatte. Aus vielen eigenen Erfahrungen heraus ist sie von dem Schutz der Höheren Macht überzeugt - der Kraft des Lichtes und der Liebe.

Es ist Spätsommer 2016. Maria sitzt wieder einmal auf ihrer geliebten Terrasse. Das sind die Stunden, in denen sie nicht selten auch über gewisse Abschnitte ihres bewegten Lebens nachdenkt. So kommt ihr erneut die große Anzahl von Flüchtlingen in den Sinn, die aufgrund kriegerischer Situationen ihre Heimat verlassen haben. Sie suchten und viele suchen auch heute einen neuen besseren Anfang in anderen Ländern, z. B. in Deutschland. Wie immer bei solchen Gedankengängen fallen Maria jetzt wieder ihre eigenen zahlreichen nicht gerade menschenwürdigen Parallelen zu deren Leben ein. Dann schweifen ihre Gedanken ab und halten Einzug in die Bereichen des Loslassens in ihrem Leben, der Akzeptanz von Entscheidungen und der Achtung des freien Willens anderer. Diese Prozesse waren nicht einfach, zählen aber zu ihren Lebensaufgaben.

Stephan ist beruflich seinen technischen Neigungen treu geblieben und in einer der Filialen eines großen internationalen Handelsunternehmens in der Haustechnik tätig. Privat hatte er einen Weg ganz anderer Art beschritten. Schon immer liebte er die Natur und die Tierwelt und wollte beizeiten auch andere Länder, andere Menschen kennenlernen. Wenn er allein, manchmal wochenlang, mit seinem Motorrad z. B. in Frankreich, Spanien oder Korsika unterwegs war, erfüllte das Maria oft mit Sorge. Sie wusste, wie vertrauensvoll er sich manchmal fremden Menschen gegenüber verhielt. So hoffte und vertraute sie jeweils darauf, dass er dabei immer über das richtige Gespür verfügte. Eine seiner Unternehmungen ist ihr besonders in Erinnerung geblieben. Im Nachhinein war und ist Maria dankbar für das Glück im Unglück, das ihrem Sohn widerfuhr, als er mit einem Freund, beide mit Motorrad und Camping-Ausrüstung, zum Nordkap unterwegs war. Urplötzlich wurde er von einer schweren Darmerkrankung mit bedrohlichen Symptomen überfallen. Glückliche Umstände und die sich daraus ergebende medikamentöse Versorgung durch einen Arzt in einsamer Gegend machte über Nacht den befürchteten Klinikaufenthalt nicht mehr erforderlich; beide Männer konnten ihre Tour bis zum Ziel fortsetzen. Nach seiner Rückkehr berichtete Stephan mit Begeisterung von den großartigen Eindrücken ihrer Reise - und seine Eltern freuten sich, ihren Sohn glücklich zu sehen. Fred hatte großes Verständnis für den Drang seines Sohnes, anderer Herren Länder und ihre Menschen kennenzulernen. Auch er schwärmt heute noch manchmal von Ländern, in denen er, allerdings beruflich, unterwegs gewesen ist. Süd-Afrika hatte es ihm besonders angetan; die Freundlichkeit der Menschen, die Weite und Vielfalt der Landschaft mit ihrer üppigen und bunten Flora und die Wildnis mit ihrer artenreichen Fauna.

In Stephans Single-Leben hatte sich im Bekanntenkreis seine Hilfsbereitschaft schnell herumgesprochen. Wenn irgendwo handwerkliche Probleme bestanden oder ein Wohnungswechsel bevorstand, wenn Fahrer und männliche Tatkraft gebraucht wurden, war er sehr gefragt. Maria kann sich noch genau daran erinnern, wie besorgt sie damals war, dass dabei seine eigenen Belange nicht allzu sehr auf der Strecke blieben. Allerdings waren dadurch auch Freundschaften entstanden, die, wenn auch z. T. mittlerweile weit verstreut, bis heute noch bestehen. Dass Stephan allgemein über seine Angelegenheiten keine großen Worte machte, daran hat sich Maria im Laufe der Zeit gewöhnt. „Wie sein Vater“, denkt sie jetzt in ihrem Liegestuhl, ohne es zu beurteilen und ein amüsiertes Lächeln huscht über ihr Gesicht.

Stephan musste auch Tiefschläge hinnehmen. So z. B., als er seinen engsten Jugendfreund durch eine unheilbare Krankheit verlor. Einen anderen hatte es von Koblenz an die Ostsee verschlagen. Seither zieht es auch Stephan zunehmend in den Norden, ans Wasser, auch nach Hamburg.

Vor einigen Wochen hatten Maria und Fred anlässlich einer Familienfeier bei ihrer Tochter im Rheingau von Stephan erfahren, dass er nicht mehr als Single durch die Welt geht. *„Wo die Liebe hinfällt.....“* Sprache, Herkunft und Alter haben dann keine Bedeutung.

Patricia hat Ende letzten Jahres nach 8 Jahren Mutterschaftsurlaub den Wiedereinstieg ins Berufsleben bei ihrer Bank in Wiesbaden in Teilzeit vollzogen; eine große Herausforderung, Beruf und die 5-köpfige Familie unter einen Hut zu bringen! Aus besonderen Anlässen leisten Maria und Fred nach Möglichkeit Hilfestellung in Form des „Enkeldienstes“, wie es von ihnen gerne genannt wird.

An den darauf folgenden Weihnachtstagen verbringen Maria und Fred Heiligabend wieder in Marienthal, um Patricia zu unterstützen, denn Sven hat Dienst. Der erste Höhepunkt des Tages: Feierlicher Kindergottesdienst am frühen Nachmittag. Dieser wird wie üblich vom Dom-Chor Geisenheim mitgestaltet, in dem Lena bereits seit vier und die Zwillinge seit zwei Jahren singen. Außerdem wirkt Lena wieder in dem alljährlichen jeweils individuell gestalteten Krippenspiel mit - und auf eigenen Wunsch das erste Mal auch Lisa. Ihre Zwillingsschwester Hannah betrachtet das lieber aus der Ferne. Nicht enden wollender Applaus, auf dem Domplatz gegenseitige gute Wünsche zum Fest; dann geht es nach Hause zur langersehnten Bescherung. Der Weihnachtsbaum, schon am Vorabend gemeinsam festlich geschmückt, leuchtet ihnen bereits entgegen, als sie den Wohnraum betreten. Nach den allseitigen Weihnachtswünschen und einem traditionellen Weihnachtslied sind die Kinder nicht mehr zu halten. Viele Wünsche sind in Erfüllung gegangen. Strahlende Augen und große Freude! Maria denkt an eine Bescherung in ihrer Kinderzeit: Die Spieluhr in zartgrünem Kunststoffgehäuse mit einer tanzenden Ballerina zu leiser Musik. Sie war damals noch ein paar Jahre älter als die 9-jährige Lena heute.

Der Jahreswechsel kündigt sich an. Maria und Fred sowie ihre Freundin Getrud – sie ist seit 3 Jahren Witwe – stoßen mit einem Glas Sekt auf das kommende Jahr 2017 an. Unzählige Feuerwerkskörper und Leuchtraketen unterschiedlichster Art erhellen noch lange den Himmel über Wilgersdorf und Umgebung.

„So viele wie selten“, denkt Maria und wundert sich.

DÄNEMARK
Nordsee
Ostsee
Schleswig-Holsteinisches Wattenmeer
Hamburgisches Wattenmeer
Niedersächsisches Wattenmeer
Vorpommersche Boddenlandschaft
Jasmund
Kiel
SCHLESWIG-HOLSTEIN
MECKLENBURG-
Venschow
VORPOMMERN
Hamburg
Schwerin
Müritz
Unteres Odertal
Bremen
NIEDER-LANDE
NIEDERSACHSEN
POLEN
BERLIN
Potsdam
Hannover
Magdeburg
BRANDENBURG
Harz
SACHSEN-ANHALT
NORDRHEIN-WESTFALEN
Düsseldorf
Hainich
Sächsische Schweiz
Dresden
Kellerwald
Erndtebrück
Erfurt
SACHSEN
THÜRINGEN
Wilgersdorf
BEL-GIEN
Eifel
HESSEN
Stiebnitz
Wiesbaden
Mainz
RHEINLAND-PFALZ
TSCHECHIEN
LUXEMBURG
Hunsrück-Hochwald
SAAR-LAND
Saarbrücken
BAYERN
BADEN-
Bayerischer Wald
Stuttgart
Schwarzwald
Donau
FRANK-REICH
WÜRTTEMBERG
München
ÖSTER-REICH
Berchtesgaden
Bodensee
SCHWEIZ
LIECHTENSTEIN
0 50 100 km

Deutsche Bevölkerung in Böhmen und Mähren
bis zur Vertreibung 1945/46
Deutsch-
land
Polen
Slowakei
Österreich
Elbtal
Polzen-Neiße
Niederland
Mittelgebirge
Riesengebirge
Erzgebirge mit Saazer Land
Eger
Elbe
Prag
Adler gebirge
Stiebnitz
Altvater gebirge
Egerland
Pilsen
Moldau
Böhmen
Kuhländchen
Beskidenland
Olmütz
Iglau
Mähren
Brünn
March
Wiechau
Böhmerwald
Südmähren

Stiebnitz

Ortsansichten aus der Zeit vor der Vertreibung 1945/46

Skizze Quarantänelager Ventschow

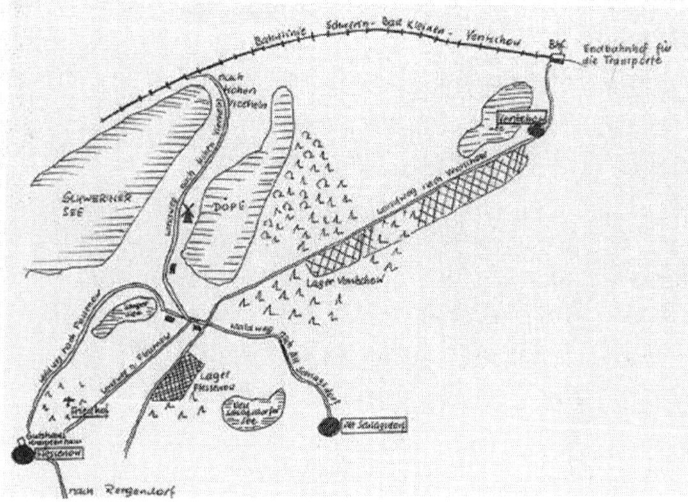

Häuser der Familie Schediwy 1992
Im Hintergrund Marias Geburtshaus

Quellennachweis:

Kapitel 1 „Geografische, ethnische und volkskundliche Entwicklung“ und Kapitel 2 „Menschen im Adlergebirge“: inhaltlich auszugsweise aus dem Buch „Das schöne Adlergbirge“, herausgegeben vom Landschaftsrate Adlergebirge in der Sudetendeutschen Landsmannschaft.
Ortsansichten Stiebnitz aus der Zeit vor der Vertreibung 1945/46: Bild Nr. 114 und 115 im Buch „Das schöne Adlergebirge“, herausgegeben vom Landschaftsrate Adlergebirge in der Sudetendeutschen Landsmannschaft.
Skizze Quarantänelager Ventschow: Buch „Aus dem Dunkel des Vergessens …“ von Günter Koslowski Seite 77.
Große Karte Deutschland: Wikipedia Karte Nationalparks Deutschland
Karte Deutsche Bevölkerung in Böhmen und Mähren bis zur Vertreibung 1945/46: Hans Prull , www.Prull-Lauben.de

Alle übrigen Fotos kommen aus dem Privatbesitz der Autorin.

Die Autorin

Sieghilde Maria Neuser erlebte das Ende des 2. Weltkrieges und seine Folgen in frühester Kindheit. Nach zahlreichen Stationen auf ihrem weiteren Lebensweg kam sie 1963 ins Siegerland, dem südlichsten Teil von Nordrhein-Westfalen. Fast 50 Jahre später fasste sie den Entschluss, ihre Lebensgeschichte in einen autobiografischen Roman einzubinden. Sie gab ihm schließlich den Titel *„.....und doch gibt es einen neuen Morgen"*. Heute lebt die Autorin, im Reinen mit sich selbst, zusammen mit ihrem Mann noch in dem Ort, der einst ihre Wahlheimat wurde. Sie ist allen Personen und Situationen dankbar, die zu ihrer persönlichen Bewusstwerdung und spirituellen Entwicklung beigetragen haben.

„Man sieht nur mit dem Herzen gut".

Aus: Der kleine Prinz
von Antoine de Saint-Exupéry